智元微库
OPEN MIND

成长也是一种美好

[美] 约瑟夫·M. 威廉姆斯（Joseph M. Williams）
格雷戈里·G. 科洛姆（Gregory G. Colomb） 著

闫佳 译

论证的艺术

原书第 3 版

The Craft of Argument

Third Edition

人民邮电出版社

北京

图书在版编目（CIP）数据

论证的艺术：原书第 3 版 /（美）约瑟夫·M. 威廉姆斯（Joseph M. Williams），格雷戈里·G. 科洛姆（Gregory G. Colomb）著；闫佳译 .-- 北京 ：人民邮电出版社，2022.3
ISBN 978-7-115-57897-6

Ⅰ. ①论… Ⅱ. ①约… ②格… ③闫… Ⅲ. ①论文 - 写作 Ⅳ. ① H052

中国版本图书馆 CIP 数据核字（2021）第 244877 号

版权声明

◆ 著　[美]约瑟夫·M. 威廉姆斯（Joseph M. Williams）
　　　　[美]格雷戈里·G. 科洛姆（Gregory G. Colomb）
　　译　闫　佳
　　责任编辑　张渝涓
　　责任印制　周昇亮
◆ 人民邮电出版社出版发行　　　北京市丰台区成寿寺路 11 号
　　邮编 100164　　电子邮件 315@ptpress.com.cn
　　网址 https://www.ptpress.com.cn
　　天津千鹤文化传播有限公司印刷
◆ 开本：787×1092　1/16
　　印张：30.75　　　　　　　　　2022 年 3 月第 1 版
　　字数：600 千字　　　　　　　2025 年 10 月天津第 8 次印刷
　　　　著作权合同登记号　图字：01-2019-3804 号

定　价：199.00 元
读者服务热线：（010）67630125　印装质量热线：（010）81055316
反盗版热线：（010）81055315

传授论证的艺术

我们的目标是帮助学生将写作、批判性思维和论证的技能整合起来，让他们能够写出清晰、合理、有说服力的论点。本书的设计旨在为各种写作课程提供支持，包括学术论证、公民论辩、批判性思维或相关研究。

我们将遵循传统修辞（这套传统甚至比亚里士多德的《修辞学》出现得更早）的路径探讨论证，但我们不仅为传统补充了新的见解（不包括论证的本质），还补充了我们怎样推理、怎样做决定、怎样理解责任和因果关系等事宜，以及怎样回应书面文本，等等。我们将这些见解整合到一套学生易于理解、教师方便教学，除写作之外无须任何专业知识的指导框架当中。

这篇前言概述了我们的一些设想，告诉读者怎样更好地使用本书，并对本书与传统论证方法与现行教科书的不同之处做出解释。

怎样使用本书

我们设计本书，是为了让学生从多个角度、以多种方式理解论证和批判性思维。为此，每章一般包含 4 个小节（有的甚至包含 6 个以上小节），每个小节都从不同的角度探讨这一章的主题。

每一章分为以下两个主要单元。

- 开篇部分，讨论书面论证的一个具体方面。这一节帮助学生理解论证的本质、组成部分、目标，以及它们在影响我们所行所信中扮演了什么样的角色。
- 对应的写作过程部分，将运用学到的知识，从策略、流程、核对清单和其他工具的角度，对前面的讨论加以回顾。这部分包括计划、研究、起草、修改和协作单元。

我们认为这种双重视角至关重要。在第一部分，学生学习一种论证模式，帮助他们理解论证的本质，并分析自己和他人的具体论证。但学生不会仅凭会说出论证的各个环节，就能写出更优秀的论证文章。因此，写作过程部分将为学生提供详细的建议，告诉他们怎样最好地运用所学的论证知识，写出更完整、更可信的文章。

在这些章节中，我们保持了另一种双重视角：由于读者会提出一些可以提前预料的问题，论证有着可预见的部分。每一种视角都有其价值。当写作者从自己的思路中退后一步，论证的分析模式便能派上最好的用场：用于计划、组织和概述，然后付诸分析、检验和修改。而当写作者沉浸在个人思路中，并因此展开如头脑风暴、反思、草拟等有益的活动，论证的问题也可以起到很好的指导作用。

我们希望读者对写作过程部分和开篇讨论部分给予同样多的关注，让学生既重视论证的问题，也重视论证的模式及其环节。从我们的经验来看，当学生一方面将论证与写作相连，另一方面将写作与对话相连，他们不仅能写得更好，也能更好地理解论证。

学生对论证有了充分了解，可以在课堂上表现出可观的互动能力。如果你坚持不懈地引导他们将所学知识与经验及直觉联系起来，他们就能更好地利用这些资源。为此，我们提供了一些练习激发他们的思考。

在老师的指导下，在课堂上与其他同学辩论，还可以带给学生另一种益处。这些互动能帮助学生在第一时间理解撰写书面论证的要点。通过交谈，他们发现并阐明潜在读者认为值得解决或解答的问题，以及读者针对其主张、推理和证据有可能提出的问题。如果没有这种真正的互动，学生说不定会觉得老师布置的论证作业只是毫无意义的练习，在纸上写写画画无非是为了满足老师的要求。

我们在教材中收录了另外两种启发性资源：

- 大多数章节都穿插了论证的例子，其中大部分是从阅读材料中摘录的。有些是为了阐明主要的讨论，但大多数例子给出的议题是在邀请学生去寻找正文字里行间所提示的方向。

- 每一章都有思考题，它提出新的问题，促使读者反思令人困惑的事实或事件，它还建议开展什么样的课堂活动，以激发读者进一步思考。

我们提供的例子和思考题，学生是不可能全都做完的。老师让学生选择一两道题来思考，或者布置几道题作为论文的主题。有些思考题甚至可以写出研究论文。一部分议题非常棘手，我们只打算以此激发学生的兴趣，让他们去思考。就我们所知，这些题目都没有唯一的正确答案。

最后，各章节还包括一些额外的资源：

- 每一章我们都以对论证的讨论和写作过程建议的简短总结收尾。
- 在前面若干章，我们提供了学生作文范例，以说明论证的使用和滥用，或者是用这些作文练习分析和修改。
- 在第一章到第八章，我们提供写作项目，范围包括简短的非正式作业，以及正式的论文。
- 在第三章到第八章，针对长篇研究论文的准备、计划、起草和修改，我们概述了一项指导性、分阶段的练习。
- 在第四部分的结尾，我们收录了若干核对清单和工作表，用于论文的计划、修改和创建故事板（storyboarding）。

凭借如此丰富的内容，我们希望鼓励老师利用本书协助教学工作，但教学工作亦无须仅限于此。

最后，我们希望，除了指导学生怎样基于合理的批判性思维写出可信的学术论文，本书还能为老师提供更多的帮助。我们希望它能鼓励学生将论证视为一门独立的学科，成为他们在社区、工作场合，以及更广泛的领域内进行公众体验的核心。一方面，论证事关理性个体和理性公民含义的核心；另一方面，非理性说服从未得到大范围运用。我们相信，知道怎样发起和判断合理且理性的论证，是学生必须了解的事情。我们还相信，长年执教论证的人是在履行一项英勇的任务，尤其是他们传授论证之道，不是要将它视为手段，而是希望学生们培养起一种要求极高，也最为宝贵的批判性思考形式。

本书和其他论证图书的区别

本书和其他作品有若干方面的不同，但最重要的不同之处在于，我们坚定地认为，人进行论证不仅是为了赢得读者的认同，更是要在解决问题时将他们争取过来。问题的性质决定了我们想要追寻的认同，反过来，这又决定了我们所做的论证。就我们所知，没有哪本书，不管是古代的还是现代的，将寻找问题、建立框架和解决问题，作为计划、草拟及修改书面论证的核心。自始至终，我们都强调，只有从读者的角度理解问题，才能展开他们将严肃对待的论证。

我们还帮助初次接触学术论证的学生克服他们经常在学术问题上遇到的特殊困难，在他们看来，这些问题纯粹是"理论性的"，也就是太过抽象，与他们感知到的需求和兴趣无关。我们向学生展示了实践性问题（这是他们最熟悉的类型）和概念性问题（这是学生不太熟悉，但大多数教师都期待他们点明、发现和表达出来的问题类型）之间的区别，并在整个过程中，帮助学生解决寻找学术性、概念性问题的需求。这种需求，一开始是所有学生都会关注的，同时，他们也很容易想象到读者对此的关注。

本书另一个与其他许多论证图书的不同之处在于，我们始终强调可信度（ethos）。我们向学生展示，怎样通过论证的每一个元素（清晰的书写、大胆阐述其主张、证据的支持、坦率承认及回应不同意见）投射可信度。我们强调，就算他们的论证并未让读者达成共识，只要读者认为论证的方法是理性、思考周到和公平的，仍然可以称之为成功。从某种程度上讲，读者记得的当事人的论证可信度，能为其带来持久的声誉，这本身就是一种重要的说服力。

第三个不同之处是，我们将大量的注意力放到了基于非正式推理的批判性思维上，而不是就正式的演绎逻辑给出一套详尽的论述。我们将合理的批判性思维融入每一章的论证讨论和写作当中，而不是只将焦点放在谬误上，并认为只要去除了谬误，就是理性思考。为此，我们没有将针对推理与辩论的建议与针对写作的建议截然分开，因为我们相信，写作的技巧支持并能阐明推理的技巧，反之亦然。所以，在每一章的写作过程部分，我们告诉学生，计划、草拟和修改的过程怎样帮助他们生成论证的内容，同时批判性地反映论证所代表的想法。

我们还试图将论证的两个方面——辩证法和修辞学综合起来，大多数关于论证的图书是将这二者区分对待的。通常，辩证法的定义是，双方为寻找尚未发现的真理（即他们可以支持的一种主张）而互相提问的过程。如今着手研究这一主题的人称之为"语用辩证法"（pragma-dialectical）。相比之下，传统上，修辞学关注的是为一个已知的主张寻找支持并加以安排，以便说服另一个人接受它。在我们看来，辩证法和修辞学代表同一过程的两种视角。提问和接受质疑不仅可以帮助学生发现值得提出的主张，也可以找到支持点，使他们自己和其他人有充分的理由接受主张。每当学生就一个自己关心的问题与朋友展开对话，都会投入这一过程当中。我们向学生展示了怎样通过假想，与读者展开提问交流，从自己熟悉的对话类型中创作出合理的书面论证（一部分读者或许可以据此联想到苏联文学理论家巴赫金）。

我们收录了一些对书面论证相关图书而言比较新颖的主题：

- 过去的 25 年里，关于"认知偏误"（cognitive bias）的研究蓬勃发展，这种思维习惯会系统性地破坏我们的推理能力，但我们可以通过谨慎论证所施加的原则，有意识地对此加以控制。然而，仅仅管理自己的想法还不够。我们还必须规划论证，在读者的推理中预见这些偏误。据我们所知，还没有其他论证教科书呼吁学生注意应对读者存在的思维缺陷。
- 认知科学家还帮助我们更好地理解人们怎样使用词汇分类和命名的经验，推理因果关系——要想合理地对定义及因果关系展开推理论证，这样的思考方式必不可少。
- 直到最近，我们才开始理解，正是那些有必要加以论证的问题，塑造了我们的论证设计和写作方式。

尽管这些见解非常重要，近年来有关论证的图书里却很难看到它们的身影，哪怕教授这些并不需要专业知识。

论证的艺术在修辞传统中的作用

尽管与如今的论证图书存在上述不同，但本书同样根植于 2500 年来古老的修辞与论证传统。我们的目标是帮助学生在各类公民、专业和学术论坛上形成适合书面论证的公众声音。我们相信，擅长思考的读者只有看到充分的理由和证据，理解主张、推理和证据背后的逻辑关系，看到自己的怀疑和问题得到承认与解答，才有可能同意某项主张。我们认为，究其基础，论证不是一种胁迫手段（虽说它可以这么做），甚至也不是人类理性的产物（虽然论证能力本身是人类理性的产物），而是创造理性、分享理性的基本能力。

来自亚里士多德的技艺根源

追本溯源，我们竟然回到了亚里士多德的《修辞学》，这不禁让人感到有些惊讶。和他一样，我们从识别引发不同论证的问题着手。他的焦点放在公民事件（审判、葬礼和政治决策，而这三者导致了我们所熟悉的司法性论证、展示性论证和审议性论证，或事实论证、价值观论证和政策论证）所引发的口头论证上。然而，我们相信，事实、政策和价值观的划分，模糊了"想要我们做某事"和"想要我们理解或相信某事"这两种论证之间一项更为基本的区别。我们不是要省略价值观；事实上，我们强调的是，读者和作者的价值观塑造了所有的论证，不管论证的目的是行动还是信念。

和亚里士多德一样，我们不仅讨论了创作和编排，还讨论了另外两个问题：风格，以及信念的心理学，尤其是读者和作者思考过程的互动方式（后两个主题，在当今大多数关于论证的图书里几乎没有提及）。和他一样，我们没有对三段论做更多的展开，而是聚焦于有依据的主张。最后，和他一样，我们的目标是不懈地专注于"怎样"，专注于解答两个务实的问题：

- 听众对一段合乎情理的论证有怎样的期待？
- 我们怎样展开论证来满足他们的期待？

和亚里士多德一样，我们还关注感情（或情绪）在合理论证中所扮演的角色。我们不是要否定情绪这种论证元素，相反，在构建论证所要点明的问题、选择表达语言时，我们还强调它的重要性。

从技艺上对图尔敏所做的修正

一如近年来许多有关论证的图书，我们从亚里士多德以来最有影响力的论证著作之一，斯蒂芬·图尔敏（Stephen Toulmin）的作品中获益良多。我们尤其认同他的真知灼见，具体包括以下 3 点：

- 不同领域的论证各有不同，但都有着共同的谱系结构。
- 这种常见的结构建立在问与答的逻辑之上。
- 我们最好是从日常对话的非正式逻辑来理解这种结构，而不是从正规演绎逻辑的角度来理解。

　　尽管这些观点十分重要，但我们认为，如果传授论证的教师采用图尔敏绘制的示意图，那就是犯了教学错误。想必各位读者记得，图尔敏用 6 种元素来分析论证（见图 0-1）。

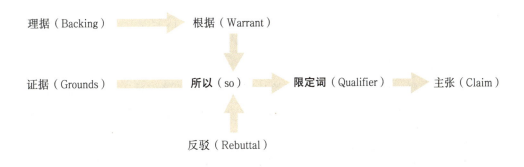

理据（Backing）　→　根据（Warrant）

证据（Grounds）　→　所以（so）　→　限定词（Qualifier）　→　主张（Claim）

反驳（Rebuttal）

图 0-1　图尔敏的论证模型

　　图尔敏建立这一模型，为论证的逻辑证明的事后分析提供支持。毫不奇怪，学生和老师都发现，将这一模型应用到生成个人论证、分析他人论证之形式与结构的任务上很困难。为了让图尔敏的见解对不同水平的写作者更有帮助，我们对他的示意图做了以下 5 个方面的调整。

1. 我们去掉了箭头

　　图尔敏或许想表现论证的运动，但他所描述的似乎更接近所谓的推理过程，即从一套信念前往另一套信念的心理运动。然而，推理的形式并非论证的形式，论证是书面或口头的事情。大多数的论证不是从陈述根据开始的，而是从问题开始的，接着是一种主张的解决办法，再接下来是相互交织的证据、根据和反驳。即便是当成推理的模型，图尔敏绘制的形式在心理上也并不现实。我们针对问题进行推理时，并不会先从证据开始，再思考怎样提出主张（解决办法）。我们会先从激发自己寻找解决办法的问题开始，再根据现有的事实找到一个尝试性的假设。接着，我们借助该假设（C.S.皮尔斯称之为"试用假说"），寻找更多的数据，希望借此证实或否定该假设。这叫作溯因思维（abductive thinking），图尔敏的示意图并未表现这种推理。

我们的示意图无意代表任何"实时"过程——它并非推理、草拟、阅读或分析论证的过程。它只代表完整论证中所需的 5 个要素和它们之间的一些形式关系。我们也不打算用这个模型来表示书面论证必须用到的模板。为指导思考和草拟，我们强调的是最终将成为部分论证源头的那些问题。我们将这一模型看作理解和分析论证的工具，它既可以对规范草稿（即收集信息、组织安排和撰写提纲）起到很大的帮助作用，也可以用于检验和修改。

2. 我们放弃了"理据"

图尔敏需要用背景解释不同领域的论证有什么不同，但这不是我们关注的焦点。而且，理据是指可将一种根据视为独立主张的平台。我们可以更有效地将这种安排分析为两种不同的论点，一个嵌入另一个。因此，理据是多余的。诚然，讨论对根据的支持很重要，但这种支持不需要在论证的布局中正式表现出来。

3. 我们放弃了将"限定词"视为独立元素

诸如"或许""大多数"和"可能"这样的限定词，不仅对论点的准确性至关重要，也对我们了解作者的可信度至关重要。但限定词并不像主张或理由那样，是论证里单独的元素。限定词修饰每一个要素——主张、理由、证据、根据和反驳。我们不是要忽略限定词，相反，我们在论证的每一个元素里，都表现出它在塑造思考可信度方面起到的关键作用。

4. 我们将"根据"一分为二：推理和证据

细心的读者只有在看到两种截然不同的支持（即推理，以及进行推理所依赖的证据）时，才会接受某个事关争议问题的主张。对这两种支持的区分，反映了一种心理上和社会上的需要：我们认为，只有当一个主张建立在比论述者信心更"牢靠"的东西上，它才有可争辩的余地；我们寻求支持，也寻求推理。但推理只提供了这种支持的逻辑结构；证据是推理结构的基础，来自"论证"之外的某种东西。论证若仅由主张和理由构成，看上去似乎欠缺实质性，但如果论证仅由主张和数字、引用等原始证据构成，看起来又过于模糊。读者需要通过推理理解论证的逻辑和组织；他们需要通过证据理解，推理的基础建立在"外部"现实之上。

5. 我们将"反驳"换成了"承认并回应"

许多人注意到，图尔敏的反驳概念有些问题。他将反驳定义为对主张范围的限制条件。

因为哈里出生在百慕大，他是英国国民，（主张）**除非他放弃公民身份，或者他的父母之一是外交官，又或者……**（反驳）

但在日常交流中，我们所说的反驳，是对任何类型的反对意见的回应——它不仅涉及主张的范围，也涉及其支持的来源和充分性、逻辑的合理性、问题的界定、不同的解决办法。对每一轮经过仔细思考的论证，反驳都必不可少，因为它们承认并回应读者的不同信念和利益（这也是可预见的）。因此，和其他一些人一样，我们扩展了图尔敏的反驳，指代对一切可预期的不同、异议或批评的回应。不过，我们认为"反驳"这个词会鼓励过于咄咄逼人的回应，因为我们用更随和、更准确的词来代替："承认"和"回应"。这一说法包含两种行为：首先，我们公正地表达读者的观点，对其加以承认；然后，我们才回应他们，而且并不见得总是在反驳，因为成熟的辩论者认可存在可行的替代方案。

除了以上 5 点修正，我们还填补了图尔敏论述的两处空白。首先，我们解释了证据的二重性质，它存在于论证的内外。在我们的证据原型图的引导下，读者希望"外部"证据具体、可感知，如指纹、骨头、冒着烟的枪等。但作者必须意识到，这与自己所做的再现是不同的：作者只能描述一支冒烟的枪，或是展示一枚指纹的图像。如果学生学会区分证据"本身"和论证中所用的证据报告，那么，他们就能做好准备，批判地解读他人的证据报告，并在自己写作时报告证据，好让读者知道从哪里获得证据、怎样获得证据。没有人会问，人是从哪里找到理由的；但我们都必然会问，人是从哪里找到证据的。

第二处空白是图尔敏对根据的描述。据我们所知，没有一本论证类的图书解释过确实的根据何以失效。例如：

你应该吃鱼，(主张)**因为它不会让你的胆固醇水平上升。**(推理)**因为我们都知道，人人都该吃能提供粗纤维的食物。**(根据)

这3个命题都可以说是对的，但根据未能确保推理与主张的相关性。针对根据怎样合理地确立起推理和证据与主张之间的相关性，在怎样的情况下会失效，我们提供了直觉上令人满意的解释。

本书的设计

本书分为5个部分和两篇附录。

- 第一部分概述了论证的本质，即论证与解决问题的关系。
- 第二部分分5章详细讨论了论证的5个要素。
- 第三部分讨论了推理，尤其是关于意义与因果关系。
- 第四部分论述了语言在论证中扮演的角色。
- 第五部分提供了精选的阅读材料，收录了一些样例论证，学生可以用自己的论证进行分析和回应。

我们努力让本书便于教师灵活使用。教完第一部分之后，教师可以按任意顺序教授其他部分。教师也可以按任意顺序教授各部分中的章节，甚至将不同的章节分配给需要研究特定议题的不同学生。故此，本书的各部分及其组成章节的顺序不见得就是教师课程大纲的结构顺序。

什么是论证

我们的目标是帮助你在写作中做到你每天都在对话里做到的事：给他人一个充分的理由，按照你希望的方式思考或行动，从而解决一个问题。

你：我们去看范·迪塞尔（Vin Diesel）的电影吧。我听说它相当带劲。

朋友：简在家举办聚会。我们去她家吧。

你：她举办的聚会总是会惊动警察上门。

朋友：我们就去一小会儿。况且，警察上门也只发生过两次呀。

你：但你不是说想看迪塞尔的新电影吗？

朋友：我们可以明天去看。

你：我明天必须工作。

朋友：好吧。那我晚点儿再去简家好了。

像这样的对话大多是关于生活琐事的，但也并不总是如此。

朋友：政府强迫搜索引擎供应商提交用户搜索过的关键词、访问过的网站记录，这太危险了。我们几乎没有隐私了。

你：我不担心这个。政府只是在追捕恐怖分子和色情狂。

朋友：没错，可他们想要上百万份记录，大部分来自普通人。天知道联邦调查局还会拿这些数据做什么。你信任政府不会侵犯你的隐私吗？

你：你说的有道理。但他们不可能永远保存这些记录，对吗？

朋友：没有报告说他们会放弃。再说，信息就是权力，政府不会放弃权力，除非迫不得已。

你：如果他们开始使用这些信息侵犯隐私，政府就会遭到民众的谴责。民众会投票把他们赶下台。

朋友：利用这些记录来监视我们的人，不是选举产生的。真正危险的是那些藏身幕后的官僚。

你：或许如此。

问题既可以是琐碎的，如穿什么衣服；也可以是深刻的，如参加什么组织。此类对话有助于我们开展业务、制定公共政策、决定信仰、寻找解决争端的文明方式，等等。在每一个社会，人怎样度过自己的社交、职业，甚至私人生活，它都占了很大一部分。

我们将这种普遍的活动称为"争论"（即前文的"论证"），这个词让一些人感到不安，因为它让人联想到争吵或更糟糕的事情。但争论并不一定都是针锋相对的，事实上，公正和友好的论证帮助我们更好地理解自己相信什么、为什么相信，对社会关系起到巩固的作用。

不管是友好的还是挑衅的，每当碰到以下情况，我们都是在进行论证：

- 提出一种主张，给出支持的证据。
- 让倾向不接受我们主张的人信以为真。
- 为解决促使我们最初展开论证的问题。

论证在你学业中的作用

如果你正在大学一年级的写作课上读到本书，你或许会惊讶地发现，不管是在这堂课还是其他课上，你的老师希望你在大部分论文里做出论证。如果你不理解他们将怎样评判这些论证，那么，他们的评论或许会令你更惊讶，你还会对自己的成绩大失所望。当然，我们知道，你们中一些人有学术论证的经验，另一些人在职场做过书面论证。但我们教过成千上万的大一新生，我们发现，很少有人懂得论证在学业中的作用——老师为什么重视论证，学术论证与其他类型的论证有什么不同，你该怎样根据日常论证经验学习书面论证。

为了获得这一视角，你必须将论证与另外两种你在作业中经常碰到的写作区分开来，即综述（summary）和个人观点。

● 在综述中，你报告他人所写的内容，不添加信息，尤其是不要加入个人观点。

大多数大一新生都记得自己在高中时写过的综述，以及它的近亲——研究报告。

在此类论文中，学生进行所谓的"知识陈述"，报告自己在课堂上读到或听到的内容。很多人来上大学，以为自己是要做更多此类事情，只是针对的话题更为复杂。实际上，大学老师希望你做一些不同的事情。他们会要求你写很多推理，而不仅仅是重复你学到的东西。在大多数情况下，大多数老师还希望你进行论证，构建并支持你的（而不是他们的）立场，提出你认定的主张，并解释你为什么这样认定，并且他们也应该相信。老师不会要求你提出独特的主张，而是要求你想清楚它的支持理由和证据，斟酌他人的不同观点，最终得出结论。你的论证有可能包括对他人观点的综述，但他们不希望你人云亦云，而是要有你自己的见解。

● 在观点型论文中，你仅仅陈述自己的想法，无须说明为什么他人也应该这么想。

许多刚进大学的写作者在被要求证实自己在一个议题上的立场时，会表示反对：这是我的观点，我有权保持这样的观点。为什么我要为它辩护？我有我的看法，你有你的，这不就够了吗？从某种意义上说，他们是对的：我们有权对任何问题、基于任何理由（甚至没有理由也行），发表任何合乎我们心意的观点。但是，一旦你加入了一个学习社群，你就不应该将自己和他人的观点视为个人表达的权利，而是要将它们视为经得起检验的主张。这就是说，你不仅要准备好回答他人的棘手提问，自己也要勇于质疑。老师希望你论证时与他人合作，文明质询，为难题寻找良好的解决途径，而不是秉持敌意的对抗态度。学术社群（以及其他大多数社群）就是这样运转的。

你的老师还希望你的主张能实现某个结果。他们或许会要求你寻找或支持一项解决办法，纠正一个现实中存在的实际问题，比如怎样为人类家园公益组织招募学生志愿者，或是怎样缓解图书馆过度拥挤的局面。但更常见的情况是，他们会要求你为问题找到并支持一个答案，帮助读者更好地理解某事，而不是展示你的所知，或是改变世界。

遗憾的是，许多学生以为老师要求自己解决的问题只是谜题，与现实世界中的任何问题都没有联系：黑猩猩会数数吗？织布起源于古代世界的什么地方？美国南方的社会结构如何导致了南北内战？如果这些问题看起来不过是一堆谜题，那么，它们的答案看起来也都是毫无用处的推测——如果你不知道怎样将这些问题变成学术问题，那么，它们很可能真的就变成了毫无用处的推测。这就是为什么我们要详细探讨所谓的"概念性问题"，也就是随着你在学术的海洋里徜徉，人们期待你发现、提出并解决的问题。

除非你理解了学术论证，即为什么这些问题对你的老师很重要，为什么老师希望你用合理的推理和证据来支持自己的答案，否则，你无法理解学术世界的运转方式。此外，我们希望你理解其他一些事关学术成功的重要事项，具体如下。

- 不同领域的论证存在怎样的不同，为什么不同。
- 怎样运用自己学到的论证知识，理解你读到的东西。
- 你的论证怎样塑造了你的可信度（即你作为思考者的声誉）。
- 你可以将本书看作一本通往学术思考的入门读物，你在别的地方或许碰不到这样的作品。

经验丰富的写作者对论证有什么样的认识

为了实现上述目的，我们想解释一下经验丰富的写作者怎样思考并进行书面论证。

- 他们知道，争论的关键不在于取胜，而是要阐明一个问题，这个问题只有获得他人的认同后才能得到解决。
- 他们知道，自己不能强迫他人同意，而是必须考虑他人的问题和反对意见，公正地给出回应。如果他人并不置身于提问现场，经验丰富的写作者知道，他们必须代表读者来设想这些问题。
- 他们知道，优秀的论证和合理的思考是相辅相成的，他们越是努力起草、修改论证，就越是能更好地想清楚问题的逻辑和实质，反之亦然。
- 他们知道，自己不可能每一次写作时都发明一种新的论证形式，读者希望看到熟悉的形式，他们不仅可以运用这些形式组织论证，还可以在研究和规划论证时用它们指导自己的思考。

- 他们知道，就算自己最后没有"赢得"一场论证，仍然能获得一件几乎同样重要的东西。如果他们能写出看似理性且深思熟虑的论证，他们将成为别人眼中理性且深思熟虑的人，并获得这样的声誉。这就意味着，那些知道他们声誉的读者，下一次将更加严肃认真地对待其论证。

在向你说明经验丰富的写作者怎样将论证整合到一起时，我们将使用图表、图示和看起来像公式的东西，以便于理解。我们还会解释公式背后的思路。之所以采用这样的方式提出建议，是因为它适用于大多数写作者，不管这些写作者是否具备经验。有些人或许会担心图表和公式会扼杀他们的创造力，让写作变得机械化：*我希望我的写作出自我的手笔，而不是你的公式。*其他人会觉得：*太棒啦！快告诉我该怎么做，我会照做的。*我们相信，读者将发现，我们的建议是在激发而不是限制写作者的创造力，但你也不能盲目照搬它——哪怕你乐于如此。

我们希望你能学会在有必要的时候使用我们的模型，同时尽快将它放到一边。如果你学过高尔夫、网球等运动，或是学过舞蹈、音乐等表演艺术，你恐怕已经这么做过。你不是一次性地练习全套技能，而是一次只练习一部分：脚要这样放，手要那样放，像这样做动作。当你第一次将这些部分组合到一起的时候，你似乎是按着口令运动的，笨拙而缺乏创意。一旦你娴熟地掌握了不同的部分，可以在做动作时将之抛诸脑后了，那么，你便能做得行云流水，将动作组合成一场天衣无缝的表演。

一开始，你可能会觉得自己是在按部就班地撰写论证，尤其是如果你原本有过一些进行良好论证的经验，这种感觉就更加强烈了。但当你掌握了各个部分，这些公式就会从你撰写草稿的过程中消失，你将专注于与想象中的读者对话，你的论证会变得更自然、更有机。到了那时，你便可以尽情地挥洒创造力。富有创造力的人大多从自己最初掌握的界限和形式着手工作，接着再有意识地适应或打破界限和形式，少有例外。莎士比亚是最富创造力的英语作家，但一开始，他按照自己所在时代的戏剧和诗歌传统写作；等他有意识地打破传统，才变得有了创造力。我们希望你能娴熟地掌握论证的形式，以便富有创造力地运用它们。但当你因为时间紧迫或问题太复杂而苦苦纠结的时候，公式能带给你一些可供依赖的东西，帮助你找到论证的各个部分，并将它们组合起来，让你的观点（以及你自己）呈现最佳状态。

怎样使用本书

为了方便你根据自己独特的需求进行调整，我们对本书做了相应的安排。虽然希望你觉得我们的想法既有趣又有用，仔细阅读每一页，但我们也知道，如今人人都忙忙碌碌，日子又如此短暂，考虑到你或许并不像我们一样着迷于论证，我们努力让它便于你搜索特定信息或建议。为了帮助你，我们将本书分成 5 部分。

- 在第一部分，我们概述了论证的本质。可快速读完这些章节，因为它们将帮助你从头开始撰写出完整的论证。
- 在第二部分，我们将详细讨论论证的 5 个要素。你的老师或许会要求你按顺序通读这些章节，或是在写作过程中碰到具体问题时专门查阅个别章节。
- 在第三部分，我们聚焦于意义和因果关系的推理，几乎所有的论证都必须解决这两个问题。这些是本书中要求最严苛的章节。
- 在第四部分，我们将向你展示怎样清晰生动地写作，怎样以具有说服力的方式运用语言。
- 在第五部分，我们提供了一些阅读材料，包括一些论证范例，你可以分析这些范例，看看论证的各个要素怎样在实践中运作，怎样将它们用作自己论证的跳板。

每一章分为以下相辅相成的两个主要单元。

- 第一单元解释论证的各个部分以及它们怎样运作。
- 第二单元就怎样撰写论证，怎样计划、研究、起草和修改，给出具体建议。

我们相信论证的这两个方面是共同发挥作用的：你对合理论证的思维理解得越清晰，就能将它写得越好；你对撰写完整论证的过程了解得越充分，就能越彻底地思考它的实质。和所有复杂且重要的任务一样，论证并不容易，但出色论证带来的满足感是难以抵挡的，哪怕别人说"好吧，我不认同，但我明白你的意思"。——或许这才是尤其令人感到满足的时刻。

致 谢

我们反复说过，每个写作者都需要读者的帮助，因为读者知道一件我们永远想了解的事情：作为读者会有什么感觉。在本书的诞生过程中，每一位评论过本书的读者都给了我们莫大的帮助。他们告诉了我们一些靠自己永远无法知道的事情（有时候我们自己甚至并不想听）。他们甚至比我们更好地阅读了这一作品，对它们的评论十分有益（哪怕有些刺痛），我们始终对此心怀感激。

我们，以及从本书中获益的学生对以下各位审阅人心怀感激：得克萨斯大学的乔纳森·艾尔斯（Jonathan Ayres）、威斯康星大学的 R. 迈克尔·巴雷特（R. Michael Barrett）、南伊利诺伊大学的戴维·布莱克斯利（David Blakesley）、新墨西哥州立大学的斯图尔特·C. 布朗（Stuart C. Brown）、皮尔斯学院的卡林·伯恩斯（Karin Burns）、威斯康星大学密尔沃基分校的杰米·L. 卡拉西奥（Jami L. Carlacio）、堪萨斯大学的威廉·J. 卡彭特（William J. Carpenter）、弗吉尼亚中部社区大学的彼得·多尔曼（Peter Dorman）、洪堡州立大学的特雷西·杜卡特（Tracy Duckart）、杜兰大学的埃伦·伯顿·哈林顿（Ellen Burton Harrington）、克洛维斯社区学院的吉娜·豪赫哈尔特（Gina Hochhalter）、俄勒冈中部社区大学的埃莉诺·莱瑟姆（Eleanor Latham）、麦克琳南社区学院的卡罗尔·A. 罗威（Carol A. Lowe）、北卡罗来纳大学夏洛特分校的玛格丽特·M. 摩根（Margaret P. Morgan）、瓦利堡州立大学的 B. 基思·墨菲（B. Keith Murphy）、罗林斯学院的特维拉·耶茨·帕佩（Twila Yates Papay）、长滩城市学院的维尔维特·皮尔逊（Velvet Pearson）、弗吉尼亚卫斯理学院的卡罗尔·安·H. 珀西（Carol Ann H. Posey）、北卡罗来纳大学的芭芭拉·布莱斯尼尔（Barbara Presnell）、费城纺织科技学院的黛博拉·F. 罗森-科诺尔（Deborah F. Rossen-Knoll）、印第安纳大学与普渡大学印第安纳波利斯联合分校的玛丽·绍尔（Mary Sauer）、萨基诺谷州立大学的加里·汤普森（Gary Thompson）、威斯康星大学普拉特维尔分校的劳拉·文杜夫（Laura Wendorff）、克里斯托弗纽波特大学的玛丽·怀特（Mary Wright）。

我们特别感谢那些在本书的形成阶段向学生教授试读版的老师，他们提供了宝贵的反馈意见：托马斯·费雪（Thomas Fischer）、宝拉·麦奎德（Paula McQuade）、戴夫·帕里克（Dev Parikh）、彼得·萨特勒（Peter Sattler）、布莱恩·瓦格纳（Bryan Wagner）和卡罗尔·威廉姆斯（Carol Williams）。

我们还要感谢布兰顿·海特（Brandon Hight）和弗吉尼亚·布兰福特（Virginia Blanford），感谢他们将手稿编辑成现在的样貌。感谢阿莱克·麦克唐纳（Alec MacDonald）可靠地追踪资料来源并帮忙整理索引。

最后要感谢的是我们最亲近的人。家族的不断壮大，对我的意义无以言表。我们在一起的日子，就是最美好的时光：克里斯托弗和英格丽，奥利弗和米歇尔，梅根、菲尔和莉莉，帕蒂、戴夫、欧文和玛蒂德，克里斯汀、乔、凯瑟琳和尼古拉斯。当然，还有琼，多年来，她一直容忍着我的"再多等一分钟"。她慷慨付出的深深耐心和良好幽默感，远超我所应得的。

——约瑟夫·M.威廉姆斯

我出生在一个喜欢论证的家族，我的女儿们继承了这个传统。但她们在热爱论证的同时了解到，出色的论证永远不会威胁到爱。罗宾、凯伦和劳拉让我保持警觉，让我的论证经受充分的考验，带给我满满的信心。最后一点，是他们从自己的母亲，也就是陪伴我 40 年的伴侣那里学到的。桑德拉一直是全家人的核心。

——格雷戈里·G.科洛姆

目　录

第五部分　阅读

附录

hind the formula. We present our advice in that way because that is what works for most of the writers we have worked with, f you may fear that the charts and formulas will stifle your creativity and make your writing mechanical: I want my writing to be nulas. Others will think Great! Just tell me what to do and I'll do it. We trust that you will discover both that our advice enables rad that you cannot follow it mindlessly, even if you want to Critical thinking is simply good problem solving. We can practice it up a problem and try to solve it. But often, we must do more than analyze a problem and figure out how to solve it; we must then r solution is worth their consideration.To that end, we have to make a case for our views, a case that we call an argument. Many o e exchange between two people, each trying to coerce agreement from the other. But at its best, argument is a way to cooperate w on good solutions to tough problems—call it cooperative critical thinking. Even when our argu ments fail to achieve that agreem know why we and others differ, in a way that creates mutual understanding and respect At the heart of every argument is its main upport, the solution to the problem that caused you to make an argument in the first place (some teachers call it your thesis). Clain on you claim that something is so, you also make a claim on your readers' time to consider what you've written in support of it. when you offer that something in return for their reading. That's why we stress that a claim is not just a statement that you wa ausible solution to a problem that you think they should care about When we show you how experienced writers put together t charts, diagrams, and what look like formulas to follow. But we will also explain the thinking behind the formula. We present at is what works for most of the writers we have worked with, both experienced and not. Some of you may fear that the charts an y and make your writing mechanical: I want my writing to be mine, not the product of your formulas. Others will think Great! J t. We trust that you will discover both that our advice enables rather than limits your creativity and that you cannot follow it tical thinking is simply good problem solving. We can practice it silently, in our minds, as we size up a problem and try to solve it. analyze a problem and figure out how to solve it; we must then explain to others why we think our solution is worth their consid nake a case for our views, a case that we call an argument. Many of us think of argument as a hostile exchange between two pe ment from the other. But at its best, argument is a way to cooperate with others in finding and agreeing on good solutions to tou e critical thinking. Even when our argu ments fail to achieve that agreement, they succeed if they help us know why we and oth nutual understanding and respect At the heart of every argument is its main claim, the point you wa solution to the problem that ke an argument in the first place (some teachers call it your thesis). Claim, though, has two meani When you claim that something so

im on your readers' time to consider what you've written in support of it. You justify that second claim only when you offer them s ing. That's why we stress that a claim is not just a statement that you want readers to agree with, but a plausible solution to a pro

第一部分

论证的本质

care aboutWhen we show you how experienced writers put together their arguments, we will give you charts, diagrams, and wha we will also explain the thinking behind the formula. We present our advice in that way because that is what works for most of both experienced and not. Some of you may fear that the charts and formulas will stifle your creativity and make your writing m mine, not the product of your formulas. Others will think Great! Just tell me what to do and I'll do it. We trust that you will dis rather than limits your creativity and that you cannot follow it mindlessly, even if you want to Critical thinking is simply good pro silently, in our minds, as we size up a problem and try to solve it. But often, we must do more than analyze a problem and figu en explain to others why we think our solution is worth their consideration.To that end, we have to make a case for our views, Many of us think of argument as a hostile exchange between two people, each trying to coerce agreement from the other. But at its rate with others in finding and agreeing on good solutions to tough problems—call it cooperative critical thinking. Even when at agreement, they succeed if they help us know why we and others differ, in a way that creates mutual understanding and res it is its main claim, the point you want to support, the solution to the problem that caused you to make an argument in the first esis). Claim, though, has two meanings: When you claim that something is so, you also make a claim on your readers' time to con ort of it. You justify that second claim only when you offer them something in return for their reading. That's why we stress that you want readers to agree with, but a plausible solution to a problem that you think they should care aboutWhen we show you ether their arguments, we will give you charts, diagrams, and what look like formulas to follow. But we will also explain the think nt our advice in that way because that is what works for most of the writers we have worked with, both experienced and not. ts and formulas will stifle your creativity and make your writing mechanical: I want my writing to be mine, not the product of your ! Just tell me what to do and I'll do it. We trust that you will discover both that our advice enables rather than limits your cre it mindlessly, even if you want to Critical thinking is simply good problem solving. We can practice it silently, in our minds, as w ve it. But often, we must do more than analyze a problem and figure out how to solve it; we must then explain to others why we consideration. To that end, we have to make a case for our views, a case that we call an argument. Many of us think of argument people, each trying to coerce agreement from the other. But at its best, argument is a way to cooperate with others in finding ar ugh problems—call it cooperative critical thinking. Even when our argu ments fail to achieve that agreement, they succeed if h ers differ, in a way that creates mutual understanding and respect At the heart of every argument is its main claim, the point y o the problem that caused you to make an argument in the first place (some teachers call it your thesis). Claim, though, has two something is so, you also make a claim on your readers' time to consider what you've written in support of it. You justify that se em something in return for their reading. That's why we stress that a claim is not just a statement that you want readers to agre a problem that you think they should care aboutWhen we sho w you how experienced writers put together their arguments, we w what look like formulas to follow. But we will also explain the thinking behind the formula. We present our advice in that way be t of the writers we have worked with, both experienced and not. Some of you may fear that the charts and formulas will stifle you z mechanical: I want my writing to be mine, not the product of your formulas. Others will think Great! Just tell me what to do ar discover both that our advice enables rather than limits your creativity and that you cannot follow it mindlessly, even if you want d problem solving. We can practice it silently, in our minds, as we size up a problem and try to solve it. But often, we must do mo ure out how to solve it; we must then explain to others why we think our solution is worth their consideration.To that end, we ha a case that we call an argument. Many of us think of argument as a hostile exchange between two people, each trying to coerce its best, argument is a way to cooperate with others in finding and agreeing on good solutions to tough problems—call it coopera our argu ments fail to achieve that agreement, they succeed if they help us know why we and others differ, in a way that creates ct At the heart of every argument is its main claim, the point you want to support, the solution to the problem that caused you place (some teachers call it your thesis). Claim, though, has two meanings: When you claim that something is so, you also make consider what you've written in support of it. You justify that second claim only when you offer them something in return for the that a claim is not just a statement that you want readers to agree with, but a plausible solution to a problem that you think you how experienced writers put together their arguments, we will give you charts, diagrams, and what look like formulas to foll inking behind the formula. We present our advice in that way because that is what works for most of the writers we have worked ome of you may fear that the charts and formulas will stifle your creativity and make your writing mechanical: I want my writing r formulas. Others will think Great! Just tell me what to do and I'll do it. We trust that you will discover both that our advice vity and that you cannot follow it mindlessly, even if you want to Critical thinking is simply good problem solving. We can practice up a problem and try to solve it. But often, we must do more than analyze a problem and figure out how to solve it; we must then our solution is worth their consideration. To that end, we have to make a case for our views, a case that we call an argument. I hostile exchange between two people, each trying to coerce agreement from the other. But at its best, argument is a way to coop greeing on good solutions to tough problems—call it cooperative critical thinking. Even when our argu ments fail to achieve that lp us know why we and others differ, in a way that creates mutual understanding and respect At the heart of every argument ant to support, the solution to the problem that caused you to make an argument in the first place (some teachers call it your thesis hen you claim that something is so, you also make a claim on your read

在第一部分中，我们讨论论证的定义和功用，必须怎样思考才能完成有说服力的论证，必须与他人建立怎样的关系才能完成这样的思考。

- 在第一章，我们考查了人们在自己的思考里，在社会、职业与公民生活中，怎样运用论证。这不仅是为了达到自己的目的，也是为了批判性地思考他人及自己的设想与规划。尽管这些论证有时会成为好斗的针锋相对，强要他人同意，但我们呈现了自己眼中更为深刻的事实：每当人们必须为共同的问题找到一致的解决途径，论证都是合作、批判性思维的关键工具。如果是为了这种用途，最有效的论证往往是文明的。
- 在第二章，我们解释了5个问题。这5个问题的答案各自构成了每一种论证的实质，当你与那些你看重其观点的人交谈，你必须解答这些问题。接下来，我们向你展示怎样运用这5个问题，规划你的书面论证，判断他人的论证。
- 在第三章，我们讨论了人们为什么要论证——为了解决问题。我们解释了两种需要书面论证的问题：①实践性问题，即我们要让他人采取行动或至少支持一种行动来解决的问题；②概念性问题，我们要靠帮助他人更好地理解某事来解决的问题。最后，我们解释了怎样为你的问题建立框架，激发读者更多地了解你的解决方法，从而构建论证。

第一章

论证、批判性思维和理性

简单地说，批判性思维就是一种旨在解决问题的良好思考方式。我们可以在脑海里默默地练习它，掂量问题并试图解决问题。通常，我们不仅必须分析问题，还必须找出解决它的方法；然后，我们必须向其他人解释为什么我们认为该解决方法值得他们考虑。为此，我们必须为自己的设想提出一个论点，这一过程，我们称为"论证"。不少人认为，论辩是两个人之间的矛盾交流，双方都试图强迫对方同意。但在最好的情况下，论证是一种与他人合作、为棘手问题寻找良好解决途径并达成一致的方式，我们不妨称之为"合作式批判性思维"。就算我们的论证未能达成一致意见，但如果它们能激发相互理解和尊重，同时帮助我们了解为什么自己与他人存在分歧，也一样是成功的。

论证的定义

今天你听过或读到了多少次论证？也许比你注意到的要多，甚至比你想到的要多。电视和广播谈话节目已经将激烈的论战变成了一场全国性的运动，而那些牺牲文明、真相和理智，尖锐鼓吹狭隘动机的人，似乎已经劫持了公众的话语权。与此同时，广告商用华丽的图片和夸张的主张，迎合我们的情绪进行论证，暗示我们"买它、买它、快买它"。不管是敌意还是逢迎，这样的论证或许会让一个审慎的人猜想：论证是不是已经变得太令人反感了，善良者根本不愿意参与。

但这些都是最糟糕的论证。在一个愈发依赖从坏主意里筛选出好主意的年代，我们比过去任何时代都更加需要出色的论证。在职场，越来越多的雇主抱怨，他们找不到擅长思考的人，这些人能够批判性地权衡他人主张，重要的是，他们还能够清晰、有说服力地传达自己的结论。在公民领域，从近年来有关国家安全的辩论中，我们已经看到，理性的结论在很大程度上有赖于那些既能够判断主张又能够判断证据质量的官员与公民。如今，许多州甚至要求大学教学生分析他人的论证、合理地提出自己的论证，学会批判性思维。

在最好的情况下，论证是达成合理决定的文明甚至友好方式。但是，即便论证走向白热化，良好的论证也会因过程及目的的不同而有别于其他形式的说服。我们在相互合作进行论证时，目的不是胁迫或引诱他人盲目同意，而是要让他们帮助我们为共同的问题找到最好、最合理的解决途径。我们既不攻击，也不逢迎，我们交换并检验主张，从问题的方方面面评估原因和支持性的事实。

从这个意义上说，论证并不总是围绕国家安全一类的重大问题。我们每天都会进行无数次小型论证。

- 你的朋友说她不想吃日本菜，但你想吃素食，你们讨论了一下，决定折中去吃印度菜。
- 你的老师驳斥了"类人猿会数数"的主张，因为它建立在有缺陷的数据之上。
- 你向老板抱怨她想要你使用的新软件，你说它无法实时生成最新的销售报告。
- 你对朋友说，他不能提交一篇从网站上复制粘贴的论文，因为这对所有独立完成功课的人都不公平。

即使你在阅读中独自度过了一整天，你可能也与作者们有过无声的论证。你读到"电视降低了公共辩论的质量"，你想，且慢。他们忘了算那家电视台，我很好奇他们对《新闻一小时》（The News Hour）里的论证怎么看。你尝试在脑海中琢磨一个私人问题时，你甚至可能会向自己论证：我的化学课该怎么办？如果我的成绩没有达到 B，那么根本无望上医学院。我到底能不能拿到 B？如果拿不到 B，那么我就没有社交生活了。但我真的想当医生吗？

所以，想到论证的时候，先将那些激烈的论战、政治斗争和逢迎的广告放到一边，至少现在先这样试试。忘了我们提起论证就好像那是一场近距离战斗的样子：推进我方主张，召集我方证据，削弱他人立场，消解他们的主张，同时，我们要反击，要捍卫自己的主张。试试看，别光想着与敌人论证，要与盟友论证，这样我们才能找到解决共同问题的最佳途径。

> ### "论证"（Argument）一词的起源
> 偶尔，我们会讨论一个重要术语的原意，因为较早的含义可以说明当前的含义。例如，argument 的原意是"使清晰"。拉丁语里的"银"（silver）一词是 argentum，它与 argument 是同一词根：清晰的东西往往也闪闪发光。

论证的益处

论证在我们的思考中太普遍了，不可能一一辨识它的所有用途，但有两种用途最为突出：

- 说服别人按我们说的去想或去做。
- 让自己决定该怎么想或怎么做。

我们通常认为，论证主要是说服他人的一种方式。但最优秀、最挑剔的思想家也使用论证来检验自己的想法，不仅严格地检验他人的想法，也质疑自己的设想。通过论证，我们可以让自己的想法不仅反映我们个人的经验和信念，还对他人的经验和信念做出鉴别和回应。

论证帮助我们批判性地思考

长久以来，哲学家们一直将理性思维视为至高无上的人类成就，是人类区别于其他生物的标志。但要说理性不是什么，比说它是什么要容易。理性不是知道大量的事实或逻辑规则。理性不要求正规教育。理性甚至不意味着知道真相，因为我们可以理性地相信某些日后将被证明是错误的观点。几千年来，认为世界是平的是理性的，因为感官的最佳证据就是这样告诉我们的。只有当我们获得了可供推理的更多事实和更广阔的视角，我们才得以证明自己是错的。

几乎从一出生，我们就开始与他人互动，并逐渐变成了理性的思考者。蹒跚学步的孩子早早就表现出理性的迹象，他们追问为什么自己应该像别人说的那样去想、去做，他们想从他人那里得到些什么时会给出理由。我们很早就学会不盲目地接受别人的主张和理由，而是根据自己的经验和信念提出质疑。但我们要长到更成熟的年龄，才能学会怀疑自己的想法，并对自己应该做什么的推理提出疑惑。随着批判性判断的成熟，我们了解到，不管是别人还是我们自己的主张和推理，未经检验都不能被接受，也不应该被接受。

为做出这些成熟的判断，我们必须采取一种知性立场，对别人想要我们相信的东西提出质疑，在因为个人喜好跳向结论之前暂停一下。要做到这一点，我们必须培养自我控制能力，将思考的速度放慢一点，不仅检验得出我们信念的推理，更要调查我们是否掌握了充分的证据来接受它们。在暂停期间，我们可以运用其他的理性能力。

- 耐心：收集相关情况下的所有信息——不管它来自过往经验、直接的观察还是主动的研究。
- 怀疑精神：不会对信息信以为真，而是对它的真实性提出质疑。
- 逻辑能力：将这些事实作为证据，一步步推理得出结论。

但这还不是完全理性的最高成就。成为完全理性的人，我们不仅能够通过推理得出结论，还能够反思、检验推理的质量。为此，我们必须学会：

- 找出可能与结论矛盾的事实。
- 如果事实与自己的信念相悖，能主动改变自己的想法。
- 能想象出思考问题、事实和结论的不同方式。
- 承认并质疑假设、不一致和矛盾之处。

哪怕最谨慎的思考者，面对上述最后步骤都可能大感为难，尤其是在我们得出了一个自己希望成立的结论时。而这也正是合理论证帮助最大的时候。最好的帮助是我们用书面形式进行完整的论证。

1. 写作让我们慢下来，给了我们思考和斟酌的时间与空间。我们在瞬间想到的东西，要花时间表达；事实证明，在私下想法里感觉清晰而令人信服的观点，公开诉诸文字后大多模糊而缺乏确定性。

2. 它在精神上为我们带来了一份必须加以考虑的问题清单。论证的各个环节让我们对自己的想法产生怀疑：我的推理真的有事实依据吗？有与之矛盾的事实吗？我的逻辑合理吗？

3. 它为我们带来了与他人思想互动的益处。两颗脑袋不一定比一颗好使，但是，如果我们考虑到所有可行性设想（而不是只有我们自己的想法），那么一般来说会想得更清楚。就算论证是我们自己在头脑里创造出来的，只有我们自己才知道，它也能帮助我们批判性地思考，让我们的表现就像是在与他人（这些人需要充分的理由才会认同我们）分享自己的观点一样。我们必须提出别人可能会想到的问题，促使自己考虑那些未经清晰论证说不定就会遭到忽视的事实、推理、信念和其他观点。

"批判"一词的起源以及批判性思维的精神

一些学生和老师对"批判性思维"这个词很反感，因为它听起来很刻薄。有位年轻人说："你先是告诉我们要写出合作式论证，表示友好，接着你又告诉我们要批判。它们无法凑到一起。"但一如滥用论证的人带给了论证一个本不该有的坏名声，"批判"一词的坏名声，也来自那些消极使用它的人。

"Critic"（批评家）一词来自希腊语 kritikos，是指能够做出判断的人；这个名词来自动词 krinein，意思是分开或决定。而这正是良好的批判性思维要做到的事情：帮助我们判断一个想法，将所有的推理和正反证据，与人为附加在该想法上面的感觉、希望和自我利益分离开来。

这就是为什么批判性思维最重要的工具是提出良好的问题，包括论证的 5 个问题。毫无疑问，我们提问的时候，会让那些不愿意检验自己观点的人感到不舒服。它会激怒掌权者。毕竟，苏格拉底是最早的批判性思想家之一，我们都知道，当他向掌权者提出了后者不愿意回答的问题时，他碰到了什么样的遭遇。

在我们的世界里，我们不仅有权提问、有权独立思考，还有义务这么做。这就是说，我们不仅要向他人提出大量批判性问题，还要回答他们的问题。如果你觉得这一切听起来很困难，那么，你就更有理由学会以文明、友好和建设性的方式提出问题和回答。换句话说，你要努力找到人人都认为是合理的答案。

论证怎样支持批判性思维

当你用论证进行批判性思考时，你要在 3 个 "阶段" 或 "层面" 上检验旧设想并发展新设想。它们涉及越来越棘手的问题，不仅包括你怎么想，还包括你那么想的基础。由于我们往往会更加批判性地对待别人的（而不是自己的）想法，这里先从你要向别人提出什么类型的问题着手（你的读者也会向你提出同样的问题）。最终，在你将自己的论证呈交给别人之前，你要学会问自己这些问题。

第一阶段：你的设想或方案言之有据吗？它们仅仅是你的观点、洞见、直觉，或是其他你无法真正解释其基础的快速反应吗？你能用推理和事实（这些推理和事实将表明，考虑到方方面面的情况，你的主张都有着充分的理由）来支持它吗？

第二阶段：你对自己的设想或方案抱持的信念，站得住脚吗？其他人是否认为它合理，值得相信？你是否将自己用来支持它的理由和事实交给别人检查过？是否有人拿得出与之矛盾的理由或事实？你考虑过所有相关的可能性吗？

第三阶段：你对自己的设想或方案的信念合乎逻辑吗？它建立在有效的推理原则上吗？你能解释推理和事实怎样支持了你的信念吗？

如果你所检验的设想来自你自己，以下问题更难以回答：*我能用推理和事实支持自己的设想吗？我能表明自己已经考虑了其他所有相关的设想和选项了吗？我该怎样解释自己的推理原则？* 这些问题不仅强迫你考虑新的可能性，还扰乱了你熟悉的思考方式，对你渴望信以为真的设想提出了挑战，让人觉得心烦意乱。

通过学习进行良好论证，你会形成一种态度，建立起一种始终愿意倾听或者能够想象其他质疑声音的思维框架，从而让你从脑海中杂乱的喧嚣中抽离出来，并清晰地阐述自己的设想和使得你相信它的推理。如果是别人提出这些问题，你会觉得最轻松，但要是他们不提问，你就必须自己想象有一道来自内心的声音在不停地嘀咕：*且慢，你的证据有多充分？消息来源可靠吗？你认为自己的结论正确是因为你希望它正确？要是有人说……你怎么回答？* 一旦你学会质疑自己，对自己的设想展开批判性思考，你就学会了迎接他人必然会提出的问题。

批判性思考者是否常见

曾有一名研究人员调查人会怎样批判性地反思自己的信念，她发现，很少有人能做得到这一点。她就失业和辍学等问题询问了 160 人，其中包括初三学生、大学毕业生以及相关领域的专家。当有人给出原因时，她会追问道：

- 你怎么知道原因是这个？你能提供什么证据？
- 会有人与你的意见不一样吗？他会提供什么证据？
- 你会对那个人说些什么以表明他错了？
- 你能想象证据证明你自己的观点是错的吗？
- 有可能正确的观点不止一个吗？

能想出证据支持自己观点的人不到 1/2。2/3 的人能够想出不同的观点，但能想出支持论证的人不到 1/2；如果研究人员提出相反的观点，能为它想到答案的人还不到 1/2。换句话说，大多数遭到质疑的人无法想象另一种基于合理推理的观点，又或者想不出任何良好的证据支持自己的观点！就连大学毕业生也不见得能自始至终做个优秀的批判性思考者。

资料来源：Deanna Kuhn, *The Skills of Argument* (New York: Cambridge University Press, 1991).

论证帮助我们维系社群

因为理性思考在本质上是社会性的，所以，要与那些观点有别于你的人一起生活和共事，论证至关重要。如果你希望成为批判性思考者社群中的一员，你必须有能力对自己的观点和方案展开批判性思考，同时揭示自己的想法，为你的观点提出值得相信的理由，就算其他人无法同意你的观点，至少也会表示尊重。实际上，如果我们无法就"理性社群最需要合作性质的论证"这一点达成共识，那么，我们至少要面对分歧，理解其他人的想法为什么会是那样的，而不是将他们的设想视为单纯的意见，甚至胡说八道。

如果社群里包括来自其他文化的人，理性论证尤其困难，但也特别重要。在来自同一背景的人眼中合理的主张或理由，在其他文化背景的人看来或许完全不理性，这不是因为双方无法对事实达成共识，而是因为双方的主张建立在不相容的价值观和推理原则上。如果在基本价值观上存在分歧，那么我们的交流往往很难超越互换教条主张。在这种情况下，论证有可能变得不再是合作而是战斗，对理性思考起干扰作用而非支持作用。

这是否意味着不同文化的人永远无法达成共识呢？在某些议题上或许的确如此，尤其是那些深理的价值观，在被识别之前必须先将其挖掘出来，更不用说被理解了。但是，如果合作式论证无法解决这些议题，那么至少能帮助我们理解它为什么无法解决——只要我们能达到批判性思考的第二阶段和第三阶段，将我们自己的想法明确地融入与他人想法的对话当中。为实现成功，一个秉持多元化价值观的社会不仅仅需要善意和宽容，还需要用友好、文明的方式来解释为什么我们秉持自己的价值观，理解他人为什么秉持他们的价值观。论证是维系多元文化社会结构的重要工具。

📖 **阅读资料**

论证的种类

在本书第十五章开篇，你会看到一些简短的阅读材料，我们将其作为例子，你也可以将它作为自己的写作项目。我们会时不时地在页面里补充相关的阅读材料或我们的经验，指出论证的各个方面在实践中如何发挥作用。

一些阅读了本书手稿的大一学生想知道，人们是不是真的像我们所说的那样经常展开论证。其中一人说："如果我去当建筑工程师，我就按照客户的要求做好了，论证与我有什么关系？我才不想和客户争论呢。"但他从一位执业建筑师（本书作者之一科洛姆的兄弟）身上找到了答案。建筑师回忆了自己参与芝加哥桥梁修复工程时不得不进行的所有论证。当他列举了快20次论证之后，我们问："其中有多少次是书面形式的论证呢？"他拿出了近5厘米厚的一摞提案、报告、信件和备忘录——全都是书面论证。

论证定义了学术和专业社群

思考周全和文明的论证，也是学术和专业社群的生命线。科学家、工程师、农业顾问、大学教授，以及无数其他的专业人员都要在各自的领域进行论证，发现并支持解决问题的途径。他们首先在自己的头脑中，接着在与同事的对话中，然后往往以书面形式到更广阔的社群中去构建论证。大多数专业社群都会进行论证，指明某些只有靠某人采取行动方可解决的问题。

问题：大学里的纵酒狂欢已经成为一个健康风险问题。

解决办法：我们应该花一些时间在迎新周讨论它的危害。

我们将这些叫作实践性问题，如果这些问题得不到解决，会给我们造成无法容忍的有形的代价。为消除这些代价，我们提出一套做某事的计划。

另外，在学术界，研究人员更多地深入研究一个问题，不是为了直接解决它，而是为了帮助我们更好地理解它。

问题：我们还不理解导致学生纵酒的心理因素。

解决办法：重要因素之一是（年轻人容易）被冒险行为吸引。

学术研究人员将这样的议题（issue）称为问题（problem），但它是一种特殊的问题，它是一个概念性问题，我们可以对其做如下表述：宇宙有多大？鸟类真的是恐龙的后代吗？是什么导致了学生纵酒？概念性问题涉及世界，但它们的解决办法不是要告诉我们怎样加以改变，而是怎样更好地理解它。当然，对一部分实践性问题来说，我们在解决它之前，必须更好地理解它。学术研究人员认为，我们对世界了解得越多，就越能更好地应对世界上的所有问题。但短期来看，大多数学术研究的目的仅仅是更好地理解。（我们将在第三章更详细地讨论这两种问题。）

然而，无论写作者提出的是实践性问题还是概念性问题，他或他们都必须用论证来支持自己的解决办法，以便他或他们所在社群里的其他人能够在接受之前对其进行反思、检验，甚至有所改进。两种问题都需要具备良好的批判性思维技能。

教育中的问与答

研究人员发现，许多大学新生对问与答的重视程度，与老师很不一样。一些学生认为自己的目标是报告所学事实，回答问题。但大多数老师并不想要这些现成的答案，而是想要学生提出更多的问题，也就是学生对听到和读到的问题展开批判性思考，愿意以不同观点和证据检验主张。这种差异让许多大一新生感到困惑。请完成以下测试，看看你的想法与老师是否接近。你同意以下看法吗？

1. 一旦你掌握了事实，大多数问题都只有一个正确答案。

2. 科学最好的地方在于它只有一个正确答案。

3. 研究没有明确答案的问题，是在浪费时间。

4. 教育工作者应该知道讲课还是讨论是更好的教学方法。

5. 优秀的老师能防止学生偏离正轨。

6. 如果教授只讲述事实，少谈些理论，我能从大学里学到更多的东西。

如果你基本认同上述说法，那么你的教育价值观就与大多数老师有所冲突；而且，你或许会因为他们向你提出大量的问题却没有给你现成的答案而感到迷惑不解。大多数此类问题的主题涉及批判性思维模式，它强调的不是既定事实，而是开放性提问，不是死记硬背的知识，而是怀疑的探究。

资料来源：M. P. Ryan, "Monitoring Text Comprehension: Individual Differences in Epistemological Standards," *Journal of Educational Psychology* 76 (1984): 250.

论证促成民主

批判性思维和良好的论证，也是自我治理的核心。从理论上说，那些治理我们的人有义务回答我们的问题。

事实上，我们选举代表就是为了提问，进行论证，代表我们分析别人的论证。我们指定的提问者或许不会问我们希望他们问的问题；很多时候，我们甚至不知道他们应该问什么问题。民主面临的一种最大风险是，官员们认为自己可以随心所欲，无须向我们提供有可靠事实支持的合理理由。

当然，就算是最好的论证也不见得总能成功，尤其是当论证威胁到掌权者利益的时候。有人甚至主张，理性的论证是徒劳的，因为在政治上，是权力和影响力说了算，而不是逻辑和证据。但这种看法忽视了良好论证占据上风的情况，它更糟糕的地方是给掌权者找借口，纵容他们在没有正当理由的前提下滥用权力。哪怕掌权者有时未经我们的同意就采取了行动，我们至少要让他们恪守"民众的批判性赞同是权力之本"的原则。

伪论证的定义

3 种不是论证的说服形式

人们（尤其是那些认为论证要赢才算成功的人）常常将论证等同于说服。但论证和说服并不相同。一方面，人无须完全说服读者也能进行成功的论证；另一方面，有些说服形式并非论证。以下有 3 种说服，看起来像是论证，但是缺乏合理公平论证的一项关键性质。它们分别是：①谈判；②宣传；③胁迫。

谈判： 从你和另一个人就某事（如一辆汽车的价格）交换主张和推理的角度来看，谈判带给人的感觉像是论证。但在谈判时，只要你能达成一个双方都可以接受的结果，你想怎么推理都行，哪怕是你自己都不接受的推理也没问题。你不应该说谎，但你也没有义务（也没有人期待你）保持坦率（甚或全盘托出）。因此，就算你不主动说出自己乐意支付的最高价格，也并非不道德。但在进行论证的时候，你有义务尽可能坦率地提供充分的信息，这就包括不得故意省略与你主张相关的信息，不得进行你认为站不住脚的推理。

宣传： 就提供主张和推理这一点来看，宣传有时像是论证。但宣传家并不关心自己的推理有没有好处，他们只关心这一推理（往往要利用受众的情绪才能进行）能否行得通。只要他们知道自己必须战胜什么样的观念，他们并不关心别人怎么想。宣传家最不关心的是，另一种观点是否应该改变他们自己的观点。公平的论证不仅提供良好的推理，而且必须承认并回应他人的信念。

胁迫： 胁迫通过威胁（如果有人想拒绝该主张，便要付出难以承受的代价）解决问题：要么同意，要么受罪！尽管我们认为胁迫是大棒，但将胡萝卜作为贿赂，同样是胁迫：*同意吧，同意了我就奖励你*。以权威自居者如果在论证时提出，"*同意吧，因为我比你知道得更清楚*"，这就是诉诸胁迫。想依靠羞辱让人同意的做法，同样是胁迫。《星球大战》中的莉娅公主恳求道："*帮帮我吧，欧比旺·克诺比（Obi-Wan Kenobi），你是我唯一的希望*。"这位绝地大师要么帮忙，要么就是背叛了自己最深刻的价值观。因此，莉娅公主的请求是一种胁迫。

谈判、宣传和胁迫并不总是非理性、不道德的。我们对孩子胁迫、宣传、谈判，我们甚至称之为养育。如果恐怖分子劫持了一辆满载学生的校车，有人去威胁他们、与他们谈判，没有人会觉得这叫不理性。我们面对的挑战是，知道什么样的话语形式最有利于社会的文明和正义。而这种话语形式，往往是公平坦率的论证。

> **论证以推理来说服**
>
> 　　科洛姆（本书作者之一）小时候，学校有一位兼任"训导主任"的副校长，他随身携带一根警棍，名为"劝导棒"。劝导棒影响了科洛姆的想法，偶尔也会影响他的行为，但挨打并不是一种论证形式，一如大呼小叫地侮辱别人，吓得别人不敢作声，同样不是论证的形式。

论证和解释

　　有些主张和理由看起来像是论证，但它并不是。

　　塔尼娅：我必须回家了。（主张）我太累了，老出错。（理由）

　　在第一句话里，塔尼娅提出一个主张，在第二句话中，她提供了一个理由，除非我们知道她的意图，否则我们并不知道它们是否构成了论证。

　　罗恩：要走了吗？看看时间。你已经工作好长时间了。

　　塔尼娅：我必须回家了。（主张）我太累了，老出错。（理由）

　　塔尼娅给罗恩的理由不是为了让后者相信自己应该回家（因为他似乎本就认为她该回家了），而是为了解释自己为什么必须回家。对比下一段对话：

　　罗恩：你不是要走了吧？我们需要你！

　　塔尼娅：我必须回家了。（主张）我太累了，老出错。（理由）

　　塔尼娅给出了相同的主张和理由，但此时是为了说服罗恩接受他原本无法接受的主张。这就不再是解释，而成了论证。

　　一段对话成为论证，必须符合以下两项标准。

- 关于它的形式。一项论证由一个主张（一段陈述，说明你打算让对方相信什么或做什么）和至少一个理由（一段陈述，提供让对方赞同的基础）构成。
- 关于参与者的意图。要进行论证，你必须想到，只有当你为对方提供了充分的理由，他才会接受你的主张。

　　一场交流要成为考量周全的论证，人们必须以批判性思考的 3 个阶段为基础，必须提供多方面的理由。

- 当你承认并回应那些与你的观点相符或相悖的观点时，你要进行合理并公平的论证。如果罗恩说"但你答应要留下来的"，那么塔尼娅应该回应他。

我们针对不同的目的使用解释和论证，但通常，我们会将二者交织在一起。你或许提出，不该出售某些衣服，但在此过程中，你还得解释产地的经济状况。

论证和故事

故事和论证同样古老，甚至更古老。很多时候，故事看似论证，但它们诉诸的是一种不见得总与合理化批判性思考相容的推理（实际上，有时候还与之矛盾）。

- 故事讲得好的话，能让观众产生敬畏、恐惧、愉悦或厌恶的感觉。良好的论证则带给人一种智力上的愉悦感，但这种愉悦感不如发自内心的愤怒或喜悦那样强烈。
- 生动的故事似乎描述了"真正"发生的情况，所以它的真实性在意识之眼里似乎不言而喻。论证提供的模式是抽象的推理和证据，这些模式能更可靠地得出真相，但没故事那么生动。
- 讲故事的时候，你希望听众会暂停批判性判断（哪怕只是暂时），这样他们就不会想："且慢！不对，这不可能！"相反，你希望他们想的是："接下来呢？"事实上，质疑别人当成亲身经历讲述的故事，会让我们显得无礼，因为我们似乎是在怀疑故事的真实性。然而，当我们在撰写考虑周到的论证时，我们反而会邀请他人做出批判性的新回应。我们希望读者质疑我们的推理、证据、逻辑，甚至这一论证存在的必要性。

讲故事时，我们希望读者暂时打消疑虑，体验我们所说的话；而进行论证时，我们欢迎读者的质疑，这样他们才是在思考我们的话。

缺乏经验的写作者有时会以为，好的故事足以构成良好的论证。而一些精彩的故事的确清楚地暗示了一个观点，我们可以从中推断其隐含的主张。但故事本身绝不会提供主张甚或理由。这就是为什么无数的道德故事总会在结尾加上一句："人生有风险，许愿须谨慎！"不过，如果将好的故事作为证据，它们可以有力地支持一个理由或主张。

论证和视觉图像

论证需要文字，但也可以利用图像的力量。依靠新的数字工具，你获得了远超从前的创造图像的方法，能让你的证据以及你的论证栩栩如生地呈现在读者眼前（有关以视觉方式呈现证据的内容，我们将在第六章做更多的介绍）。新的数字工具甚至让人能够创造出融合了动态图像与文字双方力量的论证。如果你能够以视觉故事的形式来呈现证据，你就能够借助它的生动和情感力量，极大地提高论证的说服力。

但是，一如故事不能构成论证，视觉图像也不能单独构成论证：论证始终需要陈述至少一种主张，提供支持的理由。看到电视广告或平面广告里出现饥饿的儿童的画面，我们会情不自禁地被打动。图像似乎在呼吁我们做点什么。但到底是要做什么呢？加入和平组织？寄钱——给谁？只有当文字或画外音告诉我们——寄钱去喂饱孩子们（主张），每天只要几分钱就能喂饱这些孩子（理由），我们才知道图像想要我们干什么。

逻辑、人格和情绪

理性论证不是纯粹的逻辑练习。一些哲学家将情绪排除在推理之外，但认知科学已经证明，情绪对人类理性至关重要。没有一个理性的人会在撰写有关大屠杀或奴隶制的论证时无动于衷。我们都曾根据看似合理但感觉不对的结论采取过行动，接着懊恼事前不该忽视自己的感受。

但我们不能仅凭感觉支持一项主张。我们不能简单地说自己对此有多么强烈的感觉，进而证明自己主张的正当性。我们必须以看似理性的方式来解释自己的主张（和感受）。这意味着要依靠推理和证据。那些撰写过有关论证图书的人，从中提炼出以下3种力量，其中后两种力量取决于我们激发读者感受的能力。

- 如果我们诉诸读者的逻辑，那么我们依靠的是一种名叫逻辑的力量，也是本书大部分内容的主题。
- 当我们直接诉诸读者的怜悯、愤怒、恐惧等情感，我们瞄准的是他们的情绪。（我们将主要在第四部分讨论这一主题。）
- 当我们展现出一种值得信赖、思想开放的人格，我们是希望读者被我们的人格打动。（贯穿本书，我们都在讨论这一力量。）

> 我们能够单独分析这些诉求，但在实践中，它们紧密地交缠在一起，区分它们常常像是在钻牛角尖。

写作过程

论证和批判性思维

学会撰写合理的论证很关键，但许多没有经验的写作者的有些习惯会对此造成妨碍。只要他们有了想要提出的主张，就会一头扎进起草的工作，接下来就全靠碰运气瞎干了。还有些人计划得十分详尽，接着完全按照计划撰写论证，忽视了发现新东西的机会。有经验的写作者知道，在起草之前必须思考和计划，但他们也有可能在起草和修改时改变主意。

这是一种需要多加练习的思维习惯。为了让你熟悉这条学习曲线，在每一章中，我们都将讨论有经验的写作者在合理的时间内用于进行有效论证的策略。我们将这些建议分为以下6类：①思考和讨论；②阅读和研究；③准备和规划；④起草；⑤修改；⑥协同工作。它们看起来像是连续的阶段，但大家无须亦步亦趋地照做。准备好不断循环。

此外，我们还收录了这样一个小节，其目的是引导你完成撰写研究报告（即在论文中用已发表的资料来源支持一个主张）这一更严苛的流程。

思考和讨论

早在你动笔之前，你的大脑就开始对论证展开琢磨了。如果你放手让它继续，哪怕你在想着其他事情，潜意识也会继续工作。在本节中，我们将向你展示怎样琢磨你的论证——从接到作业的那一刻开始，直到上交作业，哪怕你既没有在阅读也没有在写作。

讲述你的电梯故事

专业作家知道，越早谈论自己的写作计划，第一份计划就会越好。与此对照，新手作家往往将自己的构想藏在心底酝酿，因为他们担心分享未成形的设想会显得愚蠢。为了立刻开始与人讨论你的设想，不妨像个专业人士那样做：讲述你的电梯故事。想象自己走进通往 5 层的电梯时，你遇到了老师，他说："讲讲你打算在论文里写些什么吧。"你没有太多的时间思考，所以必须用短短几句话将论证中的有趣之处说出来。

当然，如果你还在寻找打算写什么问题，那么的确没太多可说的。对电梯故事而言，你必须已经就打算解决的议题有了大致的设想，它要么是老师已经布置好的，要么因为它对你很重要。但这就是所有论证的起点，一种粗略的感觉：你相信某件别人不相信的事情，而且你有一些理由可以支持自己的主张。一旦有了这种感觉，电梯故事能帮助你将粗略的感觉发展成可靠和有眉目的论证。

一个出色的电梯故事有 4 个要素，每个要素只有一两句话。

1. 你的论证要解决的问题

   我要写的是……的问题。

2. 为什么这个问题重要或有趣

   我选择这个问题是因为……

3. 你目前对答案的大体揣测（如果你有）；如果没有，那么说出你对能到哪里寻找答案的大体揣测。

   我想，答案 / 解决办法是……

   我认为答案 / 解决办法与……有关。

4. 你希望到哪里找到证据支持答案

   我认为最好的证据是……

出色的电梯故事包括以上 4 个要素。

我要写的问题是，真实的家庭与 20 世纪 50 年代情景喜剧中展现的家庭有什么不同，因为我认为，情景喜剧所展现的家庭模式创造了一种许多人认为自己应该达到却做不到的期待。我想，我能证明电视家庭是理想化的，而现实中的家庭更加多样化。我可以从媒体研究图书馆收藏的录像带里找到有关电视家庭的证据。政府的数据库里有关于实际家庭的统计数据。

就此刻而言，尽力描述每个要素即可。在第三章，我们将介绍一种更好的方式来陈述你的问题，以及这问题为什么重要。

不要因为想找到所有答案而推迟构思你的电梯故事。尽快想一个，然后竭尽所能地找更多的朋友练习。你的故事以及你的设想，会随着你的每一次讲述变得更好。

想象你的读者

讲述电梯故事的时候要记住：你认为重要的问题，别人可能不以为然，你认为好的理由和证据，别人可能会拒绝接受。你认为大学学费上涨是个问题，但一个刚毕业的大学生可能对此毫不关心。所以，一旦你理解自己的论证想要解决的是什么问题，你就必须试着想象自己的读者会做出什么样的反应。

想象读者的时候，别假想自己置身于黑暗的礼堂，站在讲台上，面对一群不知名的人宣读你的论证；要将你的读者想象成一群和蔼而活跃的朋友，他们坐在餐桌旁，时不时地提出尖锐的问题、反对意见和自己的观点，打断你的论证。在那样的环境下，你必须回应他们的问题和反对意见，尤其是"那又怎样？我为什么要在乎"一类的问题。

真实读者与规定读者

如果老师规定的读者（假设你是广告公司的研究员，正负责为客户的新款运动型汽车构思广告，你的主管希望你分析福特和克莱斯勒旗下的广告是怎样吸引25岁以下的消费者的），与那些真正会阅读你论文的人（你的老师、校友或同学）不同，你可能会面临一项挑战。并没有哪位广告经理会看你的论文，但写作老师会像一位广告经理那样评判你的论文。所以，你有一位真正的读者（你的老师）和一位规定的读者（想象中的经理）。如果你了解广告经理，你兴许能够预测他们的问题。如果你不了解，那么你只能站在他们的角度，判断你真正的读者是不是也能想到相同的事情。

如果你的作业规定你的读者是"普通大众"，你面临的挑战就更大了，因为根本就没有这样的读者。如果作业就是这样，那么假设这位"普通大众"阅读《纽约时报》（New York Times）、《国家评论》（National Review）或《科学美国人》（Scientific American）一类的出版物（尽管这不是真的）。要不然，就假设"普通大众"是和你一样的人。他们读过的资料与你读过的一样，但还没有讨论过，想听到更多相关的东西。

如果可以，与读者交谈

了解读者的最好方法是与他们交谈。专家们就是这样做的。

- 建筑师起草提案之前，会尽可能地了解客户的一切，从后者的财务状况到生活习惯。
- 律师起草辩词之前，会打听法官的情况，阅读她写的判决书，询问其他律师。

你或许无法做这么详尽的研究，但找出读者知道什么、相信什么，会是个好主意。

- 假设埃琳娜正在为英语研究中心准备一份提案，目的是帮助母语非英语的学生。她可以拜访行政人员，看看他们对中心的学生了解多少，以前是怎么应对相关问题的，谁对批准她的提案有发言权，等等。

动笔之前了解读者对你的论证会有什么样的反应也很明智。

- 一旦埃琳娜有了提案，她就会去拜访受众，查探他们的反应。他们认为存在什么问题吗？他们觉得应该把资源投入其他服务吗？他们有更便宜的其他选择吗？如果读者在读到论证之前对它的内容就很熟悉，他们对它的判断会更加宽容。

当然，对大多数学生来说，与读者交谈意味着与老师交谈。但这不是一件坏事。这不仅能帮助学生预测老师的回应，还能让老师在阅读学生的论证时更加宽容，因为学生的成功与否，也与老师有了关系。如果你无法与读者直接交谈，那么想象一个聪明、随和、思想开放但常与你意见不同的人，针对那个人来写作。

阅读和研究

无须寻找新的信息就进行合理而完整的论证，这种情况是很少的。而寻找新信息，通常要靠阅读出版物和在线资源。在本节中，我们将向你展示怎样寻找、使用资源，以此构建论证。由于你读到的大多数资料也是论证，你可以通过学习到的写作知识，帮助自己更有效地阅读它们。理解你所读论证的最好方法是一边读一边写。做标记：画线、高亮显示、在空白处发表意见，写出问题或保留意见来反驳作者。

写下概述

从略读开始，为进一步的阅读搭建起框架。向作者提出以下问题：

- 你要解决什么问题？你想回答什么问题？
- 针对你的问题，你的解决办法是什么？你的答案是什么？
- 你是希望我有所思考，还是希望我采取行动？
- 你用什么理由来支持自己的主张？
- 你有什么证据可以支持你的理由？

为什么不直接通读呢？一旦你有了框架，你就可以读得更快，理解得更好，记得更长久。以下是搭建明智框架的略读流程。

文章

1. 找到引言结束、正文开始的地方，可以用标题、额外的空格或其他印刷符号来做标记。
2. 略读引言，将重点放在结尾上。你最有可能在那里找到作者要解决的问题。加上强调符（或高亮显示）。说不定你还会看到主要观点、问题的答案或解决办法。如果有，同样加上强调符。
3. 略读结论。如果要点不在引言的结尾，你应该能在这里找到它。加上强调符。
4. 浏览正文，找到标题，理解文章的组织安排和主题顺序。
5. 略读每一主要小节的首段或前两段。

图书

1. 阅读目录和包含概述在内的开头部分，它可能叫作"引言""前言"或"第一章"。
2. 将焦点放在概述的开头和结尾，寻找对书中所探讨问题的主张。
3. 阅读结论，注意它与概述有怎样的关系；寻找要点，加上强调符或对之进行总结。
4. 略读每一章的第一段和最后几段。

网站

许多发布在互联网上的文本，与期刊上发表的文章有着相同的结果，可使用上面介绍的方法。如若不然，请这样做：

1. 寻找概述或前言。它可能在主页或单独的页面上。
2. 查看网站地图，看看它是怎样组织主题和部分的。如果没有网站地图，请通读主页上的主要链接。

一旦你对文章有了大致的了解，你就可以一边读一边提问了。记下你的不同意见、问题和不同观点。这是一个有用的习惯，因为它可以帮助你想象读者也与你做着一样的事。

读完一小节后，写下简短的概述或至少在精神上演练一番，将它想成一个电梯故事。这能帮助你将已理解的内容在记忆里形成一幅更清晰的图像。

准备和规划

专业写作者会通过计划许多方式进行论证，但他们知道，计划得越多，写起来就越快，论证得也越好。随着时间的推移，你会发现，什么样的准备和规划仪式最适合你——什么东西你必须写下来，哪些东西你可以在脑海中构思，哪些东西你甚至不必想。没有什么可以代替经验，现在你多加练习的环节，以后便能自动地完成。

聚焦于问题

从确定自己想要实现的目标着手规划论证。如果读者同意你的解决办法，你能收获什么？如果他们不同意，你会损失什么？你是在提出改进世界的方法，还是更好地理解世界的方式？

- 如果靠着让读者更好地理解某事就可以解决你的问题，那么，你的问题是概念性的。你希望读者对凯马特和沃尔玛有什么样的了解？
  大型商超迫使小型家庭杂货店退出市场，将小商店营造的邻里聚会亲密空间，变成了没有人情味、人们彼此陌生的大型卖场，侵蚀了社区价值观。
- 如果让读者做某事或支持某人的行为可以解决你的问题，那么，你的问题是实践性的。你希望读者对大型商超采取什么行动？
  由于大型商超侵蚀了社区生活的质量，地方政府应通过分区法，阻止大型商超进入小城镇。

就算你还不确定你想解决什么具体的问题，也要尽快判断你是希望提出主张让读者思考，还是希望让他们采取行动。在大多数情况下，你的老师会希望你解决一个概念性问题，因为大多数学术写作都以此为目的，更何况，严肃的实践性问题很少有你能用几页纸就能解决的。所以，即便你觉得对大型商超采取行动很重要，也不妨在构建论证的时候，围绕一个问题展开，这个问题的答案有望朝着该目标迈进。

写提纲，还是不写提纲

经验丰富的写作者对提纲的感情很复杂。本书的两位作者高中毕业之后，很高兴可以与使用罗马数字和字母标注的正式提纲分道扬镳。我们不再拟订详尽的提纲，但我们仍然依靠粗略的提纲勾勒自己论证的大体样貌。如果你喜欢正式的提纲，尽管用，但不要因为你不喜欢正式的提纲而放弃粗略的提纲。找到适合你的提纲形式，哪怕只是主题列表也行。不管它的形式如何，千万不要在没有提纲的条件下动手写第一版草稿。（我们将在第五章至第八章更详细地讨论计划事宜。）

起草

你或许还没有起草过论证，但当你开始的时候，要将它想成两个互相交叠的阶段：草拟和修改。我们都是边写草稿边修改，但留些时间，等写完第一版草稿后从头看起会很有用。我们都曾惊讶地发现，写完之后隔一天再看，论证的说服力就会大幅缩水。如果你先写草稿再修改，那么你会写得更好、更快。所以，在写的时候，不要对自己吹毛求疵。

何时开始起草

等到对问题的解决办法十足确定之后再打草稿似乎合乎逻辑，但这有可能是个错误，因为发现解决办法的途径之一就是写些东西，它有助于你探索问题。你可以从提出一些暂时的解决办法（可称为假说）开始。不必保证自己100%走上了正确的轨道；将这篇早期的文章看作你主张的"试镜"机会。（我有学生将这个过程比喻成约会：不必做承诺，只是感兴趣。）一旦你能够阐述哪怕是探索性的主张，就列出理由，鼓励批判性读者认真地对待它。将这些理由按照读者认可的顺序排列起来，这份清单就成了你的草稿大纲。

打草稿的风格

有些作家写草稿写得很慢、很仔细，有些则有多快写多快。大多数经验丰富的写作者会偏向于快而非谨慎，但你应该按最适合自己的方式来打草稿。没有最佳方式，两者都需要权衡。

- 草稿写得仔细的人必须写完一句话再写另一句话，写完一段话再进入另一段话。草稿写得慢而仔细的人需要细致的计划，即便如此，各种各样的小变化也会接踵而来，这里做了改变那里也就需要改变，最终，变化的幅度超过了最初的规划。如果你慢慢写草稿，就要仔细规划。
- 草稿写得快的人早就预料到后面需要修改，所以他们不会停下来寻找恰如其分的措辞。一旦进入状态，他们会省略一些引语、数据，甚至整段整段的话，他们知道可以稍后补上。如果他们的思路卡住了，他们会跳到前面，或是回过头去补充自己省略的部分，调整语法和拼写，或是寻找合适的词语。草稿写得快的人知道自己可能会跑题，所以会留出大量的时间重新组织、思考自己的论证。如果你写草稿写得快，那么要早日动手。

修改

经验丰富的写作者知道，弄清自己要说些什么之后，必须以满足读者需求和期待的方式来表达。实际上，许多资深写作者用来修改的时间比草拟还要长。

修改时的最大障碍不在于时间太少，而在于记住的内容太多。我们无法像读者那样阅读自己的作品，因为我们对自己写作时想要表达的意思记得太清楚了。所以，我们能从自己的作品里解读出希望读者理解的东西。然而，读者只能根据页面上所见到的行文去理解。

着眼于这个问题，你必须与草稿拉开距离，将它放在一边，直到它在你的记忆中不再鲜活，也可以让别人大声地读给你听。但最好的修改策略是故意绕开自己对它的深入理解，我们将在接下来的每一章解释这一过程。

协同工作

为什么需要协同

论证的结束不是在你完成论述的时候，而是在读者回应它的时候（如果你回应了读者的回应，那么论证甚至仍未结束）。所以，你应该创造虚构的读者或招募真实的读者，帮助你预测他们的回应。你的老师知道这是怎么运作的：他发表的每一篇文章，都要依靠评论家、编辑和同事的合作。有些学生担心与人合作显得自己不诚实，但如果你不是让别人帮你打草稿，这就没什么不诚实的地方。恰恰相反，你要靠他人获取对大纲和草稿的反馈，根据他们的反馈进行修改。你还应该让老师知道你在做什么。

与他人合作，你能获得多方面的益处。

1. 由于你无法像读者那样阅读自己的作品，你能更客观地看待它。

2. 由于你必须在与他人的对话中进行论证，你可以学习怎样预测他人的问题和反对意见，还可以学习怎样倾听及回应他人的观点。

3. 通过练习文明地表达不同意见的技能，你能学会以友好的方式提出尖锐的问题，之后倾听他人的回答。

4. 你要学习在与他人的互动中表现出可信的个性，即我们所说的可信度。从很多方面都可以展现性格，但最直接的方式莫过于你怎样回应问题和不同意见。

5. 你要学会批评别人的论证。随着你学习的进步，你必须对自己所读的内容展开批判性思考。在职场，协同工作是常态，你可能有责任对同事的工作做出批判性但有帮助的回应，最终，也以同样的方式回应为你工作的人所写的东西。这看似遥远，但你现在就可以练习怎样提出考虑周全、慷慨、有益的批评，为这一任务做好准备。

我们的诸多合作者

写作本书，我们得到了很多帮助。十多位读者评价过初稿。我们还得到了教师的帮助，他们在会议和研讨班上听取我们的想法，或是在课堂上使用我们的手稿。他们的一些学生给我们写信，甚至通过电子邮件发来问题。

有时，这个过程痛苦难耐。早期的书评人说过这样的话："我恐怕要说，除非（本书）大幅修改，要不然，使用它的人会感到非常失望。"但是，即便经过多年的修改，一些评论者仍不满意："文字似乎还处在完成的早期阶段……感觉上，作者急着将书写完，而不是全面覆盖相关内容……我希望，这些（问题）真的是因为手稿还不够成熟所致。"听到这样的评论，我们很难高兴起来，但它们确实对我们的书有所帮助。

建立写作小组

互相帮助的最佳方式是建立写作小组。组织写作小组要投入不少时间，但它能高效地改善写作。建议你找三四个能友好地表示不同意见并能按约定时间（而不是在交作业的前一天晚上 11 点）碰头的人。你们需要赶在碰头会之前交换作业评价。除非人人都还处在最初的准备阶段，否则，每次碰头会上，小组成员应传阅某些东西，比如一份草稿、一份大纲，哪怕只是设想清单也行。小组成员应当以书面形式回应彼此的工作：评论清单，在草稿上做标记，等等。

如果小组里有一名协调员和一名记录员（将任务分发下去），效果是最好的：

- 协调员让小组专注于任务，确保所有人都参与进来，并在争论变得棘手时转移话题。碰头会结束时，协调员为组员们安排下一轮碰头的日程。
- 记录员记录每个人答应为下一次碰头会做些什么，如果有可能，通过电子邮件提醒所有人。

最微妙的任务是让大家都高效工作。小组行为存在一些可预见的问题，例如：

- 一两个人主导了对话，或始终保持沉默。
- 一两个人成为其他人依赖的"专家"。
- 一两个人经常不受重视。

对这些情况，问题既出在当事人身上，也出在小组身上。除非小组默许，才会出现一个人主导对话或始终保持沉默的情况。你必须给每个人分配具体的任务，以此避免这种情况的发生。如果每个人都有任务，那么，小组就不会因为部分成员没有尽责而受到影响。

课后习题

这些习题包含的范围很广，有各种各样的问题、思考题、待做事宜、课堂讨论建议、短论文，甚至研究论文，全都旨在帮助你理解论证的性质和用途。习题分为以下 3 种：**思考题**，要求你仔细思考；**任务**，要求你做某件事并讨论它；**项目**，要求你展开积极的研究。大多数章节收录的习题都很多，一个人不可能全部做完，所以不必想着全部做完。选择你感兴趣的部分，尤其是老师让你为课堂讨论做准备的那些题目。

思考题

1. 假设有人发现一群与世隔绝的人，并说这群人"完全不理性"。你能否解释一下：整个社会完全不理性需要什么样的证据加以支持呢？一个不理性的社会形态能否长期存在？

2. 两个理性的人在事实上达成共识，是否有可能得出截然相反的结论？这种情况不可能出现吗？

3. 你是否有过这样的经历：在一次谈话中，你认为自己只是在解释某件事，而其他人却认为你在进行论证？是什么造成了这种混淆？

4. 我们是必须先知道有关某事的真相，然后才能理性地思考它吗？

5. 你什么时候会因为想要某人做某事而不是因为相信模式而进行论证？你经常这么做吗？为什么会有人为了"纯粹的"信念进行论证呢？我们在想法上达成共识，是否会带来什么不同？你上一次因为改变了观念进而改变了行为是在什么时候？关键的时间点是什么？

6. 对于理性是怎样演变出来的，它为什么会演变出来，我们只能靠推测。这里有个关于理性起源的寓言故事。

   最初，我们的祖先依靠互相喊叫、殴打直至一方撤退，来解决诸如石头所有权争议等问题。这种争端解决技术的第一次进步，发生在有人发现拿起石头殴打对方，是宣称对石头所有权的有效手段。这是一个关键的时刻：体格和力量不再是唯一的说服手段；人类发展出了制造工具（尤其是我们如今称为"武器"的工具）的智力。等到我们的祖先用言语代替石头，我们的说服手段发生了变化。想象一下，情况或许是这样的：有一次，一位祖先想要解决谁拥有一块有用石头的问题，他说："这是我的！"对峙中的另一人可以径直扑向那个宣称拥有石头的人，但也可能做出一件让对方吃惊的事情。她（或者他）问："为什么？"这一行为将肢体冲突变成了一场口头冲突。接着，第一个人做了一件更惊奇的事情。他没有对问题置之不理，直接拿着石头砸向对方，而是给了她一个理由："这是我找到的。"但最令人惊讶的瞬间还在于，对方同意了："好吧，这是你的石头。"当他们不再使用殴打而是依靠充分的理由来解决争议，他们便共同创造出了我们如今称为论证的过程，标志着分享理性的起点。分享理性的能力，指的是我们分享自己的信念，以及我们持有该信念的原因，期待对方予以认同的能力。在上面的故事里，人类开始提出主张和理由以避免暴力。你能想象出论证的其他起源方式吗？[两位作者中有一位（JMW）认为这个故事肯定有些真实的地方；另一位（GGC）则认为不太可能。]不过，既然我们永远无法确定，你可以随心所欲地展开幻想。对"起源"的设想，是可以靠推测得来的吗？我们对于论证的比喻，显然是从战斗画面中得来的，这一事实对你是否有所帮助呢？

7. 我们在探讨推理时，会使用什么样的比喻？这些比喻，与我们用来形容论证的比喻，同样具有误导性吗？这里有一个例子：

我试图抵挡她的逻辑，但它势如破竹，我根本挡不住。我只能屈服，接受她的推理。

8. 我们谈到表达观点的时候，会使用什么比喻？你可以查一查"表达"（express）一词最初的意思。它们具有误导性吗？这里有两段话，建立在不同的比喻上：

我认为诚实地表达自己的观点很重要，所以，我会尽量直白地将自己的想法写在纸上。当我让想法自由流淌，当我可以不受干扰地倾吐自己的想法时，我写得最为真诚。

我认为以吸引读者的方式分享自己的观点很重要。我会用充分的理由来支持自己的观点，让它们展现出最佳的优势，掩盖一切的不足或缺点。

如果上述两位说话者按照各自的比喻进行论证，他们的论证会有何不同之处？

9. 除了战斗，还有什么比喻可以用来形容论证？试试这些：游戏、探险、恋爱。想象一下，如果我们从这些角度谈起论证，它会是什么样子。现在，构思一种新的比喻。这些对论证的新的形容方式，会改变你对论证及其运作方式的理解吗？保留论证是战斗的比喻，有什么优势吗？

任务

10. 为以下议题勾勒出支持的理由：①计算机似乎永远不会按照我们视为非理性的方式行事，但我们可以说计算机是理性的吗？②动物又怎么样呢？哪些行为可以算作狗的理性行为？哪些行为可以算作狗的非理性行为？猩猩呢？蜘蛛呢？

11. 列出公众人物至少看上去会倾听问题、回答问题的各类场合。他们通常会怎样回避对提问者的责任？

12. 我们建议人们通过论证解决问题。有没有只是为了论证而存在、无关结果是否解决问题的论证？列举一些你参加过或至少目睹过此类论证的场合。它在当时的情况下是恰如其分的吗？

13. 根据你的经验，孩子们比成年人更容易为了好玩而论证吗？男孩这么做的比女孩多吗？男性这么做的比女性多吗？在家这么做的人比在职场上这么做的人多吗？为什么会这样？

14. 回忆一个你认为某人说话或做事不理性的场合。是什么因素促使你这么想？

15. 始终保持完全理性，这够理性吗？如果不是，列举一些你认为不理性更好的情况。为什么在这些情况下保持理性是错误的呢？和同学们对比你的清单。如果你的清单上有他们并未列举的项目，你是出于什么原因将它们列入清单的呢？又或者，你的清单上没有包含某些项目，为什么？

16. 除了让别人接受你的观点，同意你的请求，论证还有什么作用呢？请找到如下的例子：①论证成功，但并未达成一致意见；②论证达成了一致意见，但并未解决引发论证的问题；③论证使得别人说："我不同意，但我理解你的意思。"最后一种反应有什么用处？它表明论证失败了吗？

项目

17. 记录一整天（或者至少记录若干小时）里你感到自己有必要给某人以理由，好让对方去做或相信你想要他做的某事的频率。哪一种论证（即论证怎么想，还是论证怎么做）发生得更多？

18. 到了什么年龄，孩子们就开始为自己的主张提供理由了？到了什么年龄，他们才能理解这个问题：你为什么这么认为？我们怎么才能知道他们是理解了问题却无法回答，还是根本不理解问题？到了什么时候，我们可以说孩子变得讲道理了？如果你能观察孩子们的互动，请看看他们是怎么进行论证的。他们会谈判、胁迫，还是宣传？

19. 看一些以专家彼此辩论为特色的谈话节目。参与者很少在任何事情上持有一致意见。那么，他们为什么要论证呢？为什么会有人看呢？

20. 一些缺乏经验的写作者常常惊讶于作业要求自己就某事说服老师。他们想，难道我的任务不该是向老师展示我知道的东西吗？询问五六名学生，看看他们认为自己在高中写作的目标是什么。为了向老师展示自己学到些什么，还是将老师在课堂上说的话复述一遍？表达观点？支持老师或许不认同的主张？练习进行出色的论证？现在，再调查一下自己所在班级的若干老师，问问他们希望学生在论文里达成什么目标。老师和学生的看法在多大程度上达成了共识？总结你的回答。你得出了什么结论？

写作重点

1

背景　在以下场景中，你受邀参与讨论小组，邀请你的人希望就一个你能帮助解决的问题展开思考。

任务　在每一场景中，你无须准备正式的报告，只需要思考并做些笔记。为了方便做笔记，你手里最好有一份要点大纲。请放心，你所说的一切都将保密。选择一个场景。阅读要求，写一两页笔记，既能方便你讨论议题，也足够清楚可供分享。将你的笔记带到课堂上，一份自己留着，一份上交。

场景1　来自你的高中：我们希望你能在大学有个良好的开始，并为就业做好准备。你原来的高中收到了一笔用于改善教学的补助金。为了决定怎样使用这笔资金，我们想知道你对学校的教学情况怎么看。在你碰到过最优秀的老师身上，你最钦佩的品质是什么？在那些对你帮助最少的老师身上，你最不喜欢的品质是什么？换句话说，最优秀的老师能教给其他老师些什么？为了充分利用时间，这里有若干个你可能会想到的话题。谢谢你的帮助。

1. 在你碰到过最优秀的老师身上，你最钦佩的品质是什么？

2. 那些对你帮助最少的老师身上有什么最突出的特点？

3. 如果我们无法帮助最差劲的老师改进，那么你认为还会出现什么更大的问题？

4. 你能提出两三种具体方法来解决这个问题吗？

5. 你认为解决这个问题最大的障碍是什么？

6. 你能给我们讲一个你碰到过的最好和最差的教学故事吗？

7. 如果有人对你的分析提出疑问，你能用什么样最有力的"确凿证据"来支持自己的说法？

　　场景 2　来自你的大学：我们正在进行一场自我调研，判断怎样提高学生的生活质量。我们希望你的体验良好，但我们也知道，所有复杂的过程中总会出现些小障碍。我们邀请你和另外几名同学参加讨论，帮助我们想出解决这些障碍的办法。为了充分利用时间，这里列出了若干个你可能会想到的话题。谢谢你的帮助。

　　身为学生，你的日常生活：

1. 我们现在什么地方做得最好？

2. 你认为我们应该关注什么问题？

3. 如果我们不解决这个问题，那么你认为还会出现什么更大的问题？

4. 你能提出两三种具体方法来解决这个问题吗？

5. 你认为解决这个问题最大的障碍是什么？

6. 你能详细地描述一下这个问题的例子吗？

7. 如果有人对你的分析提出疑问，你能用什么样最有力的"确凿证据"来支持自己的说法？

8. 你能说出其他有着同样感觉的人吗？不必说名字，只需要复述他们的经历即可。

　　场景 3　来自一位前雇主：我们（你的前雇主）正在进行一场自我调研，以了解怎样让我们变成一家更好的公司。我们向前员工咨询该怎样改进我们各方面的运营，从客户关系到员工待遇。为了充分利用时间，这里列出了若干个你可能会想到的话题。谢谢你的帮助。

　　有关我们的日常运作：

1. 我们现在什么地方做得最好？

2. 你认为我们应该关注什么问题？

3. 如果我们不解决这个问题，那么你认为还会出现什么更大的问题？

4. 你能提出两三种具体方法来解决这个问题吗？

5. 你认为解决这个问题最大的障碍是什么？

6. 你能详细描述一下这个问题的例子吗？

7. 如果有人对你的分析提出疑问，你能用什么样最有力的"确凿证据"来支持自己的说法？

8. 你能说出其他有着同样感觉的人吗？不必说名字，只需要复述他们的经历即可。

场景 4　来自你参加过的其他任何组织，比如运动或业余爱好俱乐部、社区志愿者等。我们（该组织）正在进行一场自我调研，以了解怎样让我们更好地履行使命。我们向会员咨询该怎样改进我们各方面的工作。为了充分利用时间，这里列出了若干个你可能会想到的话题。谢谢你的帮助。

有关我们的日常运作：

1. 我们现在什么地方做得最好？

2. 你认为我们应该关注什么问题？

3. 如果我们不解决这个问题，那么你认为还会出现什么更大的问题？

4. 你能提出两三种具体方法来解决这个问题吗？

5. 你认为解决这个问题最大的障碍是什么？

6. 你能详细描述一下这个问题的例子吗？

7. 如果有人对你的分析提出疑问，你能用什么样最有力的"确凿证据"来支持自己的说法？

8. 你能说出其他有着同样感觉的人吗？不必说名字，只需要复述他们的经历即可。

2

背景　对广告最常见的一种指控是，它诉诸我们最基本的情感：不安全感、骄傲、贪婪、欲望等。如果这是真的，那么广告会对我们产生危险的影响。但这种控诉公平吗？所有的广告都是这样的吗？

场景　你的一位同学攻击广告道德沦丧，而当你在课堂上试图回应时，你意识到自己并未全面考虑过相关议题。又或者，有人为广告辩护，说它得体而有益，你则认为它很危险。下堂课还将再次展开讨论这一话题，希望你做好准备。

任务 找出 3 份你认为主要是诉诸理性力量而非情感的平面广告。复印广告并准备好笔记，这样你就可以回应那些指责广告败坏智力的人；再试着找出另一份为类似产品所做同时诉诸基本情感的广告，这样你可以通过对比二者确立自己的观点，或者为相反的立场做准备。（请注意：广告是向公众告知有关产品的消息的方式，这是它存在的商业必要性。但请不要从这个角度来为广告辩护或批评。请仅限于关注广告在道德、伦理和智力方面的特质。）

$$3$$

任务 从本章课后习题中选择一个你有着强烈立场的任务或项目（思考题也行）。为有可能支持该立场的论证做好笔记。

$$4$$

任务 如果你最近有一篇论文，将别人有可能用来支持不同立场的论点整理出来，但只有在你能为该主张找到例证的时候才这么做。

$$5$$

场景 你所在班级正在阅读有关学生生活的各种文章，每一名学生所读的文章都不同。老师布置给你的文章来自卡罗尔·特罗塞特（Carol Trosset）所著的《开放式讨论和批判性思维的障碍：对格林内尔学院的研究》（*Obstacles to Open Discussion and Critical Thinking：The Grinnell College Study* 见本书第十五章第一节）一文。老师让你关注以下问题：这篇文章反映了你的经历吗？你必须在课堂上对文章进行概述和回应，确认、反驳或修正作者的主张。

任务 写下详细的笔记，概括文章的论证，以及可能的回应（认同的或是不认同的）。

本章核心

关于论证

我们对论证的定义，不在于它的语气是否粗暴、争论者是否持好斗的态度，也不管它有没有强迫听众接受一种主张的欲望。相反，我们用两个标准来定义论证：

- 两个（或多个）人想要解决一个问题，但对解决办法意见不一。
- 他们交换各自认为支持己方解决办法的理由和证据，并对另一个人提出的问题、意见和不同看法做出回应。

你进行论证不仅仅是为了解决分歧。良好的论证有助于你探索问题、解释个人的信念，这样，就算你无法与读者达成共识，你至少可以理解这是为什么。

关于论证的写作

进行论证写作时的第一个任务是理解引起论证的问题。（除了老师布置了作业）你为什么要写它？你希望它达成什么样的目的：

- 你是只希望读者理解某事，并不期待他们采取行动吗？如果是这样，为什么读者的理解这么重要呢？
- 你希望读者采取行动吗？如果是，你期待他们做些什么事？该行动会解决什么问题？

一旦你理解了自己的问题，你就尝试若干种解决办法，选择一个看起来最有潜力的办法，列出能鼓励读者认同的理由。你可以将这份清单看成草稿大纲，如果你愿意，也可以将它扩展为正式的大纲。

按照你觉得舒服的方式来拟定草稿：写得快，但有些乱；写得慢，但很谨慎。如果你写得快，就要早些动手，留出时间修改；如果你写得慢，就要仔细规划，第一次就做好，因为你可能没有时间修改。

第二章

论证是文明的对话

在本章中，我们将向你展示怎样根据 5 个简单问题（这些问题，我们每天都会互相询问）的答案构建论证。之后，我们要告诉你怎样利用这些问题与自己展开对话，形成书面论证，让读者认为它既考虑周到又具有说服力。这些问题还是批判性思维的关键：你不仅可以用它们检验别人的想法，也可以用它们检验自己的想法。

论证的 5 类问题

你进行论证的次数太多了，但或许你从来没想过自己是怎么做的。如果你想构建合理的书面论证，并向他人解释为什么你的论证值得信任，那么这里有一些你必须理解的事情。

为展开成功的论证，你必须至少做到以下 3 件事。

- 提供谨慎读者所期待的支持。
- 展示批判性思维的质量，鼓励读者信任你。
- 通过想象读者的问题或不同意见，在论证中回答，从而整合读者的观点。

在对话中比在写作中更容易赢得信任，因为你不必猜测读者会提出什么样的问题；总有身在现场的人会直接问你。而当你们在一叠纸上或计算机屏幕前"交谈"时，你很难赢得信任，因为你必须先想象读者会提出什么样的问题，再给予回答。这是一项很难学习的技能。幸运的是，读者要问的问题只有 5 类，你早就问过并回答过无数次了。前两个问题，我们问得毫不费力；碰到别人向自己提出，也乐于回答：

1. *你的观点是什么？你认为我应该相信或为之采取行动的主张是什么？*

2. *我为什么应该同意？你以什么理由来支持你的主张？*

第三类问题似乎更具对抗性，因为它暗示别人兴许并不相信你所说的话：

3. *我怎么知道这些理由够不够充分？你以什么事实为基础？你有什么证据可以作为支持？*

只要你能回答以上 3 类问题，你就建立了论证的核心：主张→理由→证据。

下一类问题比较难，因为它要求你想象一个优秀的批判性思考者会怎样分析你的论证并提问：

4. *你是否考虑过……某人曾说 / 反对 / 主张 / 声称……你对此怎么认为？你承认自己的立场存在这样的不同意见吗？你会怎么回应？*

当你承认并回答这类问题时，你便与读者建立起了新的对话层次。在论证的核心，你回答读者的问题，但这些问题涉及你的想法。现在，你与读者展开对话，并在其中明确地纳入他们的观点和声音。你想要在论证中创造出思考周全的倡导者的个人形象，你致力于找到正确答案而不是捍卫自己想要的答案，而这一部分问题，恰恰是这种形象的关键。它也是我们最容易忽略的部分，因为我们更乐意回避提出"自己有可能是错的"这种可能性。即便你感受到了这些问题带来的挑战性，你也必须至少尝试性地提出和回答它们，因为它们关系到你身为公平的倡导者和批判性思考者的声誉。事实上，良好的批判性思考，部分取决于你能否对他人甚至自己的论证很好地提出这些问题。

最后一类问题是最难的。它要求你证明你论证的逻辑合理性。

5. *你的逻辑是什么？基于什么样的原则，你的理由与你的主张相契合？*［我们将这一原则称为"根据"（warrant）。］

当你解释自己的推理以此回答最后一类问题，你便明确地创建出了论证的逻辑环节。当然，论证的所有环节都必须符合逻辑，但这种逻辑大多是隐含的、假设的。如果你明确地解释每一种逻辑步骤，读者会应接不暇。所以，只有当我们想象到读者要求给予解释，我们才将论证的逻辑清楚说明。这就是为什么涉及相关性的问题最为棘手。首先，我们并不希望读者问这个问题，因为要是有人质疑我们的逻辑，我们恐怕会觉得受到冒犯。其次，我们不太容易想象到读者会在什么时候提出这个问题，因为在我们看来，我们思考的逻辑再明显不过了。

或许这一步会让人觉得太像《逻辑学基础》里的练习题。但不管怎么说，你必须试着接受它，因为它能区分出最优秀的思考者，如果你要针对怀着不同观点、拥有不同经历和文化的人进行论证，就少不了它。

如果你能够提出并回答上面全部的5种问题，就可以为一场合理论证中的各个元素生成主旨了。

在本章，我们先来看看对话中的这些问题。接着，我们讨论怎样将问题的答案组合成一套方便读者接受的书面论证，即便读者无法接受，至少也会认为它思考周全、有见地和公平。

文明对话中论证的根源

下面是苏、拉杰和安之间的一场对话。苏和拉杰是朋友，就读于不同的大学，现在正在家过春假，安则是两人高中时的老师。聊完拉杰的学校，安问起了苏。

安：你在学校有什么新鲜事吗？

苏：我现在加入了学生自治委员会，正着手拟订"学生权利法案"。

安：那是什么？

苏：是一套改善校园和课堂生活的计划。

安：有什么问题吗？

苏：我们觉得学校对待学生太理所当然了，没有为我们提供接受良好教育所需的服务。

拉杰：你们的解决办法是什么？

苏：我们认为大学不应该只将我们当成学生，还应该将我们当成顾客。

安：为什么是顾客？这背后的逻辑是什么？

苏：我们为自己的教育花了很多钱，可是获得的关注远远不如顾客。

安： 到底是怎么回事？

苏： 首先，我们很难在课堂之外见到老师。上周，我在艺术与科学教学楼一层办公室外面，数了数贴在门上的办公时间表。（她拿出一张纸读道。）平均每周不到 1 小时，大多数还安排在我们许多人都要工作的下午时段。我这里有数字。

安： 我能看看吗？

苏： 当然。（她将纸递过去。）

安：（读了一遍。）嗯，你说得对，那栋教学楼一层的情况的确是这样的。如果扩大取样范围，你认为会如何？

苏： 我不知道。

拉杰： 办公时间这部分我同意。我们大学也有同样的问题。但我想回到你刚才说的地方。我不明白我们为什么付了学费就成了顾客。二者有什么关系？

苏： 如果你为一项服务付费，那就是购买服务呀，对吧？如果你在购买，那么你就是顾客。我们为教育支付学费，这意味着我们是顾客，应该得到顾客的待遇。

安： 但教育不是服务。至少不是雇个水管工那种服务。医生为服务获得报酬，但患者也不是顾客。

拉杰： 你的意思是我们是在买学位吗？还有，"顾客永远是对的"这句话又该怎么说？我考试的答案并不永远是对的。

苏： 我并不是说我们在方方面面都真的像顾客。我们只是想要得到合理的待遇，比如从校外宿舍往返学校的校车服务，如果我们想要晚上学习，那么图书馆应该开放。更重要的是，我们希望老师的课外辅导时间更多一些。我们有很多学生不上课的时候都得打工。为什么我们非得专门请假才能找老师请教？

拉杰： 关于老师，你说得对。我也很难见到我的心理学教授。

安： 将学生当成客户怎么样？如果你去找律师，他可不会因为你付钱给他，他就会让你快活。优秀的律师关心你的感受，大学也应该一样。或许应该将学生当成客户。

苏： "将学生当成客户"听起来不像"将学生当成顾客"那么朗朗上口，但值得探讨。谢谢你的主意。我会将它提出来。

苏、安和拉杰并未一次性地解决任何问题，也没有人彻底改变想法。但现在他们能更好地理解彼此的观点，也能更清楚地思考相关问题了。苏提出了"将学生当成顾客"的主张，而拉杰和安向她提出了 5 类问题，帮助她对这一主张加以检验并有所发展。让我们从这一角度来看看这场对话，就当这是一道批判性思考和论证的练习题吧。

苏论证的核心

一个关于苏怎么想的问题

安问苏在学校里有什么新鲜事，苏提出了一个问题，引发了之后的讨论。

安：你在学校有什么新鲜事吗？

苏：我现在加入了学生自治委员会，正着手拟订"学生权利法案"。

安：那是什么？

苏：是一套改善校园和课堂生活的计划。

安：有什么问题吗？

苏：我们觉得学校对待学生太理所当然了，没有为我们提供接受良好教育所需的服务。

接着，拉杰问了一个问题，引出了苏主张的要点。

● 问题 1：*你的主张是什么？*

拉杰：你们的解决办法是什么？

苏：我们认为大学不应该只将我们当成学生，还应该将我们当成顾客。（主张）

两个关于苏为什么认为自己是对的问题

大多数人都欢迎第一个问题，因为它邀请我们分享自己的想法。接着，安问了另一个受欢迎的问题，请苏解释为什么她这么想，进而将她的想法扩展开来。

● 问题 2：*你的理由是什么？*

安：为什么是顾客？这背后的逻辑是什么？

苏：我们为自己的教育花了很多钱，可是获得的关注远远不如顾客。（理由）

如果在这一点上，安和拉杰同意苏，他们可以进入另一个话题。或者，如果安对苏批评其他老师的意见感到不舒服，她可以还嘴说："那太傻了！"但这么做，既不友好，也考虑不周。安承认苏可能有一个值得理解的问题，但她并不打算接受苏的主张和理由，于是她要求事实。这个问题听起来更有挑战性，但安这么问不是为了证明苏错了，而是为了理解苏为什么认为自己是对的，安还希望由自己来判断要不要接受苏的看法。

- 问题3：*有什么证据支持该理由？*

苏：我们为自己的教育花了很多钱，可是获得的关注远远不如顾客。（理由）

安：到底是怎么回事？（有什么事实能表明你们没有得到足够的关注？）

苏：首先，我们很难在课堂之外见到老师。上周，我在艺术与科学教学楼一层办公室外面，数了数贴在门上的办公时间表。（她拿出一张纸读道。）平均每周不到1小时，大多数还安排在我们许多人都要工作的下午时段。我这里有数字。（报告证据）

尽管安并未反驳苏对证据的概述，但她还想要更可靠、更接近实际证据的东西。于是，她又针对安记下的数字提出一个极具挑战性的问题：

安：我能看看吗？（你能给我看些更接近确凿证据的东西吗？）

安要求看看数字，近乎在挑战苏的可靠性。但她并不是在否定苏的证据，只是想确保苏提出的数字的确有充分的依据。而苏将记录了数据的纸递过去，让安自己过目证据。除非安还要亲自去核对办公时间，否则，她必须接受苏的说法。

通过提问，安和拉杰帮助苏完成了批判性思维的第一阶段：他们接受苏的观点，不是因为它听起来很好，或是因为他们想要支持自己的朋友，也不是因为他们想表现得更随和。相反，他们停下来思考她的观点，提出问题，直到苏不仅给了他们充分的理由，还提供了可靠的事实来支持自己的理由。

苏在回答朋友们的问题时，在论证的核心备齐了所有的三大要素：主张、（支持主张的）充分的理由、（支持理由的）可靠的证据。我们可以将核心想象成一座金字塔，主张建立在理由的基础上，而理由又建立在更宽泛的证据基础上（见图2-1）。

图 2-1 论证的核心

尽管安和拉杰的批判性问题可能使苏难堪，但他们并没有攻击她，也没有对她的主张表示反对；他们只是想更好地理解它——在此过程中，帮助苏更好地思考。事实上，如果没有苏和拉杰提出问题的帮忙，苏只能靠自己去想象问题。

苏论证中明确的对话部分

针对苏没有想到之事的挑战性问题

前 3 个问题的答案帮助苏发展了自己论点的核心：一个有基于证据的理由支持的主张。但这对安和拉杰来说还不够，因为它们只探究了苏在想些什么。安和拉杰有自己的想法，除非苏同样能解决，否则，她的论证既不完整，也无法令人信服。于是，安和拉杰又问了另一类问题。

● 问题 4：你对这一证据（并发）的难题、原则、视角等，有什么看法？

因为安和拉杰有许多想法，所以也就对自己眼里与此事相关的情况有着很多问题，而这些情况，苏并未考虑到，也未能全部给予回答。以下是其中一些问题。

● 安对苏有关办公时间证据的质量提出疑问：

你说得对，那栋教学楼一楼的情况的确是这样的。如果扩大取样范围，你认为会如何？

● 拉杰指出接受苏主张的代价，这一代价有可能比现有问题的代价还要高：

你的意思是我们是在买学位吗？还有，"顾客永远是对的"这句话又该怎么说？我考试的答案并不永远是对的。

● 安提出了另一种解决办法，并提出了自己的一些主张：

将学生当成客户怎么样？如果你去找律师，他可不会因为你付钱给他就让你快活。好的律师关心你的感受，或许大学也应该一样。也许应该将学生当成客户。

拉杰和安还可以向苏提出更多的问题：

你说"足够"的办公时间，这里的足够是什么意思？

你还有其他理由认为自己没有得到妥善对待吗？

你认为老师、家长或州议员会怎么说？

你认为你真的能让学校采纳你们的计划吗？

但这些问题，其实都是以下 4 个问题的变体："你说……是什么意思"是在要求苏更清楚地陈述她的主张、理由或证据；"你还有其他理由 / 证据吗"是要求得到更多相关的支持证据；"你认为老师会怎么说……"提出另一种反对意见。

通过这些问题，安和拉杰将苏的论证从探索苏的想法，转向探索苏的想法与自己的想法存在怎样的互动关系。通过解答这些有关其他思考方式的问题，苏可以构建自己论证的第二个部分，即对话的部分，让读者提出自己的看法。

如果你有像安和拉杰这样的好朋友提出问题，提出你必须承认的不同选项并给予回应，这部分的论证会更容易建立起来。如若不然，你必须想象读者会提出什么样的问题、反对意见和不同的观点。你必须在自己脑海里创造一个声音，它不停地询问："如果……那会怎么样？""有人认为……你怎么看？"如果你无法想象出需要回应的问题，你会显得像是不愿意或不能够批判性地审视自己的想法，读者也会据此判断你的思考质量。这似乎有些矛盾，但如果你承认读者的反对意见，他们反而会更信任你的论证。

此外，如果你不承认他人的想法，你不仅削弱了自己的可信度（ethos），也削弱了自己的论证本身。当你在解决一个严肃的问题时，不管你更喜欢哪种解决办法，最符合你利益的始终是找到最佳解决办法。如果你只考虑自己的想法，就不可能找到最佳的解决办法。因此，承认那些看似有违你论证核心的观点（主张、理由、证据），你实际上是在改进它、保护它。这就是为什么论证的这一部分，或许反映了批判性思考最重要的一个阶段：根据你能找到的所有不同选择和与之矛盾的信息，评估每一主张及其支持证据。

苏论证中明确的逻辑部分

关于苏的推理最难对付的问题

所有的论证都必须建立在读者视为事实的证据之上。但它还需要以逻辑为第二个锚点。论证的每一步都必须符合逻辑，但作者几乎从不会明确地阐述逻辑，因为他们假定读者能理解自己主张、理由和证据之间的联系。通常，他们是对的：大多数时候，他们都无须阐明自己的逻辑。但如果他们认为读者可能会对这些联系产生疑问，他们也会将逻辑铺陈开来。

- 问题5：*什么原则将那个理由与那个主张联系了起来（或：什么原则将那份证据与那个理由联系了起来）？*

拉杰：办公时间这部分我同意。我们大学也有同样的问题。但我想回到你刚才说的地方。我不明白为什么我们付了学费就成了顾客。二者有什么关系？我没理解。

苏提出的事实或许是对的：学生为自己的教育支付了大笔费用。但是拉杰不明白这一事实与她提出的主张（学生付了学费就是顾客）有什么样的关系。他不理解这种联系的逻辑。

与安询问证据何在比起来，拉杰询问苏的理由怎样支持了她的主张，这似乎对苏提出了更尖锐的挑战，因为他所问的事情更加底层，也更难以解释：苏推理背后的逻辑是什么。为做出回答，苏必须对自己的想法加以分析，她必须找到一个普遍的原则来解释为什么她认为自己的理由与主张相关。面对这一挑战，苏的回答如下。

苏：如果你为一项服务付费，那就是购买服务呀，对吧？如果你在购买，那么你就是顾客。（一般性原则）我们为教育支付学费，（理由）这意味着我们是顾客，应该得到顾客的待遇。（主张）

我们有不同的技术术语可以将理由与主张联系起来的原则。逻辑学家有时称之为"前提"（premise），有时称之为"假设"（assumption）。如果书面论证中明确阐述了该前提，我们称之为"根据"（warrant）。与所有根据一样，苏的根据分为两部分：

1. 一般性的情况，方便我们得出。

2. 一般性的结论。

绘图示意的话，根据看起来像是这样：

（1）一般性的情况，方便我们得出（2）一般性的结论。

根据的两个部分，对应着主张和理由：

（1）具体情况（理由），方便我们得出（2）具体结论。（主张）

苏提出了这项一般性的根据：

（1）人们为服务付费（理由）（2）就成了顾客。（主张）

如果拉杰和安相信苏的根据，苏便可以将它应用于自己的具体情况，并得出具体的主张：

情况	结论
当一个人为服务付费	这个人就成了顾客（根据）
我们为教育支付学费（理由）	我们是顾客（主张）

根据将理由与主张联系起来。它对逻辑联系的解释，不是通过铺陈你推理的每一步，而是告诉读者自己的推理是采用的哪些一般性原则作为指导的。我们应该提醒你，几乎所有人都觉得根据难以理解，包括本书的两位作者。这就是为什么论证的这一部分，代表了批判性思考的第三个阶段，同时也是最困难的阶段。必须考虑你不知道的证据、不同意的观点，这是一回事。但对培养批判性思维能力而言，再没有什么比找出你推理原则中有可能遭人质疑的地方并加以解释更棘手（也可以说更宝贵）了。我们稍后会回到根据并做更详细的解释。

综述：为论证建模

如果你弄明白上述5类问题怎样组合成完整论证的结构（就像原子组合成分子），便能更好地理解它们怎样运作。要是我们能将它绘制成图，一些读者就能更好地理解它。这里，我们用图表的形式介绍论证的各个元素如何一起工作。

论证的核心：主张＋理由＋证据

就最简单的形式而言，一段论证就是一个主张加上它的支持条件：

由于主要的大学体育项目已沦为赚钱的副业，侵蚀了高等教育的真正使命，（理由）必须对它们进行改革。（主张）

我们可以这样表示主张及其支撑之间的关系：

支持条件……故此……**主张**

这幅图并不代表这些元素的唯一顺序。

我们可以将它们反过来：

主张……因为……支持条件

主要的大学体育项目必须进行改革，（主张）因为它们已沦为赚钱的副业，侵蚀了高等教育的真正使命。（理由）

为简明起见，我们通常将主张放在左边，支持的理由放在右边。在真正的论证会中，两种顺序都可以。

区分主张和理由

一些学生对主张和理由的区别感到困惑，他们指出，理由同样也能构成主张。他们没错；这些术语真的令人糊涂。实际上，我们所写的每一个句子，都在某种意义上构成了主张。但为了让论证的各个部分有所区别，我们不从松散、普通的意义上使用主张和理由这两个词，而是将它们作为技术专用术语。

- 我们使用主要主张（main claim）指代陈述了整个论证要点的主张。论证的其余部分，均支持这一陈述（有人称之为论题，thesis）。
- 我们使用理由（reason）指代对主要主张提供支持的陈述。

但复杂的地方也正好在这儿。支持主要主张的理由本身是一个从属主张，因为它所陈述的判断不仅仅是单纯的事实。

- 我们还使用"理由"（reason）一词指代支持某个理由的陈述，这一从属主张对更大的主张加以支持。

这也就是说，在你决定将特定的一句陈述称为主张还是理由之前，你必须知道它是怎样使用的，它在什么地方与论证的核心相契合。

这里有一个用作主张的句子：

观看暴力娱乐节目的儿童容易变成暴力的成年人，（主张）**因为他们失去了区分现实与虚构的能力。**（理由）

而同一句话，也可以作为理由：

电视和电子游戏中的暴力应该有所节制，（主张）**因为观看暴力娱乐节目的儿童容易变成暴力的成年人。**（理由）

还有一个复杂的地方：如果一句陈述支持更大的主张，但同时又得到自身理由的支持，它可以同时充当理由和主张。以下这句话，就同时充当了理由和主张：

应减少电视和电子游戏中的暴力行为，（主张1）**因为观看大量暴力娱乐节目的儿童容易变成暴力的成年人，**（理由1支持主张1，主张2又得到了理由2的支持）**他们习惯了随便施加暴力的画面，认为这无非是日常生活的一部分。**（理由2支持理由1）

如果你尝试将复杂的论证分解成最小的片段，这可能令人感到困惑。但如果你面对的是自己的论证，你只需要记住，理由支持主张，主张由理由支持。

将理由与证据挂钩

在日常对话中，或许我们只用一个理由来支持一个主张：

拉里：我们最好在这里停车加油。（主张）

科里：为什么这么说？

莫伊：因为我们的油箱差不多空了。（理由）

这件事太琐碎了，所以科里不太可能再回复说："你怎么知道我们的油箱差不多空了？你的理由基于什么证据？"但如果一个问题很重要或是理由不太明显，读者就会想知道为什么你认为自己的理由是真的。他们不仅会针对你的主张提问，还会针对你的理由提问。这种问题的答案就是你的证据，即支持该理由和主张的事实。

> 是什么让你这么想？   你怎么知道那是真的？
>
> 我做出这一**主张**　是因为这个**理由**　（这个理由）基于这一**证据**

在以下论证中，问题重要，而原因并不明显，所以读者希望看到支持这一主张的证据：

我们请最优秀的研究员执教大一学生，（理由）竭力让本校的本科生教育水平达到一流水准。（主张）**例如，最近获得诺贝尔物理学奖的基纳汉教授**[1]，**已经教授物理学入门课 15 年以上了。**（证据）

为强调理由和证据的差异，我们在论证的核心图示中做了如下区分。当你思考论证中各要素的顺序，可以这样想：

主张……因为（某个）**理由**……基于（某个）**证据**

但如果你希望强调它们的逻辑关系，请这样想：

将证据看作支持你的论证的事实依据。

有时，理由和证据似乎是同一样东西的不同说法，但其实不是：

- 我们想出理由。
- 但证据不是我们"想出"来的；它必须来自"外面"的世界，是某种我们可以向读者指出来的东西。

比如，我们不能指出大学生运动会沦落成无足轻重的比赛，但我们可以指出有人给运动员钱或免除他们的学业要求。（我们将在第五章和第六章详细讨论理由和证据之间的区别。）

---

[1] 作者虚构的人物。——编者注

> ### 理由和证据的词源
>
> 理由（reason）和证据（evidence）的本义阐释了它们的不同含义。
>
> - reason 与 rational（理性）有关。它来自拉丁语中的 ratio，意思是"计算或思考"。我们在头脑里构建理由。
> - evidence 与 vision（视觉）和 evident（明显）有关，如 self-evident（不言自明）。它来自 evidere，意思是"看"。证据似乎是我们从外面的世界看到的。

与读者对话：承认 + 回应

读者从你论证的核心中了解你解决问题的方法（你也希望他们如此）。但考虑周全的读者或许会有不同的观点，他们希望你能提及。因此，由于你论证的核心基本上是单向对话，你还必须加入另一场对话来囊括这些其他的观点。想象你的读者提出的问题，不是你怎么想的，而是别人可能会怎么想：

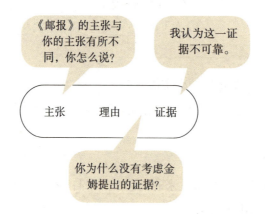

一旦你想象了这些问题，你必须在自己的行文中承认并回应它们。例如，一些熟悉大学教学的人或许会说，知名研究员不一定总能成为优秀的教师。这样的观点，老练的写作者应该能够预料到：

> 我们请最优秀的研究员执教大一学生，(理由)竭力让本校的本科生教育水平达到一流水准。(主张)例如，最近获得诺贝尔物理学奖的基纳汉教授，已经教授物理学入门课 15 年以上了。(证据)诚然，不是所有研究员都擅长教学，(承认)但近来的教学评估显示，学生极为尊敬基纳汉这样的老师。(回应)最

近 20 位大学教学奖获奖者中，有 16 位都是有着卓越研究成就的正教授。(进一步的证据)

你不可能为自己论证的方方面面都想出问题来。你只需在你认为读者会提出足够严肃问题的地方，加入问题，承认并给予回应：

思考论证中承认和回应的角色时，不妨将它看作一场额外的对话，用他们的问题包围你的论证核心：

解释逻辑：根据

读者可能会同意，你的理由建立在良好的证据上，充分应对了他们的观点，但仍然认为你没有符合逻辑地支持自己的主张。就算读者接受你的理由是真的，但有可能并不接受它与你的主张相关。如果是这样，你的理由就不能"算"是理由：我接受一些最优秀的研究人员是成功的教师，但我不明白为什么这意味着学校将自己的教学使命放在了第一位。为什么这一主张遵循那一理由呢？

如果你认为读者可能会提出这个问题，那么你必须阐明是什么样的推理原则（我们称为根据）将理由和主张联系了起来。例如，在下面的小小论证中，第一句话就列出了根据，写作者正是运用这一项推理的一般性原则，将自己的理由和主张联系了起来。

如果一所大学安排最杰出的教员来执教本科课程，它可以理直气壮地宣称，自己将教育使命放在第一位。(根据) 我们请最优秀的研究员执教大一学生，(理由) 竭力让本校的本科生教育水平达到一流水准，(主张) 例如，最近获得诺贝尔物理学奖的基纳汉教授，已经教授基础物理学 15 年以上了。（证据）诚然，不是所有研究员都擅长教学，（承认）但近来的教学评估显示，学生极为尊敬基纳汉这样的老师。（回应）最近 20 位大学教学奖获奖者中，有 16 位都是有着卓越研究成就的正教授。（进一步的证据）

这里有一种正式的方法，可检验根据是否将主张与理由联系了起来。将根据分为两部分进行陈述，第一部分陈述一般情况，以"每当"开始；第二部分陈述一般性的推断，以"那么，我们可以认为"开始。下面，我们在"根据矩阵"中列出了理由和主张。如果理由是根据"每当"部分的良好例子，主张是根据"那么，我们可以认为"的良好例子，根据就证明了理由和主张之间的逻辑关系。如果你的证据以事实性的理由为锚点，那么，你的根据就以逻辑的合理性为锚点。

根据矩阵	
每当一所大学安排最杰出的教员来执教本科课程，	那么，我们可以认为，它将自己的教育使命放在第一位。（根据）
因为我们让自己最优秀的研究员来执教本科生，（理由）	我们竭力让本校的本科生教育水平达到一流水准。（主张）

一如承认和回应，根据向读者展示了你的论点论证怎样将其观点作为部分基础。它们在试图解释，你的逻辑不仅建立在你所相信的事情上，更建立在思考者社群都认为正确的一般性原则基础上。由于它们将你的论证核心与其他人的观点联系在了一起，我们将它绘制在下图的外层。

撰写书面论证

在随意谈话中，我们无法组织好针对这 5 类问题的答案，因为我们和谈话伙伴只是顺着谈话的方向走，很少能直接得出结论。不过，我们应付得挺不错，因为来回地对答有助于我们澄清观点，阐述棘手的概念，甚至弄清我们应该可以支持的主张。但到了我们写作时，我们必须自己判断写些什么，以什么顺序写作，而且没有重来的机会。

虽然你可以改变书面论证中各要素的顺序，也可以采用一些标准顺序：3 个核心要素的默认顺序是主张 + 理由 + 证据。严肃的主张只给出一个支持理由的情况很少，所以，在安排核心元素时，你只需要加入更多的理由 + 证据就行了。你可以将这些要素放到引言（指明问题及其解决办法）与结论（重述主张）之间。

论证核心的默认规划

引言

A：问题　　　　　　　是什么问题激发了这一论证？

B：主张 / 解决办法：　解决办法是什么？

主体

理由 1：　　　　　　你提供作为支持的理由是什么？

证据 1：　　　　　　你的理由建立在什么证据上？

理由 2：　　　　　　你提供作为支持的理由是什么？

证据 2：　　　　　　你的理由建立在什么证据上？

（更多的理由 + 证据）

结论

重述：　　　　　　　你的问题和解决办法是什么？

我们不能确切地告诉你承认、回应或根据要放在什么位置，只能说，要将它们放在作者回应读者可能提问的位置。

- 将承认和回应放到你怀疑读者会想到不同意见和问题的地方。要不然，就将它们全都放在论证核心的后面。
- 将根据放在适用的主张之前，这样读者才容易理解你的理由和主张是怎样联系起来的。（我们知道根据现在仍然很模糊；我们向你保证，它们会变得更清晰。）

这里，我们为默认计划再加入两项周边要素。

完整论证的默认计划

引言

A：问题　　　　　　　是什么问题激发了这一论证？

B：主张／解决办法：　解决办法是什么？

主体

根据 1：　　　　　　什么原则能证明你的理由与主张逻辑联系的正当性？

理由 1：　　　　　　你提供作为支持的理由是什么？

证据 1：　　　　　　你的理由建立在什么证据上？

（更多的理由＋证据）

理由 X：　　　　　　你提供作为支持的理由是什么？

证据 X：　　　　　　你的理由建立在什么证据上？

承认＆回应 X：　　　但这样阐述该证据会怎样？

一般性的承认＆回应：但还有这一额外的证据，你认为是怎么回事？

结论

重述： 你的问题和解决办法是什么？

苏可以根据上述计划，组织安排一份书面论证。她可以用一段引言，陈述自己的问题和解决办法：

> 最近，学生自治委员会一直在调查针对中西部大学学校生活的投诉。有些投诉无关紧要，比如会计办公室下午 2 点就关门了。但也有些投诉事关重大，比如教师没有保证足够的办公时间。这些问题表明，大学校方对我们的需求关心甚少，显然只当我们是过客，我们付费来到学校，却不值得校方费心思量。如果学校管理者忽视这一问题，学校可能会得到"对学生不友好"的名声，这将逐渐损害我校声誉，并最终威胁到我们的教育质量。（问题）我们认为，校方不应该只将我们当作学生，而应该将我们当作对学校成功至关重要的顾客。（解决办法／主张）

接下来，她阐述了自己的论证主体，从根据开始：

如果有人为一项服务付费，她便理应得到企业对顾客的待遇。（根据）学生为教师的服务付费。（理由1）按照学校评议会的数据，学生学费占了支付教师工资资金的60%以上。（报告证据）但我们学生并未得到顾客应得的认真对待。（理由2）最重要的是，许多教师并未遵守办公时间的规定。（理由2支持理由1）根据对文理学院大楼一层教师办公室的调查，老师的办公时间每星期平均不到1小时。（报告证据）像这样对待顾客，没有任何企业能够生存。（理由3，未提供证据支持）当然，这只是大学诸多服务的一个小小样本，（承认可能会有人提出反对意见）但它表明了更广泛的问题。（回应）不可否认，我们不能将这个类比推得太远——如果大学在各方面（尤其是在课堂上）都将我们当成顾客，它就无法为我们提供教育。（承认不同情况）然而，如果将我们当成顾客，能促使大学让我们的校园体验变得富有成效，那么，我们认为"将学生当成顾客"的原则就值得考量。（回应／重述主张）

在上面的例子中，苏写每个句子都是在回答5类问题中的一种，但你在论证写作时，恐怕不会让每一句话都在回答问题。在对复杂问题进行论证时，你往往还必须解释5类问题之外的某些事情。例如，如果你认为汽油添加剂的成本高于其环境收益，可能还要解释碳基燃烧的化学原理。如果你真的需要解释背景概念，不妨等到论证需要的时候再用。一些作者会在背景部分先解释一切，但这么做有些冒险。读者不知道为什么背景信息与论证有关，所以走马观花，甚至可能来不及读到你论证的主体就已经失去耐心。

充实你的论证

对于"大学是否应该严肃对待学生"这么复杂的问题，如果你为自己的主张提供的支持和苏一样少，你就不太可能获得他人对你解决办法的认同。有经验的写作者知道，读者会拒绝看起来"单薄""不成熟"以及最糟糕的"过于简单化"的论证。当他们发现这些不足的时候，他们会下意识地想：

- 你只为"将你当成顾客对待"提供了一个理由。我还想看到更多的理由。
- 你提供了一些证据，但要确信它是合理的，我还需要更多的证据。你说老师的办公时间太少，但你只调查了一栋教学楼的一层办公室。

- 你提供了根据，但并未论证它是真的。仅凭某人为某事付费，为什么你就认为那人是顾客？我不同意。
- 你承认你对办公时间的证据不多，但你却声称它仍表明存在问题。我需要论证才能接受你的看法。

你从前述 5 类问题的答案中建立其核心论点，但通常，你必须在陈述每一个理由、根据和回应时，将它们当成次级主张，需要独立论证，有独立的理由、证据、根据和回应。在这么做的过程中，你"充实""拓宽"和"深化"了你的主要论证。读者看到简单的核心论证组合成了复杂的论证，他们会认为这一论证更完整，作者的思维也更缜密和充分。

在第四章到第八章中，我们将逐一详细讨论这些元素。

写作过程

论证是文明的对话

思考与讨论

借助以下论证问题进行批判性思维

在开始动手写甚至开始计划之前，你可以早早地就酝酿论证。除非你的问题需要研究一个从未接触过的全新主题，否则，你会产生许多与论证相关的设想。在你思考它们的时候，你会从阅读、听说和记忆中发现更多来自其他人的相关设想。但这些想法中有不少在精确和具体这两方面不符合你的需要。所以，在你决定采用它们之前，不妨先用你的批判性思维对它们进行一番检验。检验这些设想（或提出这些设想的人）的最简单方法，是运用 5 类论证问题。

1. 这一设想的主张是什么？

   具体而言，它要求我想些什么？做些什么？我想或做的后果是什么？它还暗示了什么其他的设想或打算吗？

2. 我有什么理由接受这一主张？

   我是否知道至少一个主张（哪怕程度略轻），我相信是真的，并能将我引导到这一主张上？

3. 我有什么证据证明这些理由是真的？

   我是否知道或是否能找到支持这些理由的可靠事实？我是否知道或是否能找到与这些理由相矛盾或对其适用范围加以限定的事实？

4. 我能想到什么不同或反对意见？

   我能从不同的角度来看待这个问题吗？对事实的另一种阐释？我能想出有谁或许会得出不同的结论吗？

5. 在接受能导向这一主张的证据和理由之前，我必须采信什么样的一般推理原则？

   这个论证采用的一般性原则是什么？我是否能用如下句子形式"每当……那么我们就可以得出结论……"来更普遍地重新陈述理由和主张？如果可以，那么我是否应该相信这句更一般性的句子是正确的？它始终正确？在任何地方都正确？

　　如果你有一个设想或听到一个设想，无法通过这些问题的检验，那么，它很可能也无法通过最优秀、最具批判性态度的读者的检验。在使用这一设想之前，花一些时间创建一段迷你论证，为它提供支持。如果你做不到，那么去其他地方看看能不能找到你可以提供支持的设想。

准备和规划

设计论证的 3 种策略

计划论证有以下 3 种策略。

1. 让论证从你的大脑中自然地落到纸上。有些作者能成功地做到这一点；大多数人做不到。

2. 遵循你从老师或像我们这样的教科书作者那里获得的现成计划。这么做的问题在于，一些现成计划是可靠的，但还有许多不是——你必须知道哪一种适合你的情况。

3. 每次论证都创建新规划。这种策略存在两个问题：第一，要想做好，你必须非常了解特定的读者；第二，你永远无法从经验中获益。

　　我们建议将第二种和第三种策略结合起来。通用计划相对较小，经验丰富的写作者会在它的基础上即兴发挥，就像钢琴家弹奏曲子、篮球运动员在比赛中改变动作一样。从一套现成计划着手，但不要让它左右你的思考。你可以将它当作支撑你论证的脚手架，但在细节上可以即兴发挥，以求适合读者。

要慎用的现成计划

在提供可靠的计划之前，我们应该指出，以下 4 套现成计划，你应尽量少用甚至不用。

- 5 段式短文：这些短文遵循的是一种完全意料之中的形式。

  第一段　引言：使用牙线有 3 个原因。

  第二段　第一个原因是……

  第三段　第二个原因是……

  第四段　第三个原因是……

  第五段　结论：故此，我们看到，使用牙线有 3 个原因。

  在高中这么做或许行得通，但到了大学，它会让老师察觉到你的高中生思路。

- 叙述你的想法：详细叙述你是怎样一路从问题想到了解决方法，这能吸引那些对你思路运转感兴趣的人，但大多数读者更关心你思考的产物是什么。一份未经修改的草稿，通常只记录下了你艰难地写下它的始末。

- 概述你的资料来源：根据自己阅读的内容进行论证时，无须按顺序概述这些想法的来历。如果这么做，你只是在转述它们，并未增加任何来自你的新东西。

- 第一样东西和第二样东西：如果你要写两种（或更多）东西，比如人、图书或地方，那么不要将你的论证分为两个部分，第一部分基于第一样东西，第二部分基于第二样东西。例如，如果你要比较《罗密欧与朱丽叶》和《西区故事》（*West Side Story*），不要第一部分专门用来写《罗密欧与朱丽叶》，第二部分专门用来写《西区故事》。相反，你应该围绕这两部作品的各个方面来组织论证，如它们的主题、行动和情绪影响，等等。就算你一定要将文章分为明显的两个部分，至少也要在第二部分的措辞里回顾第一部分，将二者联系起来："较之《罗密欧与朱丽叶》……""跟《罗密欧与朱丽叶》相反……""《西区故事》与《罗密欧与朱丽叶》的共同之处是……。"如果不这么做，那么你的论证读起来就会像两段毫无关系的概述。

为论证勾勒一套计划

在打草稿之前，先写一份提纲，不管它有多么粗略。等你有了经验，靠一份潦草的提纲（甚至都不必写出来）说不定也能行。但在你撰写早期论文时，你或许需要调动一切可以调动的资源。我们建议你创建一块故事板：这种低成本方法不仅可以用来规划论文，还可以管理论文的写作过程。

第一阶段：准备素材

1. 用一页纸勾勒出你正在指明的问题，以及你提出的看似可行的解决办法或答案。

不要等到确定了自己的主要主张之后才规划论文。一旦你知道自己希望指明什么问题，就要尽量去猜测它的解决办法，哪怕这么做只是为进一步的思考提出了一个大致的方向（见第四章）。

纵酒作乐问题失去控制。（问题）

不要因为部分人纵酒无度就惩罚所有的学生。（解决办法）

在构建论证的过程中，时不时地回到这一页，根据你所了解到的新信息修正解决办法。

纵酒作乐问题失去控制。（问题）

与其彻底禁止喝酒，不如更好地甄别出那些有可能会滥饮无度的学生，以便对其进行指导。（解决办法）

2. 在每一页纸的页眉上，写出能鼓励读者认同的主要原因。

假设你需要不止一个理由。如果你想到了 5 个以上的理由，那么只将最有说服力的挑出来。

理由 1：只有少数学生是真正的问题饮酒者。

理由 2：如果可以无视规则而不受处罚，那么所有学生都不会尊重学校管理方。

理由 3：全面禁酒剥夺了负责任的学生喝酒的权利。

理由 4：学生会罔顾禁令，照样喝酒。

理由 5：只要甄别出纵酒无度的人，就可以为他们提供指导。

3. 在每个理由下面，列出证据（数据、事实）或支持该主要理由的其他理由。

这很难。理由或许可以靠想出来，但证据必须靠收集。

理由：只有少数学生是真正的问题饮酒者。

证据 1：《美国医学会杂志》上的一项研究表明，大部分问题都是不到 1/5 的纵酒学生导致的。

证据 2：学生主任报告说，校警传唤的纵酒大学生里，3/4 是惯犯。

如果你想不到任何证据，列出你希望能找到的证据，这样至少你知道该寻找些什么。

理由：只有少数学生是真正的问题饮酒者。

证据 1：查阅有关学生纵酒的统计数据。

4. 在每一页纸的下方 1/3 处，列出读者可能提出的反对意见或不同做法；接着简述怎样回应。

不同意见 1：有人认为，纵酒者无法通过教育控制。

理由 1：华盛顿大学的研究人员不这么认为。在他们的研究中……

不同意见 1：学校管理方的确有法律责任要订立规章保护学生。

理由 1：无法执行的规章无法保护任何人。之前在 ×× 案例中就碰到过这种情况。

5. 用另一张纸勾勒出结论。

不要只是重复引言中的主要主张。你可以更详细地复述它，但也可以新增一些内容，说明你解决办法的价值。

禁酒只会助长对规则的蔑视。禁酒令实行时期这么做没用，现在做仍然没用。相反，我们必须帮助学生，让他们自己做出更好的决定。如果我们能甄别出最容易纵酒的学生，校方就能在他们养成纵酒习惯之前为其提供指导。

通过这种方式，大学可以做它最擅长的事情，即教育学生，避免干涉学生的生活，它不仅会影响学生的态度，也会毫无用处。

第二阶段：组织并安排素材

1. 判断将你的主要主张（即你对问题的解决办法）放在什么地方。

如果你采用上面的步骤，你会将自己的主要主张两次写在故事板上：引言页上一次，结论页上一次。但对论文来说，你实际上有两种暗示你与读者之间存在不同"社会契约"的选择。

● 将你的观点陈述两次，一次在引言的结尾部分，另一次在结论部分。

如果你这么做，其实是在引言结尾处告诉读者：

你知道了我的问题和解决办法，所以，你对自己所读到的内容尽在掌握。你知

道了我要说的最重要事情，所以，你可以停下来继续读、略读或是跳过去。

● 将主要主张留到结论部分再提出。

如果你让读者等到结论部分才读到你的主要主张，你实际上是在对他们说，一切都由我控制，所以，当我揭开自己的推理，请跟着我，到最后，我会说出你一直在等待的解决办法。

偶尔，读者会带着愉快的期待答应第二份契约，但前提是他们愿意跟着你展开一段曲折的知识之旅。有些老师，尤其是人文学科的老师，喜欢像讲神秘故事一样展开一段论证。然而，大多数读者想要控制自己的时间。所以他们更喜欢尽早看到你的主要主张，即在引言的结尾部分。这听起来有些老生常谈，但很少有读者有闲暇去了解一场神秘论证的由来始末。

一些学生会将自己的主要主张放在最后，他们担心如果太早"泄露"，读者会失去兴致，停止阅读。这么想不对。如果你提出了一个对读者很重要的问题，他们会继续读下去，哪怕他们在引言里就看到了解决办法。反过来说，没有人会仅仅因为你将答案藏起来，就有动力去阅读一个琐碎的问题。

另一些学生认为，既然读者可能会反对自己的主要主张，那么，他们应该偷偷地将它拿出来。只有娴熟的写作者才能将读者不知不觉地引诱到一个不受欢迎的结论上。就算你能成功，读者也会觉得你欺骗了他们。赢得持反对意见的读者的最佳机会，不是摆布他们，而是从一开始就承认差异。如果他们坚决反对你的主张，甚至拒绝考虑你的论证，你无论如何也无法说服他们。但如果你将他们想成哪怕是对自己不喜欢的立场也会公平地听一听的读者，他们或许无法接受你的主张，但他们至少会承认，你有充分的理由相信它，这就是不小的成功。

将观点放在前面还是后面这两种约定俗成的做法，在本质上无关好坏。它们仅仅是不同，各自暗示了一种作者、读者、文本和环境之间的不同关系。然而，大多数人在大多数情况下，更喜欢提前看到主张，因为这让我们能够控制自己的阅读。

如果你真的在结论里才吐露主要主张，你应该给读者一些指导，告诉他们应抱持什么样的心理期待：在引言部分引入你将在论证主体里搭建的关键概念，用一句话对主要主张做一番期待性的铺垫。现在，在故事板第一页最末尾的地方，就在你的问题和拟议解决办法的下面，加上这样一句话。如果可以，加进你的理由中所有最重要的观点，多写几句话，而不是把一句话写得更为复杂。对比以下两种纵酒论证的铺垫方法。

> **时代**已经发生了**改变**，如果大学想要有效地解决**纵酒**问题，就必须**了解**它们的来龙去脉。
>
> 大学**传统角色**（**替代父母**），比上一代更为**复杂**，因为它涉及**公民权利、隐私和学生自主权**等事宜。只有当大学**在法律上、实践上和道德上**理解自己的**立场**之后，才能制定切实可行的**政策**以解决**纵酒问题**。

第二段的黑体字指出了你可以用来构建论证的关键主题。尽可能地将这些句子写得完整，哪怕它似乎显得太过复杂：到了修改的时候，你再删减不迟。

2. 判断将理由和证据放在每一小节的什么地方。

一如你必须判断要在什么地方陈述你论证的主要论点，你还必须判断将每一个理由放在什么位置。由于每一个理由都是该部分的重点，你可以将它放在该小节引言或结论的末尾。这里默认的做法同样是尽早说明理由，故此，也就是放在该小节引言的末尾。如果你决定把理由放到小节最后，记得在故事板上加一句铺垫的话，阐明该小节的关键概念。

如果你将理由放在小节的引言部分，那么后面必须紧接证据。如果你决定将理由放在末尾，那么必须从证据着手。证据＋理由的简短组合，读者很容易理解；但如果一个小节以大量的证据开头，读者可能会很纠结，因为他们无法判断这些证据是为了支持什么。所以，如果你要将理由放在小节的末尾并先提出证据，那么，用一两句话来介绍这一小节，表明证据是要与什么形成关联。这句话还应该介绍该小节将要建立的关键概念。例如，以下句子意在铺陈证据，该证据是为了支持"全面禁酒不公正地剥夺了负责任学生的权利"这一理由。

> 一些大学已经制定了**全面禁止**校园内饮酒的规定，却没有考虑到这种**不加区别**的政策影响了**负责任**学生的**权利**，也没有考虑到执行此类政策会**侵犯隐私**。

在故事板每一理由页面的最上方，增加一句铺垫的话。

3. 判断这些小节的顺序。

现在，挑战是将单独的理由页面整理出一种便于读者理解的顺序。首先，根据主题将理由分组。例如，以下 5 个支持为纵酒学生提供辅导而不是全面禁酒的理由，该怎样分组呢？

理由 1：只有少数学生是真正的问题饮酒者。

理由 2：如果可以无视规则不受处罚，那么所有学生都不会尊重学校管理方。

理由 3：全面禁酒剥夺了负责任的学生喝酒的权利。

理由 4：学生会罔顾禁令，照样喝酒。

理由 5：只要甄别出纵酒无度的人，就可以为他们提供辅导。

你可以将这些理由按照"涉及所有学生"和"只涉及不负责任的学生"这两种情况来分组。

理由 1.1：全面禁酒剥夺了负责任的学生喝酒的权利。

理由 1.2：如果可以无视规则不受处罚，那么所有学生都不会尊重学校管理方。

理由 1.3：学生会罔顾禁令，照样喝酒。

理由 2.1：只有少数学生是真正的问题饮酒者。

理由 2.2：只要甄别出纵酒无度的人，就可以为他们提供辅导。

接下来，为这些分好组的理由选择一种规范顺序：按照重要性、熟悉或复杂程度从大到小（或从小到大）排列。如果读者看不出你怎样排列理由，有可能认为你的论证欠缺连贯性。所以，提前说明你所依据的原则，或在每一部分加入过渡词稍作介绍，如"更重要的是""因此""另一方面"等。

4. 判断将承认和回应放在什么地方。

理想状态下，读者一想到问题或反对意见，你就应该马上承认并做出回应。遗憾的是，有这种先见之明的人很少。但不管在什么地方，只要承认部分反对意见并加以回应，你就能向读者表明，你意识到了一些不同的观点，虽说这些观点不一定来自他们。

5. 判断将根据放在什么地方。

这是最棘手的选择，因为你必须判断是否有必要说明根据。如果读者与你有着同样的价值观、假设、定义等，省略根据也无所谓。但如果他们与你的价值观并不一致，你大概就必须说明根据，最好是放在适用的理由之前，甚至还需要用单独的理由和证据对根据给予支持。例如，阅读下面的论证之后，我们可能会提出，儿童所看的电视内容，与其心理发育不相关，故此反对它的主张。

> 每一天，孩子们都受到暴力电视节目的轰炸。（理由）儿童平均每天看到 12 桩暴力举动，这些暴力举动，大多数只是为了夸张表现，毫无必要，它们很少导致永久性伤害，也极少受到谴责或惩罚（Smith，1992）。（报告证据）一旦这种暴力成为儿童体验的普遍部分，（重述理由）它有可能损害其心理发育。（主张）

反过来说，如果作者能先让我们认同"榜样影响儿童发育"的普遍原则，那么，读者稍后就更有可能同意其理由（暴力电视节目），这一理由是为了支持"损害儿童心理发育"的主张。

> **大多数人都相信，如果孩子们喜欢故事里讲述的令人钦佩的举动，那么他们更有可能变成健康的成年人。**（根据1）**同样地，如果他们看到侮辱人的举动，难道不会因此受到损害吗？**（根据2）每一天，孩子们都受到暴力电视节目的轰炸。（理由）儿童平均每天……。（证据）（看暴力电视节目）有可能损害其心理发育。（主张）

这时，论证以两点根据开始，接着是理由、证据和主张。如果我们先接受了普遍原则（儿童看到侮辱人的举动会受到伤害），更容易接受支持主张的理由。当然，如果我们拒绝接受根据，作者就必须使用单独的论证来为这些根据提供支持。如果你的根据适用于完整的论证，那么，将它们放到单独的故事板页面，一般是放在引言之后。但如果它们只针对具体的理由或证据，就将它们放到对应的理由页面上。

6. 判断你必须对什么加以解释。

为了理解你的理由和证据，读者是否需要知道一些概念、定义、过程、背景、历史呢？将它们加入故事板，如有必要，可放入单独的页面，但最好是放到合适的理由页。

这种故事板，将遵循我们之前概述过的现成计划（假设解释贯穿整个故事板）：

引言：问题 + 主张 / 解决办法

主体

主要主张的根据

理由 1

证据 1

（更多的理由 + 证据）

理由 X

证据 X

承认和回应 X

一般性的承认和回应

结论：重述问题和解决办法

我们知道，这样的规划看起来像是在套用公式，但不要将它们看作详细的蓝

图，而应该看作随时可以修改发展的粗略草图。随着你获得论证经验，你会知道什么时候该忘掉这些规划，跟着自己的直觉走。即便到了那时候，动手之前做些计划仍然是个好主意。

起草

何时停止计划，开始起草

不停阅读比动手开始写作容易得多，所以很多人都会一直研究，只为了推迟更艰巨的起草工作。跳过这口陷阱：根据交作业的日期，倒推出开始起草的最后期限。判断你需要多长时间来打草稿。如果你草稿写得快，再加上 20% 的草拟时间，以及 20% 的修改时间。如果你草稿写得慢而谨慎，那就增加更多的时间。最后，留出校对时间。

起草一份临时引言

你或许听说过，要等写了一些东西的草稿、有可供介绍的内容之后，再写引言部分。这是个好主意，但你也可以勾勒一份临时引言，方便写草稿时集中思想。试试以下规划：

1. **用一两句与你的问题有着共同背景的话开始。**

   几个世纪以来，喝酒一直是大学生活的一部分。对一些学生来说，这几乎是一种必经仪式。但是，如今的它，成了件要命的事情。

2. **再加上一两句话，将问题阐述清楚。**

   为控制风险，大学希望通过管理规定，禁止所有学生活动（甚至包括同学会举办的聚会）中的饮酒行为。

3. **用一两句话阐述问题的后果，它做些什么或会让读者付出什么代价。**

   学生无视这些规定，进而助长了他们对大学权威的蔑视。如果这些规定得以执行，负责任学生的合法权利便遭到了剥夺。

4. **用你解决办法的要点来结束引言。**

   为反对这些规定，学生自治委员会必须加入大学理事会，支持教育指导项目。

修改

将引言与结论匹配起来

留出时间修改，但要是时间来不及，这里有一个便捷的方法，保证你的引言和结论至少不会互相矛盾。

1. 在引言之后、结论之前画一条线。

如果读者看不到这些界线，他们就会感到困惑。如果你都不能轻易找到它们，那么读者说不定完全找不到。完成引言之后，永远要新开一段写其他内容，结论也必须独立成段。

2. 突出主要的主张。

- 如果你在引言最后陈述了主要主张，请在此处加以强调，并在结论部分再次强调。

- 如果你在结论里才第一次陈述主要主张，请在此处加以强调，但也要在引言的最后一两句话里加以强调。

- 如果你将主要主张放在了其他地方，请做修改，要么放在最前面，要么放在最后。

3. 对比你在引言和结论部分强调的句子。

如果二者不吻合，修改引言部分的句子，使之与结论部分相匹配，因为你最后写的内容，大概才反映了你最精华的思考。如果你在这两个地方都重复了主要主张，不要让它们完全相同，但它们应该显得紧密相关。

4. 如果你有时间，请对内容超过一页篇幅的每一小节重复这一过程。

- 在该小节的引言和结论中，强调这一部分的理由 / 主张。

- 将要点放在引言的末尾或至少放在结论部分。

- 如果放在引言里，那么确保它与结论一致。

课后习题

这些习题包含的范围很广，有各种各样的问题、思考题和待做事宜。大多数章节收录的习题都很多，一个人不可能全部做完，只选择你感兴趣的题目就好。

思考题

1. 有些人拒绝认为理性是启蒙的手段：除了知识领域和物质领域，神秘主义者和唯心主义者还从经验领域寻求理解；主观主义者则依赖感觉、印象和直觉等。神秘主义者或主观主义者会怎样为神秘主义或主观主义开脱、辩护或解释呢？他们能够批判地思考自己的神秘主义或主观主义吗？一个神秘主义者或主观主义者怎样向另一个神秘主义者或主观主义者表明自己得出了错误的结论呢？这个问题，本身合乎情理吗？

2. 以下对话中，一方故意使用一种最常见的方式让对话脱轨。它是什么？

   迈尔斯：你声称，如果你当选，会通过减少浪费平衡预算。你能告诉我们，你会削减些什么吗？

   关：除非我们下定决心采取一些强硬的措施，否则，本州将在 5 年内破产。我们不能继续埋头花钱、花钱、花钱了。我们必须停下来。

3. 有人说，论证人格和声誉在"黑暗"中效果最好：对所讨论议题所知最少的人，它们影响最大。持这种看法的人认为，你对这个人（而非仅仅是一种形象）了解得越多，你对议题的事实了解得越多，你就越不应该受到论证人格和声誉的影响。你是否同意，如果一场论证足够有力，进行论证的人的品格就无关紧要了？如果两个人进行了同样有力的论证，但其中一个人看似值得信赖，另一个人却显得靠不住，结果会怎样？如果论证人格和声誉对你来说很重要，为什么？

4. 在什么时候，书面论证比对话更合适？在什么时候，对话比书面论证更合适？

任务

5. 声誉对你的影响有多大？说出你信任其判断的人，包括公众人物和你认识的人。概述他们论证态度的特点。他们热情还是保守？他们会给自己的陈述加上限定条件，还是会说得斩钉截铁？他们是否认可他人的贡献？他们使用统计数据吗？使用逸闻趣事吗？他们的语气怎样？对你所信任的论证者，他们的特质中是否有一定的模式？如果有，这说明了你怎样的特点？

6. 除了本章列举的 5 类问题，要让听众或读者理解你的论证，你认为自己必须解答的问题有哪些？下面这些问题如何？

你感觉怎么样？

你有多大把握？

你的证据来源是什么？

你能给……下个定义吗？

7. 论证以下潜在的 5 类问题，既可以明确提出，也可以只用"嗯？"或"哦？"来表示。观察人们进行论证的两三场对话。请注意他们使用多少种不同的方式，要求他人扩展和解释自己的论证。前者的问题是明确提出的还是含蓄表示的？人们是否经常竭尽全力去寻求某人主张所依据的确凿证据？

8. 下一次你不同意别人观点时，花几分钟提问，帮助自己理解这人到底是在论证什么。询问一般性原则，用问题的形式，提供其他选择，比如：要是有人说……你会怎么回答呢？有没有哪些问题会引发更为强烈的反应呢？提出这样的问题，会带给你怎样的感受？

9. 如果你订阅了一份电子邮件讨论列表，选择一系列进行论证的帖子。在你看来，有多少参与者是批判性思考者？他们的论证里有什么样的特点让你这么认为？有多少人会批判性地看待别人的想法，对自己的想法却宽容得多？

10. 工作上的论证和学校里的论证有哪些不同之处？如果你有一份工作，请观察人们怎样对上级、下属和平级的同事进行论证。他们提供的证据，与学术写作者一样多吗？他们会承认有其他选择吗？怎样解释这种差异？

11. 让你的写作小组或室友向你提出上述 5 类问题。哪些问题最难回答？你什么时候会觉得有些烦躁？你什么时候会觉得十分烦躁？你能解释一下为什么有些问题比其他问题更令人烦躁吗？

项目

12. 许多老师和院系都会保留范文，希望你也像那样写作。（你所在的写作中心或许也会保留范文。）与同学一起分析这些范文。如果你读的是一年级的写作班，请关注各种学科的入门课程。拿到范文之后，先根据你对它们的感觉如何对其进行分组。等你学习了论证的各个部分之后，再试一次。

13. 收集几篇你写的论文。（接下来的几章会要求你对它们进行分析。）选择最简单、最欠成熟的一篇。你可以怎样深化它的论证呢？

14. 广告是论证吗？很少有广告会明确地要求：买这辆车！看这部电影！但它

们的确是在努力让你做一些具体的事情。大多数广告会给出理由，拿出看起来像是证据的产品照片或图画，某种你可以亲眼看到的东西，将它们视为论证加以分析。我们叫不叫它们论证又有什么区别呢？寻找那些试图采用理由和证据之外的方法来说服人的广告，你能找到承认其他观点的广告吗？

写作重点

1

任务 整理你在第一章"写作项目"标题下所做的笔记，你可以针对那些请你帮忙解决问题的人，将这些笔记变成论证故事板。如果老师提出要求，将故事板改编成完整的书面论证。在组织论证之前，为项目 2 完成下列问题。

2

场景 你受邀为有关"学生是顾客"议题的"论坛"供稿，学生报纸将发表它，回应（选择其一：学生自治委员会、教职员委员会、学校的校长、州立法机关）所批准的声明。你的论证是其中之一，但不是该系列的第一篇文章。假设声明所持立场与你相反。

任务 阅读有关"学生是顾客"的资料，决定你要采取什么立场：应该将学生视为顾客对待吗？概述论证支持你的立场。概述之前，请先解决以下问题。

问题

1. 你采取什么样的立场？
2. 你认为这里涉及什么样的利害关系？你所在群体的问题是否得到解决，我们是否认为广告不理性，大学是将你当成顾客、学生还是客户，区别在哪里？
3. 你为什么选择了那个立场？你出于什么样的理由，希望别人那样想或那么做？

4. 理由太少了。你能至少想出一两个吗？

5. 你有什么确凿的证据吗？你能提供什么事实和数据来支持你的理由？

6. 如果你必须想象读者陈述其立场，他们会怎么说呢？他们本着什么样的理由相信自己的主张？

7. 你怎样回应这些理由？你为什么不能接受它们呢？

8. 他们有什么样与其理由相关的经历吗？

9. 他们会对你的立场提出什么样的反对意见？

10. 你的基本假设是什么？你的立场是一种更普遍原则的具体例子吗？

11. 你的读者采用的原则与你有什么不同？

3

场景 1　你是学生自治委员会负责人的候选人。在一次公开会议上，有人询问你的立场：

我们每天都撒些小谎。我们告诉朋友别为考试担心，哪怕我们明知他很可能会不及格。没人指望任何人在任何时候百分之百地诚实。但我们有权期待，身为学生自治委员会的负责人，你不会随时对我们撒谎。你能告诉我们，你怎样判断一个公众人物什么时候说谎可以算是正当的？我想听一些具体的例子，比如你什么时候会说谎、什么时候不会，你对这些情况做出判断采用什么样的一般性原则。

任务 1　用两三页纸的篇幅来回答这个问题。为了帮助你深入思考这些问题，请回答 67 ~ 68 页"问题"中的问题（与别人讨论尤佳）。用答案来构建你的论证。

场景 2　你正在面试一份工作，这份工作责任重大，并有着相应的丰厚薪资。面试官做了如下陈述：

我们公司在诚信方面名声很好，所以我们会尽量聘用有着极高个人标准的人。我们都知道，所有人都会对彼此说些无关痛痒的善意小谎。但我们不能失去诚信的声誉，因为我们的业务有赖于信任。我想知道，你怎样区分善意的小谎和严重的谎言。比如，假设你正和我们最好的一位客户开展业务，她碰巧反对堕胎（或支持堕胎），她问起了你的立场。如果你知道自己的立场与她相反，你又担心如果她知道你怎么想，会将业务换到别的公司，你会说谎吗？我想知道你在棘手的情况下怎样做决定。对于什么时候说实话，什么时候不说，你有什么样的基本原则呢？

任务2 用两三页纸的篇幅陈述你的立场。像在给公司政策提议那样来写。不要使用有关该客户的例子。找些新例子。为了帮助你深入思考这些问题，请回答67～68页"问题"中的问题（与别人讨论尤佳）。用答案来构建你的论证。

场景3 你最好的朋友所在班级的老师怀疑学生从互联网上购买学期论文。你的朋友并不这么做，但她知道谁在这么做，老师要她说出对方的名字。如果她不将名字说出来，老师会想办法来惩罚她。她问你，是该拒绝回答，还是谎说自己不知道是谁买论文抄袭。你告诉她应该凭良心行事。她决定谎说自己不知道。但剽窃者被抓住了，还揭露说你的朋友知情。你的朋友向校领导说，是你告诉她要凭良心行事的。现在，你有麻烦了，因为你知道有人剽窃，而你没有揭发那个人。

任务3a 给纪律委员会写一封信，为自己的行为辩护。为了帮助你深入思考这些问题，请回答下面的问题（与别人讨论尤佳）。用答案来构建你的论证。

任务3b 给纪律委员会写一封信，为你朋友的行为辩护。虽然归根结底你并不赞成她的行为，但也要尽你所能地做出最好的辩词。为了帮助你深入思考这些问题，请回答下面的问题（与别人讨论尤佳）。用答案来构建你的论证。

场景4 你们学校正在考虑设立一项荣誉准则，要求每个人不仅要举报已知的作弊者和剽窃者，还要举报任何知道作弊者和剽窃者但不举报的人。

任务4 写一篇支持或反对该提案的文章。为了帮助你深入思考这些问题，请回答下面的问题（与别人讨论尤佳）。用答案来构建你的论证。

场景5 你所在的工作场所遭到了内部盗窃。你的雇主提出，不仅小偷要遭到解雇，凡是知道偷窃行为而不揭发的人也一并遭到解雇。你是工会委员会的成员，就该政策与公司进行谈判。

任务5 针对该议题，为你的委员会写一篇意见书。为了帮助你深入思考这些问题，请回答下面的问题（与别人讨论尤佳）。用答案来构建你的论证。

问题

1. 问题是什么？读者认同或不认同的利害关键在哪里？
2. 你所站的立场是什么？也就是说，你的主张是什么？
3. 你采取现在的立场，理由是什么？
4. 你有什么确凿的证据来支持你的理由？

5. 读者将怎样陈述一个与你不同的主张？

6. 他们出于什么理由相信自己的主张？

7. 你怎样回应这些理由？它们有道理吗？你为什么不认可它们？

8. 那些持有不同意见的人，或许有过与所持理由相关的经历。你能想象一下，那会是什么样的经历吗？

9. 他们会对你的理由和证据提出什么样的不同意见？

10. 你能说出你的基本假设是什么吗？

4

背景　对说谎最常见的反对意见是"滑坡效应"：如果你撒了个小谎，不可避免地会进而撒大的谎，接着再撒更大的谎，那么，用不了多久，你随时都会撒谎。

场景　一场有关公共生活中道德问题的研讨班要求你阅读说谎的资料，回答"说谎是否总会导致更大的谎言"的问题。对这个议题，你想采取什么立场都可以。受众的构成与你班上的人完全一样。

任务　写下你的陈述。

范文

以下有两篇关于纵酒的文章。它们是对大学一项提案的回应。该提案认为，如果校方发现 21 岁以下的学生喝酒，就算不提出指控，也应通知家长。大多数学生和部分教师表示反对。为了帮助你关注这些论证的实质内容，我们选择的文章，没有复杂的语言或语法错误，以免分散你的注意力。所以，不要纠结于这些文章阐述观点的方式（我们稍后再谈这个），请将焦点放在实质内容上。阅读这两篇文章，然后看看接下来的两项任务。

学生隐私与饮酒

大学校长艾伯特·塔纳基最近提议，只要校方发现不满 21 岁的学生喝酒，就应该通知家长。塔纳基说，这将有助于防止学生纵酒。这么做不对，因为学生有隐私权，而校方应该尊重学生的隐私权。同样地，塔纳基并未意识到，当今的学生生活被酒精包围。

我认为，塔纳基提议错误的一个方面在于他认为，大学有义务告知家长，他们的孩子在学校里喝酒。这一建议明显侵犯了学生的隐私权。如果没上大学、年龄未满 21 岁的年轻人喝酒，没有人会打电话通知他们的家长。学生在家过暑假的时候，父母不会跟在他们身边，也不会经常窥视孩子是不是在喝酒。家长意识到，自己的孩子有隐私权，也不会去干涉孩子的生活。此外，大多数家长也并不在乎自己上大学的孩子喝不喝酒。即使他们并不在乎孩子喝酒，要是他们收到学校的通知说孩子被逮到喝酒，也会大为光火。

塔纳基提议有错的另一方面是，如果校方不尊重学生的隐私权，学生就会将校方视为敌人。大学不应该像高中那样，每当学生出了问题，就向家长"告发"学生。大学甚至不开家长会，所以，为什么大学要将学生喝酒的事情通知家长呢？

大学生甚至不喜欢学校将考试成绩寄给父母。（有些学校只将成绩寄给学生，因为他们知道成绩是学生的隐私，应该由学生自己决定是否与父母分享。）如果大学成了搬弄是非的机构，学生就会对它产生恶劣态度，进而减少参与大学社会活动，到远离大学城的地方寻找社交，而后一类的地方，会有更多的酒精。此外，学生的恶劣态度会影响和损害自身的学习。

这让我想到了自己的下一个观点：不管学校对学生纵酒采取什么手段，学生在自己生活的环境里，仍然很容易接触到酒精。很明显，塔纳基希望通过侵犯学生的隐私权杜绝学生饮酒，保护学生免受伤害，但他对我们所处的时代一无所知。与过去不一样了，喝酒是大学生活里显而易见的一部分；因此，我感觉，与塔纳基先生想的不一样，制造学生与家长的对立，可能对他们喝不喝酒毫无影响。我们生活在这样的时代：年轻人觉得喝酒是为了融入群体。他们的家长喝酒，他们的朋友喝酒，甚至他们的老师也喝酒。塔纳基校长可能会说，学生喝酒不对，但他在大学城中自己家举办的教员聚会上喝了很多酒。

而且，你参加任何学生聚会，身边都不可能没有酒。不仅同学会的聚会上到处是酒精，大多数宿舍聚会，哪怕是大一新生的宿舍聚会都会提供酒，任何人都能喝。学生带着酒去大学礼堂听音乐会。如果没有音乐会，学生就会去校园城的酒吧去听现场演出（大一新生住宿舍没法开车）。市政方面认为，18~21 岁的大学生进酒吧听音乐是合法的，而这时候，学生显然会和周围的人一起喝酒。如果有人认为，生活在被酒精包围的环境下，学生还能不让酒精进入自己的嘴，那他就想错了。一如比利·乔尔（Billy Joel）在歌曲中唱到，"放火的不是我们"。让我们置身于酒精环境的，正是我们的家长和像塔纳基校长一类的人。

　　总之，照我说，塔纳基的提议完全侵犯了学生的隐私权，而且根本行不通。我还觉得，与其向家长念叨学生喝酒，他倒是应该做一些事情来改善大一学生的社交生活，这样学生就不会因为晚上没有更好的事情可做而无奈喝酒。很明显，大学需要一套更好的方式来解决纵酒问题，而不是侵犯每一个偶尔喝上一杯的学生的隐私。

纵酒和通知家长：学生的隐私权，还是家长的知情权

　　大学校长艾伯特·塔纳基宣布，如果21岁以下的学生被校警逮到喝酒，他将通知家长。师生们一片哗然。第二天，学生自治委员会通过了一项决议，声称"任何侵犯学生隐私的行为都是错误的"。委员会主席苏珊·福特在《学生日报》上写道："这不仅在道德上是错误的，在法律上也是错误的，而且它根本行不通。"学生对塔纳基的提议大感不安，这完全可以理解。但如果只考虑提案对学生权利的冲击，那些站出来对塔纳基提案表示反对的学生和教师，就忘记了学生家长的权利。

　　大多数人反对这项提案的第一点在于，它将学生当成小孩，而不是拥有隐私权的成年人。怎么说呢，学生还没有生活在成年人的世界里。成年人工作是为了挣钱购买食物、住处、电话、计算机和出行工具。学生可以免费获得这些东西。诚然，有些学生兼职工作，但基本上，这不足以支付他们的开销。这不是成年人的世界。很明显，如果你没有承担成年人的责任，你不能期待获得成年人享受的权利。

　　另外，学生说他们拥有隐私权，也并非完全错误。大多数学生住在家里时都有隐私权。我的宿舍套间住了6个人，其中5个人有权不让父母进入自己的卧室。在大多数高中，校方不能翻查学生的储物柜，除非警察在寻找罪证。学生在大学里享有的隐私权，不应该少于他们更年少的时候。然而，这并不一定意味着，仅仅因为上了大学，学生就能获得成年人的所有隐私权。

　　除了学生是否能享有成年人的所有权利，我们还必须考虑成年人拥有多少隐私。隐私侵犯有轻重程度之分。从浴室窗户偷拍某人的照片，和告诉家长你做了某件有可能永久性伤害自己的事情、触犯了法律，二者之间存在很大差异。如果你无意间听到自己最好的朋友在私人电话中说起自杀，你会怎么办？你会保护他的隐私吗？还是说，你要告诉某个能帮助他的人？侵犯他人隐私和纵容他人自我伤害，哪一种行为更恶劣？将学生喝酒的事告诉家长，可能侵犯了学生的隐私，当他们是小孩，但这也是在做一件避免他们自我伤害的事情。告诉某人以阻止学生自杀，和告

诉家长以阻止学生做愚蠢而危险的事情（如喝酒醉倒被校警抓），二者没有太大的区别。

然而，有一点还没有人考虑到，那就是家长的权利。他们为我们的学术之旅提供资金。他们支付我们的学费、食宿费、书本费，以及其他一切我们认为理所当然的东西。他们为这些东西买单，只是为了让我们不必像成年人那样工作。他们花钱，因为我们是他们的子女，他们为我们的教育买单，进而投资我们的未来。但当人们进行投资的时候，难道不会关注自己的钱都花到哪里去了吗？硅谷的投资人密切关注自己投资的公司怎样使用所提供的资金。而身为初创公司（也就是我们）的投资人，家长有权知道我们怎样使用他们提供的资金。作为他们的子女，我们不应该忘记：拿人手短。

仅仅因为学生出于自利而非家长权利的角度反对这个提议，并不意味着该建议方方面面都挺好。我认为这个建议大体上不差，如果大学只在学生喝得酩酊大醉而非偷偷抿了一口啤酒时通知家长，那么还算是个好主意。但塔纳基校长和反对他的人似乎都认为，所有的大学生都住在宿舍，只在校园或大学城里喝酒，校警逮得住。但那些搬出宿舍，住在公寓的学生，怎么处理呢？我的宿舍里几乎没有大三或大四的高年级学生。住在家里的学生，又怎么处理呢？大约1/3的学生从不住校。根据注册官网上的数据，今年36%的大一新生不住宿舍。此外，不管学生是21岁以上还是以下，同样存在纵酒问题。去年死于纵酒的学生是高年级学生，很可能不止21岁。教务处没有给出具体数字，但大一的班级里有很多年龄较大的学生，甚至组建了自己的家庭。对他们又怎么处理？

考虑到所有这些因素，塔纳基校长的提议可能并不完美，但它并不像反对人士所说的那样，邪恶地侵犯了隐私。它侵犯了学生的隐私，但是出于好心。它保护了父母的权利，因为既然父母花了钱，他们有权利知道我们在做什么。最重要的是，它让父母采取措施，帮助那些因纵酒危及生命、陷入困境的孩子。我认为，学生不应该自私地反对这一提议，而应该与塔纳基一同努力，设计出既能够帮忙解决问题又不必侵犯学生隐私的方案。

任务1 识别出每篇文章的论证要素。复印一份，用不同颜色的荧光笔做标记，或是用行号来识别具体的句子。指出作者在哪句话里做了以下的事情：

1. 陈述文章的主要观点或主张。该主张在文章的其他部分重复过吗？

2. 陈述每一主体段落的要点（忽略引言和结论）。这些要点应该是支持主要主张的主要理由，同时，它们本身又是段落其余部分所支持的主张。

3. 列出你认为是确凿证据的信息，或是你能合理期待作者所获得的接近确凿证据的信息。

4. 承认反对意见或其他观点。在每一不同观点旁标注出作者是尊重、中立还是无礼。

5. 回应反对意见或其他观点。在每一回应旁标注出作者是尊重、中立还是无礼。

6. 指出能解释为什么理由支持主张的一般性原则或根据。

任务 2 对下面的问题写出简短回答。不要纠结于你是否认同；将焦点放在作者怎样阐述观点上。将你任务 1 中分析所得的结果作为证据，支持你在回答中提出的观点。

哪篇文章更像是一场亲切的对话，作者在其中回答了上述 5 类问题并考虑了他人的观点？为什么？

本章核心

关于论证

每一天，我们都通过询问彼此 5 类问题，并根据它们的回答来构建论证。

- 你的主张是什么？
- 你出于什么理由相信这一主张？
- 你的理由基于什么证据？
- 基于什么样的原则，你的理由与你的主张相契合？
- 但是关于……又该怎么说？

在谈话时，有人会向我们询问这些问题，而在写作时，我们必须代表读者设想这些问题。你的论证要锚定在两个问题上：证据和根据。如果读者无法接受这些要素，你就完全无法进行论证。你必须清楚地报告证据；如果你和读者有着共同的假设，那么，大部分根据可以含蓄处理、隐而不谈。但如果你针对的是有争议的议题，一般来说，你必须将它们说出来。不过，我们大多数人容易认为自己与读者有着比实际上要多的共同看法，故此，明智的做法还是将话说得比自己想得更明白些。

上述 5 个要素构成了一个简单论证的核心，但你或许必须将每一个理由、根据、对不同观点的回应，都当作另一个从属论证的主张。这就是你"充实"论证的方法。

关于论证的写作

正如我们在上一章结尾所说，你有 4 项初始任务。

- 理解引发你论证的问题。
- 提出假说，提供看起来可行的解决方案备选项。
- 选择最好的备选项。
- 列出有助于读者认同你的解决方案的理由。

避免使用以下现成计划。

- 五段式文章。
- 叙述你的研究和思考。
- 概述资料来源。
- 围绕事情而不是观点和概念来组织各个部分。
- 将论证分为两个明显的部分。

一旦你有了支持主张的理由，想想用什么证据来支持这些理由。接着，想象有人来问你：但是关于……又该怎么说？

这里有一份适合起草论证的计划。

- 概述问题及解决办法。
- 列出你认为读者视为合理、可以接受的理由。
- 阐明你眼中这些理由所立足的证据。
- 用读者能理解的顺序排列这些理由。
- 想象反对意见，并做出回应。

起草一份临时引言。

- 用一两句与你的问题有着共同背景的话来开头。
- 加入一两句话来阐明问题。
- 指出问题让读者所付出的代价。
- 用一句话勾勒解决办法的要点，作为结束。

从论文的主体出发，引出引言和结论，对比引言最后一两句话与结论部分最重要的主张。如果二者无法互为补充，那就稍作修改。（需要改变引言部分的概率更大。）

如果做得到，就在每一主要部分都采用同样的做法：引出引言和结论（要是有的话），进行比较。每一节的要点大概应该出现在每一节引言的末尾。

第三章

激发你的论证

优秀的批判性思考者知道，论证的目的是解决某种问题。他还知道，如果未能对问题给出定义，那就不太可能解决它。如果他无法清晰、有说服力地为读者建立起问题的框架，就不太可能激励读者花时间思考自己的解决办法。在本章中，我们讨论怎样定义问题，怎样撰写引言和结论，为论证建立起便于读者理解的框架。

无论面对面的论证还是书面论证，你偶尔可以选择，但大多数时候，你没有选择。如果你没有时间动笔，又或者你需要进行私人接触，那么，你必须当面进行论证。如果你无法见到读者，或是需要时间规划、检验自己的论证再对外发表，又或者你的受众想要有些研究琢磨的时间，那么，你就必须采用书面论证的形式。

但书面论证有其缺点。如果你不知道读者是什么样的人（是乐于合作的还是暴躁的，是大度的还是苛刻的），那么你也许不知道该采用什么样的语气才合适。更糟糕的是，如果你不知道读者在想什么，就无法纠正他们的误解，无法回应那些出乎你意料的问题。充其量，你只能对读者做出猜测，并希望碰到好结果。又或者，你可以使用论证的 5 个问题来批判性、系统性地考量读者，这样，你才能更好地在读者聚焦于你未能考虑到的问题之前，预见并回答他们的疑问。

但书面论证必须克服一个更大的劣势，这又一次需要用到批判性思维技能。面对面论证时，别人对你的状态有所反应，因为他们要回应你。他们会被你的样貌、声音和肢体语言吸引。例如，你在校医院度过了煎熬的一天之后碰见了系主任，你愤怒的表情和急躁的声音，会传达出你的难受。较之一个人在办公室阅读你愤怒的信件，系主任见到你的实际情况，或许能更深刻地体会到你的难受。人真正在场，能将我们调动起来，而纸上的文字却很难拥有这样的魔力。

因此，当你以书面形式进行论证时，你必须为读者提供充分的理由，调动他们参与，克服你不在场的缺陷。对于你的论证，最具毁灭性的回应不是"我不同意"，而是"我不在乎"。但为了找到让读者在乎的出色理由，你必须批判性、系统性地思考两点：第一，你的论证将怎样解决问题；第二，这个问题将怎样影响你以及你的读者。

在本章中，我们将告诉你如何激励读者在乎你的论证，告诉他们不管知道不知道，这里都有一个你能够解决的问题。

两种问题

我们在第一章中提到，从解决问题需要读者采取什么做法的角度来看，问题可分为以下两种。

- 只有在读者采取（或至少支持）公开行动，改变其状况，才能加以解决。我们将这类问题称为"实践性问题"。

实践性问题是一种你想要消除的糟糕状况，如歧视、艾滋病、种族灭绝、利润下降、学费上涨、噪声干扰，即任何让你自己（或出于对他人的同理心）感到生气、伤心、厌恶、害怕、痛苦、内疚、尴尬、羞愧、气馁，甚至仅仅是不安的状况。只有当你的论证促使他人做了某事，打破了让你和读者不高兴的因果链（或停止做某事，如不浪费能源），你的论证才解决了实践性问题。

- 只有当读者对某事有了不同的信念或理解时，才得以解决。我们将这类问题称为"概念性问题"。

概念性问题可以用提问来表述：宇宙多少岁了？为什么黑猩猩不哭？托马斯·杰斐逊（Thomas Jefferson）对奴隶制到底是怎么看的？概念性问题得不到解决，往往并不会让人感到悲伤、愤怒或痛苦，但它的确打击了一种基本的人类欲望，即我们渴望对世界获得更多了解的向往，哪怕只是像"为什么罐头里最大的坚果总是在上面"这样琐碎的事情。只有当你的论证引导人们相信意见能提高其对世界认知的事情，它才解决了一个概念性问题。

实践和概念性问题怎样激发论证

在求学历程中，老师会要求你解决这两种问题，但你必须撰写两种不同的论证以支持其解决办法。故此，你必须首先了解这两种问题在结构和动机上有什么不同。

实践性问题的两部式结构

这里有一个实践性问题，你绝不会去写它，但它印证了我们的观点：假设你开车去参加期末考试，你必须通过考试才能毕业。前一天晚上，你参加聚会玩到深夜才回家，然后第二天早上睡过头了。你也许会迟到，但即使你及时赶到考场，也可能会考试不及格，因为你没有学习。你遇到了交通拥堵；你知道自己来不及了。你碰到问题了吗？

你的情况似乎存在一个问题，不是因为交通堵塞本身，而是因为堵塞会导致什么结果，而结果会让你非常不开心。

这时，你看到自己的导师正坐在你旁边的车里，你意识到，你不再有问题了。实际上，交通堵塞反而是你的解决办法！考试会推迟，你甚至能获得更多的时间来学习。

没有代价，全是好处，问题没了。

- 第一部分：一件事、一种状况或环境，扰乱了你的世界。我们将问题的这一部分叫作"失稳状态"。

通常，我们通过陈述条件，为实践性问题命名：纵酒、种族主义、癌症、艾滋病。但条件本身并不是问题：每一个问题必须有第二部分。

- 第二部分：前述失稳状态必然会产生一种后果，你认为它会让你（或者你关心的某人）感觉不好。我们将这一部分称为"代价"。

根据这个定义，一种初看起来似乎是非常糟糕问题的条件，如果不招来代价，可能就完全不是问题：如果一颗小行星今天晚上会杀死地球上的每一个人，那么，一种明天会导致你死亡的疾病，对今天的你而言完全不是问题。

人们有动力对实践性问题采取行动，因为他们想要避免糟糕的感觉（这种糟糕的感觉定义了问题的代价），少有例外。故此，当你为实践性问题的解决办法进行论证，你必须让读者看到它的两部分结构，尤其是，不解决问题会让读者付出什么样的代价。你必须和读者一样去看待这个问题。不管你觉得代价有多么糟糕，重要的在于读者对它有什么感觉。

有时候，你不必说明问题的代价，因为代价显而易见——我们都知道艾滋病、无家可归或种族灭绝的代价。不过，也有很多时候，你必须说明你的解决办法针对的是什么代价，因为读者往往看不出来。例如，你写信给学校管理部门，主张校医院应该为男女两性设立单独的候诊区。除非你能指出，校方将要付出什么样的具体代价，而你的解决办法会减少这一代价，否则，他们不大可能看出任何问题，至少看不出你所认为的问题。

概念性问题的两部式结构

概念性问题同样存在失稳状态和由此产生的代价，但它与实践性问题中的有所不同。在实践性问题中，失稳状态是指读者无法忍受的各种情况：如果中了彩票让你不开心，那么，它对你来说就是个实践性问题。但在概念性问题中，失稳状态始终保持相同的形式。

- 第一部分：在概念性问题中，失稳状态始终是你不知道或不理解但又想要知道想要理解的某件事情，如一个谜语、认识上的差距、新旧事实之间的差异或矛盾，也就是任何你不确定、困惑、好奇故而想要解决的事情。

你总是可以将概念性问题的失稳状态表达为一个问题，因为问题意味着你不知道的某件事情：

天空中有多少颗星星？

儿童怎样回应电视节目中的碎片化结构？

概念性问题的代价（失稳状态的后果）也有别于实践性问题。

- ◆ 实践性问题的代价是某种切实的不快、痛苦等。
- ◆ 概念性问题的代价是知识或理解上另一项深刻的差距。结果是无形的，我们一般不叫它代价，而叫它后果。

- 第二部分：在概念性问题中，失稳状态的后果是你不知道的某件事情，这个问题的答案比前一个问题的答案更为深刻。换句话说，概念性问题的后果是一道谜题。故此，构成概念性问题的不是一件你不知道的事情，而是两件。

其实它并不像乍看起来那么令人糊涂。其运作原理如下。

- ◆ 概念性问题的第一部分是条件，即这里有一件你不知道但又需要知道的事情。你可以将条件表述为一个问题。

天空中有多少颗星星？

- ◆ 概念性问题的第二部分，它的后果，即为什么你想要知道第一部分的答案。你可以将第二部分写成一个疑问句。

如果我们不能回答天空中有多少颗星星这个问题，（条件／第一个问题）那么，我们就无法解答另一个更重要的问题：宇宙是否拥有足够的质量，让引力将之维系在一起？（后果／更大的问题）

怎样通过询问"那又怎么样"识别能激发人的好奇心的代价或后果

读者阅读的动力来自问题的代价对自己有多么重要，故此，你必须从读者的角度来设想你的问题。为做到这一点，你要想象他们反复地问"那又怎么样"，直到你的一个回答让他们说："啊，这一点真的很重要，需要知道！"这时候，你就知道读者想要听到你的答案、想要听到支持它的论证了。

找出实践性问题的代价

因为实践性问题有着切实的代价，所以通常比较容易发现。这里有一个例子：

工业排放的化学物质让臭氧层产生了一个洞。

那又怎么样？

臭氧减少，紫外线就越强。

那又怎么样？

过多的紫外线会导致皮肤癌。

如果你的读者再次追问，那又怎么样？你或许会怀疑他的道德合理性，但你仍需要激发他在乎，所以你还得再做一番尝试。

更多的皮肤癌患者意味着更高的医疗费用和更多的死亡。

如果，不管实际出现的可能性有多小，他继续追问：那又怎么样？那么，你就未能从他能理解的角度来陈述问题。你只能耸耸肩，对他的价值观大惑不解。只有当他询问"我们该怎么做"的时候，你才知道，你已经找出了能激发的代价，让他愿意阅读你对此问题的解决方法了。

找出概念性问题的后果

由于概念性问题的直接后果不涉及有形的损害，而是一些更大的问题，有可能较难识别出来。然而，你可以使用相同的"那又怎么样"提问流程，反复发问，直至找到能激励读者的问题。以天空中有多少颗星星为例。

我们不知道天空中有多少颗星星。

那又怎么样？

因此，我们不能回答更重要的问题：宇宙是否拥有足够的质量，让引力将之维系在一起?

如果你的读者想知道第二个问题的答案,那么,你就已经陈述出让他们认为你第一个问题值得一问的后果。所以,读者想要阅读到一篇支持其答案的论证。

但是如果你的读者再次追问"那又怎么样"呢?

如果你不知道宇宙是否拥有足够的质量,让引力将之维系在一起,那又怎么样呢?

在这个时候,你必须提出一个更为宏大的问题,这个问题的答案对读者的理解更有意义:

> 如果我们不能回答宇宙是否拥有足够的质量,让引力将之维系在一起的问题,(第二个问题)那么我们就无法解答一个更重要的问题:宇宙有一天会不复存在吗?(后果/更大的问题)

如果这个人仍然追问"那又怎么样",你就只能再次耸耸肩,心里想着:这是错误的受众。

刚接触一个领域的学生,通常很难发现能引起读者重视的后果。经验丰富的研究人员(比如你的老师)已经知道自己的领域里有什么问题会引起其他人的兴趣,故此,他们能知道什么时候自己想要解答的问题会带来更大的问题。但要是你刚接触一个领域,甚至尚未选择领域,你不可能知道。你不得不依靠老师、同事和大量的阅读来帮忙发现什么问题值得一问。

不过,在你将视线放到其他地方之前,首先也是最重要的一步,是找到一个你想要求索的主题,哪怕这件事只有你一个人感兴趣。等你找到了第一个问题,你要接着问:"如果我回答了它,那会怎么样呢?"如果你正在从事一个长期研究项目,除非你已接近研究的尾声,否则,你也许找不到最好的答案(你甚至连一般而言的好答案都找不到)。不要气馁:人人都会碰到这样的情况。但你切勿等到项目快结束的时候才开始:"那又怎么样呢?"你越早说明具体问题有助于解答的更宏大问题,你便越能更好地理解自己的问题,故此也就越容易回答它。

实践代价和概念后果

一些大一学生纠结于概念性问题还有另一个原因:他们主要对所受教育的实践应用感兴趣。他们问,更深入地了解古希腊人,对成为更好的工程师或会计师有什么帮助呢?我们可以泛泛而谈地说,了解历史可以让人变成更出色的专业人士,但这里,我们只想重复一下如今在岗的工程师和会计师对自己当年所受教育感到的遗憾：他们后悔自己未曾修读更多的课程，拓宽自己对历史、文化、沟通、心理学、哲学等的了解，解答这些科目的问题，并不能直接地解决世界上的问题，但能让人更好地理解世界。

一些思路非常务实的人，尤其是政客，认为试图解决纯粹的概念性问题是在浪费钱：他们会问，谁在乎为什么罐头里最大的坚果总是在上面呢？这对世界有什么改善吗？为什么我们的税收要为求索答案提供支持？学者们捍卫这种"纯粹"的研究，他们认为，所有的知识都有价值，因为我们需要理解世界的每一个部分。这一辩解来自芝加哥大学的一位教授，他对坚果现象感到困惑，花了大量的时间想弄清楚。（结果，他的答案帮助航运公司更高效地包装颗粒材料，帮助建筑公司修建更坚固的道路，帮助制药公司生产药效更好的药丸。）

概念性问题更广泛的连贯性

那些刚接触学术研究的人还面临概念性问题的另一个挑战：他们不仅必须回答自己的问题，还必须让这个答案与该领域从业者所共有的更广泛知识与信仰（从基本事实到政治及意识形态价值观）相一致。只有当概念性问题的解决方法符合我们的整个心理图景时，我们才会接受它。

例如，这里有一个问题，它的新答案让人们感到不安，因为这与一些更宏观层面的意识形态立场存在冲突：为什么猛犸象、骆驼和其他大型哺乳动物在大约12000年前从北美洲消失了？过去，研究人员认为，这些生物的灭绝是因为疾病或气候变化；现在有人主张，它们是被最早的印第安原住民猎杀而灭绝的。这种说法遭到了一些人的激烈反对，后者认为，这些最初的原住民与自然和谐相处，从原则上来说，他们不可能像欧洲人将野牛赶尽杀绝那样，灭绝整个物种。故此，哪怕有证据暗示情况并非如此，他们也拒绝接受这个答案，因为接受它，就意味着要大幅修改自己本来相信的主张。

这是批判性思维失效了吗？现在下结论还为时过早。优秀的批判性思考者从不会死守一个有着强烈否定证据的观点；反过来说，他们不会一看到矛盾迹象，就抛弃一个已经确立的观点。关键在于，要知道什么时候对旧观念的依恋变得不够理性、失去了批判性。这就是为什么那些以解决概念性问题为生的人，很少全心全意地接受任何答案。只有在可以肯定没有新的证据能反驳一种主张时，我们才能确定地认同该主张。但新的证据总是层出不穷。

当你进入一个新领域，你不可能知道自己的主张应该与哪些事实、原则、理论和政治观点保持一致。从这个角度来看，老师会帮助你克服这种经验的缺乏。但归根结底，唯一的补救办法是建立在经验上的知识。

在引言中为问题建立框架

如果你能激发读者更仔细地阅读，那么读者便能更好地理解你的论证，更长久地记住它。如果你在陈述问题时，帮助读者看到自己的利害与你的解决方法息息相关，它会使自己付出什么样的代价或产生什么样的后果，那么，你就做得很好了。大多数引言包括 3 部分：①开头部分，我们称为共同基础；②陈述你的问题；③它的解决办法。我们从第二点开始，即每一篇引言的核心——问题。

引言的核心：条件和代价

为了明确地陈述问题，你必须说明导致代价的情况或条件，然后详细说明相关代价——不管实践上还是概念上的。我们将这种状态称为"失稳状态"，因为它扰乱了某种稳定局面。有些代价似乎一目了然、无须冗言，还有些代价痛苦得让人无法承受。但预设读者和你一样了解代价，这么做有些冒险。所以，你必须从你对该问题的观点退后一步，对读者将要看到和关注的代价，展开批判性和系统性的思考。

要识别出什么样的代价会激发特定读者的兴趣，可以这样做：

1. 列出你能想到的所有代价，哪怕微不足道甚至是胡乱猜测的。
2. 按照读者心目中的优先顺序来安排代价（从最重要的过渡到最不重要的）。
3. 如果你的读者彼此有着不同的反应，那么，请逐一为他们拟定一份优先清单。

由于你可能需要使用不同的解决方法来消除不同的代价，请这样做：

4. 再创建一份清单，将每一种代价与最有可能消除它的解决方法匹配起来。
5. 按照读者对解决办法的接受程度来排列它们（从最容易接受的到最难接受的）。
6. 如果你的读者彼此有着不同的反应，那么，请逐一为他们拟定一份接受度清单。

这时，你可以使用清单来判断你必须为哪些解决办法进行论证，以及在引言部分应该提到哪些代价。例如，大学生纵酒是个有着明显代价的问题，但不同的读者眼里的代价或许有所不同。

1. 它威胁到了纵酒者及其身边人的性命。

2. 它助长了道德上的软弱。

3. 它玷污了大学的形象。

4. 它造成的损害，有可能为大学招来法律诉讼。

当你将每一项代价阐述成值得关注的事情，也就是在暗示你和读者有某些共同的价值观：代价①暗示你们都对伤害和死亡感到痛苦；代价②意味着你们共同谴责道德上的软弱；代价③你们都害怕大学声誉受损；代价④暗示你们担心大学的经济受损。每一项代价，也暗示了以不同的方式解决问题。

1. 因为纵酒威胁性命，所以要禁止学生饮酒。

2. 因为它侵蚀道德，所以要传授道德价值观。

3. 既然它会让学校颜面无光，那么要发起公关活动。

4. 既然它会让大学面临法律诉讼，那么要限制大学所承担的责任范围。

这些不同的代价会促使我们撰写不同的引言。对比以下 3 段引言对问题的描述：

> 有不少学生一喝酒就会狂饮无度，一口气喝下大量的酒精，直至不省人事。（失稳状态）我们无法彻底消灭纵酒现象，但必须加以控制。（承诺解决方法）

这暗示纵酒是个问题，但并未指出其代价。它未能回答"那又怎么样"的提问。接下来的两段引言说明了代价，但针对有着不同价值观的不同读者，因此要求不同的解决方法。

> 有不少学生一喝酒就会狂饮无度，一口气喝下大量的酒精，直至不省人事。（失稳状态）悲剧的是，纵酒绝非无害行为。据统计，在此前的 6 个月里，有 3 人死于酒精中毒，2 人死于跌落，1 人死于车祸。它逾越了"找乐子"到"鲁莽行为"之间的界限，如果不加控制，不仅会杀死、伤害纵酒的当事人，对他们身边的人也会造成威胁。（代价）我们不能彻底消灭纵酒现象，但可以教育大一新生管理其风险，控制它最恶劣的代价。（承诺解决方法）

> 有不少学生一喝酒就会狂饮无度，一口气喝下大量的酒精，直至不省人事。（失稳状态）这种行为不仅败坏了我们的形象，如果学生伤害自己或他人，还会连带我们承担责任。除非这个问题得以解决，否则我们可能会受到州议会的批评，预算遭到削减，保险成本增加，而这两种举措都会妨碍老师涨

工资。（代价）我们不能彻底消灭纵酒现象，但可以教育公众和立法机构，告诉他们这个问题是因父母管教不力所致，进而控制它对我们造成的损害。（承诺解决方法）

如果读者对不同的代价有不同的反应，那么你的最优策略就是找到能消除问题根源的解决办法，进而消除所有的代价。但如果你做不到，恐怕就必须提供多种解决方法，以不同的方式打动不同的读者。

消除成因与减轻代价

本书不是要教你成为解决问题的专家，但要进行有效的论证，你也应该对解决问题的方法略知一二。要知道，你解决一个实践性问题的方法，是在补救成因，还是仅仅缓解症状。如果一种解决办法能消除根本原因，即彻底地解决了问题；否则，就只能是减轻代价。例如，至今没有人能治愈艾滋病，但医生可以通过消除一些破坏性的症状、延缓死亡，进而控制代价。人们哪怕感染了 HIV 病毒（处境），如果症状（代价）得到减轻，也可以与问题共存。

假设苏说服了学校的管理者，让后者相信学生需要更多接触老师的课外时间，于是提出了两种解决办法。一是消除根本原因，进而消除问题：要求教师延长办公时间。二是减轻代价，从而让问题变得小一些：让教师上线授课或辅导。他们还可以找到一种解决办法，改变学生对代价的感受：给每名学生 500 美元的预算，50 美元便可购买 1 小时的教师办公时间，如果学生没有花，所有的钱都可以自己留着。最后一种解决办法带着些许开玩笑的意思，但它至少会让一些学生（但愿不是所有学生）有理由因为不必见老师而感到高兴。

你可以通过两种方式解决问题：消除问题的根源，或者减轻问题的代价。减轻代价的问题在于，根本原因会产生意想不到的新代价。

陈述实践代价的另一种方法

如果你将问题的代价重新措辞为解决方法的潜在收益，就可以更积极地对其进行陈述。这段引言聚焦于代价：

有不少学生一喝酒就会狂饮无度，一口气喝下大量的酒精，直至不省人事。

（失稳状态）悲剧的是，纵酒绝非无害行为。据统计，在此前的 6 个月里，有 3 人死于酒精中毒，2 人死于跌落，1 人死于车祸。（代价）我们可以通过更好的教育减少纵酒无度现象。（解决方法）

这段引言侧重于收益：

有不少学生一喝酒就会狂饮无度，一口气喝下大量的酒精，直至不省人事。（失稳状态）**要是个别大学减少纵酒，本可以挽救过去 6 个月因纵酒而死的 6 名学生的性命。**（收益）我们可以通过更好的教育减少纵酒无度现象。（解决方法）

你或许认为这只是一种风格选择，但心理学家早已指出，哪怕代价在客观上是相同的，大多数人都更害怕损失，不怎么受利益所吸引。

例如，不管我们说解决臭氧空洞的方法可以拯救 10000 人的性命，还是说放手不管会付出 10000 人死亡的代价，臭氧空洞的代价都是一样的。但与有望拯救 10000 人的生命相比，我们似乎会对牺牲 10000 人的风险做出更敏锐的反应。所以，如果你想要列举好处，同时仍然最有力地为问题建立框架，不妨在第一次介绍问题时陈述负面代价，接着，在你陈述解决办法时增加正面收益：

有不少学生一喝酒就会狂饮无度，一口气喝下大量的酒精，直至不省人事。（失稳状态）悲剧的是，纵酒绝非无害行为。据统计，在此前的 6 个月里，有 3 人死于酒精中毒，2 人死于跌落，1 人死于车祸。人们可以通过更好的教育减少纵酒无度现象，（解决方法）**不光让那些纵酒的人免于受伤或付出生命的代价，还可以减轻他们对身边人的伤害。**（将代价重新表述为利益）

说明概念性问题的条件和后果

条件。 在概念性问题中，失稳状态是指某件读者不知道但应该想要知道的事情。你可以用不同的方式阐述该条件。你可以告诉读者，他们或其他人完全错了。

许多教育人士宣称，网络课程将开创教育的新时代。（相关引述）**但事实与这些黄金时代即将到来的承诺相矛盾。很少有学生有学习的动力……**

你也可以告诉读者，有人在某些研究方法上犯了错误（学者们喜欢指出这一点）。

对美国教育持批评态度的人认为，我们的高中生在数学和科学方面落后于其他国家的学生，这是有道理的。**但一项针对学生群体的研究表明，抽样错误让这些批评的声音显得很可疑。**

或者，你可以更礼貌地告诉读者，他们的知识和理解不够完整。

解决问题是认知行为学里一个经过充分研究的方面。（对研究做审查）不过，相较于对问题解决做了这么广泛的研究，**认知科学对发现问题这个方面却所知甚少。**

或者，你还可以更礼貌地告诉读者，他们可以回答的问题指向了另一些他们无法回答的问题。

在对弗兰纳里·奥康纳（Flannery O'Connor，美国著名小说家）的批评中，有一个最为古老的问题：她的宗教信仰怎样塑造了她的小说。而一个最新的问题则是奥康纳对种族主义的回应。这两个问题都得到了深入的研究。（对批评做总结）但没人问过，宗教怎样塑造了奥康纳对种族主义的观点。

虽说你总是可以将一个概念性问题的条件描述为一个问题——奥康纳的宗教怎样塑造了她对种族主义的观点？——大多数作者会将它描述为某件无人知道或未得到完全理解的事情。

后果。该认知差距造成的后果，也就是"为什么读者想要知道"部分，更难表达。我们很容易以为，只要我们说出有什么事情还不知道或没得到理解，读者自然会认为，花时间阅读我们的论证以找出答案是值得的。例如：

当一些批评家指责弗兰纳里·奥康纳不理解种族主义的邪恶时，他们忽视了她的宗教信仰。（失稳状态）她的小说表明，她将种族主义视为一种精神危机，故此持平等的同情态度，由此也暗示她对种族主义的认识，有别于与她同时代的自由主义者。（回答/主要主张）

如果你是奥康纳的批评者，或是对她的一切都很着迷，你可能会继续读下去，找出为什么这位作者认为批评她的人是错误的。但如果你对奥康纳没有太多的想法，你可能会问的不是"为什么你这么认为"，而是"我干吗要在乎你怎么想"。

简而言之，你不能理所当然地认为读者理解概念性问题的后果，所以你必须对其做明确的陈述：如果你不回答这个特定的问题，还有什么更大的问题没有回答？一如对待实践性问题一样，你可以将概念性问题的后果陈述两次，一次是不知道它会带来什么负面后果，另一次是知道之后有什么正面的收益。例如：

当一些批评家指责弗兰纳里·奥康纳不理解种族主义的邪恶时，他们忽视了她的宗教信仰。（失稳状态）**如果我们未能意识到奥康纳将种族主义视为一种更大的精神和宗教危机的症状，就有可能忽视她对种族主义根源的洞见，这些根源比单纯的社会或文化成因更为深刻，也更为有害。**（后果）她的小说表明，她对种族主义比表面上持更平等的同情态度，由此也暗示她对种族主义的认识，有别于与她同时代的自由主义者。（回答/主要主张）**一旦我们意识到她想法的精神基础，我们就会发现，奥康纳对南方文化的探索，远比批评她的人更加深刻。**（将后果重新阐述为利益）

详细地描述理解奥康纳对种族观点的后果，作者抛出了一张覆盖面更大的网：她提出了一个许多读者感兴趣的主张，不光包括那些关心奥康纳具体想法的人，也包括了所有喜欢奥康纳、喜欢她的小说、南方文化、种族主义来源、宗教在文化中所扮演的角色等问题的人。她对问题给出了丰富而详细的回答，那又怎么样呢？

这里，我们必须承认，不是所有的老师都像你一样对你的问题感兴趣。生活本就这样。但他们感兴趣的是，你能不能像有经验的写作者那样运用战略性的"行动"，因为老师在朝前展望：你什么时候能像专业社群中的一员那样写作。此刻，你距离目的地似乎还很远，但你还有大把的练习时间。

框定应用概念性问题的后果和代价

如果我们可以将一个概念性问题的后果追溯到一些终极的切实代价上，那么我们便可称这样的问题为应用概念性问题。但应用概念性问题的直接后果，仍然是一件我们还不知道的事情。

一些学生认为，切实的代价比概念后果更能激励人。所以，他们在陈述问题时，会直接跳到切实代价上：

如果我们不能解答孩子们怎样回应电视节目碎片化结构这一问题，（条件/第一个问题）那么我们就有可能因为纵容孩子看电视而阻碍他们的智力发育。（代价/切实的损害）

但这种思考问题的方式跳过了概念条件和最终实际代价之间的关系：在我们知道该做什么之前，必须理解些什么？要清楚地陈述一个应用问题，你不仅要陈述概念条件及其最终的实际代价，还要陈述二者之间关联的概念后果链：

如果我们不能解答孩子们怎样回应电视节目碎片化结构这一问题，（条件/第一个问题）那么我们无法解答一个更为重要的问题：电视、广播上的节目是否影响了孩子集中注意力的能力？（后果/更大的问题）如果我们无法解答这一问题，那么我们就无法解答一个更更重要的问题：我们是否有可能因为纵容孩子看电视而阻碍他们的智力发育？（代价/切实的损害）

　　因此，如果你针对的是同一个问题，请清楚地解释：为什么我们必须先理解该问题的某一具体方面，否则就不知道该怎么做。

引言的外层框架：共同基础和解决方法

　　到目前为止，我们已经描述了引言的核心，即对问题的陈述，用图来表示的话，如图 3-1 所示。

引言
问题 （失稳状态 + 代价）

图 3-1　引言的核心

　　然而，大多数引言都由两个以上的部分搭建起框架，方便读者理解问题。

- 在读到问题之前，读者希望有介绍性的背景元素，我们称之为共同基础。
- 在他们读过问题之后，他们会寻找问题的解决方法，即你的主要主张（或至少提供指向解决方法的姿势）。

　　故此，完整的引言应包括以下要素，如图 3-2 所示。

引言
共同基础 + 问题（失稳状态 + 代价）+ 解决办法

图 3-2　完整的引言

　　我们先讨论解决方法，接着再讨论共同基础。

解决方法

　　在你摆出问题之后，读者通常会到你的引言的最后寻找你解决方法的要旨。解决实践性问题呼吁或暗示采取行动；概念性问题的解决方法是解答一个疑问。例如，这篇关于纵酒问题（这是个实践性问题）的引言，呼吁采取行动——教育学生。

> ……纵酒无度逾越了"找乐子"到"鲁莽行为"之间的界限，如果不加控制，不仅会杀死、伤害纵酒的当事人，对他们身边的人也会造成威胁。（代价）**我们永远无法彻底消灭纵酒现象，但可以教育大一新生管理其风险，控制它最恶劣的代价，就像我们现在在性骚扰和其他社会问题上对他们所做的教育一样。**（解决方法 / 主要主张）

尽管有些老套，但使用设问也能达到同样目的。

> 我们永远无法彻底消灭纵酒现象，**但我们是否可能教育大一新生管理其风险，控制它最恶劣的代价呢，就像我们现在在性骚扰和其他社会问题上对他们所做的教育一样？**（解决方法 / 主要主张）

一些作者只提供解决方法的线索，暗示除非找到结论，否则他们不会明确地陈述出来。

> ……纵酒无度逾越了"找乐子"到"鲁莽行为"之间的界限，如果不加控制，不仅会杀死、伤害纵酒的当事人，对他们身边的人也会造成威胁。（代价）**我们永远无法彻底消灭纵酒现象，但这是一个我们不能忽视的问题。解决方法不见得一目了然，但寻找解决方法，必定应该是我们教育使命的一部分。**（承诺解决方法）

然而，请注意，虽然最后一句话只是在承诺提供解决方法，但它引入了一些概念（我们教育使命的一部分），暗示了作者将在论证主体中展开论述的观点。

不过，在你决定只在引言里承诺提供解决方法之前，请三思。读者可能会怀疑，你藏起了他们不喜欢的解决方法，甚至你根本就没有解决方法。如果你有理由推迟揭示实践性问题的解决方法，但又不希望让人觉得你有意遮掩，那么，你要将问题表达得非常准确，好让读者可以推断出它的解决方法。

例如，我们可以从以下引言中推断出纵酒问题的一种解决方法，因为它非常明确地陈述了失稳状态。

> 除了酒后驾车，大学生越来越忽视过度饮酒导致的危害。大一学生尤其严重低估了自己所面临的风险。只有不到 40% 的人知道酒精的危害性，大多数人认为酒精只对长期纵酒的人有影响。然而，不管是在新生入学之前还是之后，大学方面都没有提醒学生注意这些风险，告诉他们怎样应对。（失

> 稳状态）故此，许多学生纵酒无度，直至昏迷，甚至有人自残、自杀。在过
> 去的 6 个月里，纵酒已经导致 3 人死于酒精中毒，2 人死于跌落，1 人死于
> 车祸。纵酒不仅伤害饮酒者，也会伤害他们身边的人。（代价）我们永远无法
> 彻底消灭纵酒现象，但寻找方法减缓其风险，必定应该是我们教育使命的
> 一部分。（承诺很快给出解决方法）

我们可以预测，解决方法包括教育大一学生饮酒的风险，大概是在新生入学
周。因此，如果你认为必须到论证最后才揭晓你的主要主张，那么要尽量清晰地陈
述问题，让它自己暗示出解决方法。

不过，不管你怎么具体地陈述，概念性问题都不能这么处理：

> 尽管过度饮酒历来是大学生活的一部分，但我们不知道，为什么某些学生
> 会沉浸在危险的纵酒无度当中，不管他们这么做是因为心理状况，还是对
> 同辈压力的反应。（失稳状态）不知道这一点，我们就不知道什么样的项目
> 能……（后果）

我们知道，解答这个问题的过程中牵涉什么样的认识差距，但我们完全不知道
答案会是什么样子。就概念性问题而言，你只有明确地陈述自己的答案或是进行有
力的暗示，才能帮助读者有所预期：

> 不知道这一点，我们就不知道什么样的项目能……（后果）**然而，我们相信，
> 至少一部分的纵酒无度，与一种受冒险吸引的性格类型相关**……（解决方法）

◆　**样例**

一个预示了解决方法的问题

以下是一篇论证文章的框架，内容涉及在互联网上做研究。注意，在引言的末
尾，作者并未指明解决方法，因为它呼之欲出。

互联网对大学生的学习有帮助吗？

> 狂热的支持者们宣称，任何拥有计算机的大一新生，都能够进入互联网这
> 个信息世界。持怀疑态度的人则警告说，网络空间充斥着垃圾，在互联网
> 上做研究，并不比收集垃圾更有分量……我承认怀疑论者有其道理。（共同基
> 础）但在互联网上做研究的问题，与垃圾无关，而在于在互联网上完成所有
> 家庭作业，（失稳状态）学生或许会对研究本身甚至自己正在学习的科目形成

误解。（代价）（引言结束）

历史研究要到图书馆和档案馆展开，但这不仅仅是一个单纯的检索信息的过程。（理由1）也许，你打开一盒手稿……但是……每一份文件……必须从字里行间进行解读，与所有相关文件建立关系……大多数文档从未进入……（理由2）

（此外）……任何数字化的文本，都无法复制原始文件——它手写的或是印刷的文本，它的排版，它的……（理由3）

（最后）对文档进行数字化的工作者，常将文本扔到互联网上，从未想过它作为信息源头的质量，学生往往无法批判性地阅读这些文本（理由4）（论证主体结束）

这些想法，引发了勒德主义式的幻想：砸碎所有的计算机，让互联网溺毙在自己的垃圾海洋中。但这种做法太过疯狂，我的学生告诉我，如果处理得当，互联网可以成为一种有效的工具……我们不能逃离虚拟空间，而是要控制它——确立标准，做好质量控制，引导流量。如果我们设置好警告标识牌，教导他们务必遵守"谨慎行事，危险就在眼前"的规则，我们的学生便能学会成功地在互联网上航行。（解决方法/主要主张）

文章来源：From Robert Darnton, "No Computer Can Hold the Past," *New York Times*, June 12, 1999.

📖 阅读资料

这是有用的引言吗

卡罗尔·特罗塞特（Carol Trosset）《开放式讨论和批判性思维的障碍》（*Obstacles to Open Discussion and Critical Thinking*）的引言（第十五章第一节的引言），是这篇文章极简短的梗概。请将引言中的信息，与你在文章其余部分的信息进行比较。引言是否恰当地描述了文章中有趣和重要的内容？选择她对问题的陈述。它是否清楚地指出，什么人应该关心文章旨在解决的问题？它是否明确指出了这些人（或者任何人）应该在乎的后果？

比较文章最后四段的引言（第十章第一节最后四段内容）。特罗塞特是否说了一些事情，说明自己所针对的是什么人的问题？这些事情会不会引起她目标受众的关注呢？

最后，指出文章的主要观点，以及论证所支持的主要主张。容易找到它吗？它出现在引言里了吗？

很明显，特罗塞特的引言或许无法帮助部分读者轻松地读完文章的其余部分，哪怕这些人明显期待文章应该达成这一目的。为引言拟定一份新的规划，清楚地陈述她的问题，说明什么人应该关注、为什么他们应该这么做，并将问题与她的解决办法的要旨联系起来。这才是读者希望你呈现给他们的引言。

共同基础

如我们所见，有经验的作者通过描述问题的代价，激发读者继续阅读的兴趣，促使读者想要看到问题得到解决。但在此之前，作者通常会使用另一种方法鼓励读者严肃对待自己的问题。他们用一段我们称之为"共同基础"的陈述开始，即问题的一般背景，大多数读者都不会认为这样的背景出乎意料。接着，作者立刻推翻该背景，一如我们在本段的开头做的那样。

在第一句话中，我们说了一些你之前就听我们说过的话，希望你没有异议地接受它。

> 如我们所见，有经验的作者通过描述问题的代价，激发读者继续阅读的兴趣，促使读者想要看到问题得到解决。

这就是我们的共同基础。在下一句话里，我们为它加上了一些有力的限制，照我们想来，这些东西，你并不知道，进而暗示你的知识至少并不完整。

> 如我们所见，有经验的作者通过描述问题的代价，激发读者继续阅读的兴趣，读者想要看到问题得到解决。（共同基础）**但在此之前，作者通常会使用另一种方法鼓励读者严肃对待自己的问题。**

第二句话里，我们动摇了你认为已经解决的东西。为了保证你能注意到，我们使用"但在此之前"来打头。换言之，我们用稳定的共同基础开头，这样才方便我们在后面推翻它。

实践性问题的共同基础。 就实践性问题而言，你可以将任何东西当成共同基础，只要你问题的条件能够推翻它。这里有一项我们大多数人都知道的有关饮酒的事实：

> 300 多年来，饮酒一直是美国大学生活的一部分，人们早就接受它是成长的一部分，甚至会对它表示赞许。

　　如果你认为这是常识，我们可以通过陈述某件事推翻它。我们用"但是""然而"或其他警示的说法，对我们方才所说的事加以限定，发出推翻的信号。

> 300 多年来，饮酒一直是美国大学生活的一部分，人们早就接受它是成长的一部分，甚至会对它表示赞许。（共同基础）但最近，一种名叫"纵酒"的全新的危险饮酒行为，变得越来越普遍。（失稳状态）

　　如果作者针对的是一个众所周知的问题，往往省略共同基础，直接从问题开始。

> 最近，由纵酒无度导致的大学伤亡事件大幅增加，（失稳状态）大学的许多管理人员相信，他们必须直接解决这个问题。一些学校制定了规范，监督大学校园内的饮酒行为。有一条据说能发挥作用的规范是：彻底禁止饮酒。（解决方法）

　　如果作者只是想呼应上面的解决方法，她可以从那里转到自己的主要主张上。

> ……有一条据说能发挥作用的规范是：彻底禁止饮酒。（解决方法）我们支持这一立场，有若干原因。（主要观点）

　　但如果她不同意，她可以用"但是"或"然而"引出真正的问题，将前述所有内容变成共同基础。

> ……有一条据说能发挥作用的规范是：彻底禁止饮酒。（解决方法）我们支持这一立场，有若干原因。（主要观点）但这种一锅端式全面禁止的做法，弊大于利。（失稳状态）它会使得学生……因此，我们必须争取……（解决方法）

　　换句话说，在实践性问题中，你可以使用任何东西作为共同基础，如果读者接受它，你就可以用失稳状态来推翻它。

　　概念性问题的共同基础。学术作者通常会概述他们认为不完整或错误的现有知识，为概念性问题创造共同基础。有经验的写作者也会用这种陈述，凸显自己存在不同意见的主题。例如，以下引言使用共同基础来概述评论家们对弗兰纳里·奥康纳南方种族主义观的看法。

> 虽然弗兰纳里·奥康纳的小说让我们对南方文化有了深刻的了解，但也有人批评她对**种族**的态度，称之为"一种未完全发展的情感"的产物，并主张"她的作品从未涉及此类**重大社会问题**。"（共同基础）但这种批评忽视了她的宗教信仰。（失稳状态）如果我们未能意识到奥康纳将**种族主义**视为一种更大的精神危机的症状，就有可能忽视她对种族主义根源的洞见。这些根源，

比单纯的**社会或文化成因**更为深刻，也更为有害。（后果）她的小说表明，她对**种族主义**比表面上持更平等的同情态度，由此也暗示她对**种族主义**的认识，有别于与她同时代的自由主义者。（回答/主要主张）一旦我们意识到她想法的精神基础，我们就会发现，奥康纳对**南方社会和文化**的探索，远比批评她的人更加深刻。（将后果重新阐述为利益）

以文献综述作为共同基础。如果你要为高级班写一篇研究论文，你通常会使用"文献综述"作为共同基础。文献综述是指对相关主题的研究所做的调查。但如果你拿出一份长长的清单，罗列与问题只有一星半点关联的所有已发表的研究，那么只会激怒读者。文献综述要仅限于与你的问题直接相关的部分，只引用那些你有意扩展或更正其主张的文章。

学术写作中最常见的共同基础是同一领域里的人普遍相信的某件事，即对之前研究或"真相"的陈述，而失稳状态将推翻它或是对它产生质疑。但大多数学术读者认为最有趣的共同基础，并非对真相的陈述（后文将揭示这一真相是错的），而是对问题的陈述（后文将揭示这个问题是个错误的问题）。以下问题陈述只提供了它将要加以解决的问题：

> 现在，大多数美国人支持实施定期成绩测试、终止自动晋升、让教师和学校对学生的成绩负责的计划。（陈述事实作为共同基础）但如果学校董事会没有提供足够的资金来实施，再多的测试也没有用。（失稳状态）

这一问题陈述则将一种错误的问题观作为共同基础。

> 美国的公立学校体系是这个国家政治和经济成功的基础。但数十年来，美国学生的分数，始终低于全世界几乎所有经济和政治强国，在很大程度上，这是因为校方不再要求所有学生都达到最佳标准。（陈述事实作为共同基础）如今，美国人似乎一致认为，实施定期成绩测试、终止自动晋升、让教师和学校对学生的成绩负责，就可以阻止这一下降趋势。（将错误的问题作为共同基础）**然而，测试里找不到真正的解决方法，因为真正的问题并不根植于孩子们的教师，而是在他们的客厅和卧室里，真正的问题不在于老师缺乏能力或承诺，而在于孩子们的家长缺乏参与。**（失稳状态）

因为学术读者更看重问题而不是答案，他们更喜欢提出新问题的问题，而不是与旧答案相矛盾的问题。

前奏

在社会新闻里，作者往往还会用另一种要素引入所有这些要素。你或许还听人说过，要用有趣的逸闻、事实或引语开头，"吸引读者的注意力"。更能吸引我们注意力的是一个需要解决方法的有趣问题。但要是吸引人的开头生动地介绍了与问题相关的关键概念，它也能发挥作用。我们借用了一个音乐术语为这一手法命名：前奏。

这里有 3 种你可以用来展开纵酒论证的前奏。

1. 令人错愕的事实。

　　最近的一项研究报告称，在大多数大学里，3/4 的学生在过去 30 天里至少"纵酒"一次，即一次性饮酒超过 5 瓶。差不多 1/2 的学生每星期纵酒一次，而纵酒最多的人，不仅仅包括兄弟会的会员，也包括会长及其他管理员。

2. 一段引语，人们熟悉或不熟悉均可。

　　"如果你到了为国家牺牲的年龄，也就到了可以为国家干上一杯的年龄。"这句为 18 岁青年人喝酒开脱的借口，你听到过多少次？

3. 一件说明性的逸闻。

　　奥米茄埃尔法兄弟会主席吉姆·谢伊接受了自己兄弟们的挑战，一口气喝下 1 品脱[1]的威士忌，这时候，他并没有料到自己将成为今年因酒精中毒而死的第 8 名大学生。

我们还可以将以上 3 种方式全部结合起来。

　　"如果你到了为国家牺牲的年龄，也就到了可以为国家干上一杯的年龄。"（引语）只可惜，奥米茄埃尔法兄弟会主席吉姆·谢伊，两件事都没机会做了。他接受了自己兄弟们的挑战，一口气喝下 1 品脱的威士忌，这时，他并没有料到自己将成为今年因酒精中毒而死的第 8 名大学生。（逸闻）根据最近的一项研究报告，在大多数大学里，3/4 的学生曾像谢伊一样，在过去 30 里至少"纵酒"一次，即一次性饮酒超过 5 瓶。差不多 1/2 的学生每星期纵酒一次，而纵酒最多的人，不仅仅包括兄弟会的会员，也包括会长及其他管理员。（令人错愕的事实）当然，自从美国第一所大学创办以来，饮酒一直是美国大学生活的一部分……（共同基础）但最近……（失稳状态）

自然科学和社会科学领域的写作者很少使用前奏。它们在人文学科里更常见，

---

[1] 美制 1 品脱约等于 0.4732 升。

在面向普通公众的写作中最常见。如果前奏介绍了你论证所要追求的关键主题，并且用生动而具体的例子展示了你的问题，它的效果最好。

以下是引言最为完整的结构，如图 3-3 所示。

图 3-3 引言的完整结构

没必要在每一篇引言中都包含所有的 5 个要素。只有一个要素是必不可少的：失稳状态（如果代价很明显）。不过，对于长篇论证，你可以将每一个要素扩展为一段话或更长篇幅，从而写出好几页的引言。

📖 **阅读资料**

公共基础、前奏和尾声

在《论人文教育的用途》（*On the Uses of a Liberal Education*，pp. 393-400）中，马克·埃德蒙森（Mark Edmundson）将一个困扰学术界的流行观点作为共同基础："如今的批评家们往往认为……"但在此之前，他先是用很长的一段话来描述"评估日"作为开篇，辅之以大量学生行为及自己的反应等具体细节。他在最后的结尾部分，再次回应了这些描述。在你看来，埃德蒙森为什么选择以前奏和共同基础作为文章的开头部分？在他论证的其余部分，它们确立了什么样的主题？

埃德蒙森的文章发表在一份面向大众的杂志上，读者中既有许多人熟悉当前大学文化，也有许多人不太熟悉。面对这样迥然不同的读者群体，长长的前奏或许可以让不同的读者做好不同的心理准备。对那些认出他的描述是自己所知世界一个熟悉方面的读者来说，它的用处是什么呢？对于那些不熟悉大学生活的读者来说，它的用处是什么呢？对那些了解大学但认为埃德蒙森的经历并非典型的读者呢？

结论

　　结论和引言有很大不同，但必要的时候，你可以将其与引言部分映射起来，只需调整一下顺序。

　1. 在结论的开篇，陈述（或重述）你主要主张的要点。

　2. 通过回答"那又怎么样"来解释它的重要意义。如果可以，你就用一种新方式来解释，如果不行，你就将在引言里提供的内容当成利益重新表述。

　3. 再提出一个有待解决的未知问题。这一回，你不必回答"那又怎么样"，而是要回答"现在要怎么样"。

　4. 以一段逸闻、引语或事实来收尾，与前奏相呼应，我们称之为"尾声"（coda）。

例如，前文提及的有关弗兰纳里·奥康纳那篇论文的引言之梗概。

　1. "我这样写是因为……我是个……。"（前奏）

　2. 批评家说奥康纳没有社会良知。（共同基础）

　3. 但她将种族主义看作精神危机，而非社会问题。（失稳状态）（那又怎么样？）

　4. 如果我们忽略这一点，就会错失她对种族主义根源的洞见。（后果）

　5. 她对种族主义比表面上持更平等的同情态度。（回答/主要主张）

为写出结论，作者可以先重述自己的主要主张，接着增加一个新的后果，提出一个有待追求的新问题，最后引用奥康纳的话，与开篇的前奏相呼应，以尾声收束。

　　因此，那些声称奥康纳对种族主义漠不关心的人，未能看到她怎样透过社会冲突的表面看到了更深层次的信仰危机——我们未能认识到来自苦难的治愈性知识。（重述主要主张）实际上，只有少数几位南方作家看到了美国现代社会应对人类差异的无能，认为种族问题不仅是经济问题或社会问题，更是精神问题。奥康纳就是其中之一。例如……（新的后果/重要意义）从这个角度看，重读她的私人信件或许会揭示……（有待追求的新问题）一如她在一封信（1955 年 5 月 4 日）中所说，"我（在那篇小说里）想要说的是，非洲裔美国人的困难对所有人来说，都有着救赎的性质……我的意思是（小说中的一个人物）以近乎实在的方式来暗示存在的神秘感。"（尾声）

　　撰写结论部分的规划还很多，如果你一时想不出有什么更好的东西可写，那么上述计划就很适用了。

引言和结论都是思考的方式

有些人认为，这些套路式的规划，束缚了创造力和新的批判性思维；实际上，它们对二者起到的都是鼓励作用。

- 前奏和尾声强迫你思考观念概念，以及怎样用生动的语言来概括你的问题。
- 共同基础强迫你思考，你的问题会扰乱读者的哪些看法。
- 失稳状态强迫你思考自己的解决方法会改变麻烦局面的哪些部分。
- "那又怎么样"的追问，强迫你思考读者不愿意付出什么样的代价，他们想要什么样的大问题得到解答。

一些学生担心这种模式会变得无聊，但你可以自由调整，让读者只有在特别留心的时候才会注意到。

提出问题式论证和解决问题式论证

报纸和杂志上有一种常见的论证，即指出一个问题，不是为了解决，而只是向读者展示这个问题的存在。作者并不围绕完整地陈述失稳状态和代价、以解决方法作为尾声来构建引言，而是只描述条件，并将之作为主要主张。

在论证的主体部分，作者通过描述问题的代价，逐一将之变成理由，进一步证明问题的存在；他不是为了具体的解决方法而论证，而是认为必须找到某一种解决方法才行。

下面对比了提出问题式论证和解决问题式论证的结构。

解决问题式论证	提出问题式论证
引言	**引言**
（前奏）	（前奏）
（共同基础）	（共同基础）
失稳状态	失稳状态 / **主张**
代价	
解决方法的要旨 / **主张**	
主体	**主体**
（根据）	（根据）
支持解决方法的理由	用支持主张的理由作为代价
承认 / 回应	承认 / 回应
结论	**结论**
解决方法 / 重述主张	（寻找解决方法的姿态）

◆　样例

一篇提出问题式论证

在这篇文章中，作者主要是想提出一个问题而非解决它。他以共同基础作为开篇，并陈述自己的主张，他说最近收到的期末论文比往年差，因为学生是在网上完成研究的。

有时候，我对期末冲刺阶段充满期待，那时，学生的期末论文会源源不断地涌进我的办公室和邮箱。数百页原创的思想可供我阅读和评价。曾有一阵子，我让班上的学生讨论一个问题，他们会打出整整一页纸的精彩文字来回答，真的很叫人兴奋。（共同基础）

但上个学期事情变得不一样了。我注意到同学们写作的质量和表达的思想原创性出现了令人不安的下降。去年秋天以来发生了些什么呢？是我提的问题变糟糕了？我的学生比往常要懒？不。是班上的学生成了新近简易论文写作方式的牺牲品：他们在互联网上做研究。（失稳状态）

（作者详细说明了该失稳状态的代价，以及它们怎样变得更糟。）

主要基于网上收集信息写出的研究论文，是很容易识别的。首先，参考书目没有提到任何书籍，而仅仅是指向来自虚拟世界某个地方的文章。（理由1）此外，参考书目里的资料，大多是些过时的东西……。（理由2）另一条线索是，学生文章的主体部分，整齐地插入了漂亮的图片和图表。看上去的确很动人……实际上，它们往往与论文的确切主题关系不大。（理由3）

（作者在结尾处指出了一种解决方法，但他的论证中没有任何东西可供支持，所以，这只是结束他论证的一种方式罢了。）

我希望（我的学生）……思考一下这一切意味着什么：生活中的一些事情迅速变得越来越容易，甚至很难记住它们变得有多么容易，与此同时，另一些任务还和从前一样艰难——比如做研究，写出一篇好的论文，在此过程中也教给写作者一些东西。知识不会凭空而来，但我们需要静下心来和空间，进行持续的思考。下学期，我会敦促学生关掉他们电子产品，好好思考——哪怕只是偶尔这么做。

资料来源：From David Rothenberg, "How the Web Destroys the Quality of Students' Research Papers," *Chronicle of Higher Education*，1997–08–15.

写作过程

为论证提供激励

阅读和研究

通过陈述问题，让阅读找准焦点

仔细阅读引言；它们会告诉你作者认为重要的东西。

- 共同基础提供了背景。他怎么回应其他作者？他声称自己的观点将取代什么样的观点？文献综述特别有用，其引用的书目可供将来参考。
- 在实践性问题中，失稳状态表明解决方法将发生什么变化；在概念性问题中，答案将弥合知识或理解上的差距。
- 代价或后果告诉你作者为什么认为这个问题重要。
- 解决方法告诉你怎样阅读其后的内容。

如果你在引言中没有发现问题，就到结论中去寻找。

准备和规划

探索主题，找到问题

大多数课堂论证，建立在指定阅读材料的基础上，但如果你必须从头开始写一篇研究论文，你必须自己去寻找问题。以下有 4 个步骤可帮助你：①寻找一个主题；②缩小范围；③对它提问；④将最精彩的提问变成问题。

第一步：寻找一个你感兴趣的主题

如果你的作业没有指定主题，就去找一个你感兴趣的。它能不能让别人产生兴趣，稍后再操心吧。

对一般性主题：

1. 如果你可以自由地去探索任何兴趣，你对什么东西想要了解更多？从历史、经济、政治和争议角度想象一下。
2. 有哪些事情，是政客们不说但应该说的？如果你所在州的州长要到校园里演讲，她会针对什么问题？

3. 有什么公共议题会让你感到生气吗？请将这句话补充完整：政治 / 教学 / 电影 / 广播 / 电视 / 广告里让我感到烦躁的事情是……

4. 浏览一排大型杂志架，寻找一个你感兴趣的标题。浏览该文章，看看你是否想了解更多的情况。

5. 加入一个电子邮件群组或访问一个你对其主题感兴趣的网站，寻找辩论、提问、存档信息和相关网站。

6. 你下学期会选修什么课程？如果你能找到一个与之相关的主题，你的工作就有了很好的着手之处。

对特定研究领域的主题：

1. 请教老师有哪些议题在课堂上曾引起激烈的争论。

2. 浏览你正研究领域的最新百科全书，寻找开放式问题。

3. 在网上搜索其他学校的课程指南和教学大纲。它们提出了什么议题？它们提及了你想要探究的争议吗？

4. 找老师或图书管理员索要一份回顾了你所在领域当年研究的期刊。

找到一个你感兴趣的主题是多么重要，我们再怎么强调也不为过。如果它让你厌倦，那么你就一定会让读者感到厌倦。

第二步：将一般性主题变成具体的主题

一般性主题就像百科全书中的一个条目：

Balance of trade	贸易平衡
Homelessness	无家可归
Evolution of birds	鸟类的演变
Campaign finance reform	财政改革活动

很多时候，缺乏经验的写作者认为，如果自己找到了一个主题，就等于找到了问题。事实并非如此。为了找到问题，他们必须加入关联和特性，先将一般性主题变成具体的主题。

简单主题	具体的主题
地松鼠的占地行为	幼年地松鼠领土保护行为，以及与人类幼儿行为的相似性

简单主题	具体的主题
林肯的葛底斯堡演说和其他演讲中体现出来的加尔文主义	**林肯有关命运的加尔文主义信念**，对他在葛底斯堡演说和其他演讲中主张需要**政治和个人牺牲**，产生了什么样的**影响**

我们意识到，你读了这些建议之后可能会十分困惑：我还没有对主题有所了解，怎样才能给它加入关联呢？没错，你做不到。这就是为什么很难为一堂没有专门内容的课程写一篇研究论文。你必须寻找一个主题，围绕它大量阅读，甚至是漫无目地阅读，直到你缩小范围，找到一个想要回答的问题。

第三步：围绕主题提问

一旦你缩小了主题，就可以围绕它提出 5 类问题。前两类问题可将你的主题分拆成不同的部分，以便你看到它怎样运转：不同的部分以不同的方式彼此关联，构成了独立的系统。

1. 确认构成了你具体主题的概念组成部分。它们有哪些要素，怎样彼此形成关联？

   林肯对命运的加尔文主义信仰，有哪些要素？它们中的哪些要素尤其让他相信牺牲是必要的？这些命运的要素与惩罚的要素有什么样的关联？惩罚的要素是什么？牺牲的要素又是什么？

2. 将你的主题变成对一种过程的叙述。它怎样开始，又怎样结束？它有哪些历史阶段？它怎样演变？

   林肯对命运、惩罚和牺牲的观念是怎样变化的？葛底斯堡演说与他此前和此后的演说有什么关系？加尔文的观念对林肯有什么样的影响？林肯怎样将他的观点与美国开国元勋的观点联系起来？他的演讲受到雄辩术传统模式怎样的影响？

接下来的两个问题，要求你将自己的主题看作更加宏大的主题的一部分，并与该宏大主题的其余部分有所联系。

3. 每一件事都是另一件更加宏大的事情的组成部分。将你的主题放到一个更大的系统下。它与该系统的其余部分有怎样的联系？

   林肯的信仰属于一种更加宏大的哲学的一部分吗？他对牺牲的呼吁与其他人一样吗？他对命运的理解，怎样融入一般性的宗教观点？

4. 每一样东西都有悠久的历史。之前发生过什么？之后又将出现什么？

　　林肯之前的人怎么看待命运？在他之后的人又是如何看待命运的？后人怎样看待林肯的观点？

最后一个问题可评估你主题的定性方面。

5. 每一样东西都有其特质。你的主题有什么样的特质？

　　林肯对这些观点的运用，有效吗？传统吗？创新吗？错误吗？残忍吗？明智吗？

等你提出了大量问题之后，忽略那些你可以轻松回答的问题，因为它们很可能不值得你探求。你应该将焦点放在那些你既感兴趣又觉得困惑的问题上。现在逐一提出这些问题，同时想象有人反过来问你："那又怎么样？"如果你从来不曾回答该问题，那又怎么样？你会用答案做些什么？如果你能够回答该问题，还能够解答什么更宏大的问题？这将是一项让你倍感沮丧但有着无尽价值的练习，因为它能帮助你聚焦于问题的意义上，而一个问题的意义，决定了将它转变为一个出色研究题目的潜力。

第四步：将提问转变成问题

你对一个主题了解得越多，你就越能更好地将最好的提问转变成一个问题。这里有个能帮上忙的公式。请按以下三步完成填空。这些步骤可以帮助你发展出一个实践性问题。

1. 我在着手研究……的问题。

2. 以求找出怎样改变……（如果你没能做到，那会怎么样）

3. 这样你 / 我们 / 某人就可以避免代价 / 从……中获益。

例：

1. **我在着手研究**足球比赛后导致交通堵塞的**问题**。

2. **以求找出**怎样让车流更快运动起来。

　　（如果你没能做到，那会怎么样）

3. **这样**企业就不至于因为交通堵塞受到影响。

对概念性问题，你更依赖于提问，因为它们定义了你不知道的东西。"为什么"和"怎样"类的提问最为有用。

1. 我在着手研究……的议题。

2. 以求找出为什么 / 怎样 / 何时 / 什么……

　　（如果你没能做到，那会怎么样）

3. 这样你就能更好地理解为什么 / 怎样 / 什么……

例：

1. **我在着手研究**泰姬陵在西方的吸引力。

2. 因为我想知道，为什么欧洲人认为它是印度建筑里唯一的杰作。

（如果你没能做到，那会怎么样）

3. **这样我就能更好地理解，为什么**我们只关注少数著名但并非代表性的作品，对其他文化的艺术产生误解。

我们中有些人一直到研究接近尾声，才能做到最后一步（……这样我才能更好地理解为什么……）。如果你还处在研究项目的早期阶段，不必投入太多的时间尝试弄清你能解答什么更宏大的问题。只要研究第一个提问就行（……以求找出为什么……）。要有信心，只要你解答了第一个问题，你自然会发现怎样解答第二个问题。对任何人来说，比赛到了后半场才意识到自己研究的完整意义，这很常见。

起草

共同证据用语

如果你很难构想共同证据，可以借助以下短语来开动脑筋：

大多数 / 许多 / 一些人认为 / 相信……

乍看起来，似乎……

人们普遍相信 / 报告 / 声称 / 说……

X（某权威人士）声称 / 断言 / 指出……

完成这句话，然后用"但是""然而""实际上"或其他标志来对你刚才所写的内容加以限定。要不，试试这么做：回想一下你在动手研究之前是怎么想的。你的想法发生了怎样的改变？在共同证据里，描述一下你最初的、不明内情的想法。可以这样开头"人们很容易以为……"，用你之前的想法将这句话补充完整，接着用"但是"或"然而"，写出你现在知道的东西，将共同证据推翻。定期浏览期刊和报纸上社论及文章的前几段，就可以构建起一套陈述共同证据的技巧库了。

修改

检验你的引言和结论

等完成了第一稿，你需要重读引言，确保它完整地陈述了你的问题，准确地预测了你论证中的关键概念。请询问以下问题：

1. 如果你有前奏，它是否引入了你在接下来的论证中将要发展的主题？

2. 你在共同基础里提到了这些主题吗？它是否陈述了读者相信且你可以纠正的某件事？

3. 失稳状态是否与该共同基础矛盾？又或者对共同基础进行了限制？

4. 你的代价或后果解答了"那又怎么样"的问题吗？

5.（a）你的引言是否以问题的解决方法或答案作为结束？换句话说，它是否以你的主要主张作为结束？

（b）如果你将主要主张放到结论部分才说，你的引言是否以一个运用了其关键概念的句子结束？

现在，检查你的结论部分：

1. 主要主张是否重申、补充了你的引言的结尾？或者至少与之没有矛盾之处？

2. 你提出了自己主要主张的意义吗？如有必要，将引言里的代价重新表述为利益。

检查论证主体里的共同主题

当你确定自己引言里提到的概念与结论一致，你可以在论证主体里重复这些概念，不断地提醒读者，让他们行进在正确的轨道上。

1. 在引言的结尾和结论的开头找到那些承诺、陈述或重申了你主要主张的句子。从中圈出三四个主要概念，尤其是那些你有所付出没有出现在你的作业表达里的概念。

2. 在论证的主体部分，圈出你在①中圈出的词语。

3. 勾出主体中与你所圈选词语紧密相关的词语。

现在浏览你的论证：

1. 如果主体里既没有圈出的词语也没有画下划线的词语，你可能偏离了轨道。

2. 如果主体里只圈出了少数词语但有许多不同的画下划线的词语，那么，将一些下划线词语改成圈出的词语。

3. 如果主体里经常出现的词语没有出现在引言或结论里，请修改引言和结论，将它们放进去。

关键是要保证读者认为你的论证是围绕在引言里做了宣告、在主体里进行了展开、在结论里给予了回应的几个关键概念展开的。

从关键概念里提炼出标题

你的标题应该预示论证里的关键概念，所以，从你在引言和结论里圈出的词语着手设计标题。我们建议标题由两部分构成，中间用冒号隔开。这样的标题可能会让人感觉生硬，但它们给了你两次机会告诉读者该期待些什么。例如，对前文引用的弗兰纳里·奥康纳那篇论文，最没用的标题是这样的：

弗兰纳里·奥康纳对种族的态度

而用关键单词构建的标题，能让读者获得更多的认识：

弗兰纳里·奥康纳对现代精神危机的批判：以种族苦难作为精神救赎

如果你所在的领域鼓励使用小节标题，那么，你还可以根据每一小节主要观点所用的词语，为每一小节创建单行标题。

协同工作

询问"那又怎么样"

除了为彼此的论文提供新的视角，你的小组还应该定期检查写作过程里的核对清单。最重要的问题是不停地问：*那又怎么样？你问题的重要性是什么？读者为什么要在乎你的解答？回答这个问题对他们有什么后果？如果你不这么做，那么他们会付出什么样的代价？如果你这么做了，那么他们会怎样受益？*一开始，你可能会觉得问这些问题太无礼，如果你被人这样问，也许还会感到生气。但如果你提前问、经常问、友好地问，那么你会习惯这么做的。

课后习题

思考题

1. 纯粹的研究人员为自己的工作辩护，他们认为，如果没有这些工作，我们仍将处在黑暗时代。这是合理的辩护吗？如果没有可供判断的切实后果，你怎么知道纯研究是无意义的浪费，还是值得付出的努力呢？例如，一名研究员挖出了杰西·詹姆斯（Jesse James，1847 年 9 月 5 日—1882 年 4 月 3 日，是当时美国著名的江湖大盗）的尸体，看看他是否真的像传奇中所说，是被人从背后开枪打死的。这一真相，值得惊动死者去找出来吗？你能为挖出一个 100 年前死掉的人，想到什么好的理由？

2. 华盛顿州发现了一具人类骨架，其年代甚至早于定居在该地区的印第安人，并且据说有着高加索人的特征。该地区的印第安原住民希望像对待祖先那样重新埋葬这具骨架；国家公园管理局则希望重新检验该骨架，并声称它恐怕不是印第安人的祖先，更何况不管怎么说它极为罕见，值得进一步研究。我们应该如何解决此类问题呢？一方面是印第安原住民的宗教信仰，另一方面是科学利益（该骨架有可能改写美洲史前史）。印第安原住民将这个问题框定为实践性问题，而国家公园管理局将它视为概念性问题。你怎样决定它应该属于哪一类问题呢？

3. 一些学者认为，无论多么深奥，所有的知识都值得拥有。以下有两件你现在不知道的事：①亚伯拉罕·林肯被刺杀时，他的头上有多少根头发？②约翰·威尔克斯·布斯（John Wilkes Booth，暗杀林肯的凶手）在开枪的那一刻想了些什么？如果你只能知道其中一件事，你会选择哪一件？你怎样说明你的选择有道理？如果有人说，这两件事的重要性同样不值一提，无关紧要，你会怎么说？

4. 有些文化会回避对既定知识和信念的质疑。你怎样看待一个不重视新知识的社会？对这样的社会进行价值判断合适吗？在这样的社会下，还有可能想知道更多吗？有什么事情是我们不应该知道的呢？

5. 我们讨论了一些方法，通过激发读者在乎你所讨论问题的代价，激发他们在乎你的问题。但每一项代价，也可以重述为获得收益的机会：

纵酒逾越了从"找乐子"到"鲁莽行为"之间的界限，如果不加控制，不仅会杀死、伤害纵酒的当事人，对他们身边的人也会造成威胁。（代价）

纵酒逾越了"找乐子"到"鲁莽行为"之间的界限。如果我们能够控制它，可以挽救许多学生的生命。（收益）

将后果说成代价还是潜在收益，会带来什么样的区别呢？你认为哪一种更能激发读者？（试着做一项思想实验：什么时候你更有可能冒着风险冲进川流不息的街道去拿一张 20 美元的钞票——是钞票从你面前飘过去，还是它从你的口袋里掉出来的时候？）

任务

6. 选择一个此刻影响了你的实践性问题：宿舍拥挤、注册课程很难、班级规模太大、无法接入互联网，等等。列出所有可以帮助你解决它的人：朋友、室友、家长、老师、学校网络管理员等。接着，逐一列出能激发他们采取行动解决问题的代价。不要将焦点放在问题让你付出的代价上，要放在它让他们付出的代价上。

7. 这里有两段针对相同议题的引言。请解释为什么一段提出了问题，另一段没有。

   （1）过去几年，（老师）使用两种方法来教授儿童阅读。一些儿童学的是自然拼读法，也就是将自己不认识的单词一个字母一个字母地念出来，直到能发出这个单词的音。如果他们不知道词意，就去查字典。另一些儿童学的是"全字法"，也就是通过上下文猜测一个单词的意思。这两种方法如今都很常见，也都有各自的拥护者。

   （2）学校董事会一直在讨论是采用自然拼读法（也就是让孩子读出字母的发音）还是采用"全字法"（让孩子试着通过上下文来理解一个单词的意思）教孩子阅读。双方都指责对方不仅没有教孩子有效阅读，还向孩子们传输了自己一方所持观点。自然拼读法的一方声称"全字法"老师破坏了孩子们的精神纪律，让他们喜欢上了马虎猜测，而"全字法"一方则指责自然拼读法打压了学生的智力和想象力。如果我们学校做出了错误的选择，那么可以预料，我们的孩子将承受的痛苦，远远不止阅读能力这一方面。然而，最好的方法应该并不出乎我们的意料：二者并行。

8. 检查你在其他课上所写的论文。它们针对的是实践性问题还是概念性问题？尤其要看看人文学科的论文。你真的提出了问题吗？

项目

9. 你或许以为诗歌、戏剧、小说与论证根本不是一回事。然而，你可以选择自己最喜欢的一首诗、一个故事、一部小说或一部戏剧，想象作者是为了解决一个概念性问题而写下它的。写一篇论证，声称你的诗歌、故事或戏剧解决了某个问题。（讽刺文学，或其他力求教给读者一些教训的艺术形式更容易做到这一点。）一定不要将故事中人物碰到的问题与作者在现实世界里想要解决的问题混为一谈。

10. 从本地报纸上找三篇社论或社论专栏文章，看看它们的引言，分析它们怎样提出问题、激发读者。

写作重点

1

背景　如今，美国的政客们越来越依赖顾问和民意测验专家来决定该在争议议题上采取什么立场。他们不再依靠自己的是非感，而是想知道选民对这样或那样的决定会有什么反应。

场景　你到本地国会候选人的竞选办公室当实习生。你的候选人打算将自己定位成倾听民众心声，而不是一味听从民调和政治顾问的新型政治家。他刚刚从学生报纸上读到一篇社论，抱怨说政客们总是在谈论同样的问题，却从不提及对人们最重要的问题。因为他的选区包括大学，他想让你去和一些同学谈谈，找出学生认为政客应该谈论但不曾提及的问题。

任务1　向学生展开调查，找出他们认为政治家，尤其是本地政治家，应该谈论但却不曾提及的问题是什么。等你的清单里收集了 10 个左右的项目，将它们分为 3～4 个类别。写一份报告并发送给你的老板，简要概述学生认为重要的四五种问题。一定要解释学生为什么将它们视为问题，以及解决这类问题的成本。你的分类将影响这份报告的结果。

任务2　组建两人小组，一人住在学校，一人住在家里。住校的组员调查校园内的学生（如任务 1 中所述）。住在家里的组员调查自己所在社区里的人。等每个人都收集了 10 个左右的问题，将它们分为 4～5 个类别。写一份简短的报告并发送给你的老板，报告中概述学生对重要问题的看法与当地社区之间有什么样的差异。一定要关注解决这类问题的成本。同样，你的分类将影响这份报告的结果。

任务3　判断你认为自己的候选人应该提及的最重要的问题。写一份报告，确认问题，解释它为什么重要，为什么投票的公众会在乎它，为什么你的老板会因为提及它而受益。一定要关注解决这类问题的成本。

2

背景 一些学生反对学校规定要修读与其职业方向没有明显关联的必修课。大学赞扬"人文教育"的价值，培养学生的批判性思维、拓展其知识视野，等等，但许多学生将这看作宣传。有什么证据可以证明这些课程做了支持者所声称的事情呢？来自现在从事某一职业的人的自我报告，或许可以算是一种证据。他们觉得自己上的人文课程怎么样？如果他们从前没有修读过此类课程，他们后悔吗？

场景 校报让你写一篇专稿，支持或者反对学生修读人文课程。

任务 采访若干至少已经毕业3年的校友。选择那些你信任其判断的人。报告他们对选修与自己如今工作没有直接关系的课程是怎么看的。他们希望多修读一些吗？他们希望从来没有被这类课程打扰吗？针对这个项目，协同工作或许特别有用，因为如果小组里的每名成员都能和一两个人谈谈，那么整个小组就能共享证据了。

3

背景 喜欢冒险的人认为，冒险给人带来了单纯活着所没有的敏锐感，人是否要拿自己的性命冒险，都不关别人的事，只是他们自己的事。另一些人说，如果最坏的情况发生时只有当事人自己付出代价，他们想做什么都可以。这也就是说，你可以不戴头盔骑自行车，只要你受伤时无须别人买单——没有税收支持的救援队或护理人员，没有残障辅助设施，没有保险。如果所有人都必须分担有人冒险行为所牵连到的代价，那么，他就没有权利这样冒险。为什么我们（他们说）要为你的鲁莽后果付出代价？

场景 你在本地议员的华盛顿办公室实习。国会正在考虑制定一项法律，以规范攀岩、悬挂式滑翔、山地自行车、滑板、旱冰、跳伞以及其他所有涉及联邦财产或接受联邦资金组织赞助的"风险极大的运动"。根据拟议的法律，你必须获得执照，才能参与上述事情中的任意一件，而要获得执照，你必须证明自己参加过经认证的安全课程、你拥有并使用适当的安全设备、你有意外伤害和死亡保险。

任务 你的老板想要一份"立场论文"，概述这项法律将会引发什么样的议题。她不需要你告诉她怎样投票。老实说，要是别人告诉她该怎么想，她会大发雷霆。

所以，你必须采取她认为完全客观和中立的方式来阐述问题。她只需要你用三四页的篇幅，帮助她理解这一问题。

研究项目

在接下来的五章，我们将收录为一项正在进行的项目所写的作业。项目中的每一步，都将向你展示如何根据该章节中的素材，撰写一篇内容充实的研究论文。如果学期末你有一份研究论文要交，现在就动手吧；如果你不匆匆忙忙地赶工，作业会做得更好。如果你只有几个星期的时间投入自己的项目，请遵循这些步骤，只是速度要更快。我们假设在这几个星期，你正在研究自己的主题。

场景　你刚刚开始了一门你一直想学的课程：体育社会学、布鲁斯音乐史、时尚产业经济学、美国大众文化中的汽车——任何调动你兴趣的课程，都可以。你的老师以研讨会的形式指导全班：每个学生选择话题的一个方面，研究它并提交一份研究报告。每个人都和你一样对主题感兴趣，所以，假设你想象中的同学对该主题所阅读的资料还不够多。

任务1　你的第一项任务，是让你的老师和同学对你的问题产生兴趣。运用"探索主题，找到问题"中的4个步骤，选择一个一般性主题，然后将其缩小到特定的问题。聚焦于"怎样"和"为什么"类的问题上，避开简单的"是或否"类回答。写一份一页纸的提案，陈述你的研究问题，解释它与你想象中班级的一般性主题如何相关，同学们为什么应该在意它。如果主题对你来说是新的，那么你必须做一些阅读工作来发现为什么其他人（或应该）对它感兴趣，有什么信息可供使用。

任务2　与两三个同学交换初步提案。简要地记录下你的反应、评论和建议；将笔记交给作者，但要当面解释。看完同学们的笔记后，为你自己待议中的论文写一段初步引言和结论。此时，你只能猜测自己将怎样回答问题，但你应该能够勾勒出暂时可用的共同基础、失稳状态和后果了。

范文

以下是本书第二章中两篇文章的引言。

学生隐私与饮酒

大学校长艾伯特·塔纳基最近提议，只要校方发现不满21岁的学生喝酒，就应该通知家长。塔纳基说，这将有助于防止学生纵酒。这么做不对，因为学生有隐私权，而大学应该尊重学生的隐私权。同样，塔纳基并未意识到，当今的学生生活已经被酒精包围。

纵酒和通知家长：学生的隐私权，还是家长的知情权

大学校长艾伯特·塔纳基宣布，如果 21 岁以下的学生被校警逮到喝酒，他将通知家长。师生们一片哗然。第二天，学生自治委员会通过了一项决议，声称"任何侵犯学生隐私的行为都是错误的"。委员会主席苏珊·福特在《学生日报》上写道："这不仅在道德上是错误的，在法律上也是错误的，而且，它还根本行不通。"学生对塔纳基的提议大感不安，这完全可以理解。但如果只考虑提案对学生权利的冲击，那些站出来对塔纳基提案表示反对的学生和教师，就忘记了学生家长的权利。

任务 1　选中每篇引言的要素。作者在哪些句子中分别陈述了以下内容：

- 共同证据
- 失稳状态
- 代价或后果
- 解决方法或解决方法的承诺

如果你找不到哪句话明确地陈述了这些要素之一，请指出哪句话最接近于陈述它的。接着尝试自己做一番明确的陈述。

任务 2　重读前文中的两篇范文。确认每篇文章的主要主张。它是解决问题的方法吗？它可行吗？

任务 3　用你自己的话，重新组织每篇文章的问题。重述问题或找到一个新的问题，进而陈述该文主要主张解决的问题。分别陈述问题的每一部分：

失稳状态：

代价或后果：

解决方法 / 主要主张：

任务 4　为这两篇文章（也可以选择其一）写一段新引言。引言里应该包括所有的 4 个要素：前奏、共同基础、问题和主张。它还应当为读者搭建理解文章的丰富认

知框架。确保你对问题和解决方法的陈述，引入了贯穿文章其余部分的主要主题。

本章核心

关于论证

我们进行论证，是为了解决两类问题：实践性问题和概念性问题。这两类问题的结构是相同的：

问题 = 失稳状态 + 代价 / 后果

但这一结构的组成并不一样。对于实践性问题：

- 失稳状态可以是：任何情况、条件、事件，只要它包含了代价。
- 代价回答了"那又怎么样"这一问题。答案始终指向某种形式的不快乐、痛苦、损失、苦恼，即某种你和读者想要避免的东西。

对纯粹的概念性问题：

- 失稳状态始终是某种知识上的差距或认识上的缺失。
- 该差距上的后果回答了"那又怎么样"这一问题。答案始终指向另一知识上的差距或认识上的缺失，只是这一个比第一个更重要、后果更大。

对概念和实践性问题的引言可最多包含 5 个要素：

- 开篇的前奏，提供逸闻、事实或引用，对问题做预报或概括。
- 共同证据，即受众所秉持的某种不太正确、至少不完整的某个信念或想法。
- 你的问题，由两部分构成：

第一部分：失稳状态。
第二部分：该条件的代价或后果。

- 你解决方案的要点或至少是一句话，介绍了一些关键概念，其他论证将运用这些概念获得解决方法。

许多引言并不会包含所有这 5 个要素。前奏在新闻或通俗写作中更常见，而在学术或专业写作中比较少见。如果问题众所周知或至少读者有印象，你就不需要共同基础。在某些情况下，问题的代价太过明显，没有必要再做陈述。

你可以将结论映射到引言里。

- 概括你的主要主张（或第一次对它进行表达）。
- 描述为什么你的主张有意义。
- 加入有待完成的内容，说明你的论证尚不完整。
- 加入尾声来呼应前奏。

关于论证的写作

你的第一项任务是将你的主题变成一个问题。

- 通过添加尽量多的限定词和修饰语缩小主题的范围。
- 询问它与其他事情的关系、它自己的历史、它在更宏大历史中所扮演的角色，以及它的特质。
- 经常运用以下公式，聚焦于你的问题。

对实践性问题：

1. 我在着手研究……的问题。
2. 以求找出怎样改变……（如果你没能做到，那会怎么样）
3. 这样你 / 我们 / 某人就可以避免代价 / 从……中获益。

对概念性问题：

1. 我在着手研究……的议题。
2. 以求找出为什么 / 怎样 / 何时 / 什么……（如果你没能做到，那会怎么样）
3. 这样你就能更好地理解为什么 / 怎样 / 什么……

确保在你的引言中，尤其是最后几句话里，你使用的概念是论证其余部分的核心。

请这样做：

- 圈出你的引言和结论中的关键词。
- 在论证的主体部分，在与关键词相关的词语下面画线。寻找它们的同义词。

如果你的论证主体里只有很少的单词画了线，你或许偏离了轨道。就算你没有，你的读者也会这么认为。插入前面圈出的词以及与之相关的词。如果你做不到，你就必须重新动手写。现在，对每一主要小节采用同样的流程。最后，用你圈出的最重要词语创建标题。

展开论证

在第二部分中，我们将详细解释构成论证内容的5个要素，以及你创造它们所需的思维方式。在第四章到第六章，我们分析了每一个论证的核心：它的主张和支持（得到证据支持的理由的形式）。如果你不对自己的观点展开批判性思考，你就无法进行有效的论证，在这些章节里，我们将向你展示怎样利用读者的问题（真实的和想象的），确保你实实在在地拥有充分的理由和可靠的证据支持自己的主张。

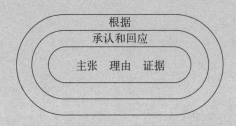

- 在第四章中，我们将讨论读者认为合理和深思熟虑的主张。我们将向你展示怎样构建一项你的读者认为重要的、深思熟虑和经过批判性思维检验的主张。
- 在第五章中，我们将向你展示怎样用理由和证据来支持主张。我们对理由和证据加以区分，接着又对证据"本身"和我们在大多数论证中实际提供的东西（它们根本不是证据，而是对证据的报告）做了更细致的区分。
- 在第六章中，我们解释了怎样报告证据，以便读者能够认识到为何他们应该认可这些证据是可靠的，并且能够认识到证据如何支持理由。

在第七章和第八章中，我们转向论证中将你与读者的观点联系起来的部分。尽管你通过回答读者的问题创建了论证的核心，但这些答案并没有明确地针对读者的观点和想法。故此，在这些章节里，我们将向你展示怎样更直接地将读者带入你的论证，这就是论证的最后两个部分：①承认和回应；②根据。

- 在第七章中，我们将讨论怎样承认并回应读者的观点。我们展示了为什么你必须想象读者提问，提出反对意见，给出替代方法，以及你为什么必须对他们做出回应。
- 在第八章中，我们讨论了一个数千年来都折磨着辩论中的学生的要素。有人称之为前提或假设，我们称之为根据。根据陈述了你和读者所共同接受的推理原则，以便他们接受你的论证是合乎逻辑的。

第四章

论证的核心：找到并陈述一项主张

本章中，我们将详细讨论你的主要论点、解决问题的方法、论证所支持的观点。我们将向你展示怎样提出一项让读者认为是经过了深思熟虑的主张，同时，这一主张还能引导你完成草拟论证其余部分的过程。

每一场论证的核心都是它的主要论点，即你想要支持的观点，它能解决使得你最初发起论证的那个问题（有些老师称它为你的主题）。然而，主张有两重含义：一方面，你主张某事是如此这般；另一方面，你也是在请读者花些时间思考你所写的内容并给予支持。只有当你为读者的阅读提供了一些回报的时候，你才能证明你的第二项请求物有所值。这就是为什么我们强调主张不仅仅是一段你希望读者认同的陈述，它还针对某个你认为读者应该关心的问题，给出了一个不乏可信度的解决办法。

当然，棘手的环节有可能是找到相应的解决办法。有时候，你用不着煞费苦心地寻找。如果你认为克隆人类是错误的，你自然知道自己在这个议题上的立场。但对其他问题，你也许并没有现成的答案：保险公司是否应该对纵酒倾向进行基因筛查？过去的50年，电视情景喜剧怎样改变了我们对家庭的态度？我们无法代你解答这些问题，但我们可以告诉你，如何像个经验丰富、擅长解决问题的人那样，如何像个带有批判性思维的谨慎读者那样去寻找答案。我们也会推荐一些表达方式，好让你找到的答案在读者看来已经过深思熟虑。

对主张展开探讨，别急于下结论

无论你采用什么策略解决问题，都不能等到看过所有证据之后再提出解决办法并加以检验。经验丰富、擅长解决问题的人不会空等。他们迅速掂量问题，给出一些大致符合初始数据的尝试性解决办法。接着，他们以这些尝试性解决办法为指导，寻找更多的数据，并利用新的数据逐一检验各个假设（如果数据与某个假设吻合，亦可对该假设提供支持）。没有这些初始的假设，他们不知道自己要去寻找什么样的证据，该怎样评估自己的发现。

但最擅长解决问题的人知道，切莫不加批判地接受自己最初的设想。他们仅仅将自己最初的假设视为"可行的假设"，态度轻松地对待。他们不会轻易放弃自己最深刻的信仰和信念，但也不会因为靠得太近而无法退后一步用批判性思维进行审视，他们甚至会跳出圈外，投奔更为深刻的全新真理。

如果着手解决问题的人不以批判性思维进行审视，虽说同样会很快拿出解决办法，却会固执己见，这样，他们的最初想法也就成了他们的最终想法。他们也许会用这一设想来指导进一步的研究，但目的只是证实自己已经确信不疑的事情。对这类人来说，研究不是打开思维，而是关闭思维。他们并非故意如此，只不过我们的大脑都是用来进行快速判断的，同时这些判断反映了我们希望为真甚至本就信以为真的东西。短期而言，这种思维习惯有助于我们应对危机，但长远来看，碰到有大量事情需要做出正确决定的时候，它的风险不小。

就以那些对每一个问题都提出相同解决办法的人为例吧。企业利润下降，广告经理认为解决之道是增加广告，运营经理认为要让工厂变得更加现代化，人事经理想在招聘和培训方面下血本。商业世界对这一类人有个说法：手里拿着锤子的人眼中看到的都是钉子。每个人或许都说对了一部分，但当他们坚持自己喜欢的解决办法而排斥其他方法，就有可能错过最佳方案，因为他们全都只看见了适合自己那一把锤子的钉子。

诚然，对自己的设想展开批判性思考这样的建议的确很难做到，但我们还是必须把它说出来：尽快对问题拟定若干尝试性解决办法，但当你用证据对其加以批判性检验时，态度要轻松。不要像那些不具有批判性思维的思考者一样，直接扑到一个简单结论上就固守不放。你改变不了人类劣性，但你可以退后一步，展开批判性思考，避免做出草率肤浅判断的倾向：提出你能想到的最棘手的问题；考虑所有你找得到的证据，尤其是那些与你的设想不相吻合的证据；借助完整的逻辑步骤进行推理；多和持不同意见的人讨论。简而言之，对待自己的想法，要像对待别人的那样挑剔。

你的问题需要什么样的主张

在前一章，我们讨论的是：层次分明的问题能激发读者阅读。如果你在引言快结束的时候给出一个虽非一目了然，但看上去清晰、言之有理且经过深思熟虑的解决办法，便进一步激发了读者的兴趣。如我们所说，我们无法帮助你找到最好的主张，这需要研究和检验，而且不同的领域有不同的做法，但我们可以推荐一些方法来评估、构建并陈述你的最佳主张，好让读者愿意听取。

你的主张偏重于实践还是概念

首先，你需要尽早判断，要想解决你的问题，是让读者理解，还是让他们采取行动，因为我们论证概念性问题和实践性问题的方式是不同的。解决概念性问题，只需要读者理解或相信某事即可，一如下面的主张。

> 若能获得辅导帮助，母语非英语的学生不仅在课堂上表现更好，长远来看，所需的教学时间也更少。

解决实践性问题，不仅要求读者理解，还要求他们去做某事（或支持某一行动）。这类主张大多以"应该"或"必须"为构建基础。

> 州立大学应该增加预算，为母语非英语的学生提供辅导。

如果你相信读者能从字里行间解读出言外之意，那么你可以期待他们自行推导出你的解决办法，比如下面这一主张。

> 由于母语非英语的学生接受辅导帮助后所需的教学时间更少，州立大学若增加辅导员预算，反而能节省资金。

然而，我们大多数人会高估读者的实际推理能力。因此，如有存疑，还是要明确地表明你对他们的期待：理解某事即可，无须他们采取行动或实行（至少支持）

某种行为。

若有可能，你应当以肯定态度陈述主张。尤其是对实践性问题而言，否定式的解决方法无法暗示出行动计划；肯定式的解决方法却可以。请比较以下两句话。

大学应该停止使用教学评估表，因为它无法传达学生对学习的感受。

大学应开发一种新的教学评估表，告诉教师学生是否认为自己正在学习有用的技能。

如果你找不到一种自圆其说的解决办法，但作业又要求你这么做，那不妨重新定义问题：将问题拆分成若干部分，你或许可以解决其中某个部分，或者至少可以对其进行澄清。假设你要启动的问题是一个概念性问题：过去50年，电视情景喜剧中的家庭有什么样的变化。但你认为这个问题太大了，无法在一篇短文中做出回答。你可以将范围收窄：自1950年以来每个10年的头一年，收视率最高的情景喜剧里的家庭发生了怎样的变化？再换个例子，假设艾琳娜认为，大学未能向国际学生提供足够的英语语言帮助，但这个问题自己无法解决。她可以换个角度，提出一个更小的问题：国际学生不知道去哪里寻找可用的帮助。通过梳理哪些问题的答案最终有助于解决实践性问题，你还可以将实践性问题重新定义为概念性问题。

价值观主张

断言某事是对是错，是好是坏，通常被称为"价值观"主张。一些所谓的价值观主张，其实是隐蔽的实践主张。它们暗示读者应该做某事以支持自己所说的正确或善的一面，却又并不明确地说明那是什么。

另外，如果价值观主张只暗示我们应该认可或不认可，除此之外并无其他要求，那么，它便是概念性的。

无论你断言的价值观主张侧重于实践还是概念，你必须依靠推理、以证据为基础、以根据为担保，展开支持你观点的论证。你仍然必须承认和回应其他观点。然而，价值观主张有可能很棘手，因为它们假定了一些超越特定议题的信念、定义和价值观。

你希望读者对你的主张接受到何种程度

一些写作者认为，自己的论证理应得到一致的对待：要么全盘接受，要么彻底否定；要么赢，要么输；要么同意，要么翻脸。但这么想难免目光短浅。如果你能说服读者接受一个宏大问题下较为温和的主张，也许就不必让他们接受重大主张。比如，艾琳娜也许认为学院在帮助国际学生学习英语方面投入的资源太少，但她也知道，不可能在新办的语言中心上投入太多资金。如果她能让校方行政人员考虑增加语言辅导员的预算，她就能得到一些有价值的东西，哪怕这只是朝着她更大的目标迈出了一小步。部分的成功，就不会是完全的失败。

　　故此，在你构建一项主张时，想一想你希望读者怎样接受它。你希望他们怎么做？

- 尊重你提出主张的理由，进而尊重你。
- 赞成你的主张以及为支持主张所做的论证。
- 公开为你的主张背书，认为它值得考虑。
- 相信你的主张，并用你的论证支撑它。
- 按照你的提议采取行动，或支持别人的行动。

　　对认为论证是非赢即输命题的人来说，只有后两种结果才算完全成功。但这样做的人，失败的次数一定远比成功多，因为能完全说服他人的论证几近于无。只有当读者认为你的论证不值一读，你也配不上获得尊重，他们不仅嘲笑你的论证，还嘲笑你的情况下，你的论证才是彻底的失败。

为读者提供替代性解决方案

　　如果你担心读者可能会拒绝一种成本过高的解决方法，那么不妨提供一种读者能够执行且能部分解决问题的方法。将成本过高的解决方法作为主要主张，但在承认和回应部分提到替代解决方法，是个好策略。换句话说，你承认较弱的解决方法有价值，但又将更好的解决方法作为回应。这样，你明确地支持了自己的首选解决方法，也含蓄地支持了备选方案：

　　虽然更多的英语辅导员能够提供直接帮助，（承认／含蓄地支持备选方法）但只有设立英语语言教学中心才能完全解决这个问题。（回应／明确地支持自己的解决方法）更多的辅导员能够帮助学生完成作业，减少老师在语法等小问题上耗费时间。但如果没有底层设施的支持，没有辅导员的帮助，国际学生无法将自身英语水平提高到足够的程度。（支持回应）

上述论证明确地支持建立语言中心，同时含蓄地展示了增加辅导员数量的价值。

值得考虑的主张的界定

一项主张只有看起来值得考虑，才能激发读者去阅读支持该主张的论证。例如，如果有人主张地球要么是圆的，要么是方的，通过论证支持这样的主张就毫无意义。由于没有人怀疑地球的形状，也就没有人会费心去阅读支持此种主张的论证。故此，一旦你有了认为值得花时间支持的主张，不妨提 3 个问题，判断读者是否认为它值得花时间阅读。

1. 你的主张存在争议吗？

有批判精神的读者，哪怕对一个主题没有固定的观点，也会带着友好的怀疑态度想：这挺有意思，不过，我们来看看你是怎样支持它的吧。如果他们认为"这还用说？显而易见"，你就有麻烦了。只有读者有可能提出异议，一项主张才值得考虑。如果他们本来就相信你的主张或是对你的主张漠不关心，那么你就没有充分的理由要他们花时间阅读你的论证。举例来说，以下主张，读者会怎样回应：

1a：教育对我们的社会很重要。

2a：我们不应该取笑别人的长相。

3a：我将总结一下目前关于青蛙消失的观点。

你能想象有哪个读者会觉得，"如果这是真的，我必须改变对教育、取笑、青蛙的看法了"？不太可能。这些主张不需要论证，因为没有人会反驳它们。这里有一种快速评估主张是否存在争议（这是说主张有意义的另一种方式）的方法：将主张修改为否定形式（如果主张本身是否定形式，就改成肯定形式），然后评估它是否仍然说得过去：

1b：教育对我们的社会不重要。

2b：我们应该取笑别人的长相。

3b：我不会总结目前关于青蛙消失的观点。

大多数读者会判断，主张 1b 和 2b 不言自明地说不过去，故而这两项主张未能通过检验。如果没有人相信一项主张的对立面，就不会有人质疑该主张。反过来说，3b 的否定主张似乎过于微不足道。如果否定的主张微不足道，那么大多数读者会判断，它的肯定主张同样微不足道。在上述例子中，没有一项主张值得支持，因为没有人会对其中任何一项提出异议。

然而，我们必须指出，自从有人证明"太阳绕着地球转""人类由固体物质构成"这些当时看来不言自明的主张是错误的之后，人类的想法已经发生了天翻地覆的变化：

> 太阳不绕着地球转。

> 我们不是由固体物质构成的。

"教育不重要"这一主张同样不见得永远都是错的，我们无法排除有人认可这种观点（实际上，有些群体的确这么认为）。如果你能说服我们相信教育不重要，你能为自己赢得名声，但这需要强大的论证。

2. 能证明你的主张是错误的吗？

至少从原则而言，在陈述主张时，你要使其可以被证伪（术语叫"证明不成立"）。这似乎很奇怪。我们难道不是要让主张能为自己所证明，让读者无可反驳吗？实际上，谨慎的论证者只有在相信自己的主张至少从原则上有人能找到证明其正误的证据，并愿意考虑该证据的时候，才会提出该主张。比如，假设一个人想要论证存在鬼魂，又假设有人问他：

> 怎样才能让你相信它们不存在呢？

那人回答：

> 没有任何证据可以证明它们存在或不存在，所以，也想象不出有什么论证或证据能说服我相信鬼魂不存在，因为我心里知道它们存在，也没有任何东西能证明死亡之后灵魂就不存在了。

通过观点的交流，双方都可以从中了解到对方的一些情况，但如果一项主张不受证据的约束，就不可能进行理性的论证。如果论述者相信，没有任何证据可以反驳自己的主张（哪怕只从原则上考虑），那么，在他的论证中，我们就无法扮演任何角色——我们不仅无法通过调动自己的观点参与其中，甚至无法对他的话进行理性的判断。我们只能单纯地相信他的话（当然，更可能不相信）。

如果双方都具备批判性思维的基本特征，我们的论证才最有成效：双方都能想象自己可能是错的；双方都认为所讨论的议题是依情况而定，而非已经解决的，只要有新的证据出现，随时可以再商榷。这就意味着一场论证中各方都应认同合作式论证社会契约里的第一原则：读者和作者都必须有能力想象到或许存在能改变自己想法的证据。请注意，这一原则并不是要贬低对鬼魂（或其他任何我们无法证明的事物）的信念。我们有权相信任何自己愿意相信的东西，无论好坏，也无论有没有理由（我们也许并不具备批判性思维，但这是私人的事情）。但是，如果我们针对私人信念进行公共论证，以求解决某个重大问题或解决某一棘手的难题，希望他人严肃对待，还希望读者认同我们的主张，那么，我们必须开放自己的思维，接受他们反驳我们信念的论证，一如我们请他们开放思维，接受我方的论证。

3. 你的主张表面上合乎情理吗？

一旦你有了一项读者可以提出异议，至少在原则上可以证伪的主张，你就必须开始倾听自己内心深处的批判声音，提出读者可能会问的问题，比如：

- 你的解决方案可行吗？

  如果塔尼娅提议将一半的体育预算转移到教学资源中心，以解决教学薄弱的问题，她不大可能让院长听取自己的意见。但如果她建议对研究补助金课以小额税款，为教师提供补贴，院长就有可能听取。

- 你的解决方法合乎道德（合法、恰当、公平）吗？

  如果塔尼娅提议行政部门秘密监督课堂，院长会立刻无情地拒绝她；但如果她建议鼓励教师互相观察授课情形，院长就有可能听取她的意见。

- 你的解决方法是否审慎？它会不会带来比想要解决的问题更严重的问题？

  塔尼娅没有让院长削减教学评估不佳的教师的工资，因为后者会反抗。但是，院长也许会考虑通过绩效加薪来奖励优质教学。

深思熟虑的主张是什么样的

到了某个阶段（越快越好），你必须把将假设主张从你意识黑暗的舒适感里拉出来，放到文字的冷酷的光芒下。只有到了这时候，你才会问，这一主张是否鼓励读者认为他（以及我）深思熟虑？很遗憾，我们无法教你怎样深思熟虑。我们只能描述什么会促使读者认为你深思熟虑。请比较如下主张：

电视让犯罪看起来是比实际上更严重的问题。

尽管全国各地的暴力犯罪都在减少，但许多人认为，自己所在社区的暴力犯罪反而有所增加，因为地方电视新闻每天晚上都生动地报道谋杀和蓄意伤害等犯罪活动，让人感觉暴力事件似乎每天都发生在自己家门口。

第二项主张似乎更有趣，因为它使用复杂的语言反映情况的复杂性（也间接反映了阐述此情形的思想是复杂的）。

现在，我们并非断言冗长的主张好过简短的主张。太多的文字会让议题变得模糊，而一些精心挑选的词语能让读者将注意力放在重要的事情上。然而，欠缺经验的写作者往往会将主张写得太过单薄而非厚重。因此，在接下来的内容里，我们会鼓励你尽量详细（甚至详细得有些过头）地提出主张。反正你之后随时都可以修改。让我们将接下来的内容当作探索性思考练习，而不是草拟要拿给读者看的计划。

你的主张包含了丰富的概念吗

如果你的主张包含更多的概念，那么你也就给了自己和读者更多可供思考的东西。比较以下 3 种说法：

> 南北战争的影响今天仍然可以体会到。
>
> 南北战争仍然是联邦问题的核心。
>
> 南北战争的意识形态和社会划分，时至今日仍对美国南北（以及西部）的政治话语产生着历史性影响，并反映在它们彼此之间对立的政治理论当中：对州与联邦权力相对范围的认识，政府对自由个体有多大的权威性，等等。

第一种说法感觉既单薄又模糊。它提到了某种可以从整体上感受到的不具体的影响。第二种说法具体一些，但要是读者不理解什么叫"核心"和"联邦问题"这两个专业术语，它仍然显得很单薄。第三种说法表达了一套更为丰富的概念，实际上，对一个主张来说，它要表达的概念太多了，但请记住，我们这里是要尝试探索、提出主张，而不是撰写最终的草稿。

包含丰富概念的主张，有助于读者了解你要求他们做或相信的事情的完整内涵。一项概念丰富的主张，还可以从以下两方面帮助你改善论证：

- 它要求你发展自己论证中所提到的概念。
- 当读者看到你在论证主体部分回到这些概念上，他们更可能认为你的论证前后连贯。

所以，如果你认为自己已经有了足够的素材提出一项好的主张，请加入更多的概念（哪怕你认为多得超过了必要）。（我们将在之后的写作过程向你展示这么做的步骤。）如果你添加得太多，可使用金发姑娘原则[1] 找到中庸之道（不太多，不太少，而是刚刚好）：

> 南北战争的意识形态分歧，仍然影响着今天美国南北双方的政治话语，并反映在他们关于州和联邦权力、政府对个人权威性的对立理论当中。

你的主张合乎逻辑吗

大多数主张的核心，是一个像下面这样的简单命题：

> 州立大学应该为学费上涨做点什么。（主张）

这一主张太过简单：“做点什么”的意思是什么？我们可以让它的语言更丰富：

> 州立大学应该将学费上涨的速度限制在通货膨胀率以下。（主张）

但我们还可以用两种方式来详述它的逻辑：

1. 加入一个以“因为”或“如果”开头的原因从句，或者一个以“通过”或“以便”开头的短语。请比较以下两项主张：

> 州立大学应该将学费上涨的速度减缓到通货膨胀率以下。（主张）
>
> 如果州立大学能将其行政管理成本降低到同类大学的水平，（理由1）教师教授的内容与其他州立学校一样多，（理由2）它就能够将学费上涨的速度减缓到通货膨胀率以下。

第一项主张陈述了一个逻辑薄弱的命题。而在第二项主张中，读者可以从条件从句（如果……就）中看到解决方法的要旨，从而更好地预测论证的其余内容。

注意，如果问题的着眼点不在于什么出了岔子，而在于是什么导致了问题，那么你的主要主张或许应该使用因果从句（因为……所以）。如果作者和读者都同意州立大学应该减缓学费上涨的速度，那么，主要主张就会涉及学费上涨的两个原因。你可以进行修改，让两个原因出现在主句里，以免读者困惑。

> 州立大学必须将学费上涨的速度减缓到通货膨胀率以下。州立大学的行政管理成本比同类大学要高得多，（主张1）教师比其他州立学校教授的内容又要少。（主张2）

---

[1] “金发姑娘原则”出自英国童话故事《金发姑娘和三只熊》。该故事主要讲述了迷了路的金发姑娘未经允许就进入了熊的房子，她尝了三只碗里的粥，试了三把椅子，又在三张床上躺了躺。最后，她认为小碗里的粥最可口，小椅子坐着最舒服，小床上躺着最惬意，因为那是最适合她的，不大不小，刚刚好。金发姑娘原则意指刚刚好原则。——编者注

2. 增加以"尽管""同时""甚或"等开头的让步从句，或以"尽管""不管""哪怕"等开头的短语。

用"尽管"从句开头，你就承认了另一种观点。这里有3种常见选择，具体如下。

- 另一种观点与你的主张矛盾。

  尽管有人认为，我们必须提高学费，满足维护州立大学设备、更新研究设备所需的不断上涨的成本，（承认不同结论）但州立大学应该将学费上涨的速度减缓到通货膨胀率以下，因为它的行政管理成本比同类大学要高得多，教师又比其他州立学校教授的内容要少。

- 有证据可以反驳你的主张。

  尽管州立大学的行政管理成本上涨的速度并不比通货膨胀率高，并且整整3年未聘请新教师，（承认矛盾的证据）但州立大学仍然应该将学费上涨的速度减缓到通货膨胀率以下，因为它的行政管理成本还是比同类大学要高得多，教师又比其他州立学校教授的内容要少。

- 某事限制了你主张的适用范围。

  尽管大学成本始终会随着通货膨胀率上涨，（承认主张适用范围有限）州立大学仍然应该将学费上涨的速度减缓到通货膨胀率以下，因为它的行政管理成本比同类大学要高得多，教师又比其他州立学校教授的内容要少。

如果你的主张变得太长，就将它分开写。在"尽管"转折句后加句号，再删除"尽管"。接着主句以"但是""即便如此""然而"等开头（一个句子用"但是"或"然而"开头并非语法错误）。

维护州立大学设备的成本不断上涨，科学进步又要求学校持续更新研究设施。然而，州立大学仍然应该将学费上涨的速度减缓到通货膨胀率以下，因为它的行政管理成本比同类大学要高得多，教师又比其他州立学校教授的内容要少。

你的主张是否恰如其分

批判性思考者可能对自己的判断自信满满，因为他们会将设想付诸检验。即便如此，他们也知道，在这个世界上，几乎没有什么事情是百分之百确定、毋庸置疑、真实的。他们很少提出斩钉截铁般确定的主张，并且不信任这么做的人。所以，你在陈述主要主张的时候，要审慎谦虚，不可像下面这样：

> 只要州立大学消除行政管理上的浪费，并要求教师教授更多的课程，学费便将不再上涨。

细心的读者会想，你怎么能如此肯定？问题怎么会这么简单？将上述斩钉截铁的确定主张，与下面更温和、更微妙的主张做个对比。

> 如果州立大学削减行政管理成本，让教师教授更多的课程，学费上涨的速度有望放缓。

（你可以在后面的写作过程中找到合适的词语。）

当然，如果你说得太过夸张，就给了读者质疑你信心的理由。这是一种寻找平衡的动作。请对比以下主张：

1. 研究证明，家里有枪的人会用它来杀死自己或家人，而不是用它保护自己免受外来入侵者的伤害。
2. 最近的一些研究似乎表明，家里有枪的人可能更倾向于用它来杀死自己或家人，而不是用它保护自己免受潜在入侵者的伤害。
3. 最近的研究证明，家里有枪的人更经常用枪杀死自己或家人，而不是保护自己人免受入侵者的伤害。

最近的研究表明，家里有枪的人用它杀死自己和家人的概率，多于用它保护自己免受入侵者的伤害。大多数学术和专业读者会拒绝主张 1，认为它太绝对；也拒绝主张 2，认为它空泛无力。他们大多认为主张 3 更接近自己信任的自信温和立场。当然，它最接近金发姑娘法则：不是很确定，也不是很不确定，也许并不刚刚好，但比前两个更接近刚刚好。

18 世纪政治和 20 世纪科学里的确定性

那些认为"寻找平衡"是说话转弯抹角的人，也许注意到了本杰明·富兰克林自述的一段故事：他怎样通过演讲，有意地创造出审慎适度的论证人格。

……说到谦虚谨慎，每当我提出任何有可能遭到反驳的事情，我从不使用"肯定""无疑"等字眼，也从不使用任何其他会让观点沾染确定气息的词语。我更喜欢说"我设想""我理解某件事是这样的""在我看来""我大概是这么想的""出于这样那样的理由""我想象它是这样"或者"如果我没有弄错"。我认为这个习惯给我带来了莫大的好处……我认为，主要是因为我的这种习惯（当然，首先还是以我的正直品格为主），当我提议建立新制度或改变旧制度的时候，我的同胞们会提前给予我足够的重视，当我成为公共议会议员的时候，也因此产生了很大的影响。

这个建议今天仍然切题。在以论证为生的人当中，科学家或许是最不信任确定性的，因为他们知道科学真理的变化有多快。你不仅能从他们检验主张的方式上看到这一点，也能从他们使用的语言上看到这一点。这里，一位科学记者描述了科学家一般是怎样评价已发表的研究的：

请注意关于信念的限定词："差不多""基本上""并非特别不相信"。科学家是了不起的怀疑论者。他们知道自己的测量往往存在很大的误差，实验设备往往相对有所欠缺，自己的认识也不够完整。他们知道世界是复杂的、相互联系的、微妙的，极容易出错。

地质学家过去认为，位于加拿大安大略省萨德伯里的复合矿（是全世界大部分镍的来源）是来自地球中间的液体上升穿破地壳的熔体沉淀形成的。但是，他们后来找到了破碎的岩石，观察到微小矿物颗粒受到巨大压力和冲击的种种迹象，他们现在认为镍是一颗直径 6 英里（1 英里 =1609.344 米）的陨石撞击地球时形成的，撞击的力度太强大，以至地壳熔化。地质学家基本上这样认定，除非日后出现更多不同的证据。

资料来源：From Ann Finkbeiner, "In Science, Seeing Is Not Believing," *USA Today*,
　　　　　 October 21, 1997.

写作过程

寻找并陈述主张

起草

使用具体的语言陈述主张

用具体的词语陈述一个主张，读者能更好地理解它，并使用它帮助自己预测你会怎样支持该主张。在你草拟主张（不管是主要主张还是重要的次级主张）之前，请按照以下步骤来做：

1. 列出可能符合你的主张的其他具体词语。关注名词和动词，你必须针对每一个词语提出不同的问题。例如，针对"南北战争的影响今天仍然可以体会到"这一主张，问这样两个问题：

● 针对名词，询问"是什么样的（名词）"。接着针对你答案中的每一个词语再问一遍。将所有适用的词语都加入清单。

例如，针对"影响"这个词，你问"是什么样的（影响）"？——政治对抗、地区偏见、经济竞争、意识形态差异。接下来，针对"意识形态差异"这个词，再问"是什么样的（差异）"？——治理理论、州的权利、个人自由、工作权利法案、宗教极端主义。

● 针对动词，询问"怎样""如何"。将所有适用的词语都加入清单。

例如，影响是"怎样感觉到的"？——地区之间彼此猜忌，南方作为一个政治集团投票，南方将联邦政府为废除种族隔离所做的努力看作来自北方的强制措施，旧的分歧影响新的倾向，各地区的政治家提出了不同的治理理论。

一旦你列出了与主张相关的具体词语清单，寻找更准确地表达你的想法的相关词语。

● 针对每个词语，问"与……比起来怎么样"？如果新的词语比原来的词语更好地表达了你的想法，就将旧词语换掉。例如，"差异"与"分歧""分裂""不一致"比起来怎么样？"州权"与"联邦制""联邦政府的权力""各州自治的自由"比起来怎么样？"影响"与"决定""塑造"比起来怎么样？

2. 用清单上最恰当的词语写出主张。审视你的清单，挑出三四个最清楚地表达了你的主张的关键概念的词语（以下用黑体表示）。接着，用这些词语和其他也合适的词语（以下用斜体表示）写出主张。

相关的影响类型

意识形态分歧，*政治对抗*，**政府理论**，*州与联邦权力*，*个人自由*

带来的相关感受

旧的分歧塑造新的倾向，*南方的集团投票*，*各地区的政治家提出不同的政府理论*

南北战争的意识形态分歧仍然塑造着今天南北双方的政治话语，这反映在它们关于州和联邦权力，以及政府对个人的权威等彼此对立的理论当中。

修改

对太过确定的主张加以限定

读者不信任那些表达傲慢、斩钉截铁得毋庸置疑的主张（也不信任提出这样主张的人），更喜欢那些表现出文明谦虚、传达出批判性思考者谨慎自信的主张：我已经用我所知的所有方法检验了这一主张，但是，当然我们永远不知道会出现什么样的新证据。当你在写完的草稿里审视这些句子时，检查你的主要主张和重要次级主张是否太过确定。尤其要当心那些夸大了主张适用范围（暗示某事肯定对所有人都永远正确）的句子。

- **或然率**：如果你发现"确定""绝对""毫无疑问"等词语，请考虑写成"或许""通常""可能""倾向于""往往"等。如果你发现"绝不可能""无法想象"等词语，不妨写成"不大可能""未必如此"等。
- **频率**：如果你发现"始终""每次""无一例外"等说法，请考虑写成"经常""频频""可预见地""习惯性地""几乎总是"等。如果你发现"从不""一次也没有"等说法，考虑写成"很少""罕见地""不经常""几乎从不"等。
- **数量**：如果你发现"所有""每一个""各个"等说法，请考虑写成"许多""大多数""一些""大部分""几乎所有"等。

请记住，即使没有上述任何词语，一项主张也有可能显得太过确定。如果你的主张是"读者怀疑作者太过确定"，读者或许会认为你的意思是"所有读者总是怀疑所有太过确定的作者"。反过来说，也不要加入太多的限定条件。"部分读者偶尔略微倾向于怀疑太过确定的作者"——这么写会显得你泛泛而谈，缺乏力量。通常，一个限定条件就够了："读者可能怀疑……""读者往往不信任……""许多读者不信任……"均可。

读者不仅不信任做出毫无限定条件的主张的人，也不信任那些在断言主张时太过强烈的人。当你声称自己的理由或证据支持一项主张时，下断言的强烈程度要适当。

- 证据级别：除非你掌握了最有力的证据，否则要避免"X 证明了 Y""X 解决了问题""Y 毫无疑问"等措辞。如果你发现 X "演示""确立"或"显示"了 Y，不妨考虑用 X "建议""指向""论证"，促使我们相信、暗示等。

出于同样道理，你不希望削弱自己论证的真正力量，但如果你夸大了证据级别，读者或许会起疑心。

课后习题

思考题

1. 进行概念性论证的人，是否对其他人如何应对自己的主张负责？ 一位科学家发现了某种物质，一些人用它来制造新武器，这位科学家应该为这些武器所导致的后果负责吗？如果一位遗传学家的发现帮助医生拯救了生命，遗传学家的功劳应该获得赞扬吗？如果答案是肯定的，要是同样的发现付诸不道德使用，发现者应该受到指责吗？一位政治学家认为应该限制政府权力，他的观点激发某人做出极端事件，这又该怎么判断呢？我们可以运用什么原则来区分这些情况？你能举例说明某些主张永远不该提出吗？一项发现使得任何人都有可能在厨房里造出炸弹，你该怎么看待这项发现？如果研究人员对自己认为可能存在潜在危险的发现秘而不宣，这么做有可能产生哪些意想不到的后果？

任务

2. 假设有人请你就娱乐设施、校内体育、文化活动或你大学生活的其他方面提些建议。对你的问题进行快速判断，并提供一种简单而迅速的解决方法。现在，通过批判性思维的三个阶段来解决同样的问题。假设前述不假思索做出的快速判断通常是错的。你第一次识别出了真正的问题吗？

3. 试着用否定测试来检验你从前写的一些论文里的主张。根据检验结果，你的主张是否有意义？

4. 你在论文中最常做出什么样的主张？是呼吁采取行动，还是主张某事是真实的？试着将所有明确呼吁行动的主张，修改成仅仅暗示应有所行动的主张，或是将暗示需要有所行动的主张，改成明确呼吁行动的主张。

项目

5. 假设你是一家全国性学生组织的负责人，该组织致力于削减大学教育的成本。草拟一份行动计划，要求大学校长支持一项有望降低学费的政策。谈判或调停在你的计划中将扮演什么样的角色？宣传（广告、公共关系等）呢？胁迫（示威、罢课、游说立法者等）呢？论证怎样才能适合你的计划？

6. 在你从前写的论文里寻找良好论证的特质。要特别注意因果关系（"因为""由于"等）和让步关系（"尽管""虽然""与此同时"等）的信号。如果你的主张看起来很单薄，请按照我们建议的方式加以详述。

写作重点

语境 在最公正的论证中，作者会用"对手"视为准确的方式，来陈述与自己意见不同的人的立场。但报纸和杂志上的观点文章，其作者经常歪曲反对者的立场。

场景 1 你有机会到以下 3 家组织之一实习：公共利益科学中心、素食协会和善待动物组织。你的工作是监督媒体对组织的报道。

任务 1（a） 某人的文章放在了你的办公桌上。你的任务是起草一封信，写给某报纸的编辑，纠正某人对你的组织及其立场的描述。

任务 1（b） 某人的文章放在了你的办公桌上。你的任务是起草一篇观点文章，反驳某人的文章，但不直接回应它。

场景 2 你在某人创办的餐馆协会网站实习。

任务 2（a） 某报纸通知某人，它已经收到 3 家组织之中一家的回应，指责他对自身的歪曲。某报纸希望收到某人的回信（再没有什么比争议更能带动报纸销量了）。你的任务是起草一封信，证明这家组织正如某人所说的一样。

任务 2（b） 某人在某报纸上看到了 3 家组织之一的回应（你可以任选一家），后者指责他对自身做了歪曲。某人想让你再写一篇文章，这次只关注一家组织，论证它在食物方面采取了某种立场。

研究项目

场景   在第三章中，你向老师和同学分享了你对研究项目的问题陈述。他们认为你的问题有潜力，但老师想要确定你能够回答自己提出的问题。

任务   为一篇研究论文写一份正式提案，在其中完成以下事宜。

- 陈述你的研究问题。
- 解释你的问题与你真实或假想的班级所讨论的主题有怎样的关系。
- 明确地陈述其后果，你的读者现在还不知道，但应该想要知道。
- 提供一些推测性的答案。
- 解释一下你大概会找到什么样的支持，支撑起你的答案。

你可以将上述每个项目列为单独的一节，并有独立的标题。你还可以重新对项目排序。在推测答案时，不要急于下结论。在你的提案后附上修改后的初步引言和结论。

本章核心

关于论证

主张是所有论证的核心。它们是你的主要观点，是你问题的解决方法。虽然你应该尽快提出一个试探性的主张或假说，但你也必须努力保持开放的心态，随时拥抱更好的主张。这就是为什么你必须想象出若干假说，在你寻找最佳解决方法的过程中，将它们都记在心里。有用的主张具备以下特质。

- 你的主张是概念性的还是实践性的，这一点应该表述清晰。它应该断言读者应该知道什么，或者应该做些什么。
- 你的主张应该是读者没有看到你给出充分理由之前无法接受的某事。它应该存在可以争论的余地。
- 你的主张在原则上应该是可以被证明错误的，因为你可以想象出让你放弃它的证据。它应该是可反驳的。
- 你的主张应该是可行的、合乎道德的、审慎的。它应该是合理的。

你要清楚自己希望获得的赞同程度。你希望读者做什么？

- 是尊重你提出主张的理由吗？
- 是赞成你的主张及相关的支持论证吗？
- 是公开支持你的主张、认为它值得认真考虑吗？
- 是相信你的主张、相信你所做的支持论证吗？
- 是按照你的建议采取行动或是支持他人的行动吗？

在制定规划、收集证据时，请思考以下问题：

- 读者期待你报道什么样的证据？
- 寻找特定证据的成本会大于找到它所带来的收益吗？
- 你最有可能在哪里找到所需的证据？图书馆？互联网？个人采访？观察？

在收集证据时，请遵循以下步骤：

- 先从一个来源取样证据，看看它是否相关、是否充分。
- 随着证据的积累，定期对证据进行评估。
- 不要等掌握了所有证据才开始写作。

关于论证的写作

努力提出具备以下特质的主张：

- 语言应该明确而具体。它预演了你在论证其余部分将要发展的中心概念。
- 它应该由以"尽管""因为""除非"开头的关系词详细展开。如果你认为这会令你的主张太长、太复杂，就将它拆分成更短的句子。
- 它应该加入适当的限定条件，如"不少""大多""常常""往往""大概""不太可能"，避免使用"所有""总是""肯定"。

第五章

论证的核心：理由和证据

本章中，我们将重点关注让主张显得既可靠又可信的支撑上。我们对你需要理解的 3 类支撑做了区分：理由、证据和证据报告。我们还将向你展示怎样按对读者有用的顺序安排理由。

你论证的核心是你的主张；它的主旨是你用什么来支撑该主张、理由和证据。理由和证据协同支持一项主张，但它们在形式上有所不同，你怎样找到它们、怎样运用它们，也是不同的。在本章，我们将检验这些差异，从而让你知道怎样最好地同时运用理由和证据来支持主张。

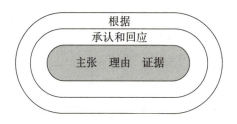

支撑主张

大胆提出主张的人，如果期待我们仅仅因为他们这么说就同意他们，不免显得太过傲慢。我们期待作者将我们视为能够自己做出判断的批判性思考者，故此，我们希望一项主张既有支撑，也存在限定条件。请对比以下例子。

电视节目沉迷于亲密关系，损害了 13 岁以下儿童的社交和情感发育。（主张）

虽然电视网络在儿童日间节目上已经有所改进，（承认）但它们在黄金时段沉迷于亲密关系，**有可能**损害许多 13 岁以下儿童的社交和情感发育，（主张）**因为这些儿童会效仿自己所看到的他人行为**。（理由）

第二个版本似乎思考更周到，有礼貌。它将我们当成批判性思考者，在接受主张之前想要至少看到一个充分的理由，它承认议题并非老生常谈，而是足够复杂，故此自己的主张并非普遍成立。

但大多数批判性思考者期待更多。一名思考周全的读者会认为，只有当理由（儿童会效仿自己所看到的他人行为）不仅建立在作者的观点之上，只有当作者提供证据展示 13 岁以下儿童真的会将电视节目作为行动基础，理由才算是支撑了主张（电视节目沉迷于亲密关系）。

理由和证据是支持的不同形式

我们在第一章中看到，我们用来形容论证的语言，会将其描绘成战斗。而在描述怎样展开论证的时候，我们所用的语言，又不像是战士，而是建设者。我们加入建立在坚实证据基础上的理由，构建对一项主张的支持。该基础应当创造出稳固、无法撼动的立足点，批评者无法通过破坏基础推翻我们的论证。这样的语言在表现论证的时候，不是将其看作对要素的线性排列，而是依据特定的逻辑关系建立起来的垂直结构。

这些建设比喻是有用的，但为了理解到底怎样规划和起草论证，我们还需要 5 个有着更强字面含义的术语：事实、数据、证物、证据和理由。

- 事实是用读者视为真实或至少不会提出质疑的文字及符号进行陈述：俄亥俄州的州府是哥伦布市；$2 + 2 = 4$。

- 数据指的是事实的集合。数据可以是你收集到的任何信息，但我们通常认为数据就是数字。我们可以用文字来概括数字型的数据：1985 年，阿布科（Abco）的市场份额是 19.4%；1995 年，下降到 11.7%；但如今又增长到 22%。不过，更常见的情形是用表格、图形和图表来展示数据（见表 5-1）。

表 5-1　阿布科的市场份额

时间	1985 年	1995 年	2005 年
市场份额	19.4%	11.7%	22.0%

- 证物指的是你研究对象的具体例子。它们可以是包含你分析文本的书册（包括引文）、画作或其他图像的复制品，建筑物、物体、风景、云层或昆虫等的照片或图画。

不过，究其本身，事实、数据和证物只是无效的信息。只有当你将它们带入论证，它们才成为证据。

- 证据包括支撑理由的事实、数据和证物。当你揭示它们与该理由存在逻辑联系，读者看到证据并认为"如果这一证据可靠，那么这一理由必定是真的"，它们才成为证据。
- 理由是对证据进行概括的陈述，揭示它怎样支持了你的主张。

下面是一段以数据作为证据的简短论证。

> 虽然电视台在校外节目方面已有所进步，但它的黄金时段节目有可能损害许多 13 岁以下儿童的社交和情感发育，（主张）它让儿童接触到了露骨的亲密行为，引诱他们在真正理解其后果之前就模仿和参与亲密游戏。（理由）卡恩（1996）研究了经常（4 周内 3 次）观看亲密内容电视节目（提及亲密活动超过 5 次，或包含 5 次以上的亲密活动画面）的 10～13 岁儿童，报告了看电视与亲密行为尝试的关系。他发现，与根本不看此类节目的儿童相比，看此类节目的儿童参与亲密游戏的可能性要高 40%。（证据）

这段话以标准形式展示了论证的核心：主张基于理由，理由又基于证据。

区分理由和证据

理由和证据之间的区别，从直觉上看似乎很明显，实际上却复杂得多。我们偶尔会交替使用以下两个说法：

你用什么理由来支持你的主张？

你用什么证据来支持你的主张？

但在下面的句子里，我们也会对它们加以区分：

我们需要想出理由来支持我们的要求。

我们需要想出证据来支持我们的要求。

在我接受你的理由之前，我必须先看看它们所依据的证据。

在我接受你的证据之前，我必须先看看它所依据的理由。

大多数人觉得每一组里的第一句话很自然，第二句话稍显奇怪。

造成这种差异的源头之一来自我们对理由和证据所关联的画面。在描述证据时，我们会使用诸如"确凿"或"铁证"等比喻说法，使得我们认为自己能够在外部世界（也就是我们的主观体验"之外"）看到证据。反过来说，从比喻的角度看，我们感觉理由来自意识"之内"。我们相信，如果你告诉我们到哪儿去找，我们自己就可以找到证据并加以核实。但我们不会问到哪儿去寻找你的理由。既然我们假设证据至少从原则上是公开且可分享的，读者就会提出一些可预见的问题：

- 你的证据是在哪里找到的？你的消息来源是什么？它们可靠吗？
- 你是怎么收集的？你使用了什么方法和设备？我能亲眼看看吗？
- 它的局限性是什么？它可靠吗？你在收集时碰到了什么问题？

请回想前文苏与安、拉杰之间的对话：苏声称自己的学校对待学生不够认真，她给出了一个理由：老师的办公时间太少。安问她何以得出了这一理由，她报告了教学楼上张贴的实际时间：X 教授，星期一，16：00—17：00；Y 教授，星期五16：00—16：30，等等。这些名字和数字并不是她的理由，也不是她的判断或观点，而是苏希望朋友们能接受的证据，这些事实，它们独立于苏的观点（老师们的办公时间太少），却为之提供了支持。

如果用图形来表现苏的论证，会像是这样，她脑海中用来构建的零件，她的主张和理由，建立在外部证据的坚实基础上。

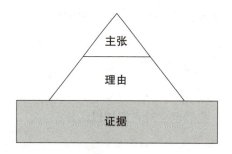

缺乏证据基础的理由，我们会认为它是"纯粹的观点"。用建筑的比喻来说，"纯粹"的观点太"脆弱"，不足以支撑事关"重大"问题的"合理"主张。

区分证据和证据报告

你可以将上述结构图当成思考论证核心的一种松散的方式，但如果你仔细审视它，那么又会发现它带着一些误导。在接下来的内容中，我们做了一项看似有些像学术界过分追究细枝末节的区分，但它是理解论证真正运作方式的关键。你必须理解这一区别，因为人们称作证据的东西其实很少是证据。

直接证据和报告证据

我们所说的证据，几乎总是对证据的报告，甚至是对报告的报告，这似乎有些令人不安。如果按照我们经常使用的比喻性语言来定义直接证据，即直接证据是我们可以在世界上找到的客观事物，那么，最直接的证据不可能"来自"论证，因为我们无法在论证中找到它。

- 在谋杀案审判中，直接证据可能是一只沾满血的手套，检察官可以将它拿起来让陪审团看，但在书面论证中，她只能陈述有关手套的事实或将手套的照片作为证物展示。
- 经济学家在论证失业问题时，可以实际地指出若干真正的没有工作的人，但在书面论证中，他只能用文字或数字来指代数百万失业者。
- 在关于物质性质的论证中，物理学家甚至无法指出自己所研究的最小粒子。他只能用数学术语来描述它们，或是复制粒子在探测器里所留痕迹的照片。

我们提供的证据几乎从来都不是直接证据，而是一份报告，内中描述、绘制、再现、提及、引用或列举了实际的手套、人和例子。

即便你用自己的眼睛直接看到了"真实的"证据，你也只能用文字、数字、图像或声音呈现它，将它放到你的书面论证里。出于论证的目的，你必须省略大量的细节，因为不可能将所有细节都呈现出来。当你报告证据时，你还必须将它理顺，让它比"外面的真东西"更为连贯，更有规律。故此，你让读者继续读下去的不是证据，而只是你对证据的选择性和重塑性报告。

证据的陈述

一些学生对引用文字感到疑惑。它们难道不是"证据本身"吗？即便引用的文字是正确无误的（很多时候并非如此），它们也只是证据——经过选择，从语境里提取出来，用于新的目的，这一切的做法，都有可能让我们的体验与其语境存在矛盾。

照片又怎么样呢？哪怕我们尽可能精确地复制了一张照片，仍然有可能是从不同的纸张、不同的语境，带着不同的目的去看它的。

试着尽可能直接地报告证据，但当你从其他人的论证中读到证据的时候，请记住，就像一张苹果的照片不是苹果本身，一份证据报告也并非证据本身。

我们之所以强调这一区别，是因为"证据"这个词承载了太多的权威感，显得很有分量、很客观。当有人提供了所谓的"确凿"证据，仅仅是因为证据中包含自己不应该质疑的客观事实，也许就已经相信一半了。但报告里描述的证据既不客观，也不真实。我们所称的证据，几乎始终是一份证据报告，报告按照与论证相符合的方式，对证据做了塑造。

一旦你理解了这一区别，你就能明白，为什么具有批判性思维的读者希望确定你的证据报告是可靠的，出自可靠的来源，为什么他们希望你告诉他们你是从哪里找到的证据，又或者，如果你的信源是别人的报告，那么，是谁收集和报告的。他们想知道，在你发现证据之前，证据遭到了多大程度的塑造。这就是为什么读者会寻找引文，确定自己尽可能靠近地追溯到直接证据"本身"（如果他们想这么做）。只有当报告的证据链是合理的，你的证据才是合理的，而在你的论证中，证据链的最后一环始终是你。

让我们回想一下苏、安和拉杰的讨论，证据问题便转到了这个方向。

苏：我们为自己的教育花了很多钱，可是获得的关注远远不如顾客。

安：到底是怎么回事？

苏：首先，我们很难在课堂之外见到老师。上个星期，我在艺术与科学教学楼一层办公室外面，数了数贴在门上的办公时间表。（她拿出一张纸读道。）平均每个星期不到 1 小时，大多数还安排在许多人都要工作的下午时段。我这里有数字。

安：我能看看吗？

苏：当然。（她把纸递过去。）

但安看了这些数字之后，她仍然没有直接看到证据"本身"：证据本身贴在教学楼办公室的门上。安必须假设苏准确地抄录了这些小时数，并公正地做了报告。

如果说证据和证据报告之间的区别反映了大多数论证的真实情况，那么苏的论证就并非直接建立在外部现实的基础之上，如图 5-1 所示。

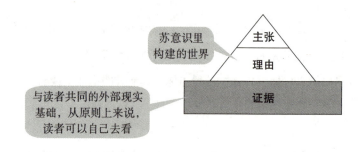

图 5-1　苏的论证（未直接建立在外部现实的基础之上）

相反，她的论证（包括她所援引和描述的证据）——都出于她的构建。她的证据报告或许建立在外部直接证据的基础上，但该外部基础不可能成为论证本身的一部分（见图 5-2）。

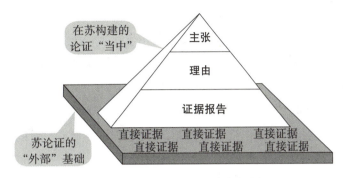

图 5-2 苏的论证（出于她的构建）

苏在论证中能提供的证据，仅仅是对证据的报告，她希望安和拉杰能接受这一报告可靠地建立在外界直接证据之上。但安和拉杰无法看到直接证据，因为办公时间贴在教学楼办公室的门上，所以，从他们的视角来看，苏的证据报告就是他们所能依据的一切了。

他们必须信任她的数字是正确的。而这就是为什么你必须建立起"准确报告证据、不会出于自利对证据做明显的歪曲"的声誉，因为信任链的最后一个人就是你。背叛了这一信任，不仅你现在的论证失去了可信度，你接下来的一次甚至多次论证都有可能失去可信度。

关于恐龙的证据

哪怕我们看似可以将直接证据拿在手里的时候，我们可能也仅仅是握着大自然对证据的报告。不久前，古生物学家宣布发现了一颗恐龙的心脏，也是迄今为止发现的第一颗恐龙心脏。经过考察，他们断定这颗心脏有两个心室——他们说，这有可能证明拥有这颗心脏的恐龙是温血动物。然而，他们指称是证据的东西，并非该恐龙真正的心脏；它是自然过程造就的一颗化石——大自然对证据的"报告"。此外，科学家们指称为证据的甚至并非化石本身，而是对该化石内部结构所做的一系列二维 CAT 扫描，科学家们将这些扫描图重新组装为三维模型。他们证明恐龙可能是温血动物的证据是一具三维模型，该模型是对一系列二维图像的报告，这些图像是对一块化石的报告，这块化石是对一个早已不存在的器官的报告。最难办的问题是，这些报告在多大程度上扭曲了这颗曾经跳动的心脏（如果它真的曾是一颗心脏，一些古生物学家对此其实有所怀疑）。

到了这时候，你恐怕会产生一种不安的感觉：理由和证据报告非常相似，因为二者都是主观意识的产物。它们有很多相似之处，但有一种方法可以将二者区分开来：将理由看作论证的大纲及其逻辑结构；将证据报告看作读者可以接受的对大纲要旨的支撑；将直接证据看作读者能从椅子里站起身去亲眼看一看的东西。

多个理由

哪怕你的理由建立在可靠的证据（报告）之上，读者也许仍然认为，一项重要主张只靠一个理由支撑还不够。故此，你通常必须以两种方式提供与你的主张相关的多个理由。

- 你可以提供并行的理由，它们每一个都直接支持一项主张。
- 你可以提供"堆砌"理由，它们每一个都建立在前一个理由之上，第一个理由直接支持你的主张，最后一个理由则建立在证据（或证据报告）之上。

并行的理由

截至目前，我们已经在讨论和图表中涉及了理由。但当你用并行的理由创建一段论证时，你需要在意识里、在故事板上、在你的报告里将它们区分开来。这就需要一幅更为复杂的示意图（见图 5-3）。

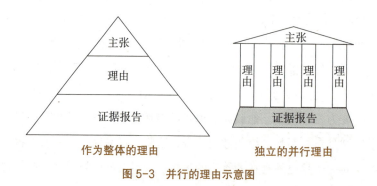

图 5-3　并行的理由示意图

对并行的理由来说，每一个理由都独立于其他理由。拿掉一个，主张或许会沉陷，但其他理由说不定仍足以支撑它。如果拿走更多的理由，主张恐怕就要崩塌了。很多人在高中都学过五段式文章的标准规划，它使用 3 个并行的理由。

1. 我们应该抑制纵酒无度的理由有 3 个。（主张）

2. 首先，它带给校园不良的形象。（理由1）例如，……（证据报告）

3. 它还引发法律诉讼。（理由2）这方面的案件已经有 4 起……（证据报告）

4. 最后，它会导致受伤甚至死亡。（理由3）上个月……（证据报告）

5. 故此，我们可以看到，纵酒无度已经……（重复主张）

一些优秀的论证其实真的只有 3 个理由，但由于有太多糟糕的论证都采用了三理由五段式文章的形式，故此，进入大学之后，这么做显得很业余。所以，尽量避免 3 个理由。

理由的顺序

你也可以不按独立并行的方式排列理由，而是改为"堆砌"，每一个理由都以另一个为基础，而第一个理由直接支持主张，最后一个理由建立在证据报告上（见图 5-4）。

图 5-4 理由的顺序示意图

（你也可以将这些理由想象成链条里的环节或是一连串的台阶。）

例如，在下面的论证中，作者将一个主要主张建立在 3 个堆叠的理由上，而理由又建立在证据报告上面。

国家应该通过一项法律，要求各学院和大学衡量学生在本科期间所学习的技能。（主张）

理由 1：我们必须保证大学毕业生学习到了应对全球竞争挑战所必需的知识。（理由 1 支持主张）

理由 2：我们知道，A 国和 B 国都有着大量即将在科学、技术和商业领域超越我们领导地位的大学生。（理由 2 支持理由 1）

理由 3：因为他们的大学生比我们多得多，而且大多数还在数学、科学和通信方面展现出很高的水平。（理由 3 支持理由 2）

证据：例如，《国际教育杂志》报告了以下数字：每一年，我们的大学毕业生人数是……而 A 国和 B 国的大学毕业生人数是……（证据报告支持理由 3）

只有国家能确保我们的学院和大学培养出高质量的大学生，他们才能有能力迎接世界日益全球化带来的挑战。（重述主张）

有经验的作者会为自己的主张铺垫越来越深的基础（另一个建筑比喻）来创造论证，从而让论证变得更加充实。这种论证的风险在于，哪怕读者只漏掉了中间的一级台阶，也会失去逻辑线索，进而论证崩塌。

严肃论证的深刻复杂性

如果我们需要用两三页纸的篇幅来针对一个议题进行论证，那么，我们会根据多个并行理由进行构建，每一个理由又依次建立在多个理由上，全都以证据为基础。这样，我们便创造出一套相当复杂的论证。尽管在写作中似乎很复杂，但每当我们在日常生活中就一个严肃议题来回地争论，就在对话中创造了这种复杂的论证。面对一个同等复杂的论证，你在写作时的任务就是耐心规划，根据证据并行和依次组织理由。

用理由帮助读者理解证据

如果证据为论证提供了锚点，为什么还要劳神费力地寻找理由呢？为什么不直接将主张建立在证据报告上呢？有时候我们会这么做，尤其是只需提供简单数字的时候。但理由能帮助读者理解并阐释复杂的证据。想想下面这句话，以及支撑其主张的数据（见表 5-2）。

事实证明，大多数油耗预测都是错误的。（主张）

表 5-2　里程和油耗

时间	1970 年	1980 年	1990 年	2000 年
每年英里数（000）	9.5	10.3	10.5	11.7
每年油耗（加仑）	760	760	520	533（报告证据）

注：1 加仑 ≈ 0.0038 立方米。

一个勤奋的读者能够弄明白这些数字怎样支持主张：里程增加，而油耗降低。但如果作者再加一句话，解释这些数字与主张的关系，声明的关系，再加上一个更能说明问题的标题，以及从视觉上帮助我们聚焦于该看到的部分，我们会更容易理解这一切：

> 汽油消耗并未像许多人预测的那样不停地增长。（主张）尽管美国人在 2000 年比 1970 年多开了 23.1% 的里程数，却少用了 29.9% 的燃料（见表 5-3）。（理由）

表 5-3　1970—2000 年人均里程数和汽油消费量

时间	1970 年	1980 年	1990 年	2000 年
每年英里数（000）	9.5	10.3	10.5	11.7
（较之 1970 年的变化）		8.4%	10.5%	23.1%
每年油耗（加仑）	760	760	520	533
（较之 1970 年的变化）			（31.6%）	（29.9%）（报告证据）

有些作者担心，如果他们将读者自己能弄清楚的理由直接说出来，是在侮辱读者。的确，没有人想要读太过直白的东西。但是，所有作者，不管是经验丰富的，还是没有经验的，都高估了读者自己能弄清的水平。故此，如果你在证据报告里加入理由，指出什么东西重要，说明它怎样为你的主张提供支持，你往往是帮了读者的忙。

如果证据是一段引语，读者也需要同样的帮助。这里有一个关于《哈姆雷特》的主张，直接建立在引语证据上。

> 当哈姆雷特站在正在祷告的继父克劳狄斯身后时，他表现得头脑冷静且富有逻辑。（主张）
>
> 现在我正好动手，他正在祷告。
>
> 我现在就干；他就一命归天，

我也就报了仇了。这需要算一算。

一个恶汉杀死了我的父亲，

我这个独生子把这个恶汉却送上天堂。

哦，这倒是报德，不是报仇！[1]（证据报告）

许多读者觉得这一论证有点难以理解。这段引语中似乎没有明显的内容支持哈姆雷特的冷静理性。作者省略了理由，强迫我们自己弄明白。请比较以下版本：

当哈姆雷特站在正在祷告的继父克劳狄斯身后时，他表现得头脑冷静且富有逻辑。（主张）一开始，他冲动地想要当场杀死克劳狄斯，但他停下来想了一想。如果趁着克劳狄斯祷告杀死他，就等于是将他的灵魂送上天堂。但哈姆雷特想让他永沉地狱。所以，他冷静地决定，等一会儿再杀死克劳狄斯：（理由）

现在我正好动手，他正在祷告。我现在就干……（证据报告）

这一理由告诉我们从与主张相关的角度去看待引语。

详细的证据报告很少能自己说明问题。没有理由对其加以解释，读者往往难于理解它意味着什么。如果你加上一个既支持了主张又解释了证据的理由，他们就不用花那么大工夫了。从视觉上看，它是这样的：

所以，当你提供引用、图像、表格和图表中的数据等形式的证据时，不要仅仅将它附加到主张上：添加一个理由，告诉你的读者从证据里可以看出些什么。

---

[1] 莎士比亚．莎士比亚悲剧四种 [M]．卞之琳，译．北京：人民文学出版社，1989.——译者注

写作过程

理由和证据

准备和规划

留心你的理由对你的主张（和你）意味着什么

一旦你收集了理由，就要想一想它对你和你的读者意味着什么。每一个理由都暗含着一种推理的原则（根据），故此，每一个理由都在向读者透露你的价值观和你对他们价值观的看法。哪怕一个理由是真实的，也支持你的主张，但如果读者拒绝它所依赖的价值观，它也会不利于你的论证和你的论证性格。

假设豪尔赫主张应该限制从互联网上剽窃的行为，并给出了以下理由：

理由 1：剽窃使得优秀的学生无法脱颖而出。

理由 2：它侵蚀了一个社群所依赖的信任基石。

理由 3：如果公众知悉此事，那么会让大学显得很不堪。

理由 4：它让学生认为自己可以不劳而获。

每一个理由都会对豪尔赫以及他所想象的读者类型产生不同的影响。大多数人乐于认为自己在维护社会信任的基石，但不见得乐意被人看作在保护大学免遭负面新闻。

一旦你列出了理由，检验每一个理由对你的论证性格和你在读者心目中的形象意味着什么。如果你无法判断，就去问问别人。

对多个理由进行排序

有了理由清单之后，你要判断怎样对它们排序。太多的写作者按自己所想的顺序来排列理由，但这一般不会是最好的顺序。

并行的理由

如果你有多个并行的理由来支撑自己的主张，那么要把它们按照能产生最大影响、读者认为前后一致的顺序来排列。

根据实质来排列并行理由。 你或许会根据理由所涉及的观点或事物，找到一种排序原则。最明显的选择是根据理由主要是关于谁或什么来对其分组。例如，有人主张，哪怕是小小的"社交"谎言，也应该避免。下面有 3 个支持它的理由，其中

两个是关于说谎者的，一个是关于听到谎言的人的。

理由1：一旦你习惯了撒小谎，你撒大谎也就变得容易多了。

理由2：听你撒谎的那个人因为不知道真相而痛苦。

理由3：你最终会丧失信誉。

因此，从表面上看，我们或许应该将理由1和理由3放在一起，在理由2之前或之后均可。

你也可以根据它们与之前存在的顺序的关系来排列理由，既可以是年代或地理位置等标准顺序，也可以是根据你特定主张而存在的特定顺序，如从可控性最低到最高的原因。

*根据读者回应来排列并行理由。*一个较好地排列并行理由的方法是你希望读者如何回应它们。排序的第一个原则是相对强度。

排序的第二个原则是相对可接受性。即使读者认为理由很充分，它们可能还是不喜欢听。

排序的第三个原则是相对复杂性。较之复杂的原因，读者更容易理解简单的原因。（当然，什么简单什么复杂，取决于他们的知识。）例如，要论证我们学习语言的能力与我们学习下象棋或学习代数的能力不一样，前者是基因决定的，我们可以给出以下3个理由。

理由1：所有人类语言都有同等复杂的语法组织原则。

理由2：全世界的儿童都在差不多相同的年龄学习说话。

理由3：黑猩猩学不会两岁儿童就能轻松掌握的语法结构。

第一个理由很难理解；第二个较容易；第三个最容易。如果是这样，如果这些理由按照相反的顺序排列，我们能更好地理解这一论证，因为它使得我们在理解论证的过程中累积起一定的"动力"。

最后，我们还可以根据熟悉程度来安排理由的顺序。（这同样取决于具体的读者。）读者更容易理解熟悉的理由。例如，在学习语言的3个理由中，第一个是大多数人最不熟悉的，第二个是身边有小孩的人最熟悉的。故此，对这些人来说，最好的顺序是2-3-1。如果这些排序原则存在冲突，那么，如果你确信读者会一直读完论证，最简单的原则便是将最有力的理由放在最后。如果你担心读者可能读不完，就将最有力的理由放在第一位。

在任何情况下，选择某种排序原则，并让读者知道你所使用的原则。

彼此关联的理由

如果你给出的是彼此关联的理由，每一个理由并不直接支持主张，而是与前后理由挂钩，那么，你必须使用不同的排序原则。这时，你有两种选择：从最前到最后，或是从最后到最前。跳来跳去肯定会让人糊涂。

流程顺序。 如果你的理由反映了某种外部流程，你可以让它们反映该流程的顺序。从过程的开头着手，并朝它的结果前进，具体如下。

> 当顾客对产品的质量和产品使用后的服务质量满意，（步骤1）他们便有可能成为忠实的顾客。（步骤2）忠实的顾客很重要，因为他们无须广告或疯狂的销售攻势就会再次前来购买产品。（步骤3）故此，一种产品拥有的忠实顾客越多，公司有望赚取的利润就越高。（主张）

你也可以从结果开始，之后朝开头往回走，具体如下。

> 如果制造商能创造出买了自己的产品一次之后又回过头来买第二次的忠实顾客，（步骤2）无须广告或疯狂的销售攻势，就可以提高利润和销量。（步骤3）如果顾客对产品使用后的服务质量感到满意，最重要的是对产品的内在质量满意，就有可能成为忠实的顾客。（步骤1）故此，制造商在聚焦于服务和产品质量的同时，应主要强调产品质量。（主张）

两种顺序都是合理的。你怎么选择，取决于你希望读者怎么看待该过程。他们会将焦点放在自己最后读到的步骤上。

推理顺序。 你可以不用外部过程，而是按照读者逻辑的内在过程来排列连续的理由。

逆向顺序也有可能，但更难理解。

我们无法告诉你该怎样在这些顺序里进行选择：这取决于你的论证，你的情况，但最重要的，它取决于你的读者。故此，请找读者代表来试试不同的顺序。不过，在任何情况下，始终要对你没有选择的顺序多个心眼。假设你写下理由的顺序并不是能为读者理解它们提供最大帮助的顺序。

📖 **阅读资料**

在《作为顾客的学生：隐喻的含义及局限性》（本书第十五章第四节），吉尔·麦克米兰（Jill J. McMillan）和乔治·切尼（George Cheney）列出了反对使用隐喻的4个理由，以及抵消其影响的3条建议。在铺陈这些理由和建

> 议时，他们遵循的是什么排序原则？他们是否预想了该顺序，好让读者知道
> 该怀有什么样的期待？你能想出更好的顺序吗？

起草

引用和转述

当你报告书面证据时，你必须直接引用、转述或概述。这并非程度上的差别。

- 直接引用指的是，你逐字逐句地重复原文，连标点符号也不改动。
- 转述指的是，你用自己的话来代替作者的话，好让陈述变得更清晰或更符合上下文。改写通常比原文要短，但不一定非要这样。读者应该能够说："这句话与某页上的那句话是类似的。"
- 概述指的是，你重新措辞并将内容浓缩，使之短于原文长度。读者应该不能说："这句话与某页上的那句话是一样的。"

在以数据为主的学科里转述或总结

在自然科学和"比较硬的"社会科学里，作者引用资料是出于以下 3 个理由。

- 回顾共同证据中前人的工作。
- 承认其他立场。
- 借助资料源的发现（主要主张）或数据，支持自己的主张和理由。

在这种情况下，读者更关心结果，而不是报告它们的确切文字，因此作者很少直接引用来源；相反，他们会转述或概述。

如果你转述资料来源，要使用符合你领域期待的引用形式。如果来源重要，要在转述中提及作者的姓名，或者在引文中写出名字。下面是一段转述。

> 对联想启动效应的成因，人们提议了若干过程。例如，在梅耶和施万勒夫特（Meyer and Schvaneveldt，1971）的开创性研究中，两人就提议了两种：长期记忆中的自动（无须主动关注）扩散激活和位置转移。尼利（Neely，1976）对记忆中的自动扩散激活过程和一种耗尽注意力机制资源的过程做了类似区分。近些年来，人们对联想启动过程做了进一步研究（de Groot, 1984）。

作者认为梅耶、施万勒夫特和尼利都很重要，所以在句子里专门提及，而德·古鲁特只是略微提及了一下。

在以文字为主的学科里引用

在人文学科中，作者既引用也转述。使用直接引用的目的如下。

- 将他人的工作作为主要证据。
- 聚焦于一个来源的具体措辞，因为：

——它们在其他论证中很重要；

——它们特别生动或有意义；

——你希望将焦点放在来源就某事到底是怎么说的；

——你要对来源发出质疑，你不希望被人看作制造假想敌。

转述或概述

- 你对理由和证据的实质更感兴趣，不怎么在意它们的表述方式。
- 你能够将同样的事情说得更清楚。

不要因为引用更容易，或者因为你感觉自己无法公正地报告来源，就直接引用。

将引语整合到你的句子里

如果你引用他人的话作为证据，请遵循你所在领域的惯例。它们各不相同，但有一些共同点。

- 用冒号或介绍性短语推出引文。

一位评论家在形容一场夺走一位名人性命的事故时，其措辞反映出政府监管太少带来的代价："像 ×× 这样的人相信自己会免遭日常危险，从未对安全带一类的东西费过心。但每一个死去的人，都没系安全带，而幸存下来的人，都系了。"

- 将引语编织到你自己的句子里（保证引语的语法适合你的句子）。

该评论家指出，"每一个［在那次事故中］死去的人，都没系安全带，而幸存下来的人，都系了"，他的措辞让我们想到了政府监管太少带来的代价。（请注意，作者改写原文时，使用方括号表示更改。）

- 将三行或多行文字缩进，使之成为"引文区块"，作为引文的标记。

奥尔登伯格的热气球在他第 5 次环球飞行尝试失败后坠入大海，他的妻子开始怀疑他的痴迷不仅仅是"实现梦想的渴望"。她认为自己在进化生物学中找到了答案：

> 人类男性的大脑，是在一种风险无处不在、行事谨慎必不可少的环境下演化出来的。当文明降低了风险，男性们便开始感觉，他们天生的、演化而来的谨慎倾向，让自己变得软弱，欠缺雄性气概。男性制造极端冒险的情境，他们渴望的不是冒险，而是值得谨慎行事的理由。（Idlewild, 135）

避免无意中剽窃

你知道你必须从书面来源中引用段落、独特的词语或观点（见附录 A），但除了引用你从来源中引用的内容，你还必须恰如其分地复制素材。

引用

如果你需要使用来源中的一些文字，你必须：①完全按照原文的样子加以引用；②用省略号表示略过，用方括号表示改动；③将它们放在引号中，或将它们放在引文区块中，表示哪些词语是引用的。在这里，你不必做任何决定：永远将你从来源中选用的段落标记为引用。如果不这么做，你就有可能被控剽窃。这就是为何将笔记做好如此重要：你要准确地复制引文，用不同的字体或不同的颜色表示引文，在引文周围放上超大的引号。

如果你只用几个词，就要有所判断。因为你的写作主题与引用来源一样，你必定会使用许多相同的单词和短语，因为每个人可能都会用它们来探讨该特定主题。你不应该将这些词语放到引号里。如果你使用的词或短语是引用来源所独有的，那么，你必须给它们加上引号。例如，以下这段话摘自一本关于技术的图书。

> 因为技术会产生更多的技术，所以一项发明传播开来的重要性，有可能大于最初发明的重要性。技术的历史例证了所谓的自催化过程：由于这个过程的自我催化，它的速度会随着时间推移而加快。（Diamond, 1998）

如果你是在报告戴蒙德的观点，你不必对"最初发明"这一类短语加引号，因为任何人都可能使用这些词。但有两个短语是他所独有的，反映了他原创的想法和表达："技术会产生更多的技术"，以及"自催化过程"。你应该在第一次使用这两个短语时加上引号；在那之后，你就可以不加引号重复它们了。

转述

如果你转述而非复制文章来源的原文，就不需要使用引号或引文区块。但你也不能改写得太接近，显得像是在逐字逐句地效仿来源。举个例子，以下改写就有剽窃本段话的嫌疑。

> 如果你转述，要避免使用与来源太相似的语言，例如，这句话就剽窃了上一段话。

为了避免无心的剽窃，请阅读原文，坐下来想想它到底是什么意思，接着用你自己的话进行表达，不要回过头去看。如果你能顺着转述的句子，识别出相同的概念（不是字词）顺序，与原文就太过接近了。以下内容不算是对本段的抄袭。

> 威廉姆斯和科洛姆建议，为避免剽窃，要理解一段话的意思，用你自己的话概述，然后将你所概述的观点顺序与原文进行比较。

我们的建议适用于人文学科的大多数领域，但不同领域的惯例有所不同。例如，在法律领域，作者经常不加引号地使用法官裁决的确切措辞。在一些社会科学领域，研究人员对实验的主要发现会做十分类似的转述。你应该找到并遵循你领域内的惯例。

修改

平衡理由与证据

第一，要当心数据照搬。读者想要的是对相关证据的可靠报告，而不是你能找到的所有数据。如果你能找最合适的证据来支持一个理由，就不要用不相关的证据来混淆议题。如果你的证据不是最好的，你就需要更多的证据，但没有一个谨慎仔细的读者会被成吨未经消化的数据和引文说服。

第二，要当心观点文章。读者想要你的理由，但还希望你拿出证据支持它们。如果你找不到可靠的证据支持某个理由，就另找一个能给予支持的理由。如果你不能用证据支持你的大部分理由，那么你的主张就未能得到证明，故此不适合论证。为了诊断你是否做了以上两件不当行为，请高亮显示每一句引文和数据陈述。

- 如果你高亮显示了论文所有内容的 2/3 以上，你可能在照搬数据。
- 如果你高亮显示的部分少于全文的 1/3，你可能没拿出足够的证据来支持你的理由。

课后习题

思考题

1. 苏从贴在教授办公室门上的时间表上抄下了办公时间。但真正列出办公时间的纸张，就是"证明"老师们待在办公室的时间每星期平均不到1小时的"铁证"吗？

2. 原始证据本身接近以下哪些东西：（a）乐谱；（b）根据乐谱录制的音乐；（c）艺术史图书中油画的复制品；（d）艺术类图书中蚀刻版画的全尺寸精确复制品；（e）汽车事故的录像；（f）一场会议的录音；（g）录音的抄本；（h）法庭上证人的画像；（i）法庭上证人的照片。

3. 什么可以算是坠入爱河的证据？什么可以算是在婚姻关系上保持忠诚的证据？什么可以算作痛苦使人无法工作的证据？

4. 以下哪句陈述更接近事实？它是否重要？

   世界上大多数重要的问题，都是那些我们没有充分证据进行判断的问题。

   世界上大多数重要的问题，都是那些我们没有充分理由进行判断的问题。

5. 想想以下3句陈述：

   a. 对我历史论文的评语，并未提供如何改进下一篇论文的具体建议。

   b. 对我历史论文的评语，平均仅有6个单词，而且所有评论都只表达同意或不同意。

   c. 对我历史论文的评语非常简短，内容也欠缺信息。

   所有这些陈述可能都是对的，但哪一句看起来最接近于代表"事情就是这样"，并且不受任何人的判断影响呢？你能将它们排列为一项主张，并使该主张得到理由的支持，而理由又得到证据的支持（"X是因为Y，Y是因为Z"）吗？

6. 有人拒绝判断理由的好与坏，因为但凡是理由，对拿出该理由的人都是件好事。如果是这样，所有理由都一样好。但理由其实只表达了观点，而所有人的观点并无高下之分。你认同所有观点并无高下之分吗？如果你认同，那么，一些哲学家会说你自相矛盾。你自相矛盾了吗？

7. 找出你以前写的旧论文。选择一篇证据最多的。识别出每一份证据报告，并按 4 分制打分。

    4 分：接近于原始证据，任何人都能获得。

    3 分：你自己直接收集或亲身经历的原始证据的报告。

    2 分：有人直接收集了证据并做了报告，你对前者所做的报告做了间接报告。

    1 分：你的报告是第三甚至第四手，它转述了别人转述的其他人的报告。

    你的平均分数是多少？如果你当时做了更多的研究，能提高平均分吗？

8. 这道题要求你观察论证者怎样利用你的思考偏误（你认为证据"就在外面的世界里"）来获得你的信任。找一本依赖复杂证据的教科书（实验心理学、物理学、经济学）。选出证据看似确凿、毫无疑问的报告（寻找表格和图表）。你理解该证据吗？在你看来，这一证据是外部世界不言而喻、显而易见的吗？你要相信什么条件，才能不假思索地接受该证据？现在，到报纸或新闻杂志上去寻找同样的东西，接着再去电视新闻节目里找找看。

9. 下一回，你碰到严重分歧时，尝试找出你和对方都愿意接受的证据。做到这一点有多难？你们对什么算是证据存在不同意见吗？

10. 选择一篇你的旧论文，想象你打算将它交给一位不信任你、会对你报告的证据提出怀疑的读者。你需要怎么做以支持你论文中每一份证据报告？做些调查，看看你能否做到。（你现在可能无法亲手拿出证据，但你应该能够找出外面是否存在证据。）对于引文，假设你的读者会怀疑你引用的内容是断章取义，该怎么表明你并未这么做呢？

写作重点

背景　改编你或你的读者认为具有说服力的相关论证，是构建论证的好办法。例如，在文学课上，学生经常用之前全班讨论过的相关图书的整体论证结构和部分证据，为没有讨论过的图书构建论证。这也是管理顾问等专业人士的共同做法。他们在调查一家客户的个案时，所做的论证往往类似从前为其他客户做过的论证。这不是剽窃，只要你承认自己的资料来源，也没有欺骗他人，使之误以为你是从零开始构建论证的。

　　场景　你在教务处做兼职。你的上司，即系主任，受到家长和周边社区的压力，要她禁止学生的纵酒无度。她一直不愿意这么做，因为她认为反对纵酒的举措侵犯了学生的权利，妨碍他们成长为成年人。她让你研究这个问题，你为她找来不少文章，包括卡米拉·帕格利亚（Camille Paglia）的《瓶中智慧》(*Wisdom in a Bottle*)、雅各布·苏鲁姆（Jacob Sullum）的《吸烟与公共卫生的暴政》等。系主任喜欢帕格利亚的文章，并在自己的声明中呼应了她的论证。你告诉过她，你认为苏鲁姆的论证更合适。

　　任务1　你的上司给你发了一封电子邮件，内容如下："你对使用帕格利亚论证的担忧，我一直在考虑，你说得可能有些道理。接下来的几天我要去拜访高中，但我会检查自己的电子邮箱。请给我发一份简报，总结你认为帕格利亚观点里存在的问题，以及为什么你认为应该使用苏鲁姆的观点。"写一封电子邮件备忘录给你的上司。

　　任务2　你的上司希望你简要勾勒出一篇关于纵酒的论证，形式要类似苏鲁姆对吸烟的论证。概括苏鲁姆的主要理由。通过调整、替换或删除特定理由，创建一份新大纲，让论证适用于纵酒。

　　任务3　你的上司想要一份更详细的大纲，这样她到校园和社区演讲时，可以作为"谈话要点"，为每一理由添加支持的证据。如果适用，你就可以借鉴苏鲁姆的证据；如果不适用，你就寻找一些聚焦于饮酒而非吸烟的证据。

　　任务4　你的上司要你替她为校报代写一篇文章。她会重写你的论证，以便适合她的文风，但她希望从你那里得到一份精致完整的草稿。

研究项目

　　背景　你的一篇研究论文提议获得通过，未来几周，你会撰写这篇文章。你的老师想通过观察你的撰写过程，了解你的进度。你有两种选择：按照以下步骤1、2和3a来创建详细的大纲（适合草稿写得慢而仔细的人），要么就根据以下步骤1、2和3b来创建一份粗略的大纲（适合草稿写得快但潦草的人）。

任务

- **步骤 1**　确定论文的主要部分。在为研究问题选择了最有把握的答案之后，按照有助于读者理解的顺序列出支持主张的主要理由。尝试若干种现成的顺序（从熟悉的到不熟悉的，从简单的到复杂的，从争议少到争议多的，等等），以及你想到的其他顺序。现在，你有了论文主要部分的大致轮廓，可以和同学们分享。
- **步骤 2**　简要介绍每一部分，并说明每一部分是针对主要问题的哪个环节。在结尾处写上将成为该部分主要主张／观点的理由。
- **步骤 3a**（适合草稿写得慢而仔细的人）　使用步骤 1 中的流程为每一部分创建详细的大纲。在每一理由下，说明你提供了什么样的支持证据。如果你已经有证据，那么对证据进行总结。如果没有，那么总结你希望收集哪种类型的证据，以及你期待怎样获得这样的证据。
- **步骤 3b**（适合草稿写得快但潦草的人）　打好每一部分的草稿，包括你收集到的证据。如果还没有收集到证据，就说明你会去寻找什么样的证据。如果你认为自己能找到某种具体的证据，试做总结。要清楚地说明你尚未核对过资料来源。你可以在这些段落的开头为自己写个注释，"尽管我还没看，但我期待（信息来源）表明……"

本章核心

关于论证

你根据理由提出主张，并将理由建立在证据报告上。在报告自己观察所得或得自他人报告的证据时，要报告得准确，并说明资料来源，好让读者自行核实。

由于读者通常需要一个以上的理由才能认同一项主张，不要只满足于一个理由。

除了最简单、最显而易见的例子，在引用证据报告时，还需要指出理由何以将这些报告与主张联系了起来。

理由不仅支持主张，还阐释证据。理由应该告诉读者，该在与你主张相关的证据里看些什么。

关于论证的写作

如果你有多个理由，选择一种有助于读者理解的顺序：

- 如果理由是并行的，那么可以根据强烈程度、可接受性、复杂性或熟悉程度来排序。
- 如果理由是彼此关联的，那么判断你想它们遵循外部流程顺序还是内部推理顺序。

在理由和证据报告之间保持平衡：

- 注意那些主要由引用或数据组成的论证。
- 反过来说，要确保你至少尝试过每一个理由寻找证据。

第六章

论证的核心：报告证据

本章中，我们将讨论不同种类的证据，并重点关注怎样评估你拥有的证据、怎样判断你还需要什么样的证据。

从许多方面看，证据是论证的实质：它将有充分根据的主张与单纯的观点或死板的教条主义区分开来，也是大多数书面论证内容最多的组成部分。具有批判性思维的读者会根据你的证据（它是否足够，种类是否正确，是否收集自他们认为可靠的来源、是否得到了完整而准确的报告和引用）来判断你的论证和论证性格。在本章中，我们将揭示怎样寻找证据，评估你发现的证据，接着加以报告，以便让读者信任你和你的证据。

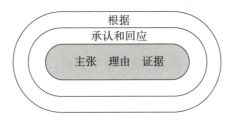

权衡证据的分量

在每一场论证中，读者都期望有足够的证据来攻克自己的疑虑。在对话中，如果对方不再要求更多的证据，你就知道你的证据分量已经达标。但在写作时，读者无法告诉你他们什么时候看够了，什么时候还想要更多的证据。你必须针对具体的情况单独做出判断，但以下 3 个问题能帮助你判断你需要什么类型的证据，需要多少证据，证据的质量要达到什么水平。（从这里开始，我们用"证据"一词来指代证据本身和你对它的报告。如果必须对二者加以区分的时候，我们会额外做说明。）

1. 你的读者期待什么类型的证据？

不同学术或专业社群的读者需要的是不同类型的证据。环境科学老师会希望你从技术报告而不是报纸上提取本地湖泊的毒理学数据，历史老师希望你研究的是原始文献，而非教科书上的描述。学科差异太大，这里只能给你这样一条一般性规则：当你在新的领域撰写论证时，询问经验丰富的成员在该领域什么样的证据才算作可接受的证据。

要问的第一个问题是，你的读者是想要实证证据（数字、对照观察等），还是想要形式"偏软"的证据（个人叙述、目击者报告等）。你还必须将你报告的证据类型与你针对的问题类型搭配起来。例如，在一场关于纵酒的论证中，你需要一种证据论证它是由后青春期心理导致的，另一种证据论证它是由我们的上瘾文化导致的，还有一种证据论证它是由冒险的遗传倾向导致的。

每一场新论证都提出了你必须根据具体情况加以满足的新要求。不要以为你需要的证据就是你最容易得到的证据。要抵挡住诱惑，不要仅仅依赖你个人的经历——你目睹的惊人事件，你认识的难忘的人，你与纵酒人士偶然的一次交谈。"例如"不是证据。如果你的问题需要个人证据，或是你只能获得个人证据，也不要满足于你反复讲述的逸闻：要搜寻你自己的记忆细节，如果可以，从记录或其他参与者那里寻找确证。记忆是蹩脚的证人，它需要你能给它的一切帮助。

2. 你的读者对你的主张是否强烈抗拒？

读者越是抗拒一个主张，就越想要更多的证据。如果你的读者属于下列情形，不妨假设他们会要求你提供较多的证据。

- 接受一个与其深信不疑的观点相矛盾的主张。
- 做某件要他们投入大量时间和精力的事。
- 做或想某件会产生新问题的事情，比如损失某种他们喜欢的东西，遭到他人反对等。

在这些情况下，读者的感受和你的逻辑同样重要。假设你发现证据证明某个著名政治人物故意在令其成名的书里收录了虚假故事。其政治对手会收集一切不利于此人的证据，而其崇拜者会要求更多更充分的证据，才能认同此人是个骗子，因为在接受该主张时，后者要放弃的不仅仅是一种信念。

　　3. 你希望读者对你的主张接受到什么程度？

　　如果你要求读者全心全意地支持一个强烈的主张，他们会期待你拿出对最佳证据的最好报告。但如果你对他们的要求较低，比如只希望他们认可一项主张但并不要求他们采取行动，或是只要求他们理解、尊重你提出主张的理由，那么，读者也可以满足于没那么好的证据。如果哈里要求系主任延长图书馆的开放时间，配合白天打工的学生，系主任想要的，肯定远远不止有关学生不太满意的逸闻性证据。但是，如果哈里只希望系主任派一名助理去了解学生是否提出了合理的抱怨，系主任或许也能接受几个讲得动听的故事。

制订寻找证据的计划

　　当我们说"收集"证据的时候，有可能对自己产生误导，就好像证据是分散在各处，等着被收集似的。获取证据更像是去追捕一头特定的猎物。科洛姆就曾断断续续地花了 5 年的时间，寻找 17 世纪末一位在伦敦行医的医生的地址。你搜寻证据恐怕不会花上几个星期，花上几个月甚至几年的可能性就更小了，但不管怎么说，你仍然需要做些调查，让证据分量达标。

　　如果你不知道自己要找什么，不知道到哪里去找，那么，你的狩猎就不大可能成功。在你启动搜索引擎之前，先花点时间判断读者想要什么类型的证据，再决定你怎样才能得到最好的结果。

证据质量的四大准则

　　一旦找到了证据，你就必须像读者可能会做的那样去评估它。这么做很困难，因为对人类的思想，有一句令人难过的评语，只可惜它是真的：我们总是倾向于抓住那些证实了我们想要相信的东西的证据；更糟糕的是，我们还会忽视、拒绝甚至歪曲与之矛盾的证据。故此，为了让你的证据分量达标，你必须预测读者可能会提出的问题，也就是说，你要通过读者的眼睛去看待自己的证据。

　　只要你认为自己有了足够的类型合适的证据满足读者的期待，就要评估它的质量，但仍然要从读者的角度出发。读者使用 4 条标准来判断证据：①准确性；②精确性；③代表性；④可靠性。他们是否严格地套用这些标准，取决于你的主张对他们产生多大的利害关系。例如，如果你主张某种天然草药可以改善阿尔茨海默病的症状，那么，食品药品管理局负责检验这些药方的研究人员，就会进行多项满足所有这 4 条标准的研究；而负责照料阿尔茨海默病患者的家人，或许会接受较低的证据门槛；草药的生产商就更低了。试想你的读者对你的证据提出以下问题：

1. 你的证据报告准确吗？

这是最基本的标准。如果你弄错了一项事实，读者说不定会怀疑你所说的其余一切——连带还会怀疑你。

2. 你的证据报告精确吗？

说俄亥俄州的人口在 100 万～10 亿之间，这百分百准确，但就大多数目的而言不够精确。然而，什么算精确，会因用途和领域而有所不同。物理学家用百万分之一秒来衡量粒子的寿命。古生物学家或许很乐意去追溯新物种的出现年代，误差在 50 万年左右都可接受。证据报告还可能精确过头了。当你在写"许多"或"一些"的时候，挑剔的读者会想知道，多少算"许多"，多少算"一些"。

3. 你报告的证据具有代表性吗？

这取决于你的问题类型。如果你要归纳人们怎样失去福利，你需要庞大的样本来涵盖所有原因。但如果你在研究一种新的化合物，你可以从微小的样本里得出宏观的概括。人类的人口变化很大；化学品的样品变化很小，甚至根本不变化。如今，代表性抽样以统计方法为基础，其原理每一个接受过教育的人都应该理解。

4. 你的证据报告来源可靠吗？

来源可靠的问题涉及 4 个因素：时效性、声誉、公正性和来源所属级别。

● 时效性

你的来源是最新的吗？这同样也随领域的不同而有所差异。在计算机科学领域，一份一年前的研究报告可能就过时了；在哲学领域，古代权威始终是切题的。一般而言，要寻找领域里的最新作品。

● 声誉

读者更容易相信那些来自名声好、资历深、担任重要职位、有知名度的人的证据。你从某个他们从未听说过的网站上找来的哪怕是最好的证据，他们也会心存怀疑。即使具备专家资格也不能保证可靠性：莱纳斯·鲍林（Linus Pauling）获得过诺贝尔化学奖，但当他离开自己的领域，吹嘘维生素 C 能治疗医学界的大多数已知疾病，人们就判断他恐怕是脑袋有了毛病。

请注意，有些期刊以发表可靠研究著称，有些却不然。在从期刊上引用证据之前，请找出哪些期刊最受尊敬（以及最不受尊敬）。如果你在网上寻找期刊文章，要确保发布文章的人也是可靠的：也就是说，期刊本身、作者本人或者你图书馆在线数据库里发布的文章，你可以信任。

- 公正性

不管你的消息来源有多么专业，人们能够相信它们不受自身利益的左右吗？不久前，一项关于硅胶乳房植入物安全性的政府研究几乎彻底丧失了可信度，因为人们发现，研究小组里的一位科学家，从生产植入物的公司接受了研究资助。批评人士指责说，哪怕这位科学家是完全客观的，仅凭存在利益冲突的表象，就足以破坏整个研究小组的诚实形象。说得不错。最好的证据来源，是那些提供证据反而会有所损失的人。

- 来源所属级别

一般而言，你应该尽量接近证据本身。原始资料来源是最接近的。如果你正在研究文本，那么，原始来源就包括原始书籍、信件、日记等。对文本证据来说，使用著名出版商出版的最新版。如果你研究的是物理现象，原始来源是直接观察和收集证据"本身"的人的笔记，以及他们基于自己的笔记所做的一手报告。对物理证据，要使用原始文章（而不仅仅是摘要，或者某人对它的报告）。如果你找不到原始来源，可以找可靠的二手来源，即报告原始来源的学术期刊和书籍。三手来源报告的是二手来源里发现的工作；它们包括教科书、百科全书里的文章，以及像《读者文摘》一类的大众出版物。如果这是你唯一可用的来源，那就用吧，但要记得，谨慎的读者或许并不认为这些东西具有权威性。他们知道，报告的报告的报告，距离证据本身太远，不值得信任。

📖 **阅读资料**

证据、人格和可信度

判断读者认为什么算是可接受的证据，以及他们的决定对你的可信度有什么样的影响，可能是很棘手的。在《消除纵酒》（*Purging Bingeing*，见本书第十六章第二节）中，埃德·卡森（Ed Carson）认为，纵酒并不像很多人想的那样是个问题。他对一个使用了不具代表性证据、认为纵酒很成问题的人提出了质疑，进而质疑了所有认为纵酒很成问题的人的可信度。

去年，哥伦比亚大学成瘾和药物滥用中心（Center on Addiction and Substance Abuse, CASA）声称，此前 15 年，喝醉酒的女大学生比例翻了 3 倍，新闻媒体迅速炒作这一发现，说校园里的饮酒有"大为流行的倾向"。但一如凯西·麦克纳马拉－梅斯（Kathy McNamara-Meis）在 1995 年《福布斯媒体评论》（*Forbes Media Critic*）冬季号上所说，CASA 的结论建立在误导性比较之上：它比较的是 1977 年一项针对所有女大学生的调查和 1992 年一项只针对大一女生的调查。大一新生比其他任何年级的学生喝酒都要喝得多，故此，就算其他条件没有任何变化，这样的对比也会显示喝醉酒的比例提高了。

作为回应，卡森给出的并不是证据报告，而是一份对某人凭借资历、以权威身份所提出的主张的报告：

实际上，纽约州立大学波茨坦分校的社会学教授、研究校园饮酒问题已有 20 多年的戴维·汉森（David Hanson）表示，"证据表明，实际趋势就像一望无际的沃野。"

如果卡森的看法正确，即 CASA 的主张建立在不具代表性的证据基础上，那么这是否反驳了该机构"纵酒现象在增加"的主张呢？卡森的可信度看起来怎么样？卡森引用的不恰当的对比言论，是否会影响他自己的可信度和人格呢？

可信的证据报告

我们已经强调过，你提供的证据很可能是一份证据报告，可以预见的是，报告会塑造证据，以迎合作者自己的目标和利益。故此，当你从他人的报告中收集证据时，你要意识到自己的消息来源已经塑造过它，而你将再一次塑造它。哪怕你在报告自己对证据"本身"的观察，也无法避免地会带给它一些"扭曲"。要负责任地报告证据，你必须理解它的不同种类，每种证据的用途，我们可能会对它做什么样可预见的扭曲，以及呈现它的最佳方式是什么。

记忆报告

当你阅读这些文字时，你可以感受到这本书的厚度，纸张的纹理。你可以合上书，听到它啪的一声响；你可以闻闻它的味道，甚至咬上一页尝尝看。你的神经末梢正在报告来自"外面"的数据，这些数据支持你认为这本书存在的信念。现在，暂时放下书，挪开你的视线。就在你这么做的瞬间，这本书"不言自明"的证据就消失了，留下的只有你精神上的痕迹——比如一股挥之不去的味道，一段视觉或触觉记忆。在那个瞬间，你的记忆重构了感官数据，对你感官的报告进行报告。

记忆感觉起来常像是可信的证据，是我们通过感官获得的"直接"体验的记录。实际上，记忆是最不可靠的证据形式之一。我们在构建对一件事的记忆时，大脑会无意识地赋予它易于存储和召回的形式。我们将它塑造成一个连贯的故事，去掉一些细节，加强其他细节，甚至创造某些元素充实它。越是印象深刻的事情，我们的记忆就越是可能改变过它。就算我们努力避免在报告某段记忆时有意识地美化它，大脑也已经为我们做了重塑。所以，我谨慎地使用来自记忆的证据，并尽可能用其他证据来印证它。

绝不要相信目击者

在一项研究中，人们回忆一段车祸的录像时，基于被问到两车是相"碰"还是相"撞"，对汽车的速度产生了不同的估计。根据问题的措辞，受试者甚至"回忆"了数量有别的碎玻璃，尽管录像里完全没有出现过碎玻璃！

资料来源：Elizabeth F. Loftus and John C. Palmer, "Reconstruction of Automobile Destruction: An Example of the Interaction Between Language and Memory," *Journal of Verbal Learning and Verbal Behavior* 13 (1974): 585–589.

逸闻

逸闻是一种为大众消费而设计的记忆报告。哪怕我们努力坚守已知事实（还有不少人并不这么做），我们也会将自己本就像是故事的记忆重塑成一个更精彩的故事，删除更多细节并加以重组，让故事变得更有趣，更富戏剧性，与我们讲述故事时想要用它来支持的理由更契合。讲了几次之后，我们就将这件逸闻变成了精雕细琢的短篇小说，有开头、中间和结尾——很可能与它报告的事件相去甚远。

这就是为什么说明性的逸闻有着强大的说服力，尤其是我们用它来装点"客观的"数字数据的时候。当读者看到生动的逸闻为苍白的统计数字注入了生机，这些数字就具备了来自外面的证据的特质，因为我们似乎体验到了他们在我们脑海中所代表的东西。请对比下面两段文字。

> 53% 的 65 岁以上美国人年收入超过 3 万美元，但 15% 的人年收入低于 7000 美元。

> 早上 9 点左右，美国联合航空公司飞往旧金山的 1643 次航班上，乘务员问奥利弗·彼得斯和他的妻子萨拉早餐想吃煎蛋卷还是水果拼盘。他们刚退休，正打算去圣迭戈看望女儿和孙辈，他们很高兴能逃离芝加哥零度以下的寒冬天气。大约在同一时间，85 岁的阿曼达·威尔森坐在自己位于芝加哥南区的餐桌前，盯着两张 5 美元的钞票、一枚 25 美分的硬币和一枚 10 美分的硬币，又一次想要算计该怎么在接下来的两个星期里靠着这笔小钱活下去（平均每天只能用 85 美分）。她靠着每月 565 美元的社保生活，其中大部分用来支付暖气、照明和一居室公寓的租金。她曾有过一个女儿，但……

逸闻能起到很好的说明作用，但却是糟糕的证据。一些写作者主张，个人体验比冰冷的客观数据更真实。但对于存在争议的主张，这并不是读者想要作为基础的那种公开的、可供分享的真相。所以要当心，如果你用个人逸闻作为证据，哪怕读者出于礼貌不愿意公开质疑它，但他们会在心里默默忽略它，"道听途说"。你可以预见这种反应，并承认个人证据的局限性："这只是我的经历，但……"更重要的是，你要寻找其他证据来巩固它，让它成立。

权威报告

一些学生认为，如果引用了权威的话，就算提供了证据。但他们提供的往往是权威人士自己的证据报告，或者只是用别人更权威的声音来重申自己的理由。例如，梅或许认为自己在用引语形式的证据支持主张，但其实，她在这里只是用某个比自己更权威的人的话来重申理由：

> 应该要求教师回应对自己的教学评估（主张），因为读过评估的教师比没读过的人有更大的可能去改善自己的教学。（理由）例如，按 J·威尔斯（J. Wills）的说法，研究自己评估的教师"因对批评持开放心态而受益"（*The Art of Teaching*, P330）。（重申理由）

在老师有更大可能改善这方面，梅也许是对的，但她引用的话，只是在重申她自己的理由：它们是威尔斯说过同样的话的证据。如果梅不仅报告了威尔斯的主张，还报告了相关证据，她的主张会更有力。

> 应该要求教师回应对自己的教学评估（主张），因为读过评估的教师比没读过的人有更大可能去改善自己的教学。（理由）例如，按 J. 威尔斯（J. Wills）的说法，研究自己评估的教师"因对批评持开放心态而受益"（*The Art of Teaching*, P330）。（重申理由）他研究了 200 名至少用 1 小时来审视对自己评估的教师。下一个学期，他们所得的评估，比只是看到了教学评估但并未阅读的教师要高 15%（*The Art of Teaching*, P333-335）。（证据报告）

引用权威时，你做了两件有益的事情：

- 如果你的权威具有可信性，那么你会让自己的立场更可信。
- 如果你的权威收集了你报告的证据，那么你便让读者在未能亲自阅读权威论述的条件下，尽量接近了证据。

当然，你还得展示权威的理由建立在可靠的证据上。

为什么要质疑别人的报告

如果你需要理由去怀疑你在资料来源中找到的证据报告，可以参考一下罗伯特·纽曼（Robert P. Newman）和基思·桑德斯（Keith R. Sanders）所做的一些研究。他们研究了一场全国大学辩论赛的笔录，识别出辩手引用具体证据（引用、数字等）的每一个例子。接下来，他们将每条引文与其出处进行比较，以确定辩手是否准确地做了报告。他们发现，超过一半的对报告证据的报告是错误的！（当然，我们必须相信纽曼和桑德斯收集的证据是准确的。）

资料来源："A Study in the Integrity of Evidence," *Journal of the American Forensic Association* 2 (1965): 7-13.

带有照片、图画和录音的视觉报告

"可见的证据"（ocular proof）令人信服，因为它让我们感觉自己可以看到真正发生了些什么。和故事一样，较之文字，视觉图像让我们更加直接地体验到数据，从而让数据鲜活了起来。例如，只有当我们看到饥饿的难民和遭到屠杀的平民的画面，我们才会将抽象的道德主张变成具体的建议。

我们可能认为，录像带、照片和录音比记忆更可靠，但我们也知道，各种图片和录音都可以伪造得栩栩如生，就连专家都无法分辨真伪。（永远不要相信网上那些来源不可靠的图片。）即使它们并没有遭到篡改，图像和录音也会重塑它们录制下来的内容。这就是为什么你必须告诉读者是谁，在什么情况下拍摄或制作了这些你提交为证据的照片和录音。

定量数据的视觉展示

对一些读者来说，数字是最具说服力的证据，事实上也是唯一可以接受的证据，部分原因是数字看起来最客观，部分原因是它们是由科学家和会计师等严谨类型的人记录的。如果这世界上存在任何证据，感觉就像是来自"外面世界"的，它就是我们能数出数目的东西，凡是我们能数出数目的东西，就是能够客观量化的东西。

像其他证据报告一样，数字也由记录者的目的和利益所塑造。研究人员在为安全气囊的论证收集数据时，计数的人必须决定数些什么东西——交通事故的死亡人数、重伤人数（怎样算重伤）、送入医院的人数、提出保险索赔的人等。他们还必须判断怎样组织这些数字——总死亡人数、每年的死亡人数、每千人的死亡人数、每英里行驶的死亡人数、每趟旅程的死亡人数等，每一项都影响着这些数字对读者的影响。例如，假设你正要决定投资以下两家公司——阿布科和佐拉科斯之一。表 6-1 中 3 种表示同一"事实"的方式，哪种展示数据的方式能帮助你做出最佳决策？

表 6-1　收入（阿布科和佐拉科斯）

时间	1996 年		1997 年	
比较项目	毛收入	净收入	毛收入	净收入
阿布科	145 979 000	32 473 000	164 892 000	32 526 000
佐拉科斯	134 670 000	25 467 000	136 798 000	39 769 000

我们也可以用文字来展示这些数据，但是文字比视觉图像更容易扭曲数据。在上述两年对比中，阿布科和佐拉科斯的吸引力如何？具体见图 6-1 和图 6-2。

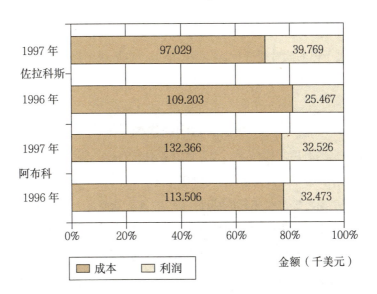

图 6-1 利润占收入的百分比（阿布科和佐拉科斯）

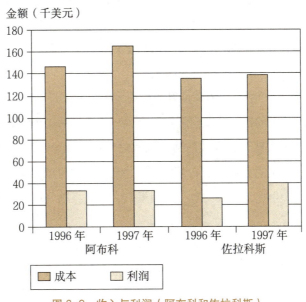

图 6-2 收入与利润（阿布科和佐拉科斯）

尽管销售额相对稳定，但佐拉科斯 1997 年的净利润比 1996 年增长了 50% 以上。相比之下，阿布科公司虽然销售额明显提升，净利润却并无显著增长。

我们或许认为数字表格最为"客观"，但这种表面上的客观，本身就是一种修辞上的选择。虽然这些报告提供了相同的事实数据，我们受到的影响却各有不同。正确的选择取决于你的读者期待什么类型的证据，也取决于你希望他们做出怎样的回应。

我们对数字的错信

数字证据的有用之处在于，大多数读者对它们过于信任。以下是一位专家给出的为什么你不应该太信任数字的理由：

你在书里说，事实本身不能说明一切，这是什么意思？

我们说起事实时就好像它们是你捡到的石头，是独立存在的，然而并非如此。当你听到一个统计数据时，是有人将它创造出来的。你不能误以为那个数字就是对现实的纯粹反映。

请看一看，一个准确的数字是怎样转换成一个不准确的数字的。

美国厌食症/暴食症协会的时事通讯登出过一篇文章，文中引用了一位医生的话，说大概有15万人患有厌食症，这非常严重，有些人会因此死亡。接着，一本学术著作第一次转述它说，有人说，每年有15万人死于厌食症。你能理解这是怎么发生的，说不定是因为笔记记得太潦草。一旦数据释放出来，就很难收回了。

当人们听到一个数字，有可能跌进的最大陷阱是什么？

我认为，最大的错误是我们听到一个数字，会自动以为我们知道数的是什么。我们听到失踪儿童人数的估计，就以为这些儿童是被陌生人拐走的；我们听到虐待儿童的数字，脑海中浮现的是最糟糕的情形。我认为，人们并不明白，为了产生这么庞大的数字，列举数字的人将这些现象定义得有多么宽泛。

资料来源：Interview with Joel Best, author of *Damned Lies and Statistics: Untangling Numbers from the Media, Politicians, and Activists* (2001), in the *New York Times*, May 26, 2001, p. A17.

📖 **阅读资料**

证据的类型

　　卡罗尔·特罗塞特在《开放式讨论和批判性思维的障碍》（本书第十五章第一节）中提供了引用和统计数据作为证据。为什么她同时给出了这两种类型的证据呢？请选出她提供的 3 条引文证据。每一引文证据为她的论证起到了什么样的作用，并且这种作用是数字做不到的？数字证据为她的论证起到了什么样的作用，并且这种作用是引文做不到的？如果你必须在数字和引文中做出选择，那么你认为哪一种证据有助于你更好地理解她的主张？在决定是否接受她的主张时，哪一种证据对你更重要？

强烈的怀疑立场

　　如果我们认为，证据和证据报告就是大家能达成一致的东西，我们似乎就接近于放弃"论证建立在事实证据的坚固基础上"这种比喻说法了。事实上，我们的确放弃了这一比喻。一些哲学家对此表示反对，他们认为，如果我们的推理建立在不完全确定的东西（即并非客观事实）上，我们就屈从于相对主义了，这不仅颠覆了对真相的追求，也颠覆了真相确然存在的理念。如果我们仅仅将证据定义为我们认同的东西，怎么可能确定得了任何事情呢？

　　但是，如果我们认同将自己的信念建立在自己能提出的最佳论证之上，而论证又建立在我们能找到的最佳证据的报告之上，那么这一证据定义应该不会对我们产生威胁。例如，如果我们将自己的主张建立在人类的感知证据上，那么，我们可以认同世界是平的。为了始终相信这一点，我们必须忽略对另一些棘手的、不容否认的更佳证据的可靠报告，它们应该能引导我们相信地球是圆的。与其说"真相"事关反复无常的认同，倒不如说它事关审慎的探究和争论。

　　必须承认，如果读者有意刁难，他们就可以顽固地拒绝接受任何证据。这是摆脱论证的标准伎俩。有批评者指责新泽西州警察拦截非洲裔美国人司机的次数几乎是拦截欧洲裔美国司机的 5 倍，一名参与辩论的人不断质疑这些数据，因为，如他所说，"每个人都知道，你可以歪曲数据，让它变成你想要的任何东西"。在这么做的过程中，他拒绝了任何善意的论证，因为他甚至否认可靠证据是有可能存在的。

　　那么，要是有人拒不接受任何无可争议的事情，只是不停地问，它建立在什么基础上？你能给我看更多的证据吗？你该怎么办呢？用不着怎么办。这样的人拒绝了你发起的一同探寻真相的邀约。

一路下来都是乌龟了

人类学家克利福德·吉尔茨（Clifford Geertz）讲过一个故事。一个住在印度的英国人，听到有人讲世界是一头大象驮在背上的，他便问："那大象站在什么上面呢？"对方告诉他："站在一只乌龟的背上。""那乌龟站在什么上面呢？"他问。"站在另一只乌龟背上。""这只乌龟，"英国人继续问，"又站在什么上面？""啊，大人，"印度人回答，"那之后一路下来都是乌龟了！"

论证有点像是这样。我们主张，世界是我们的理由这头大象所承托的；而这头大象，站在一只证据的乌龟背上。但要是有人问，这只乌龟站在什么上面，我们会意识到，我们的论证就有点像是一路下来的乌龟。我们只能寄希望于读者到了某个时候停止追问下一只乌龟。

写作过程

证据报告

阅读和研究

计划对证据的搜寻

研究就像开采钻石：你必须知道你在寻找什么，去哪里寻找；接着，你要去掉大量的糟粕，才发现几颗宝石；就算这样做了之后，你找到的最好的宝石，也需要打磨。同样的道理，在应对一个用随性研究远远不足够的问题时，你需要一套系统性的规划来指导证据搜寻过程。如果你只有一个主题用于指导自己，那么，在找到值得研究的问题之前，你或许不得不大范围地阅读。一旦你找到了问题，并产生了一个或多个可用于试探性解决方案的假设，你就可以系统性地规划自己的研究了。

选择好试探性主张之后，将你的阅读或其他数据集中于需要检验并提供支持的证据上。如果你随意收集信息，就会浪费大量的时间。所以，你应该花些时间构思出最合适的证据，并用它来规划你的搜寻工作。

1. 判断读者期待出现什么类型的证据来支撑你的主张。

你的理由必须与你的主张相关，你的证据必须与你的理由相关。但你的证据，还必须是读者期待可用于支持你特定主张的那一类证据。你必须退后一步，批判性地思考你应该去寻找什么——你不仅要寻找能够说服自己相信该主张合理的证据类型，更要寻找那种能说服读者也相信的证据类型。举例来说，什么样的证据能让读者相信超感官直觉的存在呢？用吸引人的逸闻吗？用对照实验产生的客观数据吗？用读者信任的人提供的证言吗？如果读者只相信自己的亲身经历，那又该怎么处理呢？想象证据，接着用你的构思来指导自己的搜寻工作，检验发现所得。

2. 权衡搜寻证据的成本和证据的价值。

你想要用得到了最佳检验的证据支撑自己的主张，但次佳证据总比没有证据要好。判断需要多长时间才能找到最好的证据。有没有一无所获的风险呢？如果最佳证据很难找到，就先收集最容易获得的证据来降低风险。例如，如果埃琳娜只有几个星期可以为支持英语研究中心的论证做准备，她就不可能调查每一所设立了语言中心的大学。她恐怕要被迫接受不太可靠的电话调查，只找几所自己熟悉的大学。但她会在文中承认，自己的证据并非最佳（更多内容请参考第七章）。

3. 判断最有可能的证据来源。

你拥有很多选项。

- 图书馆：大学图书馆能提供你需要的大部分数据。其诀窍在于怎样找到它们。每家图书馆都有导览，大多数图书管理员也乐于助人。花上一两小时学习怎样寻找不同领域的资源，能让你之后节省许多时间。

- 互联网：互联网是一种越来越重要的信息来源，但它仍然像是一家没有图书管理员的图书馆。互联网上的大部分内容，都没有把关人审查信息的质量：有些信息是可靠的，有些则不可靠。故此，你必须时刻谨记："浏览请当心。"至少，你要弄清楚网站信息背后站着什么人。有些网站是可以信任的：比如一本印刷刊物的网站；一份经同行审议的在线期刊（如果网站未专门说明，可询问老师）；一所你听说过的大学的电子文本网站；古腾堡工程；学术或专业组织的官方网站。如若不然，只可谨慎地出于下列目的使用网络。

——快速概览：你可以使用学术网站快速了解围绕你的问题已经发表过什

么样的内容。(只是别相信它和优秀的图书馆在线目录一样完备。)此外，在线百科和其他在线参考资料可以为你提供概览，并附有可供查阅的其他参考资料。(但一定要找到原始出处，不要引用在线百科作为自己的资料来源。)

——访问图书馆的馆藏：大多数图书馆都有在线目录，并可以通过电子途径访问文章、摘要和数据库。如果你的图书馆没有，那么可以尝试访问大学的图书馆或权威的图书馆。

——获取公共资料：大多数主流报刊都设有网站，提供最新文章的信息，有时甚至提供文章本身。你可以购买《纽约时报》和其他主流报纸的文章翻印版。

——查找图书馆还来不及收录的最新信息：许多政府报告会先在网上发布，接着才印刷出来。

——补充你在图书馆找到的信息：一些期刊会引导读者和作者在网上展开讨论，还有一些刊物利用网络来存档印刷文本里未收录的数据。

——寻找图书馆没有收入的信息：例如，一名对钢盘音乐感兴趣的学生发现，许多钢盘乐队都架设了自己的网站。

● 人：你或许需要书面文字之外的支持。如果你使用人作为信息来源，要仔细规划，避免浪费自己和他人的时间。

——准备好问题，带着问题去进行访问。预先准备问题是为了不浪费时间，但提问时不要照本宣科。

——记录所有可辨识的信息：包括信息来源（线人）的准确全名。记录采访的日期和地点。

——如有可能，将采访内容录音（或录制视频）。如果做不到，那么务必记下准确用语。

——如果你是从录音机上转录的，将所有"呃，嗯，你知道的"一类语气词删除，但不要改变其他任何内容。

● 直接观察：许多问题只能通过实地研究，或者按该学科要求进行的对照实验来解答。写作课不大可能给你布置需要此类证据的问题，但你可以构建一个需要它的问题：不同科系的教师怎样给本系学生的论文打分？不同的酒吧对待纵酒的态度有不同吗？

——在开始观察之前，记下观察的日期和地点，以及相关详尽细节。如果地点相关，就拍下数码照片或手绘草图。

——如果你记录定量数据，那么在开始之前就要创建空白数据表或图表。在当时就准确地记下数据，而不是事后回忆。

——在论证中，只使用记录支持的数据，而不是在你发现自己未能记录该记录的信息之后靠回忆来提供数据。一定要告诉读者你收集数据的方法。如果你有一些数据会让主张遭到怀疑，你仍然有义务报告这些数据。

- "我记得"：在一些课堂上，老师希望学生从个人反思中收集大部分证据——不是研究"我记得"。如果你的作业要求此类证据，那么要当心记忆的欺骗性：较之真正发生过的事情，我们反倒容易记住自己觉得应该发生的事情。绝不要将这类证据视为客观的"外部"信息来源。

4. 对证据采样。

不要浪费时间去寻找消息来源无法提供的证据。你可以先对信息来源进行采样，以判断其价值；如果是问卷调查，先在焦点小组或试运行中检验你的问题；对书籍或文章，略读少量引言和摘要，看看它们的潜力如何；对直接观察，快速到访现场，看看它能带来些什么。

5. 随着证据的积累，要进行盘点。

有些学生一开始收集证据，就关闭了自己的判断力，他们一本书接一本书地读，写下无穷无尽的笔记，却并未意识到自己收集的大部分证据可能与自己提出的主张没有关系。所以，你要时不时地暂停一下，思考所收集东西的价值，还要避免一个常见的错误：每当找到什么证据，就觉得任务已经完成了。教师经常抱怨学生给出的证据太少，而很少埋怨他们罗列了太多的证据。

做研究笔记

根据资料来源组织论证的时候，你最重要的准备工作就是做笔记。你需要记下书目信息，这样你就用不着再次查阅资料来源以正确引用。你需要准确地记录引语，避免有可能损害你可信度的失误，你要清楚地将引用文字与你自己的文字区分开来，以免不小心出现剽窃行为。在做笔记时，请记住以下几点。

出自书面资料来源的笔记

- 记录下所有书面信息。

  对图书而言，请记录完整的书名、作者和出版日期，还有出版商和城市名。如果你复印了扉页，请在扉页背面记录下出版的年份。你最好再记录下图书馆的借出号码，因为你有可能需要再次用到这一资料来源。

  对期刊文章来说，要记录作者、完整的标题、卷号和页码。记下期刊的借出号码。

  对互联网上的资料来源，记录网址、你能找到的有关文本作者的一切信息，以及文本发布和最后更改的日期。对那些改动很快的网站，还要记录下你的访问日期。如果可以，将引用的页面保存到自己的计算机上。

- 如果信息很重要，但它具体的表达形式并不重要，就对其加以概述和改写。

- 如果引文突出或复杂，就要引用确切的文字。如果段落或数据表很长，就复制下来。

在笔记中，务必将你直接引用的内容和你总结改写的内容区分开来，还要将你改写的内容和你自己的想法区分开来。（使用不同颜色的墨水或卡片；在计算机上，则使用不同的字体。）只要过上一个星期，你很容易以为自己写下的笔记是你用自己的话表达自己的观点，哪怕它们其实属于别人。

- 记录背景。要记下引文是主要观点、无关宏旨的题外话，还是让步妥协，等等。将作者顺便提到的内容说成她支持的事情，这么做对你的资料来源不公平，对读者也不公平。

采访笔记

- 记录所有可识别的信息——包括消息来源名称的准确拼写。记录采访的日期和地点。

- 如果可以，把采访的内容录制下来。如果不能，尽量记下准确的文字。如果你是从录音机上转录的，将所有"呃，嗯，你知道的"一类语气词删除，但不要为了让它听上去更完善而改变其他任何内容。

- 准备好问题，带着问题去进行访问。提问时不要照本宣科，预先准备问题只是为了不浪费被采访者的时间。临走之前，浏览一下你的问题，看看是否漏掉了什么重要的部分。

观察笔记

- 在开始观察之前，记下观察的日期和地点，以及相关详尽细节。如果地点相关，就拍下数码照片或手绘草图。
- 如果你记录定量数据，那么在开始之前就要创建空白数据表或图表。

协同工作

共享计划和资源

在整合论证的所有工作中，收集证据是老师最乐意看到你分享的环节。如果老师准许，和其他人一起拟订一份收集证据的计划。等你们全部着手寻找证据，很可能会发现对彼此有帮助的证据。

互相检验草稿

因为证据是读者当时没有表示怀疑的东西，所以，你的同学可以帮助你预测读者会接受什么样的证据。一旦你写出草稿，不妨试试这么做：

- 请两位同学指出你论文里最可靠和最不可靠的证据报告。如果他们意见不同，请他们做出解释。
- 请小组里的其他成员评估你的证据报告是否满足了有关质量的 4 条标准。

如果有人质疑一份证据报告不够接近原始来源或二级来源，你必须接受这一判断对那位读者是适宜的。如果该读者是出于善意的回应，就没有必要争论他应不应该产生这样的问题。如果好几位同学都提出了质疑，就要假设读者也会这么做。

课后习题

思考题

1. 下列陈述距离"证据本身"的差距有多大？

   在布兰恩大厅（Blaine Hall）张贴的 14 份办公时间说明分别如下：办公 3 小时的，1 份；办公 2 小时的，2 份；办公 1 小时的，9 份；办公 30 分钟的，2 份。

   布兰恩大厅的教职员工办公时间不足。

   布兰恩大厅的教职工平均每周的办公时间约为 1 小时。

2. 设想三四种可能出现的情况，在这些情况下，他人会感觉，你要求他们证明自己刚提供的证据报告十分粗鲁无礼。什么会让你的提问显得不礼貌？

3. 在早期科学史上，一名实验者会邀请其他科学家一起见证一项实验，以证明收集到的数据是准确的。今天的科学家在接受数据健全性之前，坚持要求观察数据的收集过程，这是否合理？为什么不合理？那么，我们今天该怎样获取研究报告可靠性的"证词"呢？

4. 复制品可视为原始证据吗？记录事件的录像带呢？一场演讲的录音呢？一张照片呢？如果你知道提供录像带或照片的人对技术所知不多，你对这些东西的信任，会变强还是减弱？如果提交者是个技术天才呢？二者之间有些什么关系？如果有证人能就录像带或照片的拍摄制作情况作证，会有帮助吗？

5. 在我们的日常生活中，在什么样的情况下，我们期待彼此像陪审员和科学家那样以强硬的态度对待证据呢？在什么样的情况下，我们不必太强硬地要求亲眼见到证据？你会怎样区分这两种情况呢？

6. 有些人认为，一如品位这件事没什么高下之分，争论价值观也毫无意义。另一些人说，我们可以争论价值观，但我们必须使用一种不同的证据。构思一场有关价值观争议的论证。不管是反对还是赞同这样的立场，有什么样的东西可视为支持的理由。哪些消息来源的权威性更强？它们的权威是从哪里来的呢？在关于价值观的论证中，我们所使用的证据类型有差别吗？我们的使用方式有什么不同吗？

任务

7. 回到我们之前让你拿出来用的旧论文上。用深色标出你认为没有读者会提出质疑的证据；用浅色标出一些读者可能会质疑的证据。你论证里的证据"分量"足够吗？如果你标注了论文内容的 2/3 以上，它的分量或许太重了。你会补充些什么：更多的理由？根据？承认？回应？如果你标记的部分还不到论文的 1/4，它的分量或许不太够。获取更多的证据对你来说容不容易？

项目

8. 找一则杂志广告，将它当作论证进行分析。（请选择占据了半页或更大篇幅的广告。）假设主要主张是广告里没明说出来的"所以你应该购买这一产品"。那么，广告提供了什么样的购买理由呢？它提供了什么样的证据报告呢？如果是一张图片，广告是怎样"陈述"报告的？

9. 寻找四五种针对不同读者群体的杂志，并观察上面的广告。比如，你可以找一份青少年杂志、一份技术杂志、一份知识分子杂志、一份体育杂志、一份女性杂志。广告商尝试打动特定读者购买产品的方式有什么不同的地方？同一刊物中刊登的广告，是否使用类似的理由和证据类型？同类产品的广告是否使用同一类型的证据针对不同的读者群体？

10. 古希腊哲学家亚里士多德认为，虚构作品能比历史更真实地描述事件。他说，历史必须坚持事实，而虚构作品可以更合理地描述事情，把它们应该发生的情形说出来，而不仅限于它们发生过的情形。基于亚里士多德的真相观，你能想出什么办法为门楚的作品辩护吗？请简述这一论证的主要步骤。你会接受这样的辩护吗？

写作重点

背景 传统观点认为，"事实"或"科学"真相（也就是我们通过以证据为基础的论证所构建起来的真相）不是唯一的真相。但近年来，一些后现代理论家主张，在法律或历史等领域，它不应该是我们唯一接受的真相。他们说，只要求事实是一种政治压迫行为。

研究项目

　　场景　你的老师明确表示，他将主要关注你研究论文中的证据质量。

　　任务　对于每一份证据报告，总结一下为什么你认为它是：①准确的；②精确的；③有代表性的；④可靠的。

本章核心

关于论证

　　再没有哪个技能，比站在读者的角度区分理由、证据和证据报告更有用了。如果你想要读者改变重要的信念，做一些代价不菲或困难的事情，接受一个或许会带来新问题的解决方法，那么你需要更多更好的证据。你最大的挑战将是找到足够的证据来满足读者，因为我们自己往往找到少许证据就满足了，但读者不一样。

　　一旦你认为自己有了足够的证据，就要进行评估：它准确、精确、具有代表性和权威性吗？以最可靠的形式使用每一类型的证据：

- 记忆总是不可靠的，因为我们的大脑会按照故事结构来塑造记忆，并受我们自己的信念（即我们相信的东西，我们希望什么东西是真的）影响。永远都要努力寻找补充证据。
- 逸闻更不可靠，因为我们会给逸闻加上精雕细琢的故事结构。逸闻可以是很好的例子，但绝不是最好的证据。
- 来自权威人士的报告，只能证明他们相信些什么。将他们提供的理由和报告的证据区分开来。
- 照片和录音从来不是可观的。哪怕未经篡改，它们也只描述了自己看似在表现的场景的一部分。
- 定量数据可以用不同的方式表现，每一种表现方式都带来了不同的"方向偏移"。

　　请记住，你要让读者接受的是证据报告而非证据本身，所以，他们必须确信你对证据做了准确的报告。除了根据，证据是读者必须认同的另一个锚点，在它们的基础之上，你才能展开论证。

关于论证的写作

在报告书面资料来源所说的内容时，问问读者是想听到准确的用语，还是想了解大意。一般而言，人文学科的读者更倾向于准确的用语；其他领域的读者可以接受意思接近的复述。

将笔记复制到论证中的时候，要当心，人很容易忘记笔记里记下的是资料来源的说法，而非你自己的措辞。要在笔记里小心地将你自己的措辞和资料来源的原话加以区分。如果你在计算机上做笔记，那就选用不同的字体；如果你是手写笔记，可以使用不同颜色的墨水或卡片纸，或是其他任何能帮助你区分二者的做法。对你来说，犯错没什么大不了的，但剽窃的指控，却是你无法承受的。

第七章

读者在论证中扮演的角色：承认和回应

本章中，我们将讨论具有批判性思维的读者可能会对你的论证提出的各种问题、保留意见和反对意见。我们将向你展示，怎样预见它们，并判断哪些应予以承认，怎样回应。当你承认并和蔼地回应读者的问题时，你便展现出一种批判性思考的水准，使读者信任你和你的论证。

你可以通过回答论证五问中的三个来构建论证的核心：

你的**主张**是什么？

你的主张建立在什么**理由**上？

你的理由以什么为**证据**？

有时候，仅仅凭借这就足以说服读者了。如果你的读者思考周密、具备批判性思维，或者你所针对的问题复杂而存在争议，那么，仅凭论证的核心远远不够。在这样的情况下，如果你没有将读者的观点放到论证中，你可能会显得对他们一无所知，甚至显得冷漠傲慢（这就更糟糕了）。最糟糕的情况是，你可能显得像一个自以为是、狭隘的思考者，以单一方式看待事物，还期待人人都和你一样。这些无一能增加你的可信度。

为论证核心增加另一层面，承认和回应你与读者之间的不同，你会显得更具有合作精神，更愿意秉持开放的心态展开讨论和辩论。这么做是在向读者表明，你不是直接跳到结论得出主张，而是仔细考虑了所有相关因素，包括他们的观点。简而言之，你展示自己是一个可靠的批判性思考者。但这种批判性思考，也需要批判性的想象。为承认读者的观点，你必须首先想象出具有批判性思维的读者可能会提出什么样的问题。

> 这些不同的看法、保留意见和反对意见，你是怎么看的？有人说……，你会怎样回应？

如果你不愿意承认自己很可能并非完全正确，那么想象并回答别人的问题就会很难。面对这样的问题，有些人会采取一种战斗姿态，还击一切反对意见。如果你在论证中能自始至终地想象并和蔼地回答这些问题，你就不仅改进了自己的思考，深化并拓宽了自己的论证，还表现出一种审慎明智的思考者的论证可信度，你愿意像审视他人想法那样严格地审视自己的观点。随着时间的推移，这种态度会形成一种论证可信度，并成就你的良好声誉。

他人观点的重要性

当我们说，每个问题都分两面，其实是低估了大多数问题的复杂程度——大多数问题都分三四个方面，每一方面不仅存在不同的主张，在什么构成了理由、证据、根据，甚至问题是否存在上都不一样。美国国会是否应该为奴隶制道歉？这个问题分多少方面？判断美国教育的质量，不同的人有多少种不同的方法？

在谈话中，那些提出无穷无尽其他观点和反对意见的人似乎是在故意找碴儿——有时候的确如此。但在围绕严肃议题的争论中，如果为了避免显得是在找碴儿，你仅仅是未经思考地表示同意（或者保持沉默，不发表不同意见），这对对方也毫无益处。争论各方都有责任本着合作而非争论的精神提出不同意见或反对意见，从而造就尽量最合理、考虑最周全的论证。

即便是敢于对他人论证表达不同意见的人，往往也很难批判性地对待自己的论证。大多数人觉得很难找到不同想法和反对意见，原因有 4 个。其中两个原因与我们在知识和批判性想象力上的局限有关。

- 我们不知道他人的相反观点，因为我们忽视了它们，或是从来没有寻找过它们。

- 我们无法想象还有其他观点可供考虑。回想一下我们在第一章"批判性思维者是否常见"的研究：很少有人能想出哪怕一个与自己不同的论点。

但还有两个原因与我们怕输有关。

- 就算我们知道或能想象出其他观点，我们也羞于承认自己有可能出错或至少不完全正确，对此我们会产生防御心态。
- 有些人担心，如果承认自己的论证存在不确定的地方或是其他人的论证有些什么优点，就会破坏自己的论证。

但大多数情况下，实情恰恰相反：我们不应该太怕输，而应该多担心自己会不会表现得无知或傲慢。思考周到、愿意采取合作姿态的读者，往往不信任那些缺乏知识或信心、不愿承认他人存在不同想法的人。

无论年龄、教育、智力甚至经验如何，我们都必须抵挡人类思考最常见的缺陷：我们顽固地坚持自己的信念，只寻找支持它们的证据，忽视与之矛盾的证据，或是扭曲自己的发现，直至它支持我们的立场。我们并非故意要这么做。只不过，人人都会不知不觉地这么做。

如果你主动寻找与自己相悖的观点并加以研究，直到弄清为什么有人会相信它们，你就可以弥补这种偏差。如果你正就一个议题展开论证，而且，你的论证没有众所周知的不同观点，那么，不妨想象一个多疑但热心助人的朋友，从两个方面对你的论证发起质疑：一是你论证的内在质量；二是你未能考虑所有因素。

- 如果他质疑你论证内在的可靠性，他会说，你的主张、理由、证据或根据是错误的或没道理的，你的证据太少，或者，你的理由太少。
- 如果他承认你的论证本质上没有缺陷，但认为它不够完整，他会提供不同的看法，增加论证的复杂性，或对其加以限制：其他的主张、理由、证据、根据，或你的证据和根据的其他阐释。

为了帮助你想象这位朋友提出的反对意见或不同意见，我们在接下来的部分提供了一份问题清单。

对你的问题及其解决方法提出的疑问

在最一般的层面上，读者可能会质疑你对问题和解决方法的框定方式，甚至问题是否真的存在。想一想苏、安和拉杰之间关于"将学生当成顾客对待"的对话。如果苏向系主任提出教师办公时间少一事，系主任或许会问一些直率的问题（当然，大多数提问者的措辞会更圆滑）：

1. **是什么让你觉得存在问题？** 到底有多少学生必须见老师时却见不到？

2. **你为什么用那种方式提出问题？** 有没有可能，问题不在于办公时间的长短，而在于学生是不是真的愿意费功夫去见老师？

3. **你想让我接受的解决办法到底是什么？** 我们如何将你们当成顾客对待？我们到底该怎么做？

4. **你想过你主张适用的范围吗？** 你的意思是，每个学院的每位教师都应该将你们当成客户，还是大多数教师或者一部分教师？

5. **为什么你认为你的解决办法比其他办法更好？** 将学生当成顾客的模式，有什么不对的地方？

不过，最重要的是，实践性问题的每一种解决办法，都必须克服两种反对意见：

6. **你怎么知道你的解决方法，执行成本不会比问题本身的成本更高？** 要像对待顾客一样对待你们，我们必须对所有人进行培训，这将占用当前项目的资源。

7. **你怎么知道你的解决方法不会带来更大的问题，让事情变得更糟糕呢？** 如果我们像对待顾客一样对待你们，我们会破坏良好教育赖以为基础的师生关系。

对论证支持证据提出的疑问

读者对你的问题和解决方法表示质疑之后，可能还会对它的支撑证据提出疑问。他们可能首先会问你是否掌握了足够的证据。想象一下系主任回应苏的指责：

1. **你的证据不足。** 你只从一栋大楼的一层办公室收集了办公时长。那里最多不过 20 间办公室。我需要更多的证据才能认真地对待你的主张。

接下来，他会挑战证据（报告）的质量：

2. **你的证据不准确**。我查看了那些办公室，你所记下的教职员工中有 3 人在休假。

3. **你的证据不精确**。你说教师平均每星期"大约"有 1 小时的办公时间。确切的数字到底是多少。

4. **你的证据不是最新的**。这些办公时长是本学期的，还是上学期的？

5. **你的证据不具有代表性**。你看的是同一院系的办公室。其他院系的情况怎么样？它们全都一样，还是说大多数教师办公时间比这长，只有少数教师办公时间短？

6. **你的证据不具有权威性**。你怎么知道教师只在张贴出来的办公时间教导学生？你问过他们了吗？

最后，还有人可能会对根据提出不同意见（见第八章）：

7. **你的根据不成立**。你说花钱买东西的人就是顾客。我为什么要相信这套说辞？

8. **你的根据太笼统了**。你说凡是花钱买东西的人就是顾客，但它太宽泛了。雇主也为员工付钱。

9. **你的根据不适用**。学生花钱换回的东西，与顾客完全不同。教育不是一个炉子，交学费和买电器是两回事。

10. **你的根据不恰当**。将买卖原则运用到高等教育领域，这样的想法完全不可接受。

对这些回应，我们采用了直率的措辞进行表达，不是为了让苏的系主任显得充满敌意，而是为了鼓励你诚实地对待自己。在面对面沟通时，大多数人会更和蔼地提出反对意见：我想知道，这些办公时间，能不能代表所有老师的办公时间？你是否认为，有时候人们花钱买东西却并不是顾客？但读者很可能在私下非常直接地提出问题和反对意见。不管他们本着什么精神提出问题，都承担着一种所有人都必须接受的责任：主动参与寻找问题最佳解决方法的职责，而这总是意味着提出大多数人不喜欢回答的问题。

关于一致性的问题

读者会寻找你论证中的另一个弱点——你是否自相矛盾，或是未能考虑明显的反例。

> 参议员先生，您明明也接受了禁止手枪联盟的捐款，怎么能谴责我接受了全国步枪协会的捐款呢？

> 你说儿童道德方面的成长受到色情电影的伤害，却又认为它不会受到电视上暴力画面的伤害，这怎么可能呢？

如果你似乎在选择性地运用根据，只在符合你目的时使用，不符合的话就无视它，那么，读者会认为你自相矛盾。例如，如果你主张儿童会受到电影中亲密行为的影响，那么，读者会推断出，这一主张基于如下推理一般性原则：

> 每当儿童体验到经过美化的行为的生动表现，便有更大可能认可它、模仿它。

但这一根据并未区分电影中的亲密行为和电视中的暴力行为。如果你相信其中之一有害，那么，我们必定要相信另一种也有害，除非你表明你套用的是一种适用范围较窄的根据。但你必须明确地陈述这一狭义的根据并提供支持（因为它并不是那么显而易见的事情）。

如果批评家能够指出，这个例子里的主张与另一个例子里的主张相矛盾，或是你忽视了一个明显的反例，那么，你似乎就犯下认知不一致的错误——这一指控，对你的论证性格有着极大的损害，如果这种不一致似乎是为了你的一己私利，它的损害就更大了：

- 在有关怎么做的实践性论证中，如果你期望别人遵循一种被你忽略的原则，那么你会显得不公平。
- 在有关要相信些什么的概念性论证中，如果你选择性地运用某种原则以得到你想要的答案，那么你会显得不诚实（或至少是粗心）。

故此，在规划论证的时候，你应该问问读者能否将案例背后的原则应用到所有类似的案例中。如果不能，你必须提出更适用的原则，将你的案例与其他案例区分开来。

◆ **样例**

怎样运用回应重述论证

以下段落节选的论证主张废除本科专业，因为学生不能从专业学习里受益，而是需要更多的通识教育。作者承认并回应了可能的反对意见，并重述了自己的主要主张及其支持。他采取的步骤具体如下。

1. 他假设提出反对意见的人已经接受了自己的部分主张：学生需要更多的通识教育，故此，他对这一部分加以强化。

2. 他将反对意见表述成另一种解决方法，而且在一定程度上与他提议的行动是一致的：不应该废除专业，而是应该削弱。

3. 为回应这一不同意见，他间接重述了自己主张的其余部分：分专业对学生没有好处。

4. 接着，为支持这一回应／主张，他重述了分专业没有好处的 3 个理由。

5. 最后，他承认自己的主张是有限制条件的，部分学生或许能从专业学习中受益，但接着，他再次重述了自己的主张：不应该强迫其他学生分专业。

正文如下：

> 想必有些人可以认同，学生今天获得的基本人文学科知识是不够的，他们应该能够接受扩大通识教育的观点……（但仍然支持）最小规模的专业。倘若如我所料，这些人会提出另一个反对（我认为应该废除专业的论证）意见。(重述部分主要主张)……学生应该能够一箭双雕：既获得专业优势，又获得通识优势。(替代解决方法)
>
> 无疑，这样的课程比我们现在的课程更可取；而且，这将是一项巨大的进步。(替代解决方法的好处)但困境仍然存在。人们仍然认为，设定专业（不管其规模大小），对学生来说的确有优势。而这正是我想要探究的问题。(回应／重述部分主要主张)我已经说过，让思维朝着深度专业化的方向发展，并不比让思维朝着宽泛的若干不同领域（同样涉及一定的深度，只是不如前者）发展更辛苦。(重述理由1，支持回应／主要主张)如我所述，对思维做了精密限定的专业，与其说它是资产，倒不如说它最终会变成局限性——使学生只能从一种狭隘的视角看待事物。(重述理由2)再加上，许多学生并未足够强烈地界定自己的兴趣，自己的喜好不足以让他们投入一种专业，还有些人

并不需要专业来为自己渴望的职业做准备，他们准备到研究生时再选择专业。（重述理由3）针对要求学生选择专业的做法，上述意见都构成了具有说服力的怀疑理由，合在一起，便构成了一个强力而明智的理由。

所有这一切并不是说，任何学生都不该选择专业。（承认局限性）但它的确认为，我们不应该要求所有学生都选择专业。（重述主要主张）在工程和建筑等领域的学生，在其他领域有着明显而强烈倾向的学生，都应该选择专业。但对其他学生来说，并没有太充分的理由强迫他们选择专业。

资料来源：Reprinted by permission of Transaction Publishers, "Do College Students Need a Major?" by William Casement, *Academic Questions*, Summer 1998, Copyright © 1998 by Transaction; all rights reserved.

用附加论证加以回应

如果你明确地承认你自己不同的观点，你就向读者发出了这样的信号：您欢迎并尊重他们的观点。但倘若你在回应读者观点时，不是生硬地重述自己的观点，而是拿出额外的理由和证据，表明你为什么这样回应，读者会觉得你思考更周全，更有礼貌。

例如，有人主张，除了简单的课堂调查，大学还应该在课程评估上投入更多的资源。以下是论证的节选。

> ……我们将自己对教师的教学反应如何的信息提供给教师，这样，如果他们能获得尽可能多的信息，便可以不断地改进教学方法。一些学生可能会问："如果教师没有足够的兴趣改善教学方法，他们为什么要回应我的批评呢？"（承认反对意见）我们认为，这种看法太愤世嫉俗了，大多数教师是真心关心我们教育的。（部分反驳反对意见）但即便他们所说的真有一定道理，（对反对意见的部分让步）我们所提议收集的新信息，也不仅限于学生的牢骚。一旦信息成为记录的一部分，教师就无法再忽视它。（回应／主张）许多职业都发生过这种情况。当医生、航空公司或汽车制造商了解到自己的产品或服务存在问题，他们便努力改进。（理由）例如，大学医院的质量数据公之于众后，因为担心业务损失，医院的管理人员试图做得更好。如今的医院会在电视

> 上宣传自己在民意调查中的排名。（证据报告）当某一职业的缺点进入公众视线，从业者就会采取行动加以改进。（根据）

这位作者想象并承认了同伴可能提出的反对意见，承认他们或许有部分的正确性。但她随后用理由、证据和根据来回应这一反对意见，说明为什么这并不适用于本例。然而，作者说不定还预料到读者也会反过来质疑她的回应。例如，她或许想象到最苛刻的读者会拒绝将教师和航空公司进行比较。

> 但教师又不像航空公司；教师有终身教职，不能解雇，大学也不是为了赚钱，所以，你的类比不成立。

如果作者想到了这种反对意见，那么她必须用另一论证进行回应：

> 当然，终身教授不同于医生和航空公司，因为无须顾客的认可，教授仍能继续在行业里工作。（承认限制条件）但大多数教授都是负责任的专业人士，他们明白大学必须吸引学生。（回应／主张）就算是州立大学也要依靠学费，尤其是外州学生缴纳的更高的学费。（理由）去年，外州学生的贡献，让我们免遭了一轮可能危及教师涨薪的赤字。（报告证据）学生有很多选择，可以货比三家。（理由）他们会研究学校，根据教学质量决定去哪儿就读。（根据）

我们可以想到有人也会批评这一回应，但到了一定的程度，不妨适可而止。人生苦短，纸笔也有限，哪来得及回答每一个反对意见啊。你不必回答所有反对意见以表明自己思考周全。

万一你连一个质疑都无法回答怎么办？我们的建议看似天真，实则现实：如果你认为自己的论证存在缺陷，但所有的缺陷无一能够打垮你的论证，那就坦然承认好了。你可以断言，你论证的均衡性，弥补了它的不完美。

> 我们必须承认，不是所有老师都会认真对待这些评价。即便如此，只要有数量可观的教师……

承认无可否认的事实，是思考周全的论证者对合理的不确定性所做出的回应。

想象并冷静应对不同意见、反对意见和保留意见——没有什么比它更能清晰地揭示你的思维方式，事实上，它还揭示了你是什么样的人。没有那种批判性想象力，你不可能成为一个真正的批判性思考者。

无疑，我们当中没有几个人能一以贯之地将这件事做好。但是，哪怕你只是偶尔地运用自己的批判性想象力，不仅你的论证会获得可信性，你自己也会，尤其是你承认反对意见和保留意见并没有错，只是想得还不太周到——接着再向读者展示你想得更周到的解释来做出回应。

 阅读资料

承认与好斗

　　前文中，我们强调了将论证视为协作而非战斗的价值所在，并展示了怎样回应读者提出的问题，进而与之建立起协作的关系。但是，在最有趣的读物之一——卡米拉·帕格利亚的《瓶中智慧》当中，你看不到太多的友好合作。这篇嬉皮气质浓郁的文章来自网络杂志《沙龙》(*Salon*)，帕格利亚巩固了自己"好斗牛虻"的形象，通过重新定义问题回应纵酒问题：问题不在于纵酒，而在于美国高等教育的日趋平庸。

　　除了她自己的观点，她完全没有承认其他看法，更没有进行回应。但她的确描述了持有不同意见的人。他们认为帕格利亚的描述正确吗？她希望如此吗？如果真有所谓为了娱乐和运动而展开好斗的论证这种事，这篇文章就是一个例子。但是，帕格利亚的对手能同样感受到这种趣味吗？她的文章能说服他们重新定义问题吗？你认为她在乎吗？最后一点，请注意，《摇晃，而不是搅拌》一文中的问题，始于承认和回应。这是否带给作者一种有别于帕格利亚的论证人格？为什么（或为什么没有）？

承认与协作

　　和帕格利亚一样，克雷格·斯文森（Craig Swenson）知道自己的大多数读者会拒绝他在《客户和市场》（本书第十五章第五节）中进行的论证。但与帕格利亚不同，斯文森大方地承认和回应，化解读者对自己温和主张的抗拒情绪。他主张教育工作者"平衡人文教育和实用教育的目标，同时又不削弱二者的价值"。

　　挑出 3 ~ 4 个斯文森明确承认他人相反观点的地方，3 ~ 4 个他只做了含蓄承认的地方。他通过什么样的做法，赢得那些持相反观点的读者？他的回应暗示对方的观点是错误的吗？是傻的吗？是追求自利的吗？又或者，他让那些持不同意见的人感到尴尬了吗？如果没有，他是怎样反对那些观点，却又并不太过负面地对其进行描述的呢？

写作过程

承认和回应

阅读和研究

利用他人的承认来理解语境

当你在新领域阅读一篇论证时，可能不理解它的每一部分都涉及怎样的利害关系。但你可以根据共同证据进行一定的推断，尤其是在作者回顾那些带出她问题的研究之时。你还可以在她承认并回应的反对意见与不同意见中发现不同的语境。她承认或否认的东西，定义了她领域里辩论的界限；在她最终让步或详尽回应的内容，界定了她认为与自己立场相关的东西。

在阅读过程中收集不同意见

碰到你很难想象其他意见的时候，可以先列一张正反双方观点的清单，随着你的准备工作随时添加，尤其是反方意见。如果你必须做些研究来收集证据，你会发现很多应该在资料来源中予以承认的不同意见。

- 记录你的资料来源所回应的立场，做好笔记。如果你和资料来源有不同的看法，这些反对意见说不定能支持你的立场，并推荐更进一步阅读资料。如果你认同资料来源，你可以承认并回应一些不同意见和反对意见（当然，在你自己看完之后）。
- 不要只记录支持你立场的主张；也要记下与之相矛盾的主张，以及相关的支持理由和证据。如果你决定要承认并回应，你需要一套完整的论证方可做出妥帖的回应。
- 在你收集证据并为理由提供支持的时候，将可能对其有所限制或与之矛盾的东西记录下来。你可以决定不承认这些保留意见，但它们可以帮助你想象其他人的观点。

准备和规划

起草之后加入承认

　　草拟大纲或创建故事板时，不要将焦点放在你打算承认的不同意见或反对意见上，而是要关注你自己的核心论证。到打草稿的阶段，全力以赴地想象支持你立场的所有可能形式，而不要去想各种各样的反对意见。后一种做法会导致写作瓶颈。接下来，等你起草好核心论证之后，你可以再逐一想象读者可能会提出的问题。

　　你甚至可能会提出一些你能想象，但读者没有提出的反对意见。他们不想跟着你走每一条死胡同，但要是你公开自己曾经追逐但最终抛弃的不同意见，读者会从中获益。他们也会尊重你的坦诚。我们知道，这条建议看上去不够老实——将坦言失败打扮成确保成功的修辞策略。然而，读者会通过你面对其他意见的开放程度判断你的论证性格，只有你向他们展示你考虑过的选择，他们才会知道这一点。

在读者可能会想到的地方加入承认和回应

　　一旦你识别出打算予以承认的不同意见，想出一种回应方式，进行概述，并判断将它放在何处。如果不同的意见立论得当，与你的整个论证相关，那就要尽早承认。

- 如果你的整个论证直接反驳了另一种论证，那么你要在引言的共同基础部分承认对方论证，并尽早在论证的主体部分再次承认。

- 如果你的整个论证都与另一种论证相关，但你希望尽快抛弃它，那就只在共同基础环节承认它。

  许多教师相信，自己能够传授的最重要技能是解决问题的能力。（承认／共同基础）这一技能尽管的确重要，却比不上发现并清晰阐述问题的能力重要。爱因斯坦说过，"一个问题，只要论述得当，就是解决了一半。"（回应／失稳状态）

- 如果你的整个论证，读者看到问题及其解决方法之后会联想到另一种论证，那么在引言之后立刻承认它，将它当作背景。

  ……对学生来说最有价值的技能是发现并清晰阐述问题的能力。（主张）

  然而，构建问题这件事，却很少得到教师的重视。他们的传统教学重点是教学生分析问题，以便……（承认）

- 在偶然出现的不同意见变得相关时，给予回应。

  有一个网站根据学生对自己就读体验的报告给大学打分。这或许不是一个可靠的信息来源，（承认）但它是学生会关注的信源。（回应／主张）例如……

围绕不同意见构建完整论证

如果你知道读者会想出不止一种有别于你的解决方法，你可以按顺序消除这些不同意见来组织论证，将你的解决方法作为最后一种站得住脚的意见。

那么我们应该如何应对全球气候变暖呢？有人建议我们不管它就好。（解释）但那么做行不通，因为……

也有人建议，我们要让自己的生活和农业适应更温暖的环境，开发利用之。（解释）但这也行不通，因为……

与此对立的一方有人主张，我们应该立刻停止一切大气排放。（解释）但这个想法不切实际，因为……

所有这些回答都不曾以负责任的态度指明问题。应对全球气候变暖唯一理性的方法是……

起草

承认与回应的词汇表

作者不去承认和回应不同意见，通常出于以下 3 个原因。第一，他们不知道任何不同意见，也想象不出来。第二，他们认为，一旦承认不同的意见，就会削弱自己的论证。第三，他们不知道有经验的作者会用什么样的表达方式来引入不同意见，并做回应。最后一个原因更平凡，也更容易解决。

我们在这里提供术语表，供你检索词语和词组。诚然（这就是其中之一），你第一次尝试可能会感觉笨手笨脚（这对承认来说很常见），（承认）但是（回应大多以"但是"或"然而"开头）随着你将它们应用起来，它们会变得自然而然。（回应／主张）

承认

在回应一个预期中的问题或反对意见时，读者认为它有多重要，你对它就要有多重视。你可以提到它，也可以轻视它，又或者详细地阐释它。我们大致按照这一顺序来罗列相应的表达方式，从最轻视到最尊重。

1. 你可以用一句简短的措辞来概括反对意见或不同意见，并以"尽管""虽说""哪怕"开头，以示轻描淡写。

   尽管国会声称想要减税，（承认）但公众仍相信……（回应）

   尽管犯罪率不断下降，（承认）我们仍需要严厉执行……（回应）

   你也可以用同样的方式使用"虽然""即便""不过"。

   尽管国会声称想要减税，（承认）但公众仍相信……（回应）

   即便犯罪率不断下降，（承认）我们仍需要严厉执行……（回应）

2. 你可以用似乎、看似或修饰副词，如"振振有词地""有道理地""合理地""准确地""可以理解地""出人意料地""愚蠢地"，甚或"当然"，间接表示不同意见或反对意见。

   在信中，林肯表达了看似沮丧的情绪。（承认）但那些他身边的人……（回应）

   史密斯的数据似乎支持这些主张。（承认）然而，经过更仔细地检查……（回应）

   这一承认可能有一定的价值，（承认）但我们……（回应）

   自由主义者振振有词地辩称，艺术应该得到税收的支持。（承认）但他们忽视了……道义反对。（回应）

3. 你可以将不同意见归结为不知名来源或完全不提及来源，对其加以承认。这种承认给了反对意见少许分量。下面的例子中，括号和斜杠表示可选其一。

   很容易（认为／设想／说／主张／声称）税收应该……

   还有（另一种／不同的／可能的／标准的）（解释／论证／论述／可能性）……

   一些证据（也许／或许／可能／说不定／会／确然）（暗示／表示／指出／导致使得一些人认为）我们应该……

4. 你将不同意见归结于一个较为具体的来源，进而承认它。这种结构给你所承认的立场带来了更多的分量。

   有些（不少／少数）人（也许／或许／可能／说不定／会）（说／认为／主张／声称／指责／反对）古巴不是……

   （大多数／许多／一些／少数）有见识的大学管理人员（说／认为／主张／声称／指责／反对）研究人员……

   倡导协作的肯·布鲁菲（Ken Bruffee）（说／认为／主张／声称／指责／反对）学生……

5. 你可以用自己的声音或被动动词 / 让步副词（如诚然、当然、没错等）来承
   认不同意见。你承认不同意见也有一定的正确性，但通过改变措辞，你可
   以限定自己承认的限度。

   我（理解 / 知道 / 意识到 / 明白）自由派认为……

   （没错 / 可能 / 也许 / 当然）没有充分的证据证明咖啡致癌……

   （必须 / 应该 / 可以）承认 / 坦言 / 指出，没有充分的证据证明咖啡致癌……

   （当然 / 诚然 / 确实 / 肯定 / 无疑 / 当然），亚当斯说……

   我们（可能 / 可以 / 或许 / 也许 / 会）（说 / 主张 / 声称 / 认为）在艺术上的
   支出支持……

   我们必须（考虑 / 提出）这个（问题 / 可能性 / 概率），进一步的研究（会 /
   也许 / 将）表明犯罪没有……

   我们不能（忽视 / 无视 / 置之不理 / 拒绝）英国曾……这一事实。

   ××（说 / 称 / 写 / 主张 / 断言 / 争辩 / 建议 / 表明）也许（是真的 / 有价值 /
   有意义 / 有道理 / 说得好）：也许林肯确实蒙受着……

回应

表示回应可使用"但是""然而"或"反过来说"。请记住，陈述自己的回应之
后，读者或许期待你给出支撑它的理由和证据，因为他们会将该回应视为一个本身
也需要支撑的主张。你可以巧妙地间接回答，也可直接作答。

1. 你可以说你完全没理解。

   但我不太明白……// 我发现很难看出…… / 我不清楚……

2. 你可以指出存在未决议题。

   但还有其他议题…… / 但……的问题仍然存在……

3. 你可以更直率地回应，说业已承认的立场不切题或不可靠。

   尽管这个观点很有见地，但它（忽略了）手头的问题（或与之不相关 / 不适
   用 / 更适合其他情况）。

   但证据（不可靠 / 不牢固 / 薄弱 / 不是最好的）。

   但是这一论证（站不住脚 / 错误 / 薄弱 / 混乱 / 过分简单化）。

   但这种观点（忽视了 / 漏掉了）关键因素……

   但该立场是基于（不可靠的 / 有缺陷的 / 薄弱的 / 混乱的）（推理 / 思考 / 证据）。

指明逻辑错误

如果你和读者存在分歧，而你又合理地确信，读者没有像你一样仔细地想透彻议题，那么，你就需要使用一些措辞，礼貌地引入你方观点。举例如下。

> 证据当然很重要，但我们必须考察所有可用的证据。

> 这解释了问题的一部分，但整个问题太复杂了，用任何一种解释都不足以完全说明。

> 这一原则在许多情况下确实适用，但我们也必须考虑例外情况。

你大概理解了吧：承认某个特定观点的价值，同时建议还有别的观点需要考虑。

协同工作

提出棘手问题

光靠自己很难想象不同意见，但是你可以通过提一些尖锐的问题，帮助别人想象。对你审阅的每一论证，找出足够的弱点和有力的不同意见，让论证显得存在问题。当然，你真正的目的是识别出每一位作者都应予以承认的两三种关键不同意见或反对意见。请本着善意精神尝试（还应该找人将接下来的内容记录下来）。

- 请论证作者提出最严厉的反对意见。
- 让每个人依次提出反对意见。
- 如果小组用光了点子，将反对意见按从重到轻的顺序排列，将不同意见按从最可行到最不可行的顺序排列。

根据这两份清单，每一位作者可自行判断承认哪些不同意见或反对意见。如果小组难于理解这个游戏的精神，请尝试下面的评论和问题清单。记住，要面带微笑地提出它们。

问题

1. 这不是个问题。人人都知道……

2. 真正的问题不是这个，而在于……

解决方法

1. 对于你的主张，我想到了 3 种例外情况：第一……第二……第三……

2. 我想到了两个更好的解决方法 / 答案：第一……第二……

3. 这个解决方法的成本太高了。它将花费……

4. 这个解决方法会带来几个更大的新问题：首先，它将……

理由

1. 我有两个理由不接受你的主张：第一……

2. 对于你的理由，我能想出 3 个例外情况：第一……

3. 你为什么未能包括这些其他理由？

证据

1. 还有更好的证据。你为什么不将它包括在内？

2. 该证据来自一个不可靠的源头。你为什么相信它？

3. 该证据并不完全具有代表性。我们为什么要相信它？

4. 该证据模糊 / 不精确。它为什么适合此目的？

5. 我对你证据的准确性存疑。你怎么知道它的？

根据

1. 你似乎认为 X 为真时我们就能推断出 Y，但我认为，当 X 为真时，我们必然推断出 Z。

2. 该理由 / 主张似乎并不是根据在理由 / 主张方面的良好例子。

3. 对于这一根据，我能想到 3 种例外情况：第一……

课后习题

思考题

1. 在大多数学术和专业环境下，我们通过承认论证的局限条件让论证更强劲。但是，不同的专业领域采用的是不同的标准。比如，律师在法庭上为客户辩白。你还能想到哪些情况下，你不应该承认自己的论证存在任何弱点呢？这些情况与学术和专业论证中的一般情况有些什么不同？

2. 假设就在你上交课堂论文之前，你发现了一个对你论证的反对意见，它大大地削弱了你的论证。你想不到如何反驳这一反对意见。实际上，连你都认为自己的论证有错了。你应该怎么做呢？这个问题既事关道德，也很切合实际。你有道德义务揭示这一反对意见吗？为什么应该（或为什么不应该)？从实践的层面上来说，告诉老师你已经意识到反对意见，但因为太迟所以来不及补救了，这么做明智吗？还是说，你噤口不言，希望老师没注意到？你认为，哪一种反应能投射出更好的论证人格？

任务

3. 在第六章，我们请你标注出部分旧论文里的证据。回到这些打过标记的文章，从尽量多的角度对证据提出怀疑。对你自己的论证，你现在看出了当时没看到的弱点了吗？你会怎样承认并做回应？

4. 阅读本地报纸的社论和专栏。识别出所有致谢和回应。哪些篇目在这方面用得最好？承认让论证变得更有说服力了吗？找一些电视节目，照这样试试看。参与者们会经常承认并回应其他观点吗？如果不是，为什么他们不这么做？

项目

5. 花上 1 小时左右的时间阅读本地报纸的社论和专栏。逐一确认论证的不同环节，接着构思合理的问题，针对它们提出反对意见或不同意见。最后，假设你是作者，概述一下你会怎么回答这些问题。

6. 回到你在任务 3 中使用的老论文。加入超出必要限度的承认和回应，接着，如果一些承认和回应无法让论证变得更具说服力，可以删掉它们。你最初的论文距离这种最优化状态有多远？

写作重点

回到你在本课程最初几个星期所写的任意一篇论文。修改它的背景，好让读者在看到你的论证之前，持有的立场有别于过去。重写论文，新增以附加论证作为支持的承认和回应环节。

研究项目

场景 你的老师要求全班同学在提交草稿前互相审阅。

任务 找一两个人来审阅你的草稿，无须提出修改建议，而是分享他们的反应：他们对什么地方感到糊涂？他们在什么地方想看到更多的证据？在什么地方想看到更可靠的证据？他们在什么地方存在反对意见，或是希望你加入重要的限制条件？如果他们对你的逻辑感到困惑，那么增加根据。如果他们还想要更多或更好的证据，请满足他们的愿望。如果你做不到，那就承认问题，尽你所能地给予回应。如果他们提出反对意见或限制条件，给予承认并做出回应。利用他们的反应，写出终稿。最后一步，务必按照第十二章和第十三章写作过程中介绍的步骤来修改文章。

本章核心

关于论证

坦诚地承认并回应有别于你的观点，你传达了自己批判性思考的质量。诚然，最困难的地方在于找到这些有别于你的观点，故此，你需要一份问题清单，代表读者向自己发问。你可以从论证的两个方面来预测问题和反对意见。

- 读者对你主张、理由、证据或根据的质量提出质疑。他们断言你出错了。
- 他们从你的论证本身找不到任何错误，但想到了不同的主张、理由和证据，甚至构建问题的不同方式。

或许读者还会询问你是怎么构建问题的：

1. 为什么你认为你所提出的是一个严肃的问题？
2. 你为什么这样而不是那样提出问题？
3. 你到底想要我接受什么样的主张？
4. 你是否考虑过你主张的例外情况？
5. 为什么你认为你的解决方法比另一种方法更好？
6. 你怎么知道你的解决方法不会比问题带来更大的代价？
7. 你怎么知道你的解决方法不会产生新的问题？

读者还会对证据提出质疑：他们会质疑证据是否充分、是否紧跟时代、是否准确、是否精确、是否具有代表性和权威性。他们还会质疑你的根据是否成立、是否太过宽泛，是否适用于你的理由和主张，对读者是否恰当。

关于论证的写作

在承认和回应一个假象的反对意见或问题时，你可以遵循如下行之有效的公式：

- 以"诚然""确实""有人主张"等开头，对其观点加以承认。
- 接着用"但是""然而""反过来说"等开头，陈述你的回应。

在回应这些反对意见和不同意见时，你有机会用理由、证据、根据，以及更多的承认和回应来支持你的回答，进而充实自己的论证，从而使你的论点更加有力。

第八章

论证的逻辑：为主张和理由提供根据

　　本章中，我们要应对的任务是判断你是否合理地将理由和主张连接了起来。即便理由是真实的、建立在可靠的证据上，读者也必须相信，每一个理由，都合乎逻辑地支持了相应的主张。如果理由和主张之间的逻辑关系存在疑问，你就需要通过根据揭示其相关性。

　　如果你能在读者提问之前就回答其问题，那么，你就创造出了最有效的论证。读者首先想知道你是怎么思考的：你主张的是什么，你为什么相信它，你基于什么样的证据进行推理。如果你猜想读者从自己的思考出发提出了更多的问题，反映出他们的分歧、异议和不同观点，你就和读者展开了一场更为批判性的对话。实际上，你代表读者提出这些问题，就将他们拉入了你的论证，让他们和你一起发声。你或许认为这样的问题和反对意见令人懊恼，但也可以将其视为机会，与读者建立联系的同时，还检验了你自己的思考，建立起更具说服力的论证。

　　然而，有一种批判性问题特别难于提出和回答，因为它质疑的不是你论证的实质，而是你思考的质量。问题在于，一般而言，我们对自己的推理过程毫无察觉，每当有人问起，总会叫我们大吃一惊。然而，如果读者理解我们的理由、证据和对其观点的回应之后，仍然不明白我们是如何得出结论的，那么，我们就未能与读者建立起一种双方最迫切需要建立的重要关系：一种对逻辑和假设的共同感知。

例如，回想一下苏关于学费和服务的观点。

苏： 我们认为大学不应该只将我们当成学生，还应该将我们当成顾客……我们为自己的教育花了很多钱，可是获得的关注远远不如顾客。

拉杰在很多方面都同意苏的观点，但他提出了一个问题，暗示自己在这一点上无法理解苏的逻辑，也就是她的推理思路。

拉杰： ……我不明白为什么付了学费我们就成了顾客了。二者有什么关系？

这类的问题切入了苏思路的核心，但苏也能够回答它。

苏： 如果你为一项服务付费，那就是购买服务呀，对吧？如果你在购买，那你就是顾客。我们为教育支付学费，这意味着我们是顾客，应该得到顾客的待遇。

苏向拉杰明确地陈述了支配了她推理思路的一般性逻辑原则，回答了拉杰的问题。通过这一一般性陈述，她解释了自己的具体理由（我们支付学费）和她具体主张（故此我们是顾客）之间的联系。这种对一般性逻辑原则的明确陈述，我们有很多种叫法：前提、假设、一般原则。学习论证的人对此有一个专门的术语：根据。

现在，假设苏正在撰写论证，而拉杰并未到场提出自己的疑问。苏或许认为人人都能看出学费与顾客之间存在的关联。如果她的读者和拉杰一样，那么至少有一个人会想：等等，我看不出有什么关联，我没跟上作者的思路。如果发生这种情况，论证就失效了。

只有当读者能够跟着你从证据通往理由，继而通往主张，你的论证才能成功。为做到这一点，他们必须看出或从你那里听到建立起这些关联的逻辑原则。

理由背后的推理

这里有一个公共论证的例子：由于公众无法理解理由和主张背后的逻辑联系，它最终失败了。20世纪60年代，无糖汽水首次流行开来，一些科学家警告说，无糖汽水里添加的甜味剂——甜蜜素会提高患癌症的风险。

> 我们相信，饮用含甜蜜素的无糖汽水的人患癌症的风险更高，（主张）因为大剂量摄入甜蜜素的实验鼠患癌症的风险提高了。（理由）二者的关联以如下数据为基础……（证据）

大多数喝无糖汽水的人不相信这一主张。没有人对摄入甜蜜素的老鼠患癌概率更高这一事实提出异议，但大多数人并不理解老鼠的健康和自己的健康之间存在任何逻辑上的联系。前者和后者有什么关系呢？

科学家的回应是，他们的主张（喝无糖汽水的人更容易患癌）和理由（老鼠患癌）靠一条一般性原则联系起来，同领域的大多数人都接受该原则。

> 根据许多研究，我们知道：**如果大剂量的一种物质导致实验室老鼠患癌，我们可以得出结论，小剂量的这种物质会导致一部分人患癌。**

今天，几乎所有人都接受这一原则：若干科学家告诉我们某种东西对动物有害时，我们相信它也对我们有害。可在当时，几乎没有人相信这一原则，科学家也并未很充分地对它进行解释，故此，公众认为这一论证不合情理，拒绝接受相关主张，还喝了比从前更多的无糖汽水。

这些科学家并非不讲究逻辑：他们的论证对已经相信该一般性原则的专家而言很有道理。问题在于，和我们大多数人一样，他们没想到其他人会质疑自己的推理。他们以为人人都和自己有同样的想法，公众甚至会认同他们说都没说出来的假设。这个问题，所有人都必须当心。

你不能假设自己和读者的想法相同。你始终要考虑到存在这样的可能性：读者看到你的理由后想，"你的理由或许事实正确，但我不明白它怎么就支持了你的主张"。前文的拉杰和听说了甜蜜素风险的人就是这么想的：二者是怎么联系到一起的？

如果你能想象到读者可能会问这个问题，你必须为之提供一条一般性原则充当根据，明确二者的联系。在科学家向公众警告甜蜜素风险的例子里，公众不理解或不相信根据所陈述的一般性原则，那么，你还必须进行论证，解释该原则，或向其展示根据是真实的。

本章将向你展示根据怎样运作，如何知道自己什么时候需要根据，以及如何构建出可为读者接受的根据——不是因为你在所有论证中都需要展示根据，而是因为，当你需要根据却不知道根据如何运作的时候，你的论证会失败。

根据是什么样的

根据的形式和大小各异，但总是分为或隐含着两个部分。一部分列举一般性情况：

> 冬天的道路湿滑。（第一部分：一般性条件）

第二部分陈述我们可以从该情况下推断出的一般性结论。

> 你需要四轮驱动汽车。（第二部分：一般性结果）

两部分放到一起，明确陈述了推理的一般性原则，即某种一般性条件导致了某种一般性结果。

> 碰到冬天的道路湿滑，（一般性条件）你需要四轮驱动汽车。（一般性结果）

我们还可以用隐含两部分联系的方式来陈述根据。

> 冬天的道路（条件）需要四轮驱动汽车。（结果）

你还可以反过来说：

> 你需要四轮驱动汽车（结果）在冬天的道路上行驶。（条件）

陈述根据并无定规，但出于这里的目的，我们每次都用相同的方式来陈述，但你用不着这么做，我们只是为了清晰地向读者解释它们怎么运作罢了。我们将遵循以下公式：

> 每当 X，（条件）那么 Y。（结果）

有时，我们可以选择其他引导词语："如果""当""当且仅当"。"每当"也很有用，因为它鼓励你考虑根据适用的范围有多大。"每当"暗示，一项根据在任何情况下都成立，但事情很少如此。因此，"每当"形式有助于你思考根据的局限性或限制条件。

我们最熟悉的谚语，其实就是一种根据：

> 山中无老虎，猴子充大王。

我们可以用示意图这样表示上述根据：

> 权威缺席——（故此我们推断）权威的手下人会懈怠。

如果你相信这条一般性原则，那么你可以将"权威缺席"的具体例子和"权威的手下人会懈怠"的具体例子链接起来。用示意图表示，链接如下。

	根据	
一般性条件	预计会使得	一般性结论
山中无老虎		猴子充大王
∨		∨
教练不监督练习（理由）	故此	队伍可能会出洋相。（主张）
特定情况	我们可以推断	特定结论
	论证核心	

打钩的地方表示，我们认为特定情况可以作为根据中一般性条件的有效例子，特定结论可以作为根据一般性结论的有效实例。（稍后，我们将看到并非如此的例子。）在大多数情况下，读者会自行将主张和理由联系起来，如果你认为二者无法联系，根据会揭示它们的联系。

根据如何运作

假设莉娅正在向塔里克讲述自己新租的房子。

莉娅：我运气真好。我在卡特山上租了个地方，感觉就像脱离了文明世界。我一直想住到森林深处。

塔里克：太好了，不过你恐怕要把汽车换成四轮驱动的。（主张）冬天的路又陡又滑，普通轿车没法开。（理由）

莉娅：有道理。谢谢你的建议。

每当我们基于一个理由提出或接受一项主张时，我们都会通过推理的一般性原则将主张和理由联系起来。本例中的原则来自我们的生活经验：如果通往你住所的必经之路的路况极差，那么你需要一辆能够在路况极差的道路上行驶的车，莉娅相信这一原则。由于她相信塔里克的理由成立，所以，她认为他的主张可以从他的理由推导出来。所以她说，这种联系"有道理"。但有时，我们看不到理由和主张之间的联系，于是主张就"没道理"。如果是这样，我们会问一个问题：为什么该特定理由会导致该特定主张？

塔里克：如果你打算一个人住在树林里，你还应该买把枪。（主张）

莉娅：我不喜欢枪。为什么一个人住就意味着我应该买把枪？

这一回，莉娅不明白为什么住在树林里会成为拥有枪支的理由。为了说明，塔里克必须提供一条一般性原则进行解释。

塔里克：如果你独自生活在一个与世隔绝的地方，你需要保护自己。（根据）

在接受塔里克认为她应该持有枪支的主张之前，莉娅必须接受另外两项主张：一般性原则是正确的，以及该一般性原则适用于自己的情况。

以下是它的详细运作方式（提醒：这里的内容听起来或许有些像是逻辑学入门）。

首先，莉娅必须相信根据是真实的，即如果你独自生活在一个与世隔绝的地方，你确实需要保护自己。但莉娅仅仅相信这一原则还不够。她还必须相信，它适用于塔里克的特定理由和特定主张。

- 特定理由（你独自一个人生活在树林里）必须是一般性条件（你独自生活在一个与世隔绝的地方）的有效实例。因为莉娅一个人生活，树林又是个与世隔绝的地方，故此，一般性条件和特定情况之间的联系似乎足够明显。
- 特定的主张（你应该买把枪）必须是一般性条件的有效实例（你需要保护自己）。由于枪是保护的一种形式，一般性条件与特定情况之间的联系似乎成立。

如果莉娅接受了这一原则，并认为它适用于自己的情况，那么塔里克就向她说明了为什么他的主张与他给出的理由相符。我们可以用以下图示来表现该结果。

一般性条件	**根据** 预计会使得	一般性结论
如果你独自生活在一个与世隔绝的地方 ∨ 你一个人生活在树林里（理由）　故此		你需要保护自己 ∨ 你应该买把枪。（主张）
特定情况	我们可以推断 **论证核心**	特定结论

如果莉娅认为枪支不是一种可接受的保护形式呢？那么，她就会表示反对。

莉娅： 也许我需要某种保护自己的形式。但对我来说，枪支不是一种很好的保护形式。被枪所伤的人，往往不是别人，而是它的主人。再说了，我是绝对不会开枪的。

换句话说，对莉娅而言，塔里克的主张并非一般性结论的有效实例，因为尽管枪支对别人来说可能是一种保护形式，但却不适合用来保护她。

我们可以用以下图示来表现该结果。

一般性条件	**根据** 预计会使得	一般性结论
如果你独自生活在一个与世隔绝的地方 ∨ 你一个人生活在树林里（理由）　故此		你需要保护自己 × 你应该买把枪。（主张）
特定情况	我们可以推断 **论证核心**	特定结论

现在，塔里克有两种选择。他可以向莉娅提供另一种她认为是有效保护的替代做法。

塔里克： 如果你不买枪，那么至少也要安装一套警报器。

或者，他可以论证哪怕莉娅不喜欢枪，但枪是最好的保护形式，进而为自己的原则辩护。在此过程中，他还不得不再做两项论证：一是反驳莉娅的反对原则，即枪对持枪人很危险；二是反对莉娅的主张，即她绝对不会开枪。现在，我们开始明白为什么在存在重大争议的议题上，人们很难达成一致意见了。

判断在书面论证中何时使用根据

我们对根据的使用频率低于论证的其他元素，这是因为，读者一般都能接受主张与理由之间的关联，很多时候根本想不到自己还需要一条原则将它们关联起来。如果我们解释显而易见的东西，会让读者感到厌烦，甚至认为这是在对他们进行羞辱。故此，要想成功地使用根据，我们必须辨识出读者会在哪些场合需要根据（这样的场合并不多）。

在对话中，这很少成为问题，因为其他人往往会在需要根据的时候直接告诉我们：他们会反对、提出问题（就像莉娅那样）、皱眉头，或是以某种方式表示自己不明白理由和主张之间的关联。但在我们写作的时候，我们必须自己来预见这些场合。

问题是，仅仅阅读自己的草稿，你无法知道读者什么时候会需要根据，因为在你自己的思考方式看来，一切都再明显不过了。有时，你可以从代理读者（如写作小组）那里发现什么时候需要根据，这些读者阅读你的论证，告诉你什么时候理由和主张之间的关联很成问题。但通常，你必须自己想象读者在提问——对根据来说，这个练习比论证的其他元素都更棘手。

根据最常见的用途

你可以预料到，在你的经验和知识与读者截然不同的时候，他们需要根据。专家为非专业读者撰写文章（如甜蜜素一例）是常见的情况。所有专业领域都依赖该领域之外并不普遍为人所知的推理原则，这也是外界很难理解一个专业领域的部分原因。故此，除非作者使用根据来解释其原则，否则，专业论证很可能无法对普通读者起作用。

例如，这里有一段可能会让你感到困惑的论证：

> pork（猪肉）和 beef（牛肉）指的是我们在餐桌上吃的肉，（理由）故此，我
> 们可以假设它们是在 1066 年之后从法语借用到英语的。（主张）swine（猪）
> 和 cow（牛）指的是猪肉和牛肉的动物来源，（理由）故此，我们可以假设它
> 们大概是英国本土词语。（主张）

语言学家认为这样的论证完全符合逻辑，因为他们知道这背后的推理原则，如
果有人问他们，他们可以这样说：

> 如果一个英语单词是给一种准备用来吃的肉命名，（条件）那么这个单词可能
> 是在 1066 年以后从法语借来的。（结果）如果一个单词是给肉的来源动物命
> 名，（条件）这个单词可能是一个本土英语单词。（结果）

凡是了解英语历史的人都很熟悉这一原则：1066 年诺曼征服之后，英国仆人
用法语词汇给自己为法国主人准备的食物命名，而田间劳作的人则一直保留了本
土词语。专家不太可能意识到普通读者需要自己将这一原则作为根据进行解释：
它们深深地扎根在专家的思维里，他们不假思索地就说了出来——除非有读者的
提问，或是养成了代表读者想象此类问题的有益习惯，他们才会有意识地阐明
根据。

另一个通常需要根据的场合是，你的写作对象，是来自不同背景、有着不同价
值或文化水平的读者。推理的大多数原则都以经验为基础，经验就是我们生活的
一部分，我们觉得它们十分自然，甚至忘了它们乃是后天习得的。因此，如果我们
的写作对象是那些与我们有着不同体验的人，在我们看来自然而然的事情，在他们
看来有可能是异域的、陌生的、无法理解的，甚至让他们感到厌恶。

例如，在我们的文化中，大多数人都能立刻看出如下理由和主张之间的关联。

> 校报编辑认为大学忽视了校园里的种族紧张气氛，（理由）故此，他有权在一
> 篇社论中表达这种担忧。（主张）

对将理由与主张关联起来的原则，我们认为是理所当然的，这条原则，我们可
以用一条根据表达如下。

> 如果报纸编辑有意见，他（或她）有权将之发表。

然而，世界其他地方或许会认为这一主张荒唐透顶，所陈述的根据也十分危险。

对于那些和你有着不同经验、价值观或文化水平的读者，你恐怕必须向他

们陈述诸多根据，并为之辩解。但在为你的原则辩解时，不要论证他们的原则是错的——你无法说服他们改变自己根深蒂固的价值观和信念。相反，陈述你的原则，解释它的运作方式，承认他人可能会有不同的看法。你大概不会说服任何人改变思考方式，但你能说服他们尊重你的具体原则，考虑你从中得出的结论。

根据是文化规范的表达

根据有助于我们理解，为什么来自不同文化的人很难一起展开良好的论证。我们有着类似的推理，但不同的文化始于不同的假设。这些假设不仅仅是静态的信念，还是告诉我们对具体事实如何进行推理的动态原则。我们经常用谚语来表达它们，这些谚语基本上揭示了我们如何思考、我们看重些什么。举个例子，假设一个儿童独立思考、怎么想就怎么说，我们会说她能从人群中脱颖而出。我们甚至可能得出结论：等她长大了，她会闯出自己的路，因为有一条谚语，反映了我们的文化假设。

会哭的孩子有奶吃，嘎嘎响的轮子先上油。

但东方却有条谚语，警告人们不要特立独行。

出头的钉子先挨砸。

换句话说，如果一个人与群体格格不入，那么，这个人就会被逼着从众——这当然也有道理。故此，我们对事实并无不同的看法，"一个儿童与其他儿童截然不同"，但我们所属的社群却从中得出了不同的结论，因为大家是根据不同的假设进行推理的。这样的差异导致了许多文化冲突。将它们清楚地表示为根据的确很难，但它至少能让我们理解大家分歧的根源（虽然不一定能解决分歧）。

根据的两种用途

如果我们认为读者因为不知道或不接受我们所用的推理原则，难以将我们的理由和主张关联起来，那么我们通常会说出根据。但还有两种情况，我们也会使用根据，但它们都更容易管理，因为此时不需要去知道或想象读者在想些什么了。我们还利用根据来强调一个关键点，或为争议观点构建共识。

用根据来强调

读者一般不喜欢作者解释显而易见的联系。但你可以在陈述理由及其证据之后，通过阐述根据进行强调。我们在第二章举过一个例子，该论证试图证明一所大学致力于本科教育。

> 我们让自己最优秀的研究员来执教本科生，（理由）竭力让本校的本科生教育达到一流水准。（主张）例如，最近获得诺贝尔物理学奖的基纳汉教授，已经教授物理学入门课 15 年以上了。（证据）诚然，不是所有研究员都擅长教学，（承认）但近来的教学评估显示，学生极为尊敬基纳汉这样的老师。（回应）最近 20 位大学教学奖获奖者中，有 16 位都是有着卓越研究成就的正教授。（进一步的证据）

作者假设读者能够识别将主张与理由联系起来的原则。

> 如果一家教育机构将其最优秀的师资投入一项活动当中，就表明它将该活动放在最优先的地位。（根据）

如果作者认为读者可能不知道或不接受这一原则，她就会将这一根据陈述出来，通常，放在主张和理由之前。为了利用这一原则进行强调，她会简短地陈述这一根据，放在这段迷你论证的末尾。

> 我们……竭力让本校的本科生教育达到一流水准。（主张）近 20 位大学教学奖获奖者中，有 16 位都是有着卓越研究成就的正教授。（进一步的证据）**从这样的记录来看，很明显，我们正借助自身的资源来支持我们对教学的承诺。**（根据）

用于强调的根据，常见于公共、商业或非正式的上下文，在学术语境下并不多见，因为一些读者会认为它太锋芒毕露了。

用根据来构建共识

如果你要求读者接受一个棘手或不受欢迎的主张，他们有时会感觉你太强求，因为你鼓励（强迫）他们考虑的证据和理由，会带来他们不喜欢的结果。如果你从根据入手，提醒读者他们本来就相信你的原则（哪怕他们并不喜欢这些原则所指的方向），你可以缓和冲击，提高读者认同你论证的机会。

下面是这一策略运用在教学中的例子。

> 身为院长，我为我们为学生提供的教育感到骄傲。但我也清楚地意识到，学生及其家庭为负担教育费用做出了多大的牺牲。我不能否认，为了降低

成本，我们增加了学生人数，所以，大课讲座变得更多了，小班更少了。(问题)但我们都知道，师资力量是所有学校最宝贵的资源。小班授课尽管可取，但教学质量才是保证高质量学习体验的最重要因素。**对任何学院而言，确保本科教育质量的最好方法莫过于让学生从最优秀的人才身上学习。**(根据)我们始终让自己最优秀的研究员来执教大一学生，(理由)竭力让本校的本科生教育达到一流水准。(主张)例如，……基纳汉教授……

怎样检验根据

不管你做什么样的论证，最多也只会使用几次根据，所以，你应利用充足的时间检验每一个根据，确保你的确需要使用根据，并做了正确的陈述。要判断是否有必要使用根据，问问你自己：

读者是否会质疑，这个理由是否明确无误地支持你的主张？

大多数情况介于二者之间，故而你需要根据具体情况决定哪些原则需要陈述，哪些不需要。要做到这一点，你必须预判读者在什么时候无法想象到任何原则能将你的理由与主张关联起来，或者他们想出的原则与你不同。以下面这段论证为例。

我们学校需要更多的写作导师，因为我们拿不准，我们所接受的教育是否值得不断上涨的学费。(理由1)学费上涨的速度比通货膨胀还快。(理由2)1997年，通胀率为 2.4%，但学费上涨了 5.1%；1998年，通货膨胀率为 2.1%，但学费上涨了 6.7%。(证据)

院长说不定会这么回应：

没错，学费上涨的速度比通货膨胀还要快。说我们需要更多的写作导师这一点，你说不定也是对的。但你认为，我们需要写作导师是因为你拿不准你的钱是否花得值，为什么你会这么想？你的理由（你拿不准你的钱是否花得值）为什么与你的主张（我们需要更多的写作导师）存在联系呢？我看不出二者的关联。

这是一个很难回答的问题。院长并不是说自己拒绝接受理由或主张，而是说自己想不出有任何原则能让理由推导出主张。

	根据	
一般性条件	预计会使得	一般性结论
？？？？？？？？？？？？？？ **？** 拿不准钱是否花得值	故此	？？？？？？？？？？？？？？ **？** 需要写作导师
特定情况	我们可以推断	特定结论
	论证核心	

如果你想不出一项原则能将一个理由与你的主要主张关联起来，那么你的读者恐怕也想不出。这时，你需要明确地陈述该原则。具体做法如下。

1. 将你理由和主张里的特定条件换成一般性条件。

我们拿不准我们的**学费**是否**花得值**，所以我们需要更多的**写作导师**。

金钱价值——价值等于我们为写作导师所付出的成本——服务

我们拿不准是否**从付出的成本里获得了同等的价值**，故此，我们有权获得更多的服务。

2. 使用"每当"，对一般性条件进行重新陈述。

每当我们拿不准能否从付出的成本里获得同等的价值，我们就有权获得更多的服务。

只有在你向自己进行陈述之后，你才能知道读者能否接受根据。但上面的根据，似乎值得怀疑：为什么拿不准价值是否与成本相等，就让人有权要求获得更多的价值呢？故此，如果你提出了根据，你还要再问自己 3 个问题：

- 读者认为你的根据是真实的吗？
- 他们认为该根据适用于你的理由和主张吗？
- 他们认为该根据适合他们的社群吗？

你的根据是真实的吗

如果读者认为根据是假的，它就失效了。这里有一段关于"匪帮说唱"的论证。

"匪帮说唱"的歌词对女性来说太过粗俗，（理由）联邦通信委员会应该在电

台中取缔它们。(主张)如果语言侮辱了任何群体，我们便不应该准许其在公共电台中传播。(根据)

我们将该根据按照我们的"每当 X，那么 Y"的标准形式，重新措辞。

根据		
一般性条件	预计会使得	一般性结论
每当语言侮辱了任何群体 ✓		我们便不应该准许其在公共电台中传播 ✓
"匪帮说唱"的歌词对女性来说太过粗俗，(理由)	故此	联邦通信委员会应该在电台中取缔它们。(主张)
特定情况	我们可以推断	特定结论
	论证核心	

如果我们接受根据和理由，主张就会随之而来。但读者可能会认为这条原则是错误的，因为还有一条胜过它的根据。

我不同意。每当我们表达自己的观点，宪法[1]便保护我们，禁止政府干涉我们的权利。(针锋相对的根据)根据最高法院的裁决，第一修正案保护色情电影，哪怕它们侮辱了女性。因此，哪怕你不喜欢"匪帮说唱"里的侮辱性语言，但它与那些电影或其他任何思想的自由表达方式一样，受宪法保护。

如果反驳论证是相关的，它就与原来的根据相矛盾，并替换为另一条根据。

大致上，反驳论证是这样的。

根据		
一般性条件	预计会使得	一般性结论
每当人们表达自己的观点 ✓		宪法便保护我们，禁止政府干涉我们的权利。✓
说唱歌词表达观点（理由）	故此	联邦通信委员会不应该在电台中取缔它们。(主张)
特定情况	我们可以推断	特定结论
	论证核心	

现在，禁止此类歌词的问题，变成了另一个问题：哪种根据在我们的信仰体系

---

[1] 本段中的宪法是指美国宪法。——译者注

里更为重要。为解决这一争议，进行论证的人必须再进行一次论证，将这些针锋相对的根据当作本身需要理由、证据和更多根据的主张。到了这时候，我们应该能够理解，为什么有些论证永远无法尘埃落定：参与者在最基本的原则上就无法达成一致。

越权的根据

有些根据，在一般情况下我们应该能接受，但要是有人用它们替极端情况开脱，我们就无法接受了。让我们来看看下面的论证。

> 两年前，我帮你洗了车，（理由）所以，你应该帮我粉刷房子。（主张）毕竟，善意应该得到同样的回报。（根据）

如果你的朋友的确帮你洗了车，你可能会觉得对他有所亏欠，但远远不如他要求的那么多。

> 你确实帮我洗过车，而且，一般来说，善意应该得到同样的回报，但对方的回报与你最初所做之事也应该旗鼓相当才对。

换句话说，根据一般而言是真实的，但它也有个限度。一旦你想到了一种限度，就能想得出更多。

> ……只要我有能力做，只要对方请求的帮助与最初的善意举动在时间上差不多接近，只要……

在提出一条类似"善意应该得到同样的回报"的根据时，我们很少会给它加上显而易见的限制条件：你当然只能做自己能力所及的回报；你当然期待不会有人事隔30年之后来找你要求报答。所有这些都毋庸置疑，所以我们才没有说出来。而使用根据棘手的地方在于，其实我们并不仅认为根据本身是理所当然的；很多时候，就算我们明确地陈述根据，也隐含着另一项理所当然的认识：根据有它约定俗成的限制。

读者认为你的根据适用于你的理由和主张吗

接下来这个有关根据的问题最难于把握。请看如下论证。

> 我帮你洗车，（理由）所以你应该帮我在考试中作弊。（主张）毕竟，善意应该得到同样的回报。（根据）

用图形表示，看上去是这样的：

根据		
一般性条件	预计会使得	一般性结论
别人帮了你的忙		作为回报，你也应该帮他的忙。
∨		？
我帮你洗车（理由）	故此	你应该帮我作弊。（主张）
特定情况	我们可以推断	特定结论
	论证核心	

根据是真的，帮你洗车是善意举动的有效例子。那么，如果你的朋友帮你洗车，你该怎么拒绝帮他在考试里作弊呢？你可以说：

> 没错，善意应该得到同样的回报，但在这种情况下，帮你在考试里作弊不能算作"善意回报"的合适例子。实际上，这是一个糟糕的回报。故此，你的理由与你的主张不相关。

根据不适用于主张，因为该主张并非根据结论部分的有效实例。

读者认为根据适合自己所在的社群吗

还有一种情况，根据也会失效，这与真相或推理的关系不大，更主要的问题出在适当性上。有些根据，大多数人都是认同的。

> 如果人们说了很多的谎言，我们最终会怀疑他们所说的话。

另一些根据反映了不同历史时期的信念。以下两条根据之间的变化，标志着欧洲历史从一个时期进入了另一个时期。

> 如果证据与传统信仰或权威相矛盾，那么，忽视证据。

> 如果证据与传统权威相矛盾，那么，质疑权威。

第二条根据，有些人将其称为现代怀疑精神。在美国，我们也有一些信念为大多数人所共有，但并不见得在所有社会都是如此。

> 如果一种行为受宪法保护，那么，政府不得干预。

社群的规模越小，该集体所秉持的共同根据也就越发专业化。例如，法律系大一学生往往很难"像律师一样思考"。和大多数人一样，他们刚上法学院时，持有的信念建立在常识的基础上。我们可以将其中一项常识表述为一则根据：

> 如果有人对另一个人做了一件不公正的事情，法院应该加以纠正。

它看起来是合理的。但法律专业的学生通过教育得知（这是个令人感到难受的过程），常识根据并不总是适用于法律，因为另一些根据可以压倒常识。举例如下。

> 如果有人未能履行法律义务，哪怕事出无意，也必须承担后果。

更具体地说：

> 如果老年人忘记缴纳房产税，其他人可以以欠税为由将房子买下，将前业主驱逐出去。

这一根据给常识视为不公平的事情提供了法律上的合理性，如果买家遵守法律，他们可以辩称房子是自己的。法律专业的学生必须违背自己的正义本能，理解正义并不是大多数人心目中的样子，而是法庭认为法治必须呈现的样子。

如果你以社群成员的身份，以书面形式向他人展开论证，你不仅要保证自己的根据是真实的、适用的，还要保证它与自己所在的社群相适合。反过来说，如果你以社群成员的身份向圈外人展开书面论证，你不仅要说明自己社群所特有的根据，还要解释它们何以适用、为什么适用。

如果你是新手，并试图让自己的论证听上去像是社群成员，你的任务是最艰巨的。你必须有能力像业内人士那么写，但是，专业人士向专业人士进行书面论证的时候，只需要稍微提及共同的假设就行了，因为其他专家一看就明白，但对新手来说，这远远不够。所有人在接受教育的过程中都碰到过这样的瞬间——在我们刚进入的社群里，资深人士并不觉得自己有义务向新来者证明其推理，而这又会让新入行的我们大感困惑。我们只能依靠经验，学习那些并未明说的推理方式。

区分理由与根据

乍一看，根据和理由很像，容易搞混。请看以下论证。

> 虽然富兰克林·罗斯福不会坐着轮椅出现在公众面前或拍照，但联邦纪念碑应该表现轮椅上的他。（主张）他克服了巨大的身体不便，成为一位伟大的领袖，（陈述支持1）而对伟大的领袖，人们不仅应该铭记他所取得的成就，更应该铭记他所克服的挑战。（陈述支持2）

这两点支持陈述，都像是理由。实际上，在日常对话中，我们也可以这么称呼它们。

> 献给富兰克林的联邦纪念碑应该表现轮椅上的他。（主张）第一点理由是，他

克服了巨大的身体不便，成为一位伟大的领袖。(陈述支持1)第二点理由是，对伟大的领袖，人们不仅应该铭记他所取得的成就，更应该铭记他所克服的挑战。(陈述支持2)

但是这两句陈述提供的是不同的支持方式，为了理解这段论证的运作，我们必须用不同的术语来称呼它们。

- 第一句陈述提到了罗斯福，也只提到了罗斯福。这是用来支持特定主张（即纪念碑应表现坐在轮椅上的罗斯福）的特定理由。
- 第二句陈述与罗斯福或他的纪念碑没有具体关系。它是一则普遍原则，即我们应该铭记伟大领袖所克服的挑战。如果我们相信罗斯福是一位克服了巨大障碍的伟大领袖，那么，上述一般性原则就涵盖了他。对于这样的一般性原则，我们称之为根据。

根据与理由

在日常对话中，将根据称为理由并没有害处。毕竟，根据是将一个理由与一个主张联系起来的理由。我们的一个学生将根据叫作延伸理由。这其实捕捉到了根据的一部分作用：它"延伸"到特定理由和主张，将它们结合到一起。还有学生问我们，那根据无非是以另一种方式来表述理由和主张，对吗？不完全是。根据涵盖了与理由和主张类似的概念领域，只是范围更广，它还包括了无数的其他理由和主张，不仅涉及我们所知道的领袖和挑战，也包括无数其他我们不知道的领袖，甚至尚未出生的伟大领袖。

回顾：测试案例

在实践中理解根据，比在抽象分析里更容易，这里还有一个可供我们回顾的例子。

菲尔： 很多人声讨"匪帮说唱"，但我认为，应该接受它是正当的艺术表达，(主张)因为它反映了很多听众的经历。(理由)

玛丽： 它可能反映了很多听众的经历。但为什么这就算是能够将它视为正当艺术表达的理由呢？我不明白。

玛丽看不出菲尔的理由与他的主张有什么关系，所以请他解释是怎么推理的。菲尔可以陈述自己的根据。

> 如果一种艺术作品反映了喜欢它的人的经历，那么，就不应该审查它或者声讨它。

现在，玛丽知道了根据，她可能还会再问 3 个问题。

你的根据是真的吗？

玛丽可能会彻底拒绝菲尔的根据：根本就不是这样的。或者，她可以承认该根据有时是真的，但认为它并不适用于所有艺术表现（因为有些艺术表现是极为邪恶和可耻的）。

> 你说，如果一种艺术作品反映了喜欢它的人的经历，那么，就不应该审查它或者声讨它。但对那些描述暴力行为和杀害儿童的歌词，你会这么说吗？可能有些人喜欢，因为歌词反映了他们邪恶的行为，但你真的能纵容这样的音乐吗？

她还可以提供一条与菲尔先前的根据相矛盾的根据。

> 任何有损人类尊严的音乐都应该遭到审查和声讨。如果艺术有损人的尊严，就应该禁止它进入公共传播。（充当反驳的根据）这比完全的言论自由更重要。

菲尔有 3 种选择：①他可以限制原根据的适用范围，使其更容易被接受；②他可以寻找一条全新的根据；③他可以进行论证，说服玛丽相信他最初的根据是真实的。

根据		
一般性条件	预计会使得	一般性结论
如果一种艺术作品反映了喜欢它的人的经历		就不应该审查它或者声讨它
？		
"匪帮说唱"反映了那些喜欢它的人的真实经历（理由）		
特定情况	我们可以推断	特定结论
	论证核心	

你的特定理由是你根据第一部分的有效例子吗？

读者会认为具体情况可以视为根据中一般性条件的合适例子吗？也就是说，根据"涵盖"了理由吗？

玛丽可能会接受菲尔的说法，即我们不应该禁止一种反映了喜欢它的人的经历的艺术表达（哪怕它贬低了他人）。但她可能仍然认为，"匪帮说唱"不是"艺术表达"的合适例子，故此菲尔的根据不能涵盖其理由。

如果是这样，菲尔有两种选择。他可以进行论证，说服玛丽相信"匪帮说唱"是一种艺术表达形式。他可以提出理由让玛丽相信"匪帮说唱"是一种艺术表现形式。如果他认为自己无法完成能让玛丽满意的论证，他可以修改根据，使之配合自己的理由。

现在，根据与理由相符了（但前提是我们相信"匪帮说唱"是一种通俗的表达形式）。这一根据对玛丽来说仍然真实吗？她或许还是会为"严肃的艺术表达形式应受审查"辩护，但对那些她眼里的通俗口水歌，她说不定就不愿这么做了。

你的特定主张是你根据第二部分的有效实例吗？

假设玛丽接受了菲尔的根据和理由。但是，如果她认为菲尔的主张与根据的结论方面不一致，仍然可能拒绝其论证。

根据

一般性条件	预计会使得	一般性结论
如果一种通俗的表达形式反映了喜欢它的人的经历		就不应该审查它或者声讨它
?		?
"匪帮说唱"反映了那些喜欢它的人的真实经历（理由）	故此	应该将它视为站得住的艺术表达形式。（主张）
特定情况	我们可以推断	特定结论

论证核心

　　她可能会说，接受歌词作为站得住脚的艺术表达，并不是不应审查或声讨它们的有效例子，因为根据只要求我们容忍这样的音乐，而不是像菲尔主张的那样接受它。

　　如果是这样，菲尔有 3 种选择：①他可以改变根据，让它变得更有力——通俗表达应该被视为艺术；②他可以削弱自己的主张——应该容忍"匪帮说唱"；③他可以进行一场论证说服玛丽，不谴责或声讨冒犯性的艺术就等于是接受它的存在站得住脚。

信息超载

　　如果你的反应和使用这本书的许多学生一样，你可能会觉得细节太多，简直要淹没你。我们给了你太多需要思考、需要付诸实践（后一项更难）的东西。所以，如果你与下面这位发来电子邮件的同学有着类似的感觉，请别气馁。

　　为什么我读的论证文章越多，却越感到失控呢？我觉得我写得更糟了，而不是更好了。

　　我们对他所说的话，或许能对你起到一些激励作用：几年前，有研究人员对医科新生做了检验，想要了解他们对肺癌 X 光片的解读能力。研究人员发现了一件奇怪的事情。医科新生很快就学会了解读 X 光片，而且能够做得挺不错。但随着他们获得更多的经验，技能反而变糟糕了。接下来，他们再次变好。研究人员得出的结论是，一开始，医学生看到的影像和老师告知他们要看到的完全一样。但是，随着他们对肺部、胸腔和其他所有投射在 X 光片上的东西越发了解，他们感到了困惑：了解越多，也就越难梳理线索。一旦他们学会了梳理，他们就能看到哪些东西是相关的，从而更好地解读 X 光片。

　　这也许就是你感觉在论证时越发失控的原因。你现在要想的事情，比几个星期前要多。不仅如此，你说不定对自己的要求更苛刻了，因为你更清楚自己必须做些什么了。所以，虽然看起来自相矛盾，你暂时的困惑其实反而是进步的标志。老话说得好，如果你不觉得困惑，那只是因为你不够专注。

为证据提供根据

读者期待证据与理由存在关联，一如他们期待理由与主张存在关联。基本上，你要采用同样的办法来为这种关联建立根据。

> 人们谴责"匪帮说唱"，但我认为它应该被视为站得住的艺术表达形式，因为它反映了许多听过它的人的经历。（理由）我认识的每一名青少年，都曾有一段时间对权威感到愤怒。（证据报告）如果有许多人都拥有共同的情绪，那么，凡是对这种情绪进行了表达的做法，都反映了他们的经历。（根据）

棘手的地方是，你要为一大堆证据（包括数字数据、引语、图片、与某些证据相关的绘画）提供根据。例如：

> 当哈姆雷特站在正在祷告的继父克劳狄斯身后时，他表现得头脑冷静而且富有逻辑。（主张）一开始，他冲动地想要当场杀死克劳狄斯，但他停下来想了一想。如果趁着克劳狄斯祷告杀死他，就等于将他的灵魂送上天堂。而哈姆雷特想让他永沉地狱。所以，他冷静地决定，等一会再杀死克劳狄斯：（理由）
>
> 现在我正好动手，他正在祷告。
> 我现在就干，他就一命归天；
> 我也就报了仇了。这需要算一算。
> 一个恶汉杀死了我的父亲，
> 我这个独生子却把这个恶汉送上天堂。
> 哦，这倒是报德，不是报仇！（证据报告）

有人可能会质疑证据报告与理由的相关性：

> 我不明白这些话何以就表明了哈姆雷特冷静地决定稍后杀死继父。

如果是这样，我们必须用文字描述引文，好让证据与根据的证据相符。

> 在这里，哈姆雷特一步一步地仔细考虑了克劳狄斯的后果。这是一个人搁置激情，转向冷静理智的标志。（根据）

表格、图表、图片、乐谱等也是如此：描述你从证据中看到的、与根据证据方面相符合的东西。

通过证据论证和通过根据论证

我们用两种方式来进行论证：用证据支持理由或从根据中推导主张。大多数学者和专业人士的论证都建立在证据的基础上，这赋予了事实更高的地位；一些公民和大量的私人论证，建立在根据的基础上，而这赋予了原则更高的地位。

例如，假设一位社会学家基于证据展开论证，反对交换针头计划。

> 我们应该废除南港针头交换计划。（主张）由于它鼓励人们使用更多的毒品，（理由2）反而加剧了毒品问题。（理由1）一项研究调查了参加该项目的人士，发现 70% 的人都提高了毒品使用量；平均注射毒品的次数，从每星期 5.7 次提高到了 9.2 次。（证据）

持不同意见的人可能会质疑证据的来源或可靠性，但她不会质疑证据与理由的关系，因为它看起来一目了然：我们当然应该废除一个会增加毒品使用的项目。但假设一名政客要进行论证，反对同一项目，他大概会这么说：

> 我们都知道，如果你让风险行为变得更安全，就会鼓励更多的人参与其中。由于南港针头交换项目让使用毒品变得安全，（理由1）故此会鼓励人们使用更多的毒品。（理由2）我们应该废除这一项目。（主张）

这一论证，其主张就源自根据所表达的原则。在进行这种论证时，如果我们能证明一般性原则适用于特定情况，我们就觉得没有必要提供证据。实际上，这是一种万能论证，可以用来反对一切旨在减少危险行为所带来代价的项目，比如你可以用它来反对汽车安全带、反对防抱死刹车或是反对学校发放避孕套。

大多数思考周全的读者会对从原则出发进行的论证持怀疑态度，因为它们要我们接受一个基于交易或意识形态真理的主张，它没有事实作为依托。提出这种主张的危险之处在于，如果读者拒绝接受该原则，或者否定它适用自己的特殊情况，那么整个论证就不成立了。

写作过程

根据

准备和规划

识别关键假设

在为论证做规划时，目光不要只放在你的关键点上：你还必须理解那些你自己认为毫无质疑余地、读者却可能会加以质疑的前提假设：我信以为真的东西，有哪些读者也必须信以为真，才能够认为我的理由与主张相关（如果读者并不相信，就无法认真地对待我的论证）？

假设你想要论证的是，因为 18 岁已经是可以投票的年龄，饮酒年龄也应降低到 18 岁。在接受这一论证之前，读者必须相信什么样的一般性原则？

> 如果你到了可以投票、结婚或为国家而死的年龄，也就到了可以喝酒的年龄。

但这是真的吗？如果是这样，那或许是因为你相信一条更普遍的根据：

> 如果一个人到了可以承担基本公民责任的年龄，他就可以参与所有成年活动了。

但这是真的吗？为什么你这么认为呢？

在认同 18 岁的青少年可以饮酒之前，一些读者还必须认可另一些信念，它们与饮酒无关，但与整个议题相关。

> 我们在确认人在判断力上是否成熟时，不能只看年龄。
>
> 如果我们希望避免因过度沉溺于某一活动而导致的不良后果，那么，我们不应该禁止该活动，而是应该设法避免过度沉溺。
>
> 如果我们把许多人都认可的行为定为犯罪，我们非但无法阻止这种行为，反而会增加它的吸引力。

这些观点无一直接涉及饮酒，如果你基于这些假设反对 18 岁的年轻人饮酒，你肯定希望读者不会立刻拒绝它们。又如果你认为读者会拒绝，你就必须进行一场支持它们的论证。你还必须思考它们的局限性：这些原则在任何情况下都是正确的吗？也许，你最后决定不在论证中以上述原则里的任何一条作为根据，但弄清这些原则到底是什么，能让你受益匪浅。

将根据放在能发挥最大作用的地方

为根据找到最合适的地方很棘手，但这里有两条基本上靠得住的原则。

1. 在提出具体主张和理由之前，先列出重要的根据。如果你认为读者可能会拒绝它们，对其展开支持的论证。

   例如，假设你想论证学校应该教的是技能，而非枯燥的事实。你不要直接跳到理由和证据，而是先罗列出若干你有意论证的一般性原则。

   对年轻人进行教育的时候，我们的首要任务是帮助他们成为富有生产力、能够做出良好决定、遵纪守法的公民。（根据）（增加理由和证据以支持这一断言。）考虑到这一责任，（理由）我们的学校不应该将教学重点只放在传达事实上，还应该培养儿童批判性分析事实的能力。（主张）

2. 在你提供了具体的主张和支持理由之后陈述读者不大可能从逻辑上提出异议的根据，就像是点睛之笔，让读者感觉结论不可避免。

   对参议员 Z 的私人行为，我们无法再客观地看待。（主张）令人不快的事件报道实在太多，我们很难相信他在受指控的每一件事上都是清白的。（理由）说到底，无风不起浪。（根据）

以类比作为根据替身

你可以用类比来暗示根据。以下是基于根据的主张。

随着本书的展开，如果你开始感觉论证时反而少了些控制力，别担心。（主张）**当人们在学习一项需要复杂知识的困难技能时，尤其是最初学习这些知识的时候，几乎总是会表现变差，但随着运用知识获得经验，他们也会进步**。（根据）故此，在你掌握论证这门艺术之前，你会有一段困惑期。（理由）

我们可以将同一主张建立在类比的基础上。

随着本书的展开，如果你开始感觉论证时反而少了些控制力，别担心。（主张）一如医学生在成为专家之前，解读 X 光片的能力会可预测地变糟糕，在你掌握论证这门艺术之前，你也会有一段困惑期。（类比）

这个类比暗示，有一条未言明的根据涵盖了两种情况，并将已知成立的主张（下面这段话中的"一如"部分）和存疑的主张（下面这段话里"在你……之前"

部分）联系起来。当然，你也可以将二者结合起来。

> 随着本书的展开，如果你开始感觉论证时反而少了些控制力，别担心。（主张）人在学习一项需要复杂知识的困难技能时，尤其是最初学习这些知识的时候，几乎总是会表现变差，但随着运用知识获得经验，他们也会进步。（根据）一如医学生在成为专家之前，解读 X 光片的能力会可预测地变糟糕，在你完全掌握论证这门艺术之前，你也会有一段困惑期。（类比）

读者判断类比与判断根据相仿。他们必须首先相信，你的比较是真实的（即医学生最初获得经验时，解读 X 光片的能力会变糟糕，但之后才会改善）。接着，他们还要相信你的类比与你试图建立联系的主张和理由相匹配——解读 X 光片的能力变差与对论证感到困惑相匹配，成为解读 X 光片的专家与掌握论证的艺术相匹配。

使用类比

- 如果你认为，较之陈述笼统的原则，读者对生动具体的例子会更感兴趣。
- 如果你想不出怎样才能令人信服地陈述根据。
- 如果你已经陈述了若干相关根据，不想做得太多。

避免类比

- 如果读者有可能质疑你的比较。
- 如果读者不理解这种比较怎样适用于理由和主张。
- 如果读者有可能推导出和你不一样的根据。

◆ **样例**

类比

在这段文章中，影评人迈克尔·梅德韦德（Michael Medved）用类比为一项提案辩护，该提案要求年轻人在观看 PG-13 级和 R 级电影之前必须确认年龄。

怀疑论者对几乎所有当前的改革提案都表示了实质性反对。在如今的多放映厅综合影院，一个儿童也许会轻松地买上一张《泰山》的电影票，接着悄悄溜进播放

《黑客帝国》的放映厅。严肃的新政策还可能催生一个兴旺蓬勃的假身份证市场。与此同时，"禁果"效应说不定很快就会体现出来。成人内容更难看到，大概只会让它显得更诱人，更令人渴望。不过，这些论证也可以用来反对早已存在的购买烟酒的年龄限制条例。但是没有人怀疑此类限制减少了年轻人沉溺于此的程度。我们不允许 12 岁的儿童合法购买香烟，哪怕他们中有些人狡猾地避开了规定。

资料来源：Michael Medved, "Hollywood Murdered Innocence," *Wall Street Journal*, June 16, 1999.

协同工作

我们认识的大多数人都与我们拥有相同的信仰和价值观，故此，我们很少会想到根据。这也就是为什么哪怕是经验丰富的作家，也必须付出精力去弄清楚哪些根据是读者需要理解的。这时可以借助团队来提供外部观点。在阅读别人的草稿时，你要寻找逻辑上似乎有些跑偏的地方。

- 你想不出有什么事情是你特别无法认同的，但你就是不喜欢这段论证。它似乎没能"结合到一起"。
- 你不认同主张，但你又说不出论证中到底有什么地方导致了你的不认同。它给出的理由似乎不够好。

这些往往就是你希望作者给出明确根据的信号。如果团队强硬地探究这些不确定的点，就会迫使你陈述根据，解释自己的逻辑。

课后习题

思考题

1. 任何根据都可以放到更宽或更窄的范围应用。这里有一条较为宽泛的根据：

   如果一种表达形式鼓励暴力，就绝不应将它视为站得住脚的艺术表达形式。

   你可以将"表达形式"替换为更一般的"象征性行为"，拓宽它的适用范围；也可以将之替换为"歌词"，收窄范围。如果你改变了根据的范围，它成立的条件是否也发生了改变呢？

2. 是否存在这样的可能性：出于完全不同的根据，两个人却能认同支持某一主张的某个理由呢？比如，以下就有一条两个人或许都能认同的主张和理由。

应该按照曲线来打分，(主张) 这样我们就能知道哪些学生最值得关注。(理由)

但这里有两条不同的根据，都"涵盖了"该主张和理由。

如果社会想要识别出未来的精英，它应该采用一种能够明确区分绩效质量的方式。

每当你希望让老师客观地识别出最用功的学生，都应该强迫他们使用具有统计合理性的打分标准。

假设有两个人基于不同的根据接受了上面的主张。如果他们了解到对方的根据，他们就会不再认同这一主张吗？换句话说，有些一致意见会不会太过肤浅，无法存在于双方共同的认识当中？

3. 假设两人同意如下论证：

每当你希望让老师客观地识别出最用功的学生，都应该强迫他们使用具有统计合理性的打分标准。(根据) 故此，应该按照曲线来打分。(主张)

我们能否得出结论：由于这两个人认同同一条根据，故此，也有着更深刻的共识。假设他们的理由各不相同：

我们必须避免老师依据个性等肤浅事宜来评判学生，(理由) 故此，应该按曲线来打分。(主张)

我们必须确保老师能识别出不用功的学生，(理由) 故此，应该按曲线来打分。

(主张)

这两个理由，都可以视为根据理由方面的有效例子。但是，这两个人真的存在一致意见吗？他们感觉彼此之间存在共识吗？或许，当我们存在一致意见的时候，我们并不像自己以为的那么一致。有没有什么时候，我们应该满足于达成这种肤浅的共识？有没有什么时候，我们不应该这么做？

4. 我们已经讨论了推理的原则，它们就像是永远铭刻在我们的脑海中，哪怕并未明确将之陈述为根据，我们也根本没想到过。但如果你要将理由与主张联系起来，同时并未陈述根据，你的脑海中是否总是会有某条原则呢？换句话说，如果人们要将理由与主张联系起来，他们是否必须始终有一条原则可用来证明这种联系的正当性？又或者，他们将理由和主张联系起来只是因为没有什么东西与之矛盾？我们该怎样判断呢？

任务

5. 这里有一句根据，在许多人眼里，其适用范围属于中等水平：

   如果游客碰到访问国的地方风俗，她应该遵守该风俗。

   这一根据或许会叫你想起一句谚语：在罗马，就像罗马人一样做事（When in Rome, do as the Romans do）。这句谚语的适用范围，是比前述根据更宽还是更窄？再选择两句表达了你所相信的原则的谚语或俗语。将之重述为上文那样中等水平的根据。接着将它们变宽、收窄。原则变得宽泛之后，你还能接受它吗？如果不能，为什么呢？如果能，就再将它拓宽一些。你仍然能接受吗？

6. 有关善意或恩惠的根据，我们可以将之描述为义务的信号："如果情况 X，那么我们应该做 Y。"

   这里有一些通俗的谚语。将它们变成"如果，那么"式样的根据，接着判断它们暗示了什么样的关系。是因果关系、果因关系、表象－真实关系，等等？

   无风不起浪。

   一颗老鼠屎，坏了一锅汤。

   不可以貌取人。

   三思而后行。

   见微知著。

   它们分别适用什么样的限制条件呢？

项目

7. 找一本谚语词典，选择 10 条左右你认为奇怪、困惑、不真实的谚语。针对每一条谚语，尝试构建一个小故事，让故事里的人物遵循谚语行事。举例如下。

   阿兰娜星期六想和朋友塔尼娅去跳舞，但塔尼娅已经约了其他人。于是，塔尼娅对阿兰娜说："今天下午，我实验室有个人很乐意和你一起去。要我和他说说看吗？""也许吧，"阿兰娜说，"但我想先跟你去趟实验室。""为什么？"塔尼娅问。阿兰娜回答："三思而后行嘛。"

   创作一个小故事来让人理解谜题或不真实的谚语，你认为这困难吗？这能否说明你理解他人根据的能力水平？你能想象自己像故事中的角色那样行事吗？这能否说明你接受他人根据的能力水平？

写作重点

背景 谚语提供了对不同文化的洞见。例如，这里有一句我们先前提到过的谚语。

> 出头的钉子先挨砸。

这意味着如果你和其他人不一样，你就会被迫随大流，这是件好事。

这里还有一句日本谚语：

> 如果你爱孩子，就送他出家门。

它的意思是，如果你想让自己的孩子成为更大社群的一员，就送他出去，交由陌生人照料，好让他学习社群的行事之道。

英语中有相应的谚语吗？如果没有，这暗示了什么呢？

任务 这一项目需要合作行动。它的成品不是一篇论文，更像是一篇非正式的作文。花些时间和来自其他文化的同学在一起，询问他们的文化中有哪些谚语。一些谚语在英语里有类似的说法，另一些没有，请对二者加以区分。接着朗读一些英文谚语给外国学生听，问他们有没有什么相似的说法。接着，小组可分享发现所得。一旦你看到了相似和不同的地方，就可以想象一些情况，在这些情况下，来自另一种文化的人可能会对局面做出不同的阐释。

这里有一些谚语，你可以读给来自其他文化的同学听。请注意，所有这些谚语都与对待谨慎和大胆的不同态度相关。

> 早起的鸟儿有虫吃。
>
> 不入虎穴，焉得虎子。
>
> 滚石不生苔。
>
> 三思而后行。
>
> 蛋未孵出先别数小鸡，如意算盘别打太早。
>
> 趁热打铁。
>
> 一朝被蛇咬，十年怕井绳。
>
> 小心驶得万年船。
>
> 犹豫者必失良机。

一鸟在手，胜过两鸟在林。

如果你所听到的每一条谚语，在英语里都能找到类似的说法（或者反过来，你给出的每一条谚语，在别的语言里也有对应的说法），先别急着以为文化之间就没有差异。这或许意味着你还没有找到那些独特的谚语。

研究项目

场景　你已经为这一项目工作了很长时间，你甚至开始担心自己无法从读者的角度看待草稿。

任务　完成第一版草稿。针对每一主要章节的每一个主要理由，列出将之与主要主张相关联的根据。此外，也列出将该根据与其自身理由和证据相关联的根据。用"每当 X，那么 Y"的公式进行陈述。用下面的清单来检验你的草稿：

- 根据是真实的吗？它们适用吗？它们需要符合标准吗？
- 读者需要你在文本中真正陈述根据吗？
- 读者能接受它们吗？还是说，你必须将它们放在为其提供支持的论证里才行？

本章核心

关于论证

根据指的是一段一般性的陈述，明确或含蓄地为一组一般性条件与一组一般性结论建立关联。我们通常会这样表达根据：

> 如果儿童表现出暴力行为，那是因为他们受到了暴力电影、电视和电子游戏的影响。

但也可以用不那么明确的方式来表达根据：

> 暴力电影、电视和电子游戏会使儿童产生暴力倾向。

不管我们怎么表达根据，它的作用都是为了关联理由与主张：

> 玩电子游戏《真人快打》的儿童超过了以往任何时候。（理由）由于暴力电影、电视和电子游戏会使儿童产生暴力倾向，（根据）我们恐怕会看到有更多的儿童攻击其他儿童。（主张）

如果我们相信根据和理由，就不得不相信主张。

关于论证的写作

你可能会在以下 5 个方面遇到根据问题：

- 读者看不出你的根据。
- 他们认为根据不真实。
- 他们认为根据是真的，但需要加以限制。
- 他们认为根据不能"涵盖"理由或主张。
- 他们认为根据不适合你的受众。

在针对高度争议性问题时，请退后一步，问问你自己：读者对你的议题在整体上必须相信些什么，才能接受你的特定理由与你的特定主张相关。如果你认为读者无法认同你的根据，那么，你必须为根据进行独立的论证，将根据视为需要理由、证据和根据的主张。

第三部分

思考论证中的思维

本部分中，我们将讨论思考的质量怎样融入有着知识合理性的论证，以及我们怎样让审慎的读者注意到我们的思路，尤其是在有关措辞及其含义的论证或因果论证中。我们将聚焦于理性思考的质量，以及资深作者也容易掉进去的陷阱。

- 在第九章，我们将讨论3种思维方式（归纳思维、演绎思维和所谓的溯因思维），以及批判性思考者要防范的典型错误。
- 在第十章，我们将讨论，在有关措辞含义的论证中，你需要用到哪一种思维。
- 在第十一章，我们将讨论，在因果论证（包括那些你认为某人应该对某一行为的后果负责而进行的论证）中，你需要用到哪一种思维。

第九章

推理的形式

本章中，我们讨论 3 种推理形式：归纳、演绎和溯因。我们将向你展示认知偏误（即妨碍我们展开良好思考的可预测思维习惯）会怎样扭曲这几类推理。最后，我们讨论了批判性思考者用来避免产生认知偏误的一些策略。

我们已经告诉你怎样规划计划合理的论证，以及怎样将论证的各个环节和问题，作为批判性思考的工具。但我们尚未过多涉及这些过程中所用到的推理的质量。在本章，我们将解释 3 种推理形式（归纳推理、演绎推理和溯因推理），以及会对它们造成妨碍的缺陷。在做论证准备的时候，你不仅要意识到自己思考和写作中存在的这些缺陷，也要提防别人写作中存在的这些缺陷。

3 种推理形式

如果你读过一些关于推理的内容，大概已经知道了两种推理形式：归纳和演绎。哲学家们早在 2500 年前就将二者区分开来，但二者无一能再现我们大多数人真正怎样思考。更常见的一种推理叫作溯因。

归纳推理：从具体细节到一般性结论

如果你从具体的观察入手，接着对其总结出一般性的结论，这就是归纳推理。假设斯坦因教授多年来都在记录学生们是用台式电脑还是笔记本电脑写论文的，因为她正在研究电脑使用的趋势。一天，她查阅记录的时候，注意到使用笔记本电脑写论文的人，往往比使用台式机的人得分更高。为得出这一结论，她进行了归纳推理，从大量具体的事例来到了一般性主张。而这一主张，直到出现在她脑海中那一刻，她才意识到。这是纯粹的归纳：从具体细节到未曾预料的一般性结论。

演绎推理：从整体归纳到具体结论

如果我们的出发点不是具体细节，而是将一般性原则应用到具体的观察上，接着借助前者得出结论（这个结论必须比原则更具体），这就是演绎推理。想象一下，斯坦因教授对成绩和笔记本电脑产生了归纳式的见解之后，遇到了陈教授。斯坦因教授向陈教授讲述了自己的见解：在笔记本电脑上写作的学生往往比不用笔记本的学生获得更高的分数。他想，与去年相比，今年我有更多的学生用笔记本电脑写作，看起来，我给的分数会更高。

陈教授从斯坦因教授的归纳（在笔记本电脑上写作的学生得到的分数更高）开始，为它加上一个具体的观察（自己有更多的学生在笔记本电脑上写作），并得出了结论；这是纯粹的演绎推理（他会给更高的分数）。

（我们应该注意到，大多数哲学家对归纳和演绎的定义有些不同。对他们来说，演绎推理带来了一个必定是正确的结论；而归纳推理带来的结论，只是有可能正确，也可能不正确。）

溯因推理：从问题到假设再到确认

然而，上述例子具有误导性，因为这两个似是而非的故事都是我们编造出来的，而且，它们给出的结论也像是平白蹦出来的。事实上，我们很少这样推理，尤其是在对论证进行规划的时候。我们着手思考主张，几乎从来不是因为我们脑袋里碰巧有大量的随机数据或一大堆整体归纳，正等着我们提炼出见解。我们一般是从试探性的主张着手，因为我们有一个需要解决或需要答案的问题，同时又至少对答案有个模模糊糊的概念。

在进行这种思考（解决问题－寻找答案式思考）时，我们往往从直觉入手。我们一直在想象可能的解决方案（姑且称之为暂行假设吧），貌似能解决问题。接着，我们寻找数据来验证该假设。如果我们所得到的发现，很好地支持了我们偏爱的直觉／假设，而对其他竞争假设的支持没那么好（这一点很重要），而且，我们也没有找到与该假设矛盾的数据，那么我们就认为它是手头问题的最佳解决方案，至少在这一刻如此。

例如，假设斯坦因教授注意到，大多数在笔记本电脑上写作的学生比没这么做的学生得到的分数更高，她这么问（也就是说，她提出了一个问题）：难道说，在笔记本电脑上写作会带来更好的分数吗？为了检验这一假设，她从其他班级的学生那里收集了更多的数据，发现大多数在笔记本电脑上写作的学生都得到了更高的分数。于是，她暂时接受了一个可行的假设：在笔记本电脑上写作，是带来更高分数的原因之一。

她还想到了其他的一些解释：也许那些选择在笔记本电脑上写作的学生，就是更加勤奋。又或者，买得起笔记本电脑的学生有更多的时间学习，因为他们来自富裕家庭，不需要兼职打工。如果说，这两种解释里有一种是正确的，那么，光是使用笔记本电脑并不会带来更好的成绩；使用笔记本电脑，只是另一件事带来的，而后者同时能带来更高的分数：要么是学生更为勤奋，要么是他们有更多的时间。

于是，她进而提出了一个更具挑战性的问题：如果她所在的学校向所有学生提供笔记本电脑写论文，学生们全部（或者至少有更多的人）都会得更高分吗？为了检验"在笔记本上写作会得更高分"这一假设，她从其他班级和其他学校再次收集了更多的数据，这就包括按要求必须使用笔记本电脑的学生，自己选择使用笔记本电脑的学生，自己选择不使用笔记本电脑的学生，以及最重要的，没有选择只能在台式电脑上写作的学生。

然而，有一件事她永远做不到。那就是她没有办法一劳永逸地证明自己的假设／主张是正确的。她知道明天也许就有人拿出新的数据来，证明她的说法是错误的。这对每一个溯因主张都成立：它们只是多多少少有可能成立。哪怕人类眼睛看到的每一只鸟儿都长有羽毛，但所有的鸟都长羽毛也只是"有可能"正确，因为也许在某个地方就有一种没有羽毛的鸟（事实上，真的存在这种不长羽毛的鸟）。你永远无法知道。生物学家一度认为哺乳动物不下蛋，直到有人发现了鸭嘴兽。

溯因批判性思维的现实障碍

遗憾的是，对真正问题进行真正的思考，很少会这么简单。当你溯因推理时，其实朝着良好的批判性思考迈出了重要的一步：也就是，你谨慎但又尽量迅速地陈述问题，接着提出一些试探性的假设指导自己的思考，以求找到解决办法。但哪怕是溯因思考也容易因为一系列遗传的思维习惯影响而误入歧途，对于这些习惯，我们称之为认知偏误。认知偏误与年龄、智力、教育或专业知识无关，它是慢性的、不可治疗的，可一旦你知道了它们，你就可以用严谨的批判性思考防范它们，不管它们来自你自己，还是来自他人。以下是一些你可以尝试的方法。

不要用根据来代替证据

我们很容易认为自己的假设得到了很多支持（事实上的支持并没有那么多），尤其是对那些我们迫切渴望它们是真实的主张，或是那些我们本来就相信它们成立的主张。我们有好几种自欺欺人的做法。一种常见的情况是，如果我们用来支持自己主张的东西，只是另一个我们视之为根据的坚定信念，我们会认为自己掌握了"证据"。

批判性思考者怎样抵挡对"唯一真理原则"不理性执着呢？他们面对面（或在想象中）与他人接触，寻求不同的观点。他们质疑自己的原则，鼓励内心深处的声音不断发问："但要是有人问……你会说些什么呢？"

如果你怀疑自己的读者执着于"唯一真理原则"，你不太可能劝说他们改变立场。但如果你能揭示事情比表面上看要复杂许多，而且你的例子表明他们的一般性规则存在限制条件，那么，你有可能让他们变得不再那么确定。

不要随性地收集证据

仅仅因为针对某一主题收集了数据，并不叫进行了溯因思考。你必须收集证据来检验一个假设，这才是溯因思考。如果你针对一个主题随性地收集数据，指望问题甚至解决方案自己冒出来，那么，你依靠的主要是碰运气，而不是批判性思考。

假设斯坦因教授决定收集各种证据，看看还有没有其他变量与学生的写作质量相关。于是，他记录了学生的成绩，接着按他们是否戴了鼻环、是否穿全黑色衣服、是否开 SUV、是否出生在密西西比河以西等因素对其进行随机分类。这也不是纯粹的归纳思考，因为他至少将自己局限在写作主题上，并根据一些证据类别来划分成绩。但这么做，他会在根本不知道数据是否与主题相关的前提下收集大量的数据。

溯因思考始于检验一个看起来有几分道理的假设。只有这样，你才能知道该收集哪些具体的数据，以及怎样评估这些数据。

当心溯因思考中最常见的偏误

哪怕我们的确从假设入手，收集数据并对其加以检验，我们仍然有可能沦为最危险偏误（它也是理性批判性思考的最大障碍）的猎物：我们迅速想到一个假设，接着就对它念念不忘，这通常是因为我们希望它是真的。一旦我们有了答案，就会将自己的思考与它绑定，哪怕最佳证据告诉我们应该打消此念。

我们只需要从一个看似可行的临时假设开始；但有太多人并未尝试戳破这个假设，而是围绕它强化自己的想法，直到将假设变成一个坚不可摧的真理。这里有一些策略，批判性思考者会用它们来避免这类自我绑定。

有意识地寻找否定证据

一旦绑定了一个信念，我们往往会寻找支持它的证据，而不是与之矛盾的证据。例如，针对不少医生采用的诊断疾病的方式，研究人员发现了一个令人不安的现象。患者描述症状时，医生可能会迅速做出诊断，接着便要求做检测，以证明自己的诊断是对的。如果检验结果不确定，他们会要求进行更多的检验，希望确诊，如果还不能确定，再进行更多的检验。但研究表明，医生似乎不太倾向于要求做有可能证明其初诊有误的检验，哪怕这能更有效地检验他们的判断。

一旦你认为自己有了一个可靠的主张，你要停下来想一想：有什么证据可以否定它？接着去寻找这些数据。再没有比这更难也更有价值的智力锻炼了。再也没有什么比如下问题更能定义批判性思维了：什么东西有可能证明我是错的？

你读过什么样的汽车广告

你最可能阅读的汽车广告是什么？是你自己所开汽车的广告，还是其他品牌的汽车广告？市场研究表明，大多数人会读更多关于自己车的广告，因为我们不想看到其他车可能更好的证据。没有人乐意认为自己买错了车。

资料来源：Stuart Sutherland, *Irrationality: Why We Don't Think Straight*! New Brunswick, NJ: Rutgers University Press, 1992, P. 141.

客观地阐释证据

就算我们尝试收集多方面的证据，往往也会重塑自己发现的结果，让它符合我们的假设。斯蒂芬·杰伊·古尔德（Stephen J. Gould）在《人类的误测：智商歧视的科学史》（*The Mismeasure of Man*）中提到过一个很好的例子。古尔德在书中提到了塞缪尔·莫顿（Samuel Morton），他是一位 19 世纪初的科学家，在收集客观数据方面很有声望，他打定主意要证明欧洲人的大脑更大，所以比其他地区的人更聪明。为了测量大脑体积的大小，他用来自不同地区的人的头骨盛装芥菜种子，然后称量这些种子的重量，认为它们的重量与头骨的体积以及大脑的大小有关。他发现，装满欧洲人的头骨需要用到的种子确实比其他地区人的头骨里的种子更重，因此，他得出结论，欧洲人的头骨更大，因此大脑体积也更大（所以，也更聪明——当然，这些"因为""所以"的推理链并没有合理的支持）。

后来，他又用铅弹重复了自己的工作，因为铅弹的重量更为恒定。但当他这么做的时候，他惊讶地发现，头骨的大小差别变得小了许多。这个谜是莫顿自己报告的，所以，他显然是想要做到客观的。

推想起来，情况明显是这样的：为了让又小又轻的芥菜籽完全填满头骨，他必须轻轻拍打它们，而他似乎在无意间将欧洲人的头骨里的种子拍打得更紧实了。这样，他增加了种子的密度和总重量，让自己的证据指向了他想要得到的结论：欧洲人的头骨体积更大。

尽管这很困难，但你必须考虑到，如果有人付钱要你证明自己的假设是错误的，你会怎么做。问问你自己，我能找到比现有的更可靠的证据吗？我会怎样阐释现在手里已有的证据，让它反对而非支持我的主张？证据本身是否存在偏差？

不要否定矛盾的证据

我们不仅倾向于按照符合自己假设的方式收集、阐释证据；我们还容易抗拒那些不利于假设的证据。在一项研究中，研究人员找来两组对死刑持相反观点的学生，并确定了他们持有这些观点的强烈程度。接着，每组学生阅读两篇文章，一篇赞成死刑，一篇反对死刑。我们可能以为，既然学生各自阅读了一篇反对本人所持信念的文章，双方的观点会趋于缓和，最终走得更近。

事实上发生的情况正好相反。读了这些文章之后，双方的分歧比以前更大了。显然，双方都更对支持自己观点的文章给予了更多的分量，同时拒绝有违自己观点的文章，从而更加坚定地强化了此前的信念。

再一次想象有人花钱要你反驳自己的论证：我之前否定了哪些有违我主张的证据？

坚定信念的力量

我们秉持的信念会有多强烈呢，哪怕面对自己是错误的证据也毫不动摇？可以说，它强烈得超过了应有的程度。研究人员发给学生们一些伪造的自杀遗言，告诉他们有些是假的，有些是真的，并让他们挑出自己认为是真实的遗言。研究人员在学生这么做的过程中，告诉一部分人他们做得很好，告诉另一部分人他们做得不怎么样。最后，研究人员又告诉学生，所有的遗言其实都是假的，并询问他们觉得自己面对真正的遗言时表现会如何。听到研究人员说自己干得不错的学生比听到说自己干得不好的学生，更相信自己能挑选出真正的遗言——虽然这两组人，都知道自己被骗了。

资料来源：L. Ross, M. R. Lepper, and M. Hubbard, "Perseverance in Self-Perception and Social Perception: Biased Attributional Processes in the Debriefing Paradigm," *Journal of Personality and Social Psychology* 32 (1975): 880–892.

不要对自己太有把握

我们固守自己主张的另一个原因是过度自信。例如，你认为自己的驾驶水平，是高于平均水平、属于平均水平还是低于平均水平呢？超过 90% 的受试者认为自己高于平均水平，但这是不可能的，因为按照定义，有一半的司机必定是低于平均水平的。我们过度自信，并不是意味着我们愚蠢或是不成熟。如果我们一看到相反的证据，就轻易地改变自己的信念，那么我们就无法看到物质世界和社会世界中更深层次的规律。我们需要稳定的信念，过稳定的生活。但这种自信的代价是，对信念太过执着，哪怕到了应该改的时候也无法改变。这种行为就短期而言是划算的，毕竟，我们大多数人都是这样。然而，在学术和专业领域，我们应该采取更长远的视角。

所以，保持谦逊，别太肯定。尽管这很难，但哪怕你在内心深处确信自己是对的，也请想一想：万一我错了呢？

善于解决问题人士使用谨慎的语言

　　一位研究人员考查了擅长解决问题的人和在这方面能力比较弱的人所用的语言，他发现，能力弱的人往往爱用表达确定性和总体性的词语：不断地、每一次、所有、无一例外、绝对、完全、彻底、全面、毋庸置疑、不可否认、毫无疑问、当然、全然、只有、既不……也不……、必须、不得不。擅长解决问题的人却更多地使用表达不确定性、有限定条件的词语：时而、一般、有时、经常、通常、一点、特别是、在某种程度上、也许、可行的、可疑的、反过来说（另一方面）、可能、或许。

资料来源：From Dietrich Doerner, *The Logic of Failure: Recognizing and Avoiding Error in Complex Situations*, New York: Addison-Wesley, 1997

谨防证据不足

　　推理时最常见的一种偏误，是根据太少的证据草率地得出结论。从"全球变暖是个神话"的假设开始，有人将 1 月的寒冷打破历史纪录作为证据（支持全球变暖的人也会将 8 月热得打破纪录视为证据）。批判性思考者只有在认为你考虑了足够多的数据时，才会判断你的推理是合理的。

　　然而，问题不仅是知道读者眼里的"足够"是多少，还必须知道他们会不会秉持相反的观点（原因可能是他们自己掌握的证据不足、不具代表性、不精确，甚或不准确）。如果是这样，承认他们的部分证据支持其信念，但还要谨慎地暗示，除了他们所知道的证据，还有其他更多的证据。

写作过程

推理的形式

准备和规划

不要急于得出结论

　　按照批判性思考者的做法去做：

　　1. 考虑所有你能想到的解决办法。

2. 想象什么样的数据能够否定你的假设，接着去寻找这样的数据。

3. 如果你想不出能够迅速找到的否定性证据，就在做研究时观察它。

4. 客观地收集数据。问你自己："如果我反对自己的解决办法／主张，我能从中看出些什么？"

5. 客观地阐释数据。问你自己："如果我反对自己的解决办法／主张，我将怎样阐释这一证据？"

6. 收集比你认为所需证据更多的证据。

就算你要从你有意完全支持的解决方法／主张开始，也请遵循步骤 2～6。你或许不会改变主意（尽管你应该对这种可能性保持开放的心态），但它能帮你更好地预测读者的反对意见。

预见读者的偏误

要想展开良好的论证，你不仅要批判性地思考，还必须预见读者因为受认知偏误影响，无法批判性思考。他们怎样接受与自身信念违背的证据呢？他们做了什么样的过度概括？怎样才让他们跳出自己偏爱的解释和原则呢？要想撼动人最深层、最顽固的信念，哪怕它明显有错，也不太可能，所以，你必须找到方法，帮助他们看到自己的信念并不是在所有背景下随时都完全成立。你必须承认他们的信念，甚至承认这些信念一般而言是合理的，接下来，你要向读者指出，它们有限制条件，存在例外的空间。

课后习题

思考题

1. 想一个你崇拜的公众人物——政治家、作家、体育明星等。现在，假设你看到了该人性格上存在缺陷的可靠证据：他（她）贪污金钱，沉溺于赌博，从事违法交易，或是做了其他令人不安的行为。你的下意识冲动是什么：为他开脱？改变你的观点？感觉被背叛？保留你的判断？你认为哪种反应最理性？哪一种反应最常见？

2. 代入你的家庭成员或亲密朋友想象上述场景。你的下意识冲动是什么？这种反应是理性的吗？这时候理性反应是最好的吗？

本章核心

关于论证

传统的哲学家将推理分为以下两种。

- 从具体到一般的归纳推理：许多海水样本是咸的，因此海水一定是咸的（但也可能存在例外）。
- 从一般性根据和理由到具体主张的演绎推理：海水总是咸的，这水来自海洋，因此一定是咸的。

但更常见的推理是溯因推理，它从一个有可能解释待议数据的假设入手。在进行溯因推理时，我们会用任何看似恰当的推理来检验该假设。溯因推理以问题为驱动，对问题提出试探性的解决方法，并从该假设开始进行推理。

每种推理都容易受到认知偏误的影响。

- 在归纳思考时，你有可能根据太少的实例得出结论。为避免这种风险，你必须收集超过自认为所需限度的证据，并学习一些有关统计采样和分析的知识。
- 在演绎思考时，你有可能犯公式化思考的错误，你死记硬背住一条根据，将它应用到所有情况。
- 在溯因思考时，你可能会对脑海中闪现的第一个假设太过执着。为防止这种情况的发生，你要轻松地对待最早提出的假设，想象出更多的假设，有意识地寻找与你最偏爱假设不一致的证据。

关于论证的写作

在开始写第一稿之前，你就应该避免思考中的偏差。从你第一次选择一个假设开始到收集了所有证据期间，核对以下清单，确保你对自己正在发展的观点，做了批判性思考。

1. 考虑所有你能想到的解决办法。

2. 想象什么样的数据能否定你的假设，接着去寻找这样的数据。

3. 如果你想不出来否定的证据，就在做研究时观察它。

4. 客观地收集数据。

5. 客观地阐释数据。

6. 收集比你认为所需证据更多的证据。

第十章

关于意义的论证

我们在本章讨论的问题是，对词语与意义之间关系的思考。我们将向你揭示怎样根据意义进行论证：你在定义术语时，鼓励读者从按你希望的方式看待事物。

在大多数论证中，我们讨论的问题涉及词语及其含义，或其原因和后果，有时二者都会涉及，因为我们对某件事的看法塑造了我们对它应采取什么行动的看法。例如，几年前，一些国会议员得知国家艺术基金会这一联邦机构资助了罗伯特·梅普尔索普（Robert Mapplethorpe）的一场博物馆摄影展。梅普尔索普的照片常被认为过于露骨，甚至有人认为它们是色情作品。这些国会议员希望国会废除国家艺术基金会，因为后者提倡色情。

为了支持自己的主张，批评者必须进行 4 项论证。其中有两项是关于术语及其意义的。

- 色情作品的意思是什么？
- 是什么使得梅普尔索普的照片被归入这一类？

还有两项涉及原因和结果。

- 国家艺术基金会如何鼓励这些照片的传播？
- 关闭国家艺术基金会将如何阻止色情作品的传播？

批评者认为，如果他们能让每个人都将梅普尔索普的照片贴上色情标签，那么他们就有更大的机会赢得支持，做他们想做的事情——废除国家艺术基金会。许多专业和公民论证，都建立在言行之间的关系上。

> 如果竞技交际舞是一项运动，（定义）我们应该让它成为奥运会项目。（实践性主张）

反过来说，在学术界，研究人员经常围绕定义进行论证，不是为了让我们做什么事，而是为了帮助我们理解事情。

> "语言"这一术语泛指通过行为或符号来沟通信息。因此，据说蜜蜂用一种"舞蹈语言"，沟通怎样找到花粉的信息。但人类语言的作用不止于此。它不仅仅传达狭义定义的、可预测的信息，还包括当时特有的欲望、感受和想法。（定义）许多人认为，这样使用语言的方式，让我们拥有动物王国中独一无二的能力。但我们可以教黑猩猩学习手语，或触摸电脑屏幕上的符号，做类似的事情。尽管沟通方式很初级，但它们表现出了与人类使用语言类似的能力。（定义的应用）它们的能力，展示出远比我们猜测的更强大的认知力量，（理由）**让我们无法再认为自己拥有动物王国里独一无二的认知能力**。（概念性主张）

如果我们接受语言的这种定义，并同意黑猩猩做的事情体现了这种定义（这需要大量的证据），那么我们就有理由接受后面的概念性主张：我们无法再认为自己拥有动物王国里独一无二的能力。进行这一论证的人，或许还准备提出一个实践性主张：他们可能希望我们做某件事，采取不同的行动——例如，不再在医学实验里使用黑猩猩。但他们的基本目的是说服我们，从不同的角度思考我们在动物王国里所处的位置。

在本章中，我们将讨论优秀的批判性思考者怎样处理聚焦于词语、词语的意义以及选择特定术语所带来后果的论证。但首先，我们必须解释自己所用的部分术语。

一些术语

为了解释如何进行有关意义的论证，我们用了 6 个你知道的词——类别（category）、术语（term）、特征（feature）、意义（meaning）、标准（criteria）和定义（definition）。但我们将从一个你可能不知道的词开始——所指（referent）。

- 我们用词语或短语来谈论某事——一个人、一种物体、一件事、一个概念、一个想法等。我们所说的东西，既可能来自外面的世界（如埃菲尔铁塔），也可能存在于我们的意识（如 5 的平方根）。当我们用一个术语来称呼自己所说或所指的东西，我们就说，这是该术语的**所指**。

当我们谈论具体的事物时，最容易掌握"所指"的概念。如果有人问："当你说起苏的猫时，你指的是什么？"你可以抱起或指向那只特定的猫，也就是你脑海中的所指。如果有人问你："说到宠物猫，你指的是什么？"你就会觉得有点难以表达自己脑海中的所指了。你不可能将全世界所有的宠物猫都抱起来，你只能以单独具体的宠物猫为例。而对"数千年来，猫一直是家庭宠物"这句话里猫的"所指"，你或许也很难解释，因为这里的"猫"，指的是猫的抽象类别。故此，"所指"可以是世界上单独的一样东西，也可以是概括了诸多东西的一个概念，还可以是只存在于我们头脑里的一个抽象概念。

- 当我们想到类似事物的集合，我们会将它们分入**心理类别**（categories）。我们会创造大大小小的各种类别：事物、生物、动物、哺乳动物、猫科动物、猫、波斯猫、苏的波斯猫。

我们会创造一些类别，用来匹配世界上看似自然的分类，如树、狗、水、恐龙；我们创造的另一些类别，则是人强加给世界的，如责任、香料、比面包箱更大的动物，甚至"类别"这个术语本身。（自然界是否真的存在"自然种类"，还是说所有的类别都是人类强加的，这是一个未解的谜题，但这场争论我们还是留给哲学家吧。）

- 我们谈到类别，通常会用"术语"（term）为之命名。（使用"术语"而非"词语"，因为有些"术语"不是单个单词，而是短语。）"动物""哺乳动物""猫科动物""猫""波斯猫"，都既是类别的名称，也是这些类别的个别所指。术语随时都在更新换代：DVD 是一个新术语，留声机几乎已经消失了。我们还会发明短语来给我们无法用一个词来形容的类别命名，如"会飞的生物"。

- 当我们区分一个类别的所指和另一个类别的所指，我们谈论的是它们的共同特征和明显特征。波斯猫的明显特征是毛发蓬松，有哈巴狗的鼻子，会喵喵叫；暹罗猫的特征是躯体光滑，尖鼻子，嗷嗷叫。明显特征的问题是，可能没有一个特征是某个类别里所有成员都存在的。有人认为类别就像是刚性容器，所指要么在其中，要么就在其外。我们稍后会看到，这么想是错的。

- 我们基于一个类别与其他类别不同的特征，也基于我们对前者的联想、价值观和其他观念，赋予其**意义**（或是意思、含义，meaning）。接着，我们将该意义的一部分，附加到命名类别的术语上。故此，当我们想到猫的含义，会产生各种图像、概念、感觉等。和类别一样，意义也没有明显的界限。

- 心理学家令人信服地指出，我们所体验到的"意义"，更多的是一个整体，而不是若干单独部分之和。但当我们探讨一种意义时，我们必须将它分解为所谓意义"**标准**"（criteria）的元素。例如，如果有人问我们，"易碎的"（friable）这个词是什么意思，我们会说，它的意思是干燥的、容易碎、容易裂成小块。构成"易碎的"这一含义的标准，就包括干燥、容易碎、容易裂成小块。标准常常彼此融合。

- 当我们用词语陈述命名了类别的术语的某些意义标准时，就创建了**定义**（definition），它通常罗列了该类别所有成员所共有的独特特征。大多数定义都由命名了一个一般类别的词语构成，接着，我们用更多的词语进行修正，以收窄其意义。

为了理解有关意义的论证，我们必须牢记以下 3 件事。

- 我们制造定义。定义在自然界里并不存在。意义是某件刚刚发生的事，它通过我们和他人使用词语的方式强加给我们。
- 一个术语的意义，比它的定义要复杂许多。
- 最重要的是，我们不能用一个术语的定义来解决意义问题，尤其是"我们是否应该将某个特定的术语应用于某个特定的所指上"这类问题。

我们在决定怎样称呼某物时，会关注所指的不同特征，但基于情况和我们批判性思考的能力，我们还会关注很多其他事情，包括我们想要解决的问题。我们将水定义为两份氢和一份氧构成的化合物。但水的意义还包括与它有关的其他许多事实，如它覆盖了地球表面，为生命所必需，还能冲走污垢。如果它呈冰或蒸汽形态，我们不会叫它水，因为我们对这些术语的使用是很不一样的：如果问题是要洗手，我们不会要冰或者蒸汽，只要水。

如果我们希望将事物归入一个新的类别，我们会发明新的术语。例如，几年前，人们注意到一些开车人士（所指）表现出敌意行为。（共同特征）他们开车时咄咄逼人，对其他司机说脏话、比画愤怒的手势等。（共同特征）当人们想将这种行为的实例作为模式的一部分，他们就会创建一种此前没有固定术语描述的类别。起初，他们用不同的术语来指代这一类别：好斗驾车，方向盘后的敌意，等等。最终，一个说一遍就难以忘怀的术语与这一类别黏合到一起：路怒症。现在，如果有司机超我们的车，朝我们大喊大叫，挥舞拳头，我们就可以说，又一个路怒症患者。如果有人问我们什么意思，我们就可以指出一个具体的例子，描述一种典型的情况，或者给出一个定义：以带有攻击性、愤怒、敌意的方式驾驶。如果定义像本例显示得那么清晰，我们就无须围绕术语及其意义进行论证。但在一般范围内，所有人会以不同的方式，为词语定义不同的意义，用于不同的目的，以解决不同的问题。因此，对于单词的意义、它们命名的所指，以及我们应该如何使用它们，我们并不总能保持一致看法。

例如，假设你的朋友为你做了一顿晚餐，其中有一道菜你认为很难吃。你仍然吃了，还告诉他味道好极了。你故意说了谎话。但你会称它为"彻头彻尾的谎言"吗？如果你说谎只是为了对朋友表现友好，你或许会叫它"善意的小谎"，或者"无伤大雅的假话"。大多数人都不愿意将它叫作"彻头彻尾的谎言"，哪怕"从技术上说"，它的确是。换言之，为了解决一个社交问题，我们会选择这个术语而非那个术语：我们不愿意为说谎感到愧疚，所以，我们称这种谎言为"无伤大雅的假话"（fib）。

另外，假设你说这道菜很好，希望你的朋友再为他的（和你的）老板做一遍，结果导致他被开除了，而你得到了他的工作。你对同样的所指（一道难吃的菜）说了同样的话（晚餐很棒），但意图不同。现在，我们会将同样不真实的陈述叫作"无伤大雅的假话""善意的谎言"，还是一个真正的谎言？很可能是最后一个。

优秀的理性批判性思考者知道，意义是隐喻的混合，既圆滑又模糊，它在我们围绕术语及其意义进行论证时，对我们构成了挑战。

意义和问题

你术语的定义解决什么问题

　　和所有论证一样，要规划有关意义的论证，你要先问一下：是什么问题促使你做这一论证，它是概念性的，还是实践性的。

- 在概念性论证中，你要创造一个定义，帮助读者理解某件事，它对一个更宏大的问题非常重要。
- 在实践性论证中，你讨论意义，好让读者理解为什么有必要采取某一行动。

　　例如，在第一部分中，我们按照有助于你写出良好论证的方式，对论证做了定义。我们侧重于实践的结果和实现它的方法。如果这个定义对你有用，那么，我们一起解决了一个实践性问题：你将写出更好的论证。然而，如果我们要写的是论证的学术史分析，那么，我们可以对这个词进行不同的定义，因为我们的目标不是帮助你做某件与论证有关的事（写出更好的论证），而是帮助你理解这个词的意义有了怎样的改变，它对推理和沟通的社会史做了怎样的讲述。

　　所以，在动手之前，你必须明白是什么具体的问题激发了你的论证，你是想让读者理解某件事，还是去做某件事。

意义问题是某个更宏大问题的替代品吗

　　有时候，我们对自己想要解决哪类问题并不清楚，因为不知不觉地卡在了一个替代论证上。替代论证指的是用一个论证替代另一个论证，后者一般是我们想回避的论证，因为它的问题太大或者争议性太强，我们无法直接解决。有关意义的替代论证，一般会以两种方式将我们引入歧途：一个表面上有关定义的概念性问题，掩盖了潜在的实践性问题，或一个有关意义的问题，掩盖了价值观和情感上的冲突。

不要混淆词语（word）、定义（definition）和行动（deed）

　　当你和读者对术语有着不一致的看法时，优秀的批判性思考者不会以为靠着论证定义能取得什么成果。如果定义会对某个更宏大的实践性问题产生影响，那么，该实践性问题恐怕才是真正存在争议的地方。

这里需要注意的是，如果你认为自己必须展开一场概念性论证，而它又是围绕一个关键术语的意义和定义展开的，那么问问你自己：表面上的概念性论证有没有可能是另一场实践性论证的替代品。如果你发现自己围绕一个术语的"真正"含义来回兜圈子，退后一步，找出促使你当初要对这个术语下定义的实践性问题。问一问，用不同的术语来描述其所指，到底会产生什么后果？这一选择将带来怎样的结果？

如果你认为你的论证有可能是一个更大问题的替代品，尝试定义该问题，并直接面对它。如果真正的问题太大、太敏感、无法直接解决，试着解决该问题的一个方面。如若不然，你有可能让自己和读者都陷入了一场漫无目的、错失要点的辩论当中。

不要混淆定义和价值观

如果你未能意识到，你真正想要的是让读者和你一样去评估某事，由此产生和你同样的感受，你也是在制造替代论证。请看如下对话。

莫德：我认为《泰坦尼克号》是一部电影杰作，（主张）它从亲密的人性角度，感人地戏剧化再现了悲剧性的史诗事件，颂扬人类的勇气和为他人付出的自我牺牲。（理由）

哈罗德：我认为这是一部商业炒作片，（主张）讽刺地贬斥富人的自私和怯懦，无耻地恭维穷人的无私和勇敢，粗俗地调动我们的情绪，从而迎合阶级怨恨，以换取更大的票房。（理由）

莫德和哈罗德似乎关注的是一个给电影《泰坦尼克号》分类并为之寻找术语的问题:《泰坦尼克号》是属于电影杰作这一类，还是属于商业炒作这一类？他们本可以试着找出每一类别的标准，将之与电影的特点搭配起来，判断它到底属于哪一类——或许二者都沾。但他们充满价值观的语言表明，除了单纯的命名，还有其他东西事关利害。他们使用语气强烈的词语来唤起强烈的价值观和情感：前者是感人的、悲剧性的、史诗、颂扬；后者是粗俗的、讽刺的、无耻的、迎合。

如果哈罗德和莫德讨论《泰坦尼克号》是为了表达他们的价值观，或发泄他们的感受（其实这是同一枚硬币的两面），那么，他们论证的与《泰坦尼克号》"真正"是什么无关，而是关于自己对它有什么样的感受，自己希望别人怎么去做。如果是这样，那么，双方都不太可能通过论证定义来改变对方的感受。假设哈罗德仔细地按商业炒作片的标准一一对比《泰坦尼克号》的诸多特点，但莫德仍然回答说，"当然了，它就是商业炒作片，但那又怎样？它仍然是一部伟大的电影，我就是爱它。"

这是一场哈罗德注定要输的辩论，即使他表面上赢了，也于事无补。

需要注意的是：如果你希望别人喜欢或不喜欢、赞成或不赞成某事时，不要争论定义。你不能通过更改定义说服别人，比如某人是节俭而不是吝啬，是直率而不是固执己见。如果一个术语暗含了赞同或不赞同的含义，我们会将自己本来就有的评价和感受附加到它的意义上。我们总是先赞同（或不赞同），再使用评价性术语。

如果你发现自己陷入了一场围着定义兜圈子的论证，就应该采用优秀的批判性思考者的做法了：退后一步，问问自己是不是在做一场替代论证。不解决真正的问题，你就无法解决手边的问题。如果是，你恐怕要承担起一项艰巨的任务，将特点与标准一一搭配，指望用细节压倒对方。（就个人而言，本书的两位作者可以作证：这一招对妻子和孩子从不适用，他们彼此之间也用不了。）

📖 **阅读资料**

命名

在《作为顾客的学生：隐喻的含义及局限性》（本书第十五章第四节）一文中，吉尔·麦克米兰和乔治·切尼主张，"将学生视为顾客"是个比喻，并论证了它的误导性。而在《学生消费主义走得太远了吗》（本书第十五章第三节）一文中，迈克尔·佩纳尔（Michael Pernal）认同我们不应该将学生视为顾客，但他主张，"学生是顾客"不是比喻，而是将学生放到了错误的类别里。将"学生是顾客"当成误导性的比喻，还是当成错划了类别，这有什么区别吗？这是一个"真相"问题吗？如果不是，我们怎样判断，哪一种方法更好？如果麦克米兰、切尼和佩纳尔都同意"学校不应该将学生当作顾客"这一主要观点，那么，他们为什么要在乎读者是将它视为比喻还是分类错误呢？

怎样进行有关意义的论证

如果你要进行一场事关意义的论证，通常会有一个相对直接的目标：你想要读者以某种方式思考某一所指，所以，你向他们提供用某术语来称呼它的理由。如果他们确实用该术语称呼它，他们就会将所指放到术语所命名的类别里，进而引导他们按照你想的那样去思考所指。

　　假设说，你想论证某些照片（所指）并非色情作品，（术语1）而是情色艺术。（术语2）你必须构建一项论证，并在其中做两件事。

- 你必须给读者理由，以接受你关键术语的特定意义标准。因此，你首先要让他们认同你对色情作品和情色艺术的定义。这些其实就是根据：如果某物具有特征 X、Y 和 Z，我们就称之为色情作品。如果某物具有特征 A、B、C，我们称之为情色艺术。
- 你还必须给出理由，让他们看到所指（照片）的特征不符合色情作品的标准，但符合情色艺术的标准。

　　你或许很难做到这一点，因为意义并不像不少人想的（或希望的）那样，是固定的、确定的。有些哲学家将类别视为一种刚性容器，承装着根据"本质"所定义的意义，并将该意义与该类别与所有其他不同者相区分。他们主张，我们总是能够知道一个特定所指是否属于某一类别，因为如果我们努力地思考，我们就能找到定义该类别的固定基本标准，并判断所指是否具备与之相匹配的基本特征。

　　尽管哲学家希望我们以这种固定而可预测的方式使用词语和意义，但我们在现实生活中，尤其是论证当中，并不这么做。类别不是预制容器，参照物也不是事先就确定的与容器相吻合，如同圆钉对应着圆孔。在现实世界的论证中，我们会锉细钉子，撑大圆孔，好让它们彼此适配。

读者期待了解的是常见意义还是权威意义

　　为了判断你有多大的自由可拓展词语的意义，你必须判断读者希望你借助什么样的意义，是常见的，还是权威的。

- 常见意义指的是我们日常中对一个术语的非技术理解，就类似我们提到狗时的寻常意义。在日常交谈中，大多数人认为"郊狼"（coyote）是一种狗，而对大多数城市居民而言，连"狼"（wolf）也是一种狗。当我们在电视上看到"土狼"（hyenas），很多人会认为它们是非常丑陋的狗（尽管它们和猫的亲缘关系更近，最接近猫鼬）。

- 另外，权威意义，这是技术上"正式"定义的意义。比如生物学家在写一篇科学文章，涉及狗、狼和郊狼之间的演变关系，这时，他对狗一词所关联的意义，就是权威意义。对生物学家来说，土狼不是狗，一如猫不是狗。

如果读者期待你根据一个词的常用意义来使用它，那么，在一定范围内，你可以自由地塑造定义来达到目的。如果你受到一些露骨图片的冒犯，你可以称它们为色情图片（pornographic），我们都知道你的意思是什么。然而，如果读者期待你使用一个权威法律意义上的术语，他们会牢牢地将你钉在这个范围之内。

例如，最高法院规定，如果所指在"技术上"（即法律上）是色情的，那么，它的特征必须符合权威法律意义下的3个标准。在《布莱克法律词典》（*Black's Law Dictionary*）中，它们的定义如下。

①如果一般人，采用当代社区标准，发现作品整体上诉诸淫乱；②如果它以明显冒犯的方式描绘性行为；③如果作品整体上缺乏严肃的文学、艺术、政治或科学价值，那么，素材是色情或淫秽的（Miller v. California, 413 U.S. 15, 24-25, 93 S.Ct.）

在法庭上，批评国家艺术基金会的人必须在色情的权威定义范围内展开论证，才能主张那些令人反感的照片是合乎法律意义的色情图片。但在对家庭教师协会的演讲中，他们可以依靠常见意义，创造他们自己的"松散"定义：这些图片是色情的，因为它们将性降低到了动物行为的层面，从而贬低了人的尊严。

只是理论而已吗

没有哪个词比"理论"在科学界和公众心目之中存在的误解更多。科学家使用这个词，用的是它定义明确的权威意义，是指对一种现象所做的陈述清晰、支持充分的解释。故此，当科学家谈及量子理论或相对论时，她指的不是关于电子或光速的推测或未经证实的信念，而是一种在科学家群体中广为接受的解释。然而，在很大一部分普通大众中，理论有一个近乎相反的常见意义：单纯的猜测，一种预感或揣度。因此，有些人攻击达尔文的进化论，尤其是它被称为理论这一点，他们所指的是这个词的常见意义，而此常见意义，与生物学家们所用的权威意义是不一致的。围绕进化论展开争论或许有其理由，但进化论被称为理论不应该算在这些理由当中。

使用常见意义的策略

即使你有一定的自由去拓展一种意义，对所指加以塑造以与定义吻合，你仍受常识范围的限制。读者使用一个术语的次数越多，对所指了解得越多，就越有可能只接受符合他们对该事物感知的定义和描述。无论意义的界限有多么模糊，你都必须给读者充分的理由，把它应用到具体的所指上。以下有 3 种这么做的策略。

塑造意义的标准以及所指的特征，使二者相匹配

如果你无须使用权威意义，而是可以使用常见意义，那么你便可以塑造所指，使之符合意义，同时，亦可塑造意义，使之符合所指。这就像把钉子锉细些，好塞进圆孔；同时将孔钻得大些，好让它能容纳钉子。

当然，发挥也要受到约束，也就是说，我们的信念在多大程度上限制了我们所能接受的一些概念的常见标准。你可以自由地塑造特征和标准，但前提是，你不能违背读者坚决持有的假设。

将所指与模型相匹配

我们通常从离散标准的角度讨论意义，但心理学家指出，我们在思考大多数意义和类别时，或许采用的是不同的方式：当我们将一个术语应用到所指上，我们并不会对照意义标准核对清单来检验所指。我们会将它与自己认为该类别里最好或最典型的东西（心理学家称之为原型，我们这里叫模型）进行整体比较。这有点像是向读者展示你的木螺丝和明显与螺丝孔匹配的模型木螺丝是多么类似。

只有当读者认为模型是类别中的典型，并且认为所指与之非常相似，他们才会接受建立在模型上的意义。

你对模型和所指描绘得越是生动，你的论证就越有说服力。当然，你还是必须使用术语来描述模型，而且它们都有着意义的标准。因此，从某种意义而言，就算你创造了模型并将所指与它匹配，你仍然是在用特征来匹配标准，但这时候，标准不再是一份对照清单，而是用文字构成的一幅画。

将匹配与模型结合起来

你随时可以将特征匹配与模型结合起来。

我们的语言对意义施加了限制，如果违背了限制，我们就要承担风险。但在这些限制之内，我们可以自由地对所指、意义的标准和模型进行描述，以期解决我们的问题。

使用权威意义的策略

如果读者期待你使用权威意义，你的自由度就没那么大了。你通常必须接受规定标准，并按与之符合的方式描述所指的特征。例如，美国精神病学协会的诊断手册上将"纵酒"（alcoholism）这一常见术语划分为几种特定情况，并为每种情况规定了标准。最严重的情况是酒精依赖。如果一个人符合以下 4 条标准中的至少两条，那么他（她）就是酒精依赖者。

1. 耐受性：身体的细胞会适应高水平的酒精，从而减少酒精对其影响。
2. 失控（心理依赖）：当事人喝酒是为了缓解身体或情绪上的痛苦，但无法控制自己何时、何地或如何喝酒。
3. 医疗并发症：此人受到酒精带来的身体损害。
4. 戒断反应：当事人放弃喝酒时，会出现抽搐、幻觉或谵妄。

临床心理学家在专业背景下进行论证，必须遵守上述定义，因为它是职业道德准则和同业压力所强制执行的。如果他在论证某人是酒精依赖症，他会按照符合标准的方式来描述这个人的特征。

> 琼斯先生表现出了很高的耐受性，他在血液中酒精含量达到 0.2 之前没有表现出明显的影响，而 0.2 是他这种身材的人理论醉酒量的两倍。虽然他没有医疗并发症，但他的确表现出了心理依赖。他开始每天早上喝酒，通常是一个人，甚至在自己明知应该停下之后仍然继续喝。由于琼斯先生每天都喝酒，我们无法判断他是否出现戒断反应，但如果他停止喝酒，很可能会出现。

当一名权威及其背后的支持机构设定了意义的标准时，你必须将所指的特征与标准相匹配。这是一种单向契合，就像将一颗木钉匹配进坚硬的孔里：你不能改变孔，但你可以在一定范围内改造钉子。

在什么时候依赖权威定义

当一个领域的读者阅读本领域的专业文章时，他们希望看到作者使用术语时符合其权威意义。例如，"悲剧"和"喜剧"这两个词拥有常见意义，我们可以在日常对话里自由使用。但文学评论家对它们赋予了一些技术性定义。因此，戏剧课上的学生，在技术意义上使用这些术语，会显得更具权威性。实际上，当有志成为专业人士的人使用具有技术定义的术语的常用意义，会显得无知又幼稚。

另外，如果你的读者只理解术语的常用意义，而你却使用了一个权威意义，那么你就有可能让读者感到迷惑，从而破坏你的论证性格。不要尝试用权威的、技术性意义来颠覆其认识：读者只会反抗，一如我们在有关"理论"意义的辩论中所见。

例如，长久以来，医疗和环境科学家都未能将核废料、有毒废料或饮用水中微量金属的"真正"风险有效地教育给公众。直到最近，他们才意识到其中的原因：普通人对风险的定义和他们不一样。专家们对风险使用一种权威的、统计性定义，大致如下：

> 风险 = 发生概率 × 成本

风险是某件事（在一定时期内，在一定的接触水平上）发生的概率乘以其成本（死亡、损伤或疾病）。所以，科学家可能会说，如果你在距离核电站两英里的范围内生活30年，你因核电站而患上癌症的风险将是 0.000 001，这个风险比你在浴缸淹死还要低。但多年来，风险沟通专家一直无法理解，为什么普通民众不愿意接受这样的宽慰。

社会心理学家用了很长的时间才弄明白这一点，但现在他们理解，大多数人不会从统计学上定义风险（哪怕我们懂得数学），而是采用了普通人的常见定义。我们会根据以下 4 个因素判断风险。

1. 代价的大小：如果最坏的情况发生，会有大量人受到伤害吗？
2. 成本的即时性：如果最坏的情况发生，人们会立刻受到伤害，还是长期受到伤害？
3. 风险控制：我们的风险是取决于我们做些什么，还是取决于别人做些什么？
4. 风险的选择：风险是我们自己选择要承担的吗？

我们还有其他一些标准来定义风险，但这几点最重要：

> 风险 = 量级 + 即时性 + 缺乏控制 + 缺乏选择

只要风险专家对我们说的是他们的权威统计定义，他们就不可能说服我们相信，用卡车运送核废料穿过城镇只构成了"微乎其微的"风险。但现在他们已经知道怎样用我们的常见定义来解释风险，更好地帮助我们做出理性的判断。

如果你使用具有权威意义的术语，有以下两点需要注意。

● 如果你使用一个或许对读者有着专业意义的术语，请在专业参考书里查找它。

如果你不承认风险沟通专家的权威定义，在面向他们写作时会显得很愚蠢。

- 如果你针对普通读者写作，不要指望用权威定义推翻他们的常见定义。也许你认为自己的技术术语带有能说服读者的权威性，但它们很少做得到。你必须根据他们的认识调整自己的术语。

📖 阅读资料

定义之争

埃德·卡森在《消除纵酒》中的论证（本书第十六章第二节），从以下 3 个方面开启了定义之争。

- 共同基础比较了大学生对纵酒的常见定义，以及"公共卫生机构"对纵酒的权威定义。
- 问题被表述成了一个怎样称呼事物的问题："但这不是一个饮酒的问题；这是一个饮酒行为的问题。"
- 他的解决方法有赖于他对一个新术语——负责任的饮酒——的定义。

最重要的是，他还用一个关于"适度"定义的笑话作为文章的尾声。

为什么词典不能解决意义论证

如果我们说，对专家和运动员这一类普通词语，没有权威规定的标准，肯定有些人会想到词典。就连最高法院，也要依靠词典来解决有关"carry"[1]这类简单术语的意义之争。（如果你在犯罪时，你汽车的后备厢里锁着一把枪，那么，这能不能算成你在犯罪时"携带"了武器？基于词典定义，法院认为，是的，你"携带"了武器。）但优秀的批判性思考者知道，哪怕是最权威的词典也不能涵盖所有意义的全部复杂性，也很少有读者会看重词典定义甚于自己对一个术语"真正"意思的理解。

标准在词典定义中所扮演的角色

让我们看看艾琳和朋友伊森的对话。

---

[1] 可译为搬、运、携带等。——译者注

艾琳：如果冰上舞蹈是奥运会项目，而冰上舞者是运动员，那么，为什么交际舞不能成为体育项目，参赛的舞者不能被视为运动员呢？

伊森：我无法接受。跳舞是一项娱乐，就和芭蕾舞一样。

艾琳：那又怎样？奥运会是一项娱乐，艺术体操和芭蕾舞类似，花样游泳也一样，但它们都被视为体育运动。

伊森：你就是不明白体育运动（sport）和运动员（athlete）的真正意义。我们去查一下《韦氏词典》好了。

伊森会发现，这些字典上的定义分为以下两部分。

1. 命名了一个一般类别（有人称为"genus"，属或类）的词语或短语。
2. 更多地将该一般类别缩小到一个特定类别的词语或短语（有人称之为定义物种的术语）。

运动员（athlete）：在要求力量、耐力或身体敏捷性的比赛中竞争的（具体标准）人（一般类别）。

体育运动（sport）：一项需要技能或身体能力的（具体标准）活动（一般类别）。

如果词典定义能帮助我们将这个词的意义与其他词语区分开来，它就达到了目的。有人或许认为，这样，我们就能知道，这个词语是否正确地命名了所指。但如果伊森相信这个说法，那么，他会得到一个合乎逻辑但不受欢迎的结论。

伊森：嗯，这里说运动员是"人"，他们"在要求力量、耐力或身体敏捷性的比赛中竞争"，所以，我想交际舞舞者符合运动员的标准。而且，它之后又说，体育运动是一项"活动""需要技能或身体能力"，而竞技舞蹈确实是这样的。所以我想你是对的：探戈应该成为奥运会比赛项目。

他得出了一个合乎逻辑的结论，但只有极少读者能够接受。

词典标准对常见意义的局限性

以下有两点关于词典定义的事实。

● 词典定义列出了区分一个单词和其他单词的足够标准，但仅此而已。

然而，意义比定义要复杂得多。词典定义之于意义，就如同一幅画在餐巾纸上的巴黎地图之于真正的巴黎。大量的细节丢失了。

- 一个术语的词典定义，不能告诉你一个特定所指是否属于该术语命名的特定类别。

在确定怎样称呼所指时，我们会用所指的许多特征作为意义的标准，但这些特征，又并未出现在词典里。

例如，我们在判断是否将一项活动称为体育运动时，历史是一项相关的特征——而这是词典定义里不会提到的。冰上舞蹈于 1976 年成为奥运会比赛项目，部分原因在于它和花样滑冰（已经成为奥运会项目）相关，而花样滑冰又和速滑有关。说话人去掉了意义的特定标准，将"体育运动"所命名的类别扩宽了：如今，如果你穿着溜冰鞋做任何需要技巧和力量的事情，它就是一项体育运动。或许有一天，你做了些需要大量技巧和力量的事情，不仅是穿着溜冰鞋，也可以是任何特殊的"鞋"，比如雪地靴、旱冰鞋、爬杆甚至高跷，你也可以参加奥运会比赛。

如果伊森进行批判性思考，他就能通过检验词典对运动员和体育运动的贫乏标准，看出词典的局限性。如果任何参加要求力量、耐力或身体敏捷性比赛的人都是运动员，那么，美国小姐的参赛者是运动员，小提琴手、伐木工人甚至厨师，都是运动员了。但这有违我们对"运动员"一词的常见使用，我们对"真正"运动员的认知，更多地建立在我们对"真正"运动员的心智模型上，而不是建立在词典里列出的标准上。

词典标准对权威意义的局限性

你或许认为，官方认可的只收录权威定义的词典，不再有着与标准词典类似的局限性，但是这些权威标准，最终会遇到与常见定义相同的问题。

例如，因为国家艺术基金会支持色情作品而想要将之废除的批评人士，或许引用了《布莱克法律词典》中所列的权威标准，作为色情的法律定义。

- 如果一般人，采用当代社区标准，发现作品整体上诉诸淫乱。
- 如果它以明显冒犯的方式描绘性行为。
- 如果作品整体上缺乏严肃的文学、艺术、政治或科学价值，那么，素材是色情的或淫秽的。

根据这些标准，批评家们可以进行一场标准匹配式论证，主张某些摄影作品是色情的。但这里的简单，只是表面上看而已，在定义作为命名标准的术语时，它们会遭到挑战。对淫乱这一标准，用什么标准来定义？我们可以查找《布莱克法律词典》，寻找这个词的权威定义。

结果，我们碰到问题了："淫荡"的标准让我们去看"下流"，但"下流"的标准又将我们推回了"淫荡"。

这就是为什么，归根结底，优秀的批判性思维者，不会机械地将自己的论证建立在任何一种基于标准的定义上。立法者和科学家可以为"色情"或"行星"的意义设定标准，但这只是将问题往下推了一步：使用什么术语为标准命名，而这些术语，又使用什么标准来定义？后一些标准使用什么名称来定义术语，依此类推……你懂我的意思了吧。到了某个地步，标准又回到了自己身上：淫荡意味着好色，好色意味着淫荡。最终，所有这些标准都取决于我们认同某一意义，无须标准或论证提供支持。

定义最终只取决于我们的一致意见。但这不是问题；这是个机会。它把我们从所有的词典定义中解放出来（至少给了我们一些回旋空间）。通过定义标准，我们可以在一定限度内发展自己的意义。哪怕针对色情的法院权威法律定义，最终也取决于"一般人""社区""严肃的艺术价值"等术语的标准，所有这些术语，都有赖于常见意义。

本书前面提到的那位印度智者告诉我们，世界伫立在大象的背上，而大象站在乌龟的背上：那之后一路下去都是乌龟了。到了某个阶段，我们必须停止询问乌龟的意义，因为每一只乌龟的意义，都取决于下一只。

冥王星问题

我们将冥王星称为一颗行星还是一大块冰（冥王星本身更像一大块冰，而不是一颗行星），似乎并不涉及多少利害关系。然而，经过多年的争论，国际天文学联合会（International Astronomical Union）在 2006 年决议，冥王星不可能是一颗行星，因为它不符合"清除了轨道周围的其他行星"这一权威标准。国际天文学联合会创造了一种新的"矮行星"类别，并以冥王星作为原型。这些科学家将冥王星从行星降级为矮行星，不仅仅是因为他们希望人们了解冥王星本身，而是因为他们希望人们对行星的整体情况有所理解。为了解决怎么称呼冥王星这一概念性问题，他们创建出保留了最大知识一致性的定义。

如果你尚未深入一个进阶研究领域，知识一致性（intellectual consistency）的问题似乎显得很遥远，甚至是吹毛求疵。一旦你进入了一个专业领域，你就会发现，人们不仅会用"你提出的定义是否解决了你局部的概念性问题"来检验你的概念性论证，还会用"它是否与构成你所在领域的所有知识、原理、事实和信念相一致"这一点来加以检验。

◆ **样例**

挑战信念的定义

在概念性论证中定义术语时，我们通常会遵循一致性规则。然而，有些作家给出的定义新颖而又极具说服力，竟然改变了人们普遍接受的信念。我们称这样的人为天才。艾萨克·牛顿就是其中之一：他重新定义了引力（gravity）这个术语，不仅彻底改变了物理学，也改变了常识，直到爱因斯坦再次对它进行重新定义。另一位是查尔斯·达尔文，他提出的"自然选择"（natural selection）一词挑战了人们对科学、历史、宗教和社会的普遍信念——我们至今仍在围绕它进行争论。在下面的段落中，达尔文反思了他提出的术语所造成的麻烦。尽管这个术语极具革命性，他仍努力让自己的定义吻合"自然"与"选择"的常见意义，而不是与之矛盾。请注意他是怎样寻找与自己标准相匹配的熟悉类比，让"自然选择"显得自然的。（还要注意，他是多么娴熟地使用承认和回应。）

有几位著者误解了或者反对"自然选择"这一用语。有些人甚至想象自然选择可以诱发变异，其实它只能保存已经发生的、对生物在其生活条件下有利的那些变异而已。没有人反对农业学家所说的人工选择的巨大效果；不过在这种情形下，必须先有自然界发生的个体差异，然后人类才能依照某种目的而加以选择。还有一些人反对选择这一用语，认为它含有这样的意义：被改变的动物能够进行有意识的选择；甚至极力主张植物既然没有意志作用，自然选择就不能应用于它们！照字面讲，没有疑问，自然选择这一用语是不确切的；然而谁反对过化学家所说的各种元素有选择的亲和力呢？严格地讲，不能说一种酸选择了它愿意化合的那种盐基。有人说我把自然选择说成了一种动力或"神力"；然而有谁反对过一位著者说万有引力控制着行星的运行呢？每一个人都知道这种比喻的言辞包含着什么意义；为了简单明了起见，这种名词几乎是必要的，还有，避免"自然"一词的拟人化存在困难；

但我所谓的"自然"，只是指许多自然法则的综合作用及其产物而言，而法则则是我们所确定的各种事物的因果关系。只要稍微熟习一下，这些肤浅的反对论调就会被忘在脑后了。[1]

写作过程

有关意义的论证

准备和规划

预见有关意义的问题

最常见的争议主张，大概莫过于类似这样的疑问了："但这不是取决于你说的……意思吗？"确认你的关键术语，接着想象读者问"你说……是什么意思"，进而预见这个问题。如果你的论证实际上取决于一个有可能存疑的意义，那么，你必须定义它、阐释它。例如，"专家指的是……（什么样的）人，如……"

选择策略，匹配所指和意义

在进行有关意义的论证时，你可以创建模型，充当所指的参考基准，将特征和标准匹配起来（或是反过来），或同时完成这两项任务。

构建模型

要为一个类别构建模型，请合上字典，让想象力运转起来。例如，想象一个爱国者的"真实"例子，然后用符合你所指的方式，让这个形象鲜活起来。问题在于，对于类别里的模型实例，以及将之适用到的所指，人人都有略微不同的形象。故此，要将论证建立在模型上，你必须判断你的模型和所指形象与读者心目中的形象有多么接近。

如果你是一名优秀的批判性思考者，你还会将你的所指形象与读者的所指形象相比较。

---

[1] 达尔文 . 物种起源 [M]. 周建人，叶笃庄，方宗熙，译 . 北京：商务印书馆 . 1997：95-96。——译者注

如果你眼里的专家形象与读者眼里的相符，那很好；如果二者不相符，你就有麻烦了。承认差异，并努力让你的模型与读者的相一致。如果这不管用，就去找一种不依靠模型的方法来进行论证。

寻找类比

较之模型，类比能带给你更多的回旋余地，因为你不需要一个类别的典型原型，只需要一个明确的例子。类比诉诸的是知识一致性。

1. 所指 1 类似所指 2。

2. 我们说，所指 2 属于类别 C，故此，我们用术语 T 来称呼它。

3. 故此，逻辑一致性允许我们用术语 T 来称呼所指 1。

例如，在争论纵酒到底是致残性疾病还是性格缺陷的时候，持前一种看法的人会将纵酒与其他精神疾病相比，而持后一种看法的人，会将它与其他性格缺陷相比。

> 纵酒（所指 1）是一种性格缺陷（术语 T），类似懒惰或自我放纵（所指 2），因为如果纵酒者想要康复，他们就能做到，一如只要愿意，懒人也能够起床去上班。（独特特征）这意味着我们开始支持懒人吗？（诉诸知识一致性）
>
> 纵酒（所指 1）是一种疾病（术语 T），类似抑郁症（所指 2），因为它和抑郁症一样难以克服，同样令人虚弱。（独特特征）如果我们不帮助纵酒者克服其病情，这意味着我们会放弃对精神分裂症和抑郁症等所有精神疾病的支持吗？（诉诸知识一致性）

要让类比发挥作用，你必须说服读者接受两项主张。

- 所指在相关方面是类似的。
- 它们应该适用于逻辑一致性原则。

彻底回避定义

如果你认为读者恐怕绝对不会接受你的定义、模型、类比或历史诉求，不妨这么做：你将焦点放在问题以及解决的方法上。例如，关于纵酒的概念性论证有可能是另一个更宏大的务实问题的替代品：也就是，我们应该为纵酒采取些什么行动。

- 许多人将纵酒视为性格缺陷，因为他们认为，如果我们称它为疾病，就破坏了个人责任，鼓励纵酒者将自己视为无助的受害者。

- 许多人将纵酒视为疾病，因为他们认为，如果我们称它为性格缺陷，我们就是在鼓励人们忽视自己身而为人、照料那些无法克服致残痛苦的责任。

站在这个议题两方的人尽可以无休止地围绕性格缺陷和疾病的标准展开辩论，但更有成效的策略或许是忽视定义，根据我们对纵酒者采取什么样的措施，聚焦于会出现什么样的好坏情况，会招来什么样的利弊。

草拟

创造空间，重新定义术语

有一些单词和短语可为你带来定义术语、构建模型的空间，以满足你的目的。当你需要反对一种标准定义的时候，你不妨将自己的定义描述成你是在给"真正的"东西下定义。如果你想拒绝别人的定义，用诸如"宽泛的""广义的""从技术上"或"严格地说""狭义定义"或"广义定义"等术语来对其进行描述。

> 宽泛地说，任何有一技之长的人都是专家，但真正的专家是……
>
> 从技术上讲，风险是一种数学概率，但它实际上是一种感觉……

引入词典定义

由于词典定义能解决的问题很少，一般来说，应该避免使用它们。任何术语，只要存在重要得需要定义的常见意义，对词典定义来说都太复杂了，但如果你觉得需要词典的帮助，也不要单纯地引用。

相反，你可以改写它的定义，用常见意义来介绍它。

如果你需要正式地引入一个权威意义，请重新措辞；不要在正文中引用定义或提及词典，而要提及词典定义背后的权威。

> 大多数风险沟通专家将风险定义为……
>
> 色情作品的法律意义取决于最高法院规定的 3 项特征……
>
> 根据美国心理学会，纵酒是……

用引文来记录该定义。

课后习题

思考题

1. 如果所有能唤起性冲动的艺术都是色情的，那么，这是否意味着情色（erotica）和色情（pornography）是一回事？这是否重要呢？请从这样或那样的术语有助于你解决什么样的问题的角度来思考。

2. 没有词语时，是否就没有意义？为什么？是否存在没有意义的词语呢？如果没有，为什么没有？

3. 国际天文学联合会宣布冥王星不再是一颗行星的时候，很多人都讨厌这个意见。在互联网上搜索一番，你能找到 10 条对国际天文学联合会的负面回应。它们中有多少提出的是概念性问题？有多少提出的是实践性问题？概念性和实践性的抱怨有什么不同之处？

4. 不同定义存在冲突的当代例子，这里还有一个：尼古丁是一种成瘾性药物吗？有哪些彼此冲突的定义？这场论证"真的"是关于定义的吗？它所牵涉的真正利害是什么？这也是一场替代论证吗？

5. 一般而言，我们认为真相和谎言是对立的。但这里存在真正的对立吗？你能既不讲真话也不撒谎吗？你能既讲述真相却又在撒谎吗？你怎样回答这些问题，是否重要呢？

6. 在判断某事应该用以下哪个术语来称呼时，有可能涉及哪些利害呢？

艺术——工艺	宠物——家畜	运动员——竞争者
运动——游戏	成瘾——习惯	家庭主妇——操持家务者
古怪——精神疾病	仇恨言论——自由言论	
经济停滞——萎靡——衰退——萧条		

7. 阅读或完成任务 8；如果你只阅读，那么不妨用上片刻时间想一想你会怎样完成它。较之你尝试的其他任务或项目，它是否唤起了你更强烈的感受呢？如果没有，你认识会因为它而产生强烈感受的人吗？这说明任务的本质是什么？这说明事物的法定名称里涉及了哪些利害关系？

任务

8. 近年来，我们的社会为很多东西重新命了名。在两位作者小时候，坐在轮椅上的人会被人叫成"残废"（cripple），后来，这个词换成了"残疾"（handicapped），接着又换成了"病残"（disabled）、"不灵便"（differently abled）或"身体障碍"（physically challenged）。尽管有些人抱怨我们做得过了头，并对以"障碍"结尾的术语感到恼火。语言做出这类改变是有着充分理由的。想想以下两两成对的术语，其中之一一度很常用，但如今会被视为冒犯无礼；而另一个术语则是政治正确的替代用语：

残废——病残；酒鬼（drunk）——纵酒者（alcoholic）；智障（retarded）——心智障碍（mentally challenged）；老（old）——年长（elderly），等等。

对每一术语：①列出你的意义标准；②口头描述每一类别的模型实例。你的标准会随着词语的变化而改变吗？你的模型呢？这说明，改变敏感类别的术语有什么样的价值呢？

9. 检索互联网，寻找与成瘾有关的网站。人们在成瘾这一分类中包括了多少种不同的情况？列举5种你认为不是"真正的"成瘾或处于边缘的情况。为什么它们不符合成瘾，为什么它们属于边缘状态？这说明你对这个术语是怎么理解的？为什么网站上的作者想称它们为成瘾？

10. 有些词语的意义似乎和其他词语是相对不同的：三角形——圆形，奇数——偶数，等等。不过，还有一些词的意义相对性更强烈。一座非常高的小丘（hill）和一座非常矮的大山（mountain）有什么区别？一条非常窄的大路（road）和一条非常宽的小径（path）有什么区别？我们有时无法从世界中截然分清这样的对立，但这并不意味着不存在大山小丘、大路小径这样的东西。想象这样一个场景，你必须在称某物为"高得罕见的小丘"或"矮得不寻常的大山"之间做出选择。你会提出的第一个问题是什么？

项目

11. 1990年，一支22人小组批准了一个新的纵酒定义，希望这个定义：①在科学上成立；②在临床上有效；③可以为公众所理解。他们的工作获得了美国酒精和药物依赖委员会以及美国成瘾性药物协会的赞助，后者是一家致力于对成瘾人士进行有效医疗和社会治疗的组织。他们的目的不是要改变专家对纵酒的诊断标准，而是要给出信号让公众留意，以便人们更快地采取干预举措。这些组织的目标，对他们采用有别于美国心理学会的纵酒定义产生了怎样的影响？ 1990 年的定义中有哪些部分与确保成瘾人士获得公正待遇这一更大目标有着最密切的关系？相较于美国心理学会的定义，它们是否在客观性上有所削弱？在科学性上有所削弱？

以下是美国酒精和药物依赖委员会的定义，并包括了每一重大标准的定义。

纵酒是一种原发性慢性疾病，遗传、心理和环境因素均会影响其发展和表现。这种病常常是渐进且致命的。它以持续性或周期性为特点：对饮酒的控制能力减弱，沉迷于药物酒精，尽管有不良后果仍使用酒精，思维扭曲，并以否认最为明显。

原发性……指的是，纵酒作为一种瘾，不是一种潜在疾病状态的症状。**疾病**意味着非自愿失能。它代表了一群个体所表现出的异常现象的总和。这些现象与一组特定的共同特征相关……这使得当事人处于不利位置。

常常是渐进且致命的，指疾病会持续一段时间，身体、情绪和社交上的改变往往是累积的……**控制能力减弱**意味着无法限制酒精使用或无法持续限制……饮酒的持续时间、饮酒量，以及／或者饮酒的行为后果。**沉迷于**……表示过度地专注于药物酒精、它的作用，以及／或者它的使用。当事人赋予酒精的相对价值，往往会导致其精力偏离重要的生活事务。**不良后果**是在以下领域出现与酒精相关的问题或损害：身体健康……心理机能……人际交往功能……职业功能……以及法律、经济或精神问题。这里所用的否认……广义上包括一系列的心理策略，旨在降低自己觉察到如下事实：使用酒精是其问题的成因，而非解决这些问题的办法。**否认**成为这一疾病不可分割的一部分，也是康复的主要障碍。

本章核心

关于论证

如果我们想让读者理解某物是什么，通常会进行有关意义的论证：在实践性论证里，这是因为我们相信，"它是什么"为针对此事采取行动提供了正当性；在概念性论证中，这是因为我们相信，理解"它是什么"有助于我们理解一个更宏大的议题。

有关意义的论证，几乎总是针对以下两个议题。

- 什么样的意义标准，定义了拟议术语？
- 所指的什么特征，使之符合被该术语命名的资格？

你的问题是，用以下 3 种方式之一，将特征与标准匹配起来。

- 如果要提及一个标准由某权威机构规定的权威意义，你必须接受这些标准，并按符合标准的方式来描述所指的特征。例如，"美国公民"的标准相对固定；故此，你几乎没有调整它们的自由度，只能调整所指的特征，使之符合标准。
- 如果要提及一个常见意义，你可以塑造它的标准和所指的特征，只要你的所作所为在读者对该术语和所知的常识理解范围之内即可。"优秀的美国人"的常见含义十分灵活，你可以调整它，使之符合差异极大的所指。
- 如果你提及常见意义的模型，在读者可接受的该术语常识意义范畴内，你可以自由地描述读者能够接受的任何模型，并可以自由地描述所指与模型相吻合。读者知道许多美国人的模型，你可以选择符合你所指与目的的任何一种。

在概念性论证中，读者期待定义与自己所知的其余一切保持一致。冥王星究竟是一颗行星，还是块特别大的太空碎片，与其说取决于冥王星本身，倒不如说取决于我们对行星和太空碎片的完整知识和信念体系。

在基于意义的论证中走偏，可能是出于以下两种情况。

- 你不自觉地用有关意义的论证来替代另一些议题（既可能是实践性问题，也可能是一个有关情感和价值观的问题）。

如果意义问题背后有一个更宏大的问题，它涉及价值观，有着你不愿意直接应对的后果，你很有可能陷入替代论证。

- 你使用词典定义，以为它们有着比实际上更多的权威感。

仅仅凭借词典无法解决意义问题。你要预见读者期待你使用什么类型的定义。如果他们是专家，请根据他们所在领域的标准来使用相关术语。然而，如果你是专家，并要针对不是专家的人写作，你就不能假设读者会接受你的权威定义，不管它在学术或技术上有多大分量。

关于论证的写作

在计划论证时，列出你认为会用到的每一个关键词。如果你自信读者能像你一样理解这些词，不要给它们下定义，尤其是不要按照标准词典下定义：你会让自己显得不够肯定。如果读者不能和你一样理解这些词，但不会质疑你的意义，那就顺便下个定义，比如类似如下对"主题"的定义。

> "你说……是什么意思？"这是关于论证（尤其是关于你的关键主题）再常见不过的问题了。所谓的关键主题，就是你会在主要主张里提及这些术语，并在正文中多次重复。如果你预料到读者不认同它们的意义，就要对其进行明确定义。

如果你在进行一场有关意义的论证，陈述意义，描述所指，并说明二者如何匹配，好让读者同时接受三者。

- 如果你论证的是权威意义，请这样做：
  ——陈述你的标准，好让读者意识到它们是权威的、规定的。如果你想确定读者真的会这么做，引用一份技术性的参考著作。
  ——逐一描述你所指的各项特征，好让读者看到每项特征怎样与规定标准相符合。如果符合情况并不明显，那么不妨通过一次小的论证给予支持——进而巩固你先前更大的论证。
- 如果你使用标准论证常见意义，请这样做：
  ——陈述你的标准，使之与所指的特征相匹配，但仍要在读者的常识范围内。
  ——逐一描述你所指的各项特征，好让读者看到每项特征怎样与你的标准相符合。

如果读者对你的标准或符合度提出疑问，你可以进行一次小的论证来给予支持。

- 如果你用模型来论证常见意义，请这样做：

——描述模型，好让读者意识到它是自己对术语常识理解下的典型。

——描述你的所指，好让它与模型尽量接近，并与读者对其的常识理解相一致。

如果读者对二者的匹配度提出疑问，那就进行论证给予支持。如果读者拒绝接受你的模型，那么，也不要进行论证让他们接受：模型的运作方式不是这样的。模型深深地根植于我们的社会和文化认识，几乎可以等同于视觉根据。

第十一章

有关原因的论证

本章中，我们将讨论怎样论证某件事（或某一情况）引起了或将要引起另一件事（或另一情况）。我们会讨论因果关系的本质，优秀的批判性思考者如何判断该关注什么样的原因，以及为什么我们对因果关系的思考往往欠缺审慎。之后，我们会向你展示怎样设计有关因果关系的论证。

我们一辈子会用不少时间去琢磨为什么事情这样发生了，或是怎样让事情按我们的意愿发生。我们处理的问题，有的小：比如汽车为什么无法启动？有的需要复杂的书面论证：为什么年轻人沉溺于毁灭性的纵酒无度，我们怎样阻止他们这么做？为了理解一个复杂的议题，优秀的批判性思考者不仅想获得对事情发生由来始末的叙述，更想获得理由，让他们相信这件事真的引发了下一件事。如果针对的是实践性问题，他们同样想获得理由，以相信一如我们所述，拟议的解决方法能改变事情。我们渴望理解和控制原因，这是人类独有的一种特点。

繁多得不可思议的原因

因果关系本身似乎很简单。球杆击打台球，让台球动起来，撞击另一颗球——这是一个经典的例子。要解释像纵酒无度这样更为复杂的事件的成因，似乎只需要跟踪更大台球桌上更多的球就可以。哲学家们早就指出，我们对因果关系懂得其实非常少，而我们对因果关系的解释，又往往是那么糟糕。

首先，因果关系不是一种我们能看到的东西。我们说，球杆击打一颗台球"导致"它运动，但这只是个省略的说法：当我们看到球杆接触到台球时，我们还看到台球会运动起来，一如我们的预期。我们所说的因果关系，只是两起或多起事件或条件之间的可预测关系。

此外，哪怕仅仅从原理上，球杆击中台球时导致球运动的所有事件和条件，我们最多只能解释其中极小一部分。

- 每一个原因，都只是一条无止境的链条里的一个环节。台球动起来的直接原因是球杆的击打，但球杆的运动是手臂导致的，手臂的运动是肌肉导致的，而肌肉的收缩是一个想法导致的，而这个想法又来自……我们必须在这条原因链上追溯多远？追溯到更早的想法上？追溯到时间的开始上？我们无法将它们全都描述出来，那么，我们该怎样判断从哪儿开始呢？
- 原因链里的每一个"环节"，都由无数个更小的环节组成。肌肉收缩让手臂做出动作，但这种收缩涉及无数肌肉细胞里发生的事件，而每一起细胞事件又分别涉及无数的电化学事件……你明白了吧。我们无法将它们全都描述出来，那么，我们又怎样判断要将链条里的每一个环节描述到何等精细程度呢？
- 只有在无数的背景条件促成下，原因才产生了结果。手臂必须有足够的力量来带动球杆，球杆必须足够直才能击中台球，台球必须足够轻才能滚动起来。我们无法描述每一项条件，那么，我们怎样判断该省略哪些条件呢？
- 每一个原因都要依赖不利条件的缺失。手臂能够运动，完全是因为片刻前的中风没能让它麻痹。一架飞机没有撞到大楼上，是因为一个零部件并未失效，而零件并未失效，是因为……没有发生的事件和条件实际上是无限多的，那么，我们怎样判断哪些是相关的呢？

寻找相关原因

造成任何结果的原因和条件都太繁多了，我们无法一一尽数。因此，在我们进行有关原因的论证时，必须选择相关的原因。我们有两种方法。第一种是我们日常思考原因的草率方法。它很容易，因此，一般而言也比较肤浅和简单，常常误导我们。反过来说，如果我们是优秀的批判性思考者，我们会选择另一种方法，它强迫我们更专注、更自觉，长远来看也更可靠、更有成效。但由于第一种思考方式太过普遍，有必要理解为什么我们不能依赖它。

对因果关系的日常思考

在思考原因的时候，我们往往会系统性地自我误导，因为，正如数百项研究所表明的，我们的大脑会聚焦于某些原因，而忽略另一些。例如，纵酒在大学生中变得越来越普遍，导致了越来越多的损伤甚至死亡。为了解决这个问题，我们必须改变某些东西，但在我们知道到底是什么东西之前，我们首先要理解为什么有些学生纵酒，另一些不。两种可能性会跃入脑海，通常按照如下顺序排序。

- 纵酒是因为纵酒者性格里的某些因素导致的：不成熟、不可靠、鲁莽等。
- 它是纵酒者所处环境里的某种因素导致的：坏朋友、平辈压力、酒精随手易得。

如果我们知道哪一个是"真正的"原因（或许二者都是），那么，我们可以为它做些什么。但还有其他许多可能的原因，大多数人都不会想到，至少最开始不会。以下就有两个。

- 偶尔喝酒的人会低估短时间内大量摄入酒精的风险。
- 学校未能针对这些风险教育大一新生。

大多数人忽视这些原因，因为我们容易关注在场的直接原因，而不是那些缺席而遥远的原因。这并不是因为我们愚蠢或粗心，而是因为人类就是喜欢这样思考。

所以，在对原因论证做规划之前，请像优秀的批判性思考者那样做：当心会破坏理性思考的自然倾向，即认知偏误。常见的认知偏误分为 5 种，全都指向同一个问题：因果解释过于简单，无法令人信服地解释复杂的结果。

我们往往会将因果关系归因到一个结果出现前没多久发生的事件上

我们将这种原因叫作"近因"或"直接原因"。例如，如果有人在篮球比赛结束哨声响起的前一刻投入一个两分球，以一分之差赢得了比赛，我们很可能认为是这记两分球赢得了比赛，而不是一分钟前另一名选手投入的三分球，哪怕要不是有这记三分球打下好基础，哨声响起前投入两分球并不会让比赛的结果有所不同（即仍然会输）。同样地，我们想到纵酒，最先想到的是它的直接原因：星期五晚上，期末考试刚刚结束，有个聚会……我们不太倾向于想到一个遥远的原因，比如一年前没有人提醒当事人纵酒的危害性。因此，当你思考原因时，要考虑眼前的直接原因，但也要系统地寻找更遥远的原因，如果你认为读者很可能会跳到看似显而易见的结论上，那就更要记得这么做。

我们习惯将因果关系归因于已经发生的事件，而不是没有发生的事件上

想象一下，你正在开车，你车上的乘客要你放慢速度，结果你赶上了红灯。你停下车，却被后车追尾。你恐怕会想，要不是他让我慢下来，我才不会在那个瞬间停车呢。你不大可能想，我在那个瞬间因为红灯停下来，是因为我朋友 5 分钟之前忘了提醒我放慢速度。我们更倾向于将已经发生的事情（而不是没发生的事情）视为相关原因，哪怕二者都对结果产生影响。为什么一名学生会危险地沉迷于纵酒，我们不太容易去想那些没有发生的事情，比如朋友没有出手干预，更不太容易想到遥远的没有发生过的事情——比如一年前缺乏教育。在思考原因的时候，你要想一想结果产生之前发生了些什么，也要考虑什么事没有发生，所以因为它的缺失而影响到了出现那样的结果。

我们容易将因果关系归因给意外事件而非常规事件

想象一下，你的老师总是在考试之前才临时宣布要考试。他随堂做了个小测验，你得了零分。你有更大可能认为，你得零分是因为老师出人意料地随堂考试，而不是自己惯例地从不预习功课。类似地，酒保惯例地向顾客提供酒水，我们不会认为这种日常行为是导致某人死于纵酒无度的原因。但假设当天酒保向一名"幸运粉丝"提供 5 分钟以内任喝的免费酒水，有人接受了邀请，接着死了。由于邀请不同寻常，所以，我们会将它看成相关原因，但却会忽视酒保惯例提供酒水的日常做法。在思考原因的时候，关注那些不可预测的意外事件，也要考虑那些由于太过常规而被忽视的事件。

我们倾向于寻找能证实自己假设的原因

有人主张，少年暴力、童年暴力源于家庭价值观受到侵蚀，他们认为这是美国人生活中大多数弊病（如犯罪、离婚等）的原因。因此，如果一个孩子枪杀了自己的同学，他们会给出自己的标准解释：缺乏家庭价值观。我们都倾向于让事实符合个人秉持的信念，而不是改变个人的信念使之与事实相符。至于纵酒，很多人持有如下两种假设，我们可以将其中任意一种表述为共同的根据。

有着自毁行为的人性格软弱。

有着自毁行为的人是糟糕外部影响的受害者。

在考虑原因的时候，不要径直跳到你最喜欢的叙述上。探索其他可能性，比如自我毁灭行为是由多种因素（包括概率）在复杂且不可预测的相互作用下造成的。接着，认真想一想，你的读者更有可能接受什么样的解释。

我们会寻找量级与影响成正比的原因

几年前，环球航空（TWA）800 号班机在长岛上空爆炸，许多人都想寻找一个在道义和情绪上能平衡这场巨大灾难的原因。他们拒绝接受事实证明可能性最大的原因：燃料箱里的静电（因随机火花而引爆）。这个原因看起来太微不足道了，不足以造成这么可怕的结果。所以，他们指责恐怖分子或美国军方，因为只有巨大的邪恶原因才能够平衡这么惨痛的悲剧。当你探索一个情绪"重大"的结果（如学生因纵酒过度而死亡）时，不仅要寻找足以承担罪责的重大原因（如鲁莽、朋友不负责任的鼓励），也要想到一些你和读者都有可能忽视的小原因。

这些偏误的总和，往往是"唯一真正的原因"加"药到病除的良方"：只要我们能让父母花更多的时间陪伴孩子……在构建论证时，有意识地监督你自己的思考，提醒自己：任何复杂的问题都不是单独的一个原因造成的，也不是采取哪一种行动就有可能解决它。但在草拟的时候，请记住，读者和你一样，容易受他们自己的"唯一真正的原因"加"药到病除的良方"所吸引。你或许必须承认他们眼里最明显的原因，接着展示是什么令你超越了这个原因。

对特定因果关系的审慎思考

寻找相关原因的另一些方法比较困难，但更可靠。第一步是确定哪些具体原因可能与解决你的特定问题相关。例如，导致球杆让台球运动的原因无穷无尽，我们怎样从中选出最相关的一个呢？首先，我们必须知道，为什么我们想要讨论台球的运动呢：解释它的运动，是要解释什么问题呢？如果我们想要提高某人的游戏水平，我们会研究与肌肉、视力等有关的特定原因；如果我们想解释球形物体的弹射特性，我们会考虑其他因素，比如球的表面、重量、球杆的动量；如果我们想解释自由意志，我们还会考虑其他因素，比如我们的想法和欲望。换句话说，问题的性质限制并定义了我们斟酌的原因类型。

当然，针对实践性问题和概念性问题，我们对"相关性"的定义是不同的。如果我们提出的解决方案是要呼吁某人采取行动，我们会关注某些原因；如果我们提出的解决方案只需要某人的理解，我们几乎肯定会将焦点放在其他一些原因上。

实践性问题中的因果关系

在解决实践性问题时，我们寻找的是自己能够改变或去除的原因，进而让问题的代价消失。我们称这类原因为实践相关。例如，如果你的车无法启动，你或许会假设，和实践相关的原因是电池没电了，出于这个原因，你可以为它做些什么。你会猜测，电池没电是因为有人让汽车大灯亮了一整晚，但这个遥远的与概念相关的原因，尽管有助于你理解为什么电池现在没电了，但它在实践上不相关，对当下要解决的启动汽车问题无济于事（当然，从确保此事不会再次发生的角度而言，它或许是相关的）。借助问题，将思考集中在因果链上你（或其他人）能干预、消除其成本并解决问题的关键点上。

概念性问题中的因果关系

在概念性问题中要定义相关原因更难，因为一起事件的每一个原因，无论多小，都与理解它的潜在有关。例如，尝试结束某个地区冲突的人手中有一个实践性问题：在导致不同宗教、教派和民族相互攻击的一连串因果关系链中，他们要从哪里出手干预？如果一位历史学家尝试解释这些原因（这是个概念性问题），从理论上必须考虑造成当前冲突的所有原因，包括几个世纪以来宗教、政治、经济、种族和社会阶层的冲突。他可以将这些原因分解成无限精细的诸多元素。哪怕是一个世纪前一个转瞬即逝的想法，也有可能和解释今天的事件相关。就纯粹的理解而言，万事万物都潜在相关。

那么，我们从哪里入手呢？通常，这个决定，是根据我们的背景、学术训练和其他将我们指向某个议题、远离其他议题的兴趣来做出的。例如，一个接受过经济学训练的历史学家，有更大可能会研究宗教怎样影响收入，而不是宗教怎样影响了对待暴力的原因，因为她接受的训练会让她将着眼点放在经济原因上。这可以解释为什么刚进入一个学术领域的人，往往难于找到概念性问题来写。他们大多还没有特别的学术兴趣来关注具体的议题，因此总觉得会被繁多的可能性压垮。这是个只有经验才能解决的问题。

系统地分析原因

一旦你识别出可能与问题相关的原因，你还必须对其进行评估，确保它们的确是原因。在做进阶工作时，你需要学习怎样用适合你所在领域的具体方法分析原因。在基础课程里，你对原因的评估不怎么正式，但这并不意味着评估流于肤浅。为了确保你已经周全地分析了因果关系，你可以使用19世纪哲学家约翰·斯图亚特·穆勒（John Stuart Mill）提出的两个原则：异同原则和共变原则。这些原则并不能帮助你发现可供检验的原因，但它们有助于你展示自己提出的原因值得读者考虑。

异同原则

当研究人员试图判断某件事是否可以视为候选原因之一的时候，他们会尝试判断它与所谓结果之间的"相关性"是否存在规律：当拟议原因出现的时候，结果是否比它不出现时发生得更多？

例如，研究人员在研究为什么一些大一新生写作课的成绩比其他人更好，他们会尝试寻找成绩好的学生所共有、而成绩差的学生所没有的因素（前者着眼于"同"，后者着眼于"异"）。研究人员可能论证说，取得更好成绩的人是用笔记本电脑写作的（相似性）。但他们还需要指出，成绩不那么好的人不用笔记本电脑写作（异）。

为了系统地运用异同原则，一些研究人员使用一张2×2的表格，强迫自己思考所有的因果组合，包括存在的和缺失的，如表11-1所示。

表 11-1　方差分析样表

	结果发生	结果不发生
原因存在	___%	___%
原因不存在	___%	___%

在表格的左边，列出一个拟议原因，包括它存在和缺失的情况；表格最靠上的一排，列出拟议结果出现还是不出现。而在4个格子中，计算出原因的存在或缺失与结果出现或不出现之间相关性的百分比。（横行的百分比相加必须等于100%。）社会科学家称之为方差分析。

这里有一个简单的例子：一位天文学家想要证明巨大的物体使得光发生弯曲。他整理了数据见表11-2。

表 11-2　巨大物体附近光的弯曲

	光发生弯曲	光不弯曲
巨大物体	100%	0%
无巨大物体	0%	100%

根据这些数据，有物体存在时，光始终会发生弯曲，没有物体存在，光从不发生弯曲。因此，研究者可以试探性地论证，大质量的物体导致光发生弯曲。（除非光的弯曲导致物体的存在，或者另有一项原因既导致光发生弯曲，又导致物体存在。这两种情况不太可能，但可以想象。）

自然科学家希望获得此种明确的"要么全有要么皆非"的结果，但社会科学家不能。他们只能满足于"多多少少"是这样。例如，阅读大一新生所写文章的人，可能会发现如下数字，见表11-3。

表 11-3　斯坦因教授的学生使用笔记本电脑和成绩的情况

	成绩靠前的一半人	成绩靠后的一半人
总是使用笔记本电脑	72.1%	27.9%
从不使用笔记本电脑	34.5%	65.5%

虽然相关性不完美，但根据数据，我们可以初步推断，总是用笔记本电脑写作的学生比从不用笔记本电脑写作的学生，有更大概率处于成绩靠前的一半。

纵列里的数字差异越大，你就越有可能让读者相信你找到了一种可能成立的因果关系。如果这些数字在垂直方向上很接近（见表11-4），那么，只有当你清点了非常多的学生时，才能宣称它们之间存在因果关系（而且也只是轻微相关）。

表 11-4　陈教授的学生使用笔记本电脑和成绩的情况

	成绩靠前的一半人	成绩靠后的一半人
总是使用笔记本电脑	72.1%	27.9%
从不使用笔记本电脑	65.5%	34.5%

要想知道二者之间的差异必须达到多大，你才能声称其中存在显著相关性，你需要使用复杂的统计计算；每一个想要在21世纪谋生的人，都需要学习统计计算。

良好的批判性思考不仅依赖于知识，也有赖于训练和实践。

请注意，如果百分比低于100%（物理学之外的领域几乎都是如此），那么你就只能支持一个存在部分因果关系（原因起促成作用）的主张。例如，在表11-3中，一些使用笔记本电脑的学生属于成绩靠后的一半人，而一些不使用笔记本电脑的学生则属于成绩靠前的一半人。因此，我们必须假设还有一些原因也对学生的成绩产生影响。我们可以主张，我们检验的原因是相关的原因之一，甚至可能指向了提高学生写作问题的最佳解决方法。但我们不能说它是一个充分的原因，能够单独产生所议结果。我们在前面说过，优秀的批判性思考者知道复杂的事件从来不是一个原因导致的。（你还必须检查分析是否颠倒了因果关系：或许是写作更好的学生更乐意选择用笔记本电脑写作。）

共变原则

如果可能成立的原因的量级随着拟议结果的量级产生变化，研究人员对原因是最有信心的。例如，在笔记本电脑上多年写作的学生，比那些使用笔记本电脑写作年限较短的学生写得更好吗？如果是这样，那么使用笔记本电脑很可能是写作更好的一个原因。为了检验共变，我们为不同的量级新增了表格（见表11-5）。

表 11-5 使用笔记本电脑的年限和成绩

使用笔记本电脑	成绩在靠前的 1/3	成绩在中间的 1/3	成绩在靠后的 1/3
6 年	62.2%	21.9%	15.9%
4 年	41.3%	39.0%	19.7%
2 年	32.5%	45.6%	21.9%
0 年	25.3%	32.8%	41.9%

所得结果像这样简洁明了的很少，但它正是研究人员所希望看到的样子。

通过方差分析进行探索

如果你只是单纯地将方差分析作为一种强迫自己展开更多批判性思维的机制，你不需要大量的数据。例如，一些人声称学生们纵酒因为喜欢冒险。我们可以想象下面表11-6中的情况。

表 11-6　学生受冒险和纵酒的吸引

	+ 纵酒	− 纵酒
喜欢冒险	?%	?%
不喜欢冒险	?%	?%

光是想象这张表，你就能够强迫自己考虑以下 4 种相关性。

1. 有多少喜欢冒险的学生确实纵酒？

2. 有多少不喜欢冒险的学生不纵酒？

3. 有多少不喜欢冒险的学生纵酒？

4. 有多少不喜欢冒险的学生不纵酒？

如果你无法想象纵酒与冒险之间存在 100% 的相关性，那么，你知道纵酒是一件太过复杂的事情，无法套用"唯一真正的原因"来解释。

不叫的狗

当然，有时候，原因真的只有一个。在一起案件中，福尔摩斯注意到，犯罪的人从一条狗身边走过，它却不叫。福尔摩斯发现"狗不叫"意义重大。实际上，他创建了一张心理方差分析表，如下所示：

	+ 叫	− 叫
陌生人从狗身边经过	100%	0%
主人从狗身边经过	0%	100%

福尔摩斯断定，既然狗不叫，那么罪犯必定是它的主人。

使用上述原则的 4 条注意事项

为了批判性地思考原因，请遵循以下 4 条注意事项。

想象并检验尽量多的原因

这些原则可以帮助你检验原因，但不能帮助你找到需要检验的原因。如果你所有的假设都错了，那么这些检验只能告诉你这一点——这是个有用的结果，但并不总是值得庆贺。例如，好些年前，疟疾一直是个谜，直到有人想要调查一下蚊子。今天，对阿尔茨海默病，研究人员碰到了同样的问题。他们检验了想得出来的所有原因，但全都未能通过检验。

创建对照组

一旦你假设出原因后，必须创建对照组，一组接触可能的原因，另一组不接触。一些研究人员可以直接创造此种对照组，比如生物学家可以种两块玉米田，只对其中一块施新肥。不过，很多时候，研究人员不得不通过回顾性采样收集对照组，吸烟致癌就是这样发现的。问题在于，使用回顾式方法创建的对照组总会在一些出人意料、事后又发现是关键的地方产生差异。实际上，香烟制造商就曾提出，吸烟的冲动和患上癌症，或许都是某种第三方因素所致。

不要过度简化

如果我们发现一种结果与某个待议原因共变，那么我们往往会以为，"啊，我找到了！"如果我们让学生们用笔记本电脑写作，他们就能写得更好。但是复杂的结果背后有着复杂的原因。买得起笔记本电脑的学生可能来自富裕的学区，在条件较好的学校上学。此外，你还要当心，你说不定会将因果关系搞颠倒。也有可能，是那些写得更好的人选择使用笔记本电脑。

不要忽视相互作用

哪怕你认为自己找到了原因，也要考虑原因和结果复杂的相互作用。

- 共同原因：有时候，两种结果存在相关性，并不是因为一种导致了另一种，而是因为二者都是由第三方因素引起的，如长期失业和犯罪有着相关性，但二者都可能是长期贫困造成的结果。
- 互为原因：一些原因和结果互相影响。贫穷和未能接受良好教育相关，未能接受良好教育和犯罪相关，犯罪和贫穷相关，它们很可能互为原因。
- 复合效应：最近有一项研究报告称，精神疾病患者犯罪的概率并不比健康人群高，而吸毒者犯罪的概率是常人的 4 倍。但要是精神病患者同时还使用毒品，其犯罪概率是常人的 7 倍。综合原因的后果，可能大于其各自后果的总和。

最后提醒一下：我们不能轻易使用这种分析来解释一起特殊时间的原因，比如美国南北战争或环球航空（TWA）800 号班机爆炸。对于单个事件，我们必须从一组相似案例中进行类比推理，或密切追踪导致了我们尝试解释的事件的特定事件链。

因果关系和个人责任

有时，我们面临的问题只能通过说服读者、让特定的人或机构为其行为的特定后果负责才能解决。这就是表扬和指责的场合。此时，我们思考因果关系必须用不同于进行学术性客观研究的方法。在这些问题上，尽量客观地评估因果关系诚然十分重要，但哪怕是最优秀的批判性思考者，在面临分配个人责任的时候，也不可能完全抛开主观性，如果对话的目的是表扬或指责，那就更是如此。

谁的责任

几年前，一些学前班的孩子外出去河边公园游玩，让他们留在一起活动的手绳松开了，结果一个孩子掉进了水里。一名路人跟着跳进水里，救起了孩子。上述事实所有人都同意，但对谁应该对这起事故负责，却有很多不同的意见。

- 媒体指责老师，因为他们未能对孩子尽到应有的看管责任。
- 孩子的律师想发起诉讼，他也指责老师，但他还指责公园管理部门，因为它未在河边修建防护栏杆。

大家还在谁应该负责救助孩子上有不同意见。

- 市长和媒体赞扬路人的英雄主义。
- 红十字会表扬自己的救生课程，见义勇为的路人当时就是采取的这套行动流程。
- 一名心理学家说，救助者的行为是出于一种救助无助者的本能，电视、电影和书籍带来的文化训练也强化了这一本能。

我们可以很容易地解释其中两项责任主张。

- 老师是这起事故最大的责任人，因为他们当时在场，却未能做到自己应该做到的事情：他们未能照看好孩子。
- 跳入水中救助孩子的路人，是孩子活下来的原因，因为要不是他非凡的举动，孩子就被淹死了。

接下来的两种解释，看似有些牵强，但对提出问题而且在赞扬指责上各有不同利害的人来说，它们解决了问题。

- 红十字会的说法（即表扬自己的救生课程）解决了宣传课程、争取更多项目的问题，同时，这套课程的确也是救助行为的原因之一，虽然二者的相关性较为疏远，但确凿无疑，因为如果没有这一课程，救助者说不定不会跳下水。
- 孩子们的律师的问题是，找某个比老师更有钱的人来起诉。河边公园缺失的栏杆指明了一条出路：律师说，市政府应该对此负责，因为它没有沿着码头修建栏杆。

但为什么没人注意到其他更明显的原因呢？

- 没有人让孩子或孩子的家长负责，哪怕孩子是自己松开手绳的，是家长将孩子送到学校的。
- 没有人将救援的成功归功于另一位路人，是他朝水里投出绳索，将救人者拉上了岸。
- 没有人责怪地心引力，要是没有它，人就不会落进水里。
- 没有人责怪河出现的地理位置。

按任何指明合理事故责任原因的标准，这些因素都不符合。心理学家例外，因为他在分配赞扬和指责上都没有利害关系。而涉事的各方，只能靠着找出责任人来解决各自的实际问题。你不能赞扬、责备或起诉地心引力。

分配个人责任的 5 项标准

如果我们只能通过让某人成为责任原因的方式来解决一个实践性问题，那么，较之只关心"纯粹"因果关系的概念性问题，我们还必须澄清更多的事宜。在我们确定是什么事件和行动真正导致了结果之后，我们还必须回答另外两个问题：当事者的心智状态是怎么样的？外部环境对他们的行为有什么样的影响？

要推断一个人的心智状态，我们会提出以下 3 个问题。

1. 导致待议后果的行为，是这个人主动选择做的吗？还是说，有其他人或其他事逼他不得不做？

2. 这个人能够预见行为的利害后果吗？

3. 这个人的动机是恰如其分的，还是值得怀疑的？

接下来，我们还会提两个有关环境的问题。

4. 在相似的环境下，相似的人一般都会那么做吗？

5. 环境对行为是造成了障碍，还是起到了促成作用？

这些标准说明了为什么人们会像上文那样分配河边事故的责任。

- 尽管孩子们是事故的直接原因，但没有人认为他们应该负责，因为他们无法预见松开手绳后会发生些什么。

- 也没有人认为家长负有责任，因为家长一般会将孩子送到日托所，他们不大可能预见老师会疏忽大意。

- 人人都认为老师应该负责，因为：①他们应该预见疏于关注孩子的后果；②其他大多数老师都会留心自己照看的孩子；③没有别的事情妨碍他们这样做。

- 律师认为市政府应该对此负责，因为它本应预见河边没有护栏的风险，也没有什么东西妨碍它修建护栏（尽管其他许多城市也没有在沿河的公共人行步道边修建护栏）。

- 媒体赞扬施救的路人，因为他是自由行动的，他能预见救助行为对孩子的益处、对自己的风险，同时，也因为同样环境下很少有人做同样的事情。

- 红十字会的行为是负责任的，因为它做了一些其他机构很少做并有可预见益处的事情——训练人们拯救性命。

心理学家似乎完全没有将"责任"放到施救者身上。他好像是在说，施救者是在无意识选择下做出了冲动行为。这就是他的解释与其他解释明显不同的原因。他没有像其他人那样，将问题放到责任分配的框架下，而是将它放到了社会科学的框架下，让它变成了一个纯粹的客观因果关系概念性问题：是什么导致人们做出冲动的行为？

所以，当你要论证某人对某结果负有责任时，你要清楚自己为什么这么做：你只想对结果进行解释吗？还是说，你想说服读者去赞扬或责备那个造成这一切的人？

归因偏误

为解决一个涉及个人责任的问题，我们必须推断他人的想法、感受和动机。如果我们仔细地应用上一页的 5 项标准，我们可以在进行这种推断时克制主观因素（尽管不能完全避免）。但要是我们落入了一种常见的认知偏误（即心理学家所说的"归因偏误"），我们就无法很好地思考因果关系。

我们在解释某人为何采取某一行动来判断个人责任问题时，往往不会提及一连串复杂的原因。相反，我们往往会将行为的原因归结到某人的个人品质或直接的外部环境，对事情做过度简单化的阐释，故此，我们很难客观地进行判断。

例如，为什么巴里·邦兹（Barry Bonds）、马克·麦奎尔（Mark McGuire）和萨米·索萨（Sammy Sosa）[1] 能打出那么多全垒打？是因为他们的个人品质（天赋和努力），还是环境（投手差劲、棒球弹性更好、使用类固醇）？如果我们喜欢他们，并倾向将成绩归功于他们，我们会强调个人原因；如果反之，则强调环境因素。然而，更客观的观察者会说，所有这些或许都是相关的原因，此外还有其他许多原因。

我们或许会认为，如果能更客观地看待问题，是能够找到"正确"解释的。但许多研究都指出，我们很容易产生偏差，并认为正确的解释通常是个人原因。在解释别人为什么会做那样的事情时，我们会系统性地高估个人品质、动机和心理倾向的影响，同时系统性地低估外部环境的力量。但这种倾向对我们产生的误导程度，取决于我们自己的主观性情和批判性思考能力。

因此，在构思有关个人责任分配的论证时，要意识到你自己根据性情主观地分配责任。但更重要的是，要意识到你的读者也存在同样的偏误，他们的偏误可能和你一样，也可能不一样。这里有 4 种需要当心的变量：①知识；②个人情感投入；③意识形态和政治；④文化。

知识

我们对一个人及其行为所处的环境了解得越少，就越是容易将其行为归因于她

---

[1] 均为美国职业棒球选手。——译者注

的性格和动机。

如果你不得不论证某人何以做了某件事，同时又对此人的环境了解得相对较少，那么，你要当心：你很可能会高估她的动机和性格，认为这些是她行为的原因。因此，你还应该仔细地考虑她的环境。

但你还必须考虑到自己的读者。如果他们比你更了解情况，他们会倾向于做出相反的阐释：他们有更大可能将责任归结到她所处的环境而非其个人品质上。（当然，情况也可能反过来：你的了解也许比读者更多。）

因此，不仅要评估你自己的偏误，还要评估它是否与读者的偏误相符。你不希望在不知情的条件下提出容易遭到读者拒绝的观点。（还有一个更棘手的道德问题：你是否应该有意识地迎合其偏误。）

个人情感投入

第二个变量涉及我们对一个人及其特定行为结果的感觉怎样。例如，如果我们喜欢的人做了令我们钦佩的事，比如获奖，我们往往会将这一成就归功于她的智慧、辛勤工作等：我们会说，她赢得了自己应得的奖励。但如果她输了，我们更有可能会说，是环境对她不利。反过来说，如果我们不喜欢的人赢了，我们更可能将她的成功归因于运气或其他环境条件；如果她失败了，我们倾向于将其归咎于个人弱点。

这是很常见的行为。对支持总统的人来说，总统对自己执政期间发生的一切好事负责，而对坏事，则是环境的受害者。对诋毁总统的人来说，总统个人要对所有的坏事负责，而不对任何好事负责。我们并不是随时都会顺着这样的思路做判断，这只是一种倾向。只不过，如果你必须进行论证分配赞赏与指责，有必要反思一下这种倾向。如果你感到自己对某人有情感投入（不管是正面的还是负面的），都要当心：你对个人责任的判断或许存在偏误。根据你的读者对同一问题的看法，你有可能获得他们判断倾向的助力，也有可能要与他们的判断倾向对着干。

意识形态和政治

第三个变量是政治。典型的自由主义者认为，对靠政府救济生活的人，是环境剥夺了他们摆脱贫困的机会；典型的保守派则认为，是这些人不想工作。自由派人士下意识地会提出的枪支管制理由是：美国的谋杀率高，是因为枪支容易获得。而保守派人士本能的回应则是：枪支本身并不能杀人，是人做的。换句话说，极端保守派倾向于将责任放到个人意志上；极端自由派倾向于强调环境。

但我们也别将这种区别应用得太宽泛。洛杉矶发生过一场关于警察种族刻板印象的争论，不信任警察的自由派人士将其归结为警察的种族主义倾向；信任警察的保守派将其归因于城市生活的危险环境。此时，个人的情感投入压倒了意识形态和政治。

文化

人类学家指出，在一些文化中，人们更倾向于相信人可以控制自己的行为。相比之下，研究人员发现，在另外一些文化中，人们往往认为个人行为更多地取决于个人背景，而非个体选择。因此，如果你必须和来自不同文化的人进行论证，请一定记住，你对个人责任的判断，有可能和对方大相径庭。

这 4 个因素，会对你怎样阐释因果关系产生强烈的影响。但构建论证时，你还必须考虑读者可能会怎么想。如果你论证支持某人行为的环境解释，那么你要想到读者是否更偏重个人原因（反之亦然）。如果是这样，你眼前就摆着一项艰巨的任务，因为你不仅需要提供大量的理由和证据来支持自己的论证，还必须克服人们对因果关系根深蒂固的思考方式。

两种文化下的指责

有研究比较日本和美国报纸对金融丑闻的报道，发现美国作家关注个人动机的次数是日本报纸关注同一因素的 2 倍，而日本的报纸往往更关注环境因素。

《纽约时报》的一篇文章将莫泽描述为"所罗门（一家金融公司）误入歧途的牛仔"，他"对自己工作的抨击，如同击打网球般用力"。另一篇文章暗示滨中不够精明，说他"主要以其交易量而出名，在才能上反响平平"。在《纽约时报》上，缺乏组织控制不是个特别重要的主题，但却是日本记者的关注重点……（他们）评论说，"住友会社（一家金融公司）应该已经有人意识到了虚假交易的问题，因为文件每天都要核对"，而大和（另一家金融公司）"对其内部控制和程序不足以预防此类事件而大感尴尬"。

资料来源：Tanya Morris et al., "Culture and the Construal of Agency: Attribution to Individual Versus Group Dispositions," *Journal of Personality and Social Psychology* (1999).

"唯一真正原因"谬误

最重要的是，在你将某一结果的原因完全归结于某人的动机或环境上之前，一定要仔细思考。想象读者向你提出以下两个问题之一。

你是说，X 为自己的行为负有全部责任，环境在其中毫无关系吗？

你是说，X 完全是环境的受害者，他无须对自己的行为负责吗？

明智的批判性思考者对这种过分简化的解释持怀疑态度，尤其是他们在排除环境相关性的时候。

写作过程

有关原因的论证

准备和规划

支持实践性问题解决方法的 5 种叙述

针对实践性问题勾勒因果关系论证时，你不能只规划一种对因果关系的叙述，而是至少要规划两种，至多需要 5 种。有 5 个概念性问题，是你在解决实践性问题之前必须先加以解决的。这些叙述就是为解决这些概念性问题的方法提供支持的。让我们逐一来看看这 5 个问题。

1. 是什么导致了这个问题？

只有当读者了解了导致问题的原因背后的故事，他们才能信任一种解决方法。（想象每一步都可扩展为一个需要经过独立论证的主张，并且每一步都是其自身论证的核心。）

校方行政管理人员不了解有关教学评估的新研究，（理由1）……所以他们采用的评估本身就有缺陷。（结果1/理由2）……是以，他们不知道为什么学生们无法有效学习，（结果2/理由3）……这就让学生们失去了学得更好的机会。（结果3）

2. 你建议的行动将怎样解决问题？

你在提出一个解决方法时，必须构建有关未来的第二种叙述。它必须解释，因果链中的干预将怎样消除问题的代价。（这些步骤中的每一步，均可以充实更多的内容。）

> 我们可以通过一种更好的评估形式来改进教学，（理由1）……帮助教师更好
> 地理解学生们的困惑，以及怎样避免让学生感到困惑，（结果1/理由2）……
> 从而让学生获得更好的学习机会。（结果2/消除代价）

即使读者接受了你对问题和解决方法的叙述，你可能还得再构建另外3种叙
述，回应异议及保留意见。这些叙述都是关于未来的。

3. 你的解决方法怎样实施？

如果读者认为你的解决方法不可行，你必须解释它怎样实施，回答这个疑问。

> 为了建立起新的教学评估体系，学校行政部门可以任命学生自治委员会来
> 发展它……（步骤1）并在顾问的帮助下（步骤2），向教师展示怎样使用它、
> 怎样从中学习。（步骤3）

4. 你的解决方法会带来比问题更大的代价吗？

如果读者认为你的解决方法比问题本身的代价还要大，你就必须再讲一个故事
来告诉他们事实并非如此。

> 新的评估体系或许需要资源，（承认）……但收益将超过成本。（回应）首先，
> 随着我们以优质教学出名，我们有望吸引更多的学生，（理由1）……其次……
> （成本与收益的叙述）有人担心，教师会出于无奈，给学生打分更为宽松，或是
> 被迫减少工作量。但这种风险不大，因为……（回应）

5. 为什么你的解决方法比其他方法更好？

每个问题都有不止一种解决方法，所以你可能有必要证明你的方法最好，或者
至少能与其他方法配合使用。

> 有些人提出，与其修改评估方法，不如为教师开办研讨班。这种研讨班会
> 是一种宝贵的资源，（承认）但如果我们必须在研讨班和新的评估体系之间做
> 出选择，那么，新的评估体系会更好。（回应/主张）首先，聘用顾问的成本，
> 比修改评估体系更高（理由1）……其次，很难为每一名教师提供研讨班。（理
> 由2）……最后，研讨班是一次性的活动；更好的教学评估每个学期都可以
> 展开（理由3）……

在比较不同解决方法时，避免非此即彼式的论证。改进教学有很多种方法，研
讨班和更好的评估体系都包括在内。

在构思原因叙述时要做的策略决定

做好规划之后，还要再回答以下几个问题。

- 你的入手之处，是从因果链上追溯到了多远？读者需要知道导致纵酒的最"遥远原因"吗？
- 读者需要多少细节？他们必须了解促使人纵酒的最微妙的心理过程吗？
- 通过论证事件 A 导致了 B，你在多大程度上充实了自己的叙述？你怎么知道喜欢冒险的人更容易纵酒的呢？

你从什么地方着手叙述问题

我们无法告诉你具体的规则，该怎么从因果链上找到入手之处。对实践性问题，读者需要足够的背景理解你最终落足的原因。在你提议用解决方法加以干预的地方，至少往前倒推一两步。

> 500 多年来，西方大学生活一直与饮酒联系在一起，喝醉酒如今已经成为一种众人司空见惯的传统了。（遥远原因）当然，通常在父母的默许下，许多学生从高中就开始喝酒了。（中间原因）但等他们进入一个似乎是鼓励喝醉酒的社群，就连这松散的监督，他们也没有了。（近因）所以，当他们在宿舍或联谊会上和四五个伙伴坐在一起，他们甚至会让自己喝到受伤甚至死亡的地步。在这种情况下，大学对他们施加的约束，不如他们的个人约束力管用。从学生踏入校园的那一刻起，我们就应该教育他们饮酒的危害，从而避免纵酒带来的最恶劣后果。（主张／解决方法）

然而，对于概念性问题，我们通常会朝着历史方面挖得更深一些：比如某个研究学生饮酒的人，不是为了控制这种现象，而是为了理解它，他或许会讲述几个世纪以来的欧洲传统，20 世纪 20 年代美国的禁酒时期，等等。较长的历史叙述，暗示了学术上的勤勉尽责。

读者需要多少细节

一旦你决定从什么地方讲述你的问题，你还必须判断读者需要了解多少细节。我们同样无法给出具体的答案，因为这仍然取决于你的问题和解决方法的性质，以及读者的知识。读者需要足够的细节来理解问题，并且确信你也是一样。例如，在提及帮助大一新生避免焦虑的问题时，作者有可能借助它来论证延长大一新生的迎新周。

> 大一新生的迎新周应该从一个星期延长到两个星期，帮助他们更好地理解面前将会出现些什么。有太多的大一新生在第一学期陷入沮丧和焦虑，因为他们误解了老师的期待。他们认为只要像高中那样做就能在大学里成功。毕竟，高中的教育模式是我们所知的唯一模式，而大学老师又很少会告诉我们在大学里该保持什么样的期待。

这样的叙述太过笼统，读者很难理解其隐含的因果关系逻辑。作者应该设计一条更详细的链条。

> 大一新生的迎新周应该从一个星期延长到两个星期，帮助他们更好地理解面前将会出现些什么。有太多的大一新生在第一学期陷入沮丧和焦虑，因为他们误解了老师的期待。他们认为只要像高中那样做就能在大学里成功。毕竟，高中的教育模式是我们所知的唯一模式，而大学老师又很少会告诉我们在大学里该保持什么样的期待。例如，大学里的大多数老师希望我们批判性地思考阅读材料、展开写作，但许多大一新生认为老师只是想让他们准确地报告文章原意。所以，他们会概述阅读材料、摘抄笔记，而这么做又会让作文得低分。这种情况，最常发生在高中时学业成功的学生身上。因为在高中，学生只需要汇报课堂上听到的内容即可，这也是高中老师的要求，没有人提醒我们进入大学后任务会有所不同。

如果读者还需要更多的帮助，上面的链条还可以分解成更细致的环节。

没有经验的写作者容易失之笼统而非失之繁杂，故此，作为经验法则，在创建叙述时，要写得比你认为的更加详细。

读者需要多少解释

如果你提供的叙述完全符合读者的知识和需求，那么他们也就不需要什么别的东西了。但更有可能的是，他们必须有理由，才能相信这件事并不仅仅是跟着那件事发生的，而是那件事引起了这件事，他们需要找到理由。如果是这样，那么你必须在你的叙述中穿插解释，明确地建立起因果关系。你可以通过类比、根据和明确的分析来做到。

类比　如果拟议的原因和结果与另一种情况十分类似，那么，就可以使用类比，让读者迅速推断出二者有着同样的因果关系。

> 大一新生最开始感到焦虑没什么好奇怪的。上大学就像接受了一份新工作。

一切都是不确定的，需要一段时间才能适应。

在有关未来的论证中，类比尤其有用，因为我们只能通过类比、通过回顾过去来预测将来。类比暗示，拟议的解决方法与之前行之有效的另一个解决方法十分相似，所以，拟议的方法会再次奏效。

> 借助和对待毒品一样的零容忍政策，我们可以同样有效地消除宿舍里的酒精。在当前的政策出台之前，我们并未执行禁止使用毒品的规定，因为我们担心这会侵犯学生的隐私。但当我们决定，所有被逮到使用毒品的人都将强制休学，并且对一些人做出了这样的处罚，吸毒现象就几乎消失了。（类比）零容忍政策也能以同样的方式结束纵酒问题。（主张）

不过，问题在于，历史上到处都是互相矛盾的反例类比（counter-analogy）。

> 20 世纪 20 年代，美国尝试过在全国范围内实施禁酒令，但这只让酒精变得更加具有吸引力，并让它转入地下。如果我们禁止大学生饮酒，同样的事情也会再度发生。（反例类比）

◆ 样例

影评人迈克尔·梅德韦德（Michael Medved）对那些不承认暴力娱乐导致暴力行为的人做出回应。

尽管有数以百计的研究证明残暴的媒体画面和残暴行为之间存在联系，怀疑论者仍然认为，这只反映了暴力儿童的品位，并不是暴力娱乐带来的影响。好莱坞最聪明的辩护者们总是不厌其烦地指出，我们的监狱里挤满了冷血杀人犯，他们从来没有看过《边缘日记》（*The Basketball Diaries*，20 世纪 90 年代的一部电影），而绝大多数喜欢暴力电影或电子游戏的孩子也永远不会向同学们开枪。

然而，这些宽慰人心的论证几乎毫无意义，因为我们可以说，关于香烟也存在类似的情况：一些从不吸烟的人会得肺癌，而大多数吸烟的人不会得肺癌。但那又怎样？吸烟仍然会极大地增加人生病的可能性。出于同样的原因，你只是提出了一点不可否认的观察：大多数消费者观看我们流行文化里最令人不安、最不负责任的节目，并不会造成明显的危害。但除此之外，你什么也没能证明。

想一想电视广告背后的逻辑：一段广告没能将产品卖给所有人，并不意味着它对任何人都卖不出去。如果一则雷克萨斯的广告能激发哪怕是千分之一的观众试驾，它也就极大地增加了这家汽车制造商的财富。如果 1000 个孩子中有一个在电视或电影中看到了激烈的暴力并在现实生活加以尝试，那么它便将激烈地改变美国。

资料来源：Michael Medved, "Hollywood Murdered Innocence," *Wall Street Journal*, June 16, 1999.

根据 每一次的类比背后，都有一条隐含的根据。在你明确阐述根据的时候，你也阐明了一条原则，读者能根据它将一种普遍的因果关系应用到具体的事例上。

> 进入一个期待值令人困惑的新社群，人人都会感到失落。(根据) 所以，在你进入大学的第一年，(原因) 你很可能感到晕头转向。(结果)

过分依赖根据，有可能会让你提出教条主义的主张。那么，让我们来重新审视一下因果关系，不要依赖现成的根据。

分析 根据穆勒的分析原则，你提出了进行因果分析时的问题。

- 拟议原因出现的时候，结果是否比它不出现时发生得更多？
- 如果拟议原因不出现，结果是否比它出现时发生得更少？
- 结果的大小规模，是否随着原因的大小规模而发生变化？

我们可以看看强调讨论与批判性写作的高中生和那些强调死记硬背的高中生之间的对比。在传授批判性思考的学校中，近 90% 的毕业生表示，他们在我们的大一课堂上感觉很舒服，而来自强调死记硬背的高中的大一学生，近 60% 的人感到焦虑、困惑和沮丧。

在叙述中将所有的 3 种解释都编织到一起 下面，你将看到怎样将所有的解释整合到叙述当中。

> 大一新生的迎新周应该从一个星期延长到两个星期，帮助他们更好地理解面前将会出现些什么。(主张) **进入一个期待值令人困惑的新社群，人人都会感到失落，**(根据) **这就像搬到了一座新城镇、接受了一份新工作，需要过上一段时间才能适应。**(类比) 出于同样的道理，学生在第一学期陷入沮丧和焦虑，因为他们不知道老师的期待是什么。(原因) 例如，大学里大多数老师希望我们批判性地思考阅读材料、展开写作，但许多大一新生认为老师只是想让他们准确地报告文章原意，所以，他们会概述阅读材料、摘抄笔记。(结

果）这种情况，最常发生在高中时因为汇报课堂上听到的内容而学业成功的学生身上。（原因）毕竟，我们的许多高中老师就要求我们这么做，没有人提醒我们进入大学后任务会有所不同。（原因）**我们可以看看强调讨论与批判性写作的高中生和那些强调死记硬背的高中生之间的对比。在传授批判性思考的学校中，近 90% 的高中毕业生表示，他们在我们的大一课堂上感觉很舒服，而来自强调死记硬背的高中的大一学生，近 60% 的人感到焦虑、困惑和沮丧。**（分析）

对分配个人责任的论证进行规划

要论证某人对某一行为负责，你就要像在任何因果关系论证中那样去做：运用叙述、类比、根据，以及穆勒式分析。但在有关个人责任的论证中，你不仅要建立因果关系，还必须说明分配责任的标准。

建立因果关系

- 当事人真的完成了你主张她做的事情吗？

一般来说，这不是个问题。如果你主张，你所在的学校未能教育学生认识到纵酒的危险，那么，它要么教育了，要么没教育，你必须给出确凿的事实。

确立分配责任的需求

- 预期达到的结果是好还是坏？

如果有人救了溺水儿童，结果显然是好的。但如果有人跳下水只为是为了捞起孩子的玩具娃娃，孩子可能会感激，但成年人往往不会因为这么微不足道的目的而称赞其行为。行为或许带来了显而易见的好结果，但你的读者会做出和你一样的评价吗？

指出分配责任的 5 项标准

- 当事人当时的心智状态如何？

1. 她是自愿选择这么做的吗？

2. 她能预见后果吗？

3. 她的动机恰当吗？

这 3 个问题需要详细的回答。称赞一种英勇的行为，你必须揭示这个人是主动选择去做的（她不是一时冲动，也不是在枪口的威胁下被迫去做），她打算做一件有好处的事情并且知道风险（她不是喝醉了，也不是兴奋得忘乎所以了），她做这一行为有着良好用意（而不是仅仅为了获得奖励）。

- 背景和环境扮演了什么样的角色？

4. 她的行为是特例吗？大多数人不会选择那么做吗？

5. 她的行为受环境的帮助还是阻碍？

如果大多数人都不愿冒着生命危险去救别人，那么，只有少数人值得我们赞扬——如果他们独自跳入湍急危险的河流，我们会赞扬得更厉害；如果他们是带着救生圈蹚入平静的浅池塘，我们的赞扬会少一些。我们越是认为一种行为是特例、难以做到，我们就会越强烈地赞扬或谴责为此负责的人。反过来说，如果我们大多数人都愿意蹚入浅池塘去救一个孩子，那么少数不这么做的人，就会受到我们的指责。在回答上述所有问题时，细节很重要，所以，你的叙述应该比你认为读者需要的程度更为具体。

起草

表达因果关系的语言

你可以用极有信心或极度缺乏信心的方式来表达因果关系。但谨慎的读者知道，每一个结果都有多个原因，它们以不可预测的方式相互作用，很少有人能掌握足够的证据来做出 100% 确凿的断言。所以，要谨慎和谦虚地陈述你的主张。以下措辞的强烈程度是从绝对确定到相对不确定。

X 造成了 Y	X 是 Y 的一个原因	X 对 Y 有一定作用
X 导致了 Y	X 与 Y 相关	X 涉及 Y
X 是 Y 的一个因素	X 与 Y 有关	X 与 Y 有关系

你可以使用不同的主语和谓语来对确定程度进行微调。请比较以下两种说法中的确定程度：

> 我们已经证明 / 确立 / 表明 / 论证 X 造成了 Y。

> 证据表明 / 暗示 Y 与 X 相关。

你还可以用也许 / 或许 / 似乎 / 好像来增加或减少确定程度。

> 一些证据似乎表明，Y 可能与 X 相关。

这是"金发姑娘法则"的另一个例子——不是太确定，也不是太谨慎，而是恰到好处。（不过总的来说，倾向于略微地不那么自信。）

在表扬和责备的时候，你需要使用暗示了知情、意图和责任的语言。

- 知情：知道、发现、意识到、觉察到、预见
- 意图：打算、有意、故意、有目的的、为了、故此
- 责任：负责地、本应、本可以

要意识到"为什么"和"因为"这两个概念的含混之处：二者都未能对"是什么导致 X……"和"X 做……是出于什么原因"这两个问题做出关键的区分。前一个问题鼓励你关注外部环境，后一个问题鼓励你关注当事人的意图。

课后习题

思考题

1. 以下的引语来自俄国著名作家列夫·托尔斯泰在小说《战争与和平》最后几页里写的一句话。托尔斯泰试图解释自由意志和决定论。它与这里讨论的内容有什么关系吗？

   为了想象只受必然性的制约而没有自由的人的行为，我们就要假定能了解无穷数量的空间条件、无穷大的时间间隔和无穷的因果关系。

   为了想象人完全自由而不受必然性规律的制约，我们就要想象他独自处于空间之外、时间之外和因果制约之外。[1]

   显然，托尔斯泰知道这两种情况都不可能存在。那么，现在会怎么样呢？

2. 想象如下场面：有一个月的每一天，你都试着启动自己的车；但它启动不了。你打开引擎盖往下看，发现有人切断了电池线。接着又有一天，汽车发动了：那个人没来切断电池线。你会说，汽车发动的原因是那个人没来切断电池线吗？或者，再来看看这个例子：一天早晨，学校的交通指挥员没来，一个孩子被车撞了。你会说孩子被车撞的原因之一是交通指挥员没来吗？现在假设十字路口从来没有交通指挥员。这会改变你对因果关系的叙述吗？为什么？

---

[1] 列夫·托尔斯泰. 战争与和平·第四卷 [M]. 娄自良，译. 上海：上海译文出版社，2010.
　　——译者注

本章核心

关于论证

每一起事件都有数不清的原因。在一场关于原因的论证中，你必须判断哪些原因与你的解决方案最为相关。如果修正了原因，你就解决了问题，那么，这个原因有着实践相关性。如果原因使得你和读者对问题的特殊兴趣理解了某一事件，那么，这个原因就有着概念上的相关性。

在思考原因的时候，你必须防范人人都有的认知偏误。

1. 我们倾向于将因果关系分配给紧接着一个事件前发生的事情。

2. 我们倾向于将因果关系分配给已经发生的而不是尚未发生的事情。

3. 我们倾向于将因果关系分配给意外事件而非常规事件。

4. 我们倾向于聚焦在与自己假设相符合的原因上。

5. 我们会寻找其规模与影响成正比的原因。

为了防范这些偏误，你要系统地、有意识地考虑尽可能多的原因，尤其是那些大多数人容易忽略的原因，即因为缺失或太过平常而乏人关注的原因。

你可以使用方差分析表帮助自己检验推理，用行来标记可能的原因是存在还是不存在，用列来标记所谓的结果是出现还是不出现。你还可以检验共变，将结果的程度和原因展现的程度进行比较。如果你发现可能的原因与结果之间存在显著相关性，那么你就可以主张该原因成立，尤其是以下两种情况。

- 结果往往发生在原因出现的时候。
- 原因不存在，结果往往就不会发生。

结果出现和不出现的次数的百分比差异越大，相关性就越显著，你也就能越自信地宣称已找到原因。

关于论证的写作

在对实践性问题的因果论证进行规划的时候，你必须至少包含 5 个故事来解答下面的问题。

1. 是什么导致了这个问题？

2. 你提议的行动如何解决这个问题？

3. 你的解决办法怎样实施？

4. 你解决办法的代价（成本）比问题本身更大吗？

5. 为什么你的解决办法比其他办法更好？

在讲述问题的故事时，你必须决定往前追溯到因果链上的什么地方。对实践性问题，只要追溯到读者足以理解你解决办法的背景即可；对概念性问题，你要更深入地挖掘历史，因为如果你希望读者理解一个问题，他们往往想要看到更多的原因。将你的叙述分解得比你自己想要的更加细致一些，因为人总是容易失之于笼统而非失之于繁杂。用解释充实你的叙述，说明一个原因实际上真的导致了它的结果。你可以使用类比、根据和穆勒式分析等方法。

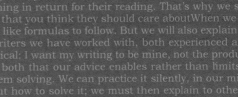

第四部分

论证的语言

一旦收集并整理好了论证的要素，你就需要投入大量的时间去思考、阅读和写作。这时，你或许以为，剩下的事情无非敲出一篇草稿来，检查一下拼写就打印成文。将最后阶段视为例行公事，一带而过很容易，但如果你这么做了，就错过了进一步推动论证的机会，因为你所选择的词语，不仅仅用来表达精彩的想法。优秀的批判性思考者知道，选择和打磨语言也是一种发现并创作的举动。

- 在第十二章，我们将讨论读者会怎样回应你论证的语言，他们对它甚至你产生了什么样的感觉。
- 在第十三章，我们将探讨语言怎样在你没有意识到的条件下塑造你和读者的思维，同时，你也可以运用它们让你的论证更具说服力。

第十二章

清晰的语言

在这一章，我们将讨论读者怎样判断文章的清晰度，如果你写得不够清晰，你自己怎样识别并修改。我们还会讨论另外两种读者所看重的文章素质：简洁和生动。这两种素质带来了情感在理性论证中所扮演的角色问题。

如果你构建了合理而完整的论证来支持自己的主张，那么读者会考虑这一主张。但如果读者要辛辛苦苦地从一个又一个令人困惑的句子中寻找论证，那么他们恐怕永远也无法重新理解它并做出公正的判断。即便他们努力这么做了，也不太可能对你的论证（甚至你）产生好感。想想看，你必须读整整 40 页写成这样的文章。

　　1a。联邦党人的主张是，政府不稳定，是普遍民主造成的结果。而这一主张又建立在他们的如下信念上：追求自利的集团容易为了狭隘的个人目标，牺牲公共利益。

如果这 40 页的内容在文风上更接近下面这种，你对作者的态度会更友好。

　　1b。联邦党人认为，普遍民主会破坏政府的稳定，因为他们相信，自私自利的团体往往会为了自己狭隘的目标而牺牲公共利益。

实际上，像（1a）那样晦涩的文章，不仅会影响读者的善意，还会影响他们的阅读意愿。故此，一旦你草拟好论证，必须保证它在其性质允许范围内，写得尽量清晰。不过，在做出这一判断的时候，你面临两个问题。

● 你阅读自己写的文章，总是比读者更容易理解它，因为你对自己写时是什么意思记得很清楚。

● 就算你发现了哪些地方需要修改，你或许也不知道怎样修改。

我们在本章的第一部分讨论这两个问题。在第二部分，我们讨论怎样让你的写作简洁生动。如果你的文章清晰、简洁、生动，那么，它就既传达了你论证的逻辑力量，也投射出能让读者信任的论证人格。你不能用清晰的语言来代替清晰的逻辑，但清晰的语言本身就具有可观的说服力。

清晰和你的论证人格

有些学生认为，写作风格只是装饰：重要的是我的观点，而非我的文字。但前提是，读者愿意大费周章地从你含混的文字中寻找你的观点。老实说，我们当中很少有人有时间或者有耐心这么做。更糟糕的是，许多读者甚至还认为，你的写作质量反映了你的思考质量。所以，如果你写得不清晰，读者说不定会怀疑你的思考也不清晰。例如，一位书评人在提到一本教类人猿沟通的书时这样说：

> 故事叫人大开眼界。但有趣的是，等到作者开始用"科学话"做详细说明的时候，阅读的快感就消失了。你切入了猿猴的意识……当认知心理学家感觉必须详细展开，他说："按照预期，如果类人猿确实有语言，它的存在将通过该动物天生的句法能力显现出来。这是一种假定由遗传决定的能力，能将多个词语构成的话语中的符号进行排序。"……有时候，作者越解释，我们就越不理解。类人猿显然能够使用语言进行沟通。但科学家们能不能，很值得怀疑。

你的文风塑造了你的论证性格。事实上，清晰本身就是说服的一个要素，因为它能让读者信任你。

资料来源：Douglas Chadwick, *New York Times Book Review*, December 11, 1994.

简明写作的若干原则

虽然我们会形容一段话写得清楚或不清楚，简单或复杂，但这些说法，只描述了我们阅读这段话时产生的感受。如果我们感到困惑，我们就说，写得让人困惑；如果我们感觉对文章的意思不太清楚，那它就是写得不清晰；如果我们在九曲十八弯的句子中感到迷失，它就是复杂得令人费解。但这些说法，无法说明是句子的哪些部分，让我们产生了这样的感觉。

如果你能理解为什么读者会对你写的句子产生这样的反应，那么，你就能够识别出那些让人感到困扰的句子并加以修改。为了帮助你做到这一点，我们要对清晰写作的六项原则稍作解释。但你必须先知道几个常见的语法术语，才能运用这些原则。"主语""动词（谓语）"和"名词"是最重要的3个术语。另外还有几个，知道了也很有帮助：宾语、介词、主动、被动、短语、主句和从句。我们还使用了一个你大概不知道的技术性术语，不过，等有必要的时候，我们再来定义它。（本章末尾附有一篇术语指南。）

原则一：用主语来指代你的主要角色

如果读者能从**动词的简单主语**中看到你所写的最重要角色，他们最容易理解句子。我们在这里所说的角色，不仅仅是指人，而是指你所讲述的任意故事的主题（你可以让它充当许多个句子的主语）。但如果角色是人或是你能用一两个词指代的具体事物，读者会认为这样的句子最清晰。

让我们再回过头看看上面你读到的两个例句[1]。一个词的简单主语，我们用斜体字表示；包括它们的整个主题使用下划线表示；动词加粗。

1a. <u>The Federalists' *argument* that destabilization of government was the result of popular democracy</u> **was based** on their belief in the tendency of self-interested groups toward sacrificing the common good for their own narrow objectives.

参考译文：<u>联邦党人的主张是，政府不稳定，是普遍民主造成的结果</u>。而这一主张又**建立在**他们的如下信念上：追求自利的集团容易为了狭隘的个人目标，牺牲公共利益。

1b. <u>The *Federalists*</u> **argued** that <u>popular *democracy*</u> **destabilized** government, because <u>*they*</u> **believed** that <u>self-interested *groups*</u> **tended** to **sacrifice** the common good for their narrow objectives.

参考译文：<u>**联邦党人**</u>**认为**，<u>普遍民主</u>会**破坏**政府的稳定，因为<u>*他们*</u>**相信**，<u>*自私自利的团体*</u>**往往会**为了自己狭隘的目标而**牺牲**公共利益。

---

[1] 文章中，例句如直接翻译为汉语，则难以实现展示"清晰的语言"之目的。故此，译者保留了原文，并对应提供了参考译文，以便于不同程度的读者使用。参考译文采用直译方式，首先考虑英文例句的语法关系，兼顾汉语语法。同类情况，不另作说明。——译者注

在（1a）中，简单主语是"主张"；在英语原文里，它是构成完整主语的一个长且抽象的**短语**里的一个抽象**名词**。

完整主语	动词（谓语）
The Federalists' *argument* that destabilization of government was the result of popular democracy	was based ...

而且，在该长长的抽象主语里，还有另一个抽象主语。

完整主语	动词（谓语）
destabilization of government	was ...

让我们对比看看（1b）的完整主语。

主语	谓语
The *Federalists*	argued ...
popular *democracy*	destabilized ...
they	believed ...
self-interested *groups*	tend to sacrifice ...

在（1b）中，完整主语简短而具体。其中有 3 个指的是人（联邦党人、他们、团体），第四个是一个熟悉的概念（民主）。

这就是为什么大多数人都觉得（1b）读起来更容易。故此，保持清晰的文风，首要的原则是：

用简短具体的主语来指代你的主要角色。

但现在，我们必须对这一原则加上限定条件：有时，我们想要讲述的故事不是有血有肉的人，而是抽象概念。请看下列句子的主语（简单主语用斜体表示；完整主语使用下划线；主要动词加粗表示）。

Few *aspects* of human behavior **have been** so difficult to explain as rational thinking. *Rationality* **depends** on a range of short-term behaviors, such as not jumping to a hasty conclusion or action, having the patience to gather evidence, and the ability to bring together evidence and reasons in support of claims. But perhaps *the hallmark* of human rationality **is** the capacity to think about thinking, to reason about reasoning, to reflect on the quality of the thinking that assembles those reasons and claims into an argument.

人类行为中很少有哪个方面，像理性思考这样**难以解释**。理性依赖于一系列的短期行为，例如不急于下结论、不忙着采取行动，有收集证据的耐心，具备收集证据和理由来支持主张的能力。但或许，人类理性的标志**是**，对思考进行思考，对推理展开推理，同时对将理由和主张组成论证的思考，反思其质量。

这些句子的主语均为抽象概念。

主语	谓语（动词）
Few *aspects* of human behavior	have been ...
Rationality	depends ...
the *hallmark* of human rationality	is ...

在上述段落中，我们看到的不是人物角色，而是抽象概念。但这些抽象角色，凡是思考过理性这一主题的人都很熟悉，故此，"人类行为的方面"和"理性"等术语似乎与行为和思考的人没什么区别。此外，就算这些主语是抽象的，但最长的两个也都很清晰明确（它们对应的简单主语分别是"哪个方面"和"标志"）。

要判断句子的主语是否清晰，需考虑它们在读者眼中看起来是什么样子。凡是会让读者感觉说不清形状的东西，都不要拿来充当句子的主语，尤其是在下面这样长句里：

The Federalists' argument that destabilization of government was the result of popular democracy...（联邦党人的主张是，政府不稳定，是普遍民主造成的结果。而这一主张又建立在他们的如下信念上。）

很少有读者能够轻松地记住这么冗长而又模糊的主语。一般而言，在修改时，你可以围绕有血有肉的角色来重塑主语。例如，如果你认为读者可能会觉得"理性"和"行为"这样的抽象概念很难理解，你可以进行修改，让有血有肉的角色成为动词的主语。

Psychologists **have found** it difficult to explain what **we do** when **we behave** rationally. We **think** rationally when, in the short run, **we do not jump** to hasty conclusions, but instead patiently **gather** evidence, and **bring** evidence and reasons together to support claims. But we **are** perhaps most rational when we **reason** about our reasoning, when we **reflect** on how well we **thought** when we **assembled** our reasons and claims into an argument.（心理学家发现，很难解释人在理性行事的时候做了些什么。如果人在短期内，**不急于下结论**、**不忙着**采取行动，而是耐心地**收集**证据，将证据和理由**结合**到一起支持主张，这就表明我们在理性地**思考**。但是，如果我们对自己的推理**展开推理**，**反思**自己在将理由和主张**组合**成论证时**思考**得怎么样，此时我们恐怕**是**最为理性的。）

你无法随时将抽象概念都修改成有血有肉的人物故事，但在一定程度上，如果你这么做，读者会认为你的文章更清晰、更生动。如果你认为有血有肉的角色让你的句子（尤其是在专家眼中）显得过于简单，那么，只要你的读者熟悉你所使用的专业术语，不妨就以它们作为主语里的角色。

原则二：使用动词来指代角色的行为，不要用名词

读者一旦读完简洁的主语，便会寻找表达了具体动作的动词。他们越早能找到，也就越是觉得句子写得清晰。让我们来比较前述论联邦党人两段话里的动词（加粗）。

1a. The Federalists' argument that destabilization of government **was** the result of popular democracy **was based** on their belief in the tendency of self-interested groups toward sacrificing the common good for their narrow objectives.

参考译文：联邦党人的主张**是**，政府不稳定，**是**普遍民主造成的结果。而这一主张又**建立在**他们的如下信念上：追求自利的集团容易为了狭隘的个人目标，牺牲公共利益。

1b. The Federalists **argued** that popular democracy **destabilized** government, because they **believed** that self-interested groups **tended** to **sacrifice** the common good for their narrow objectives.

参考译文：联邦党人**认为**，普遍民主会**破坏**政府的稳定，因为他们**相信**，自私自利的团体**往往会**为了自己狭隘的目标而**牺牲**公共利益。

在（1a）中，仅有的动词是，"是"和"建立在"，但它们并不表示真正的行动。在（1b）中，动词表示真正的行动：认为，破坏，相信，往往会，牺牲。

但如果说，（1a）中的动作并未通过动词体现，那么它们在哪儿呢？它们在抽象名词当中（加粗）。

1a. The Federalists' **argument** that **destabilization** of government was the result of popular democracy was based on their **belief** in the **tendency** of self-interested groups toward **sacrificing** the common good for their narrow objectives.

参考译文：联邦党人的**主张**是，政府**不稳定**，是普遍民主造成的结果。而这一主张又建立在他们的如下**信念**上：追求自利的集团容易为了狭隘的个人目标，牺牲公共利益。

对于从动词衍生而来的名词，我们有一个专业术语：动词名词化（动词活用）。（也就是说，你将动词变成了一个名词。）让人感到高度专业化和抽象的文章，几乎总有很多这样的抽象动词活用，尤其是在主语里。在主语里使用名词化的动词，你不仅要使用较弱的动词，还要增加本来不需要的介词和冠词（这里指的是英语中的语法）。

1a. The Federalists' argument that destabilization **of** government would be the result **of** popular democracy was based **on** their belief **in the** tendency **of** self-interested groups **toward** sacrificing the common good **for** their narrow objectives.

1a. The Federalists' **argument** that **destabilization** of government was the result of popular democracy was based on their **belief** in the **tendency** of self-interested groups toward **sacrificing** the common good for their narrow objectives.

那么，这就得出了行文清晰的第二条原则：

> 使用动词来表示行为；不要将动作埋藏在抽象的动词化名词里，
>
> 尤其不要在主语里这么做。

我们可以将这两条原则结合起来：要将句子中的关键元素（主语和动词）与故事中的关键元素（角色和行为）匹配起来。

主语	动词
角色	行为

这两条原则解释了为什么我们会判断一些句子清晰具体，而另一些句子模糊抽象。

原则三：迅速切入动词

对比以下两句话（简单主语为斜体字；完整主语用下划线；主要动词加粗）。

2a. *Parents* who believe that school uniforms would solve most of the discipline problems in our schools **argue** in favor of them, but many *others* who fear that government already intrudes too much into our private lives **object**.

参考译文：认为校服能解决学校纪律问题的家长**支持**校服，但还有很多担心政府已经过多干涉我们私人生活的家长则**反对**。

2b. Some *parents* **argue** that school *uniforms* would **solve** most of the discipline problems in our schools, but many *others* **object** because *they* **fear** that *government* already intrudes too much into our private lives.

参考译文：一些家长**认为**，校服可以**解决**学校的大部分纪律问题，但也有很多家长**反对**，因为他们**担心**政府已经过多地干涉了我们的私人生活。

这两个句子的简单主语都是人物角色（即"家长"）和熟悉的物体（校服），但大多数人觉得（2b）更易读，这么说公平吗？在（2a）的第一部分，我们读完16个字之后才到达动词"支持"，而在第二部分，又读了27个字才到达动词"反对"。在（2b）中，第一部分我们只需要读4个字之后就发现了动词，第二部分只需要读7个字：

2b. Some parents **argue** ... but many others **object** ...

参考译文：一些家长**认为**……，但也有很多家长**反对**……

这一"主语过后迅速切入动词"的原则，又包含了3条从属原则。

原则3A：主语之前不要加入冗长的介绍性成分

请比较以下句子（介绍性成分以斜体表示；完整主语以下划线表示；动词为粗体）：

3a. *In view of recent research on higher education indicating at least one change in their major on the part of most undergraduate students*, first-year students **should be** 100 percent certain about the program of studies they want to pursue before they load up their schedule with requirements for a particular program.

参考译文：*本着"大部分本科生至少会改变一次专业"这一高等教育研究得出的结论，*大一学生**应当**对自己想要追求的学习计划百分之百地确定，再根据特定计划的需求安排自己的课程表。

3b. *According to recent research on higher education*, <u>most students</u> **change** their majors at least once during their undergraduate careers, so <u>first-year students</u> **should be** 100 percent certain about the program of studies they want to pursue before they load up their schedule with requirements for a particular program.

参考译文：*根据最近的高等教育研究*，<u>大多数学生</u>在本科生涯中至少会**换**一次专业，故此<u>大一学生</u>**应当**对自己想要追求的学习计划百分之百地确定，再根据特定计划的需求安排自己的课程表。

3c. <u>Researchers on higher education</u> **have recently shown** that most students change their majors at least once during their undergraduate careers, so <u>first-year students</u> **should be** 100 percent certain about their program of studies before they load up their schedule with requirements for a particular program.

参考译文：<u>高等教育研究人员</u>最近**指出**，<u>大多数学生</u>在本科生涯中至少会**换一次专业**，故此<u>大一学生</u>**应当**对自己想要追求的学习计划百分之百地确定，再根据特定计划的需求安排自己的课程表。

我们大多数人会觉得（3a）不如（3b）或（3c）清晰。在（3a）中，我们必须先读完 30 个字的介绍性短语，再进入主语（"大一学生"）和动词（"应当"）。在（3b）中，我们只需要读完 11 个字的介绍性短语就可以达到同样的目的地；而在（3c）中，我们直接就进入了主语："高等教育研究人员"最近指出……<u>大一学生</u>**应当**……

原则 3B：完整主语需尽量简短

这一原则与原则一是有联系的：要让主语成为独特的角色，而独特的角色往往有着简短的名称。请比较以下几句话（简单主语为斜体字；完整主语以下划线表示；动词为粗体）。

4a. <u>A social *system* that fails to create a legal environment in which foreign investors can rely on the rule of law and on the strict enforcement of contracts</u> **will** not **thrive**.

参考译文：<u>未能创造出法律环境，让外国投资者能够信赖法治和合同严格执行的社会*体系*</u>，**是无法蓬勃发展的**。

4b. If <u>a social *system*</u> **fails** to **create** a legal environment in which foreign *investors* can rely on the rule of law and on the strict enforcement of contracts, subordinate clause <u>that *system*</u> **will** not **thrive**.

参考译文：如果社会体系**未能创造出**一种法律环境，让_外国投资者_可以信赖法治和合同的严格执行，(从句)<u>这一体系</u>是无法蓬勃发展的。

4c. A social _system_ **will** not **thrive** if _it_ **fails** to **create** an environment in which <u>foreign</u> <u>investors</u> can rely on the rule of law and on the strict enforcement of contracts. subordinate clause

参考译文：<u>社会体系</u>**将无法蓬勃发展**，如果<u>它</u>**未能创造出**一种法律环境，让_外国投资者_可以信赖法治和合同的严格执行。(从句)

在（4a）中，整个主语从句首开始，但我们无法一眼就看到它在哪里停下，因为它足足持续了 33 个字；在（4b）中，读者可迅速从长长的从句里看到较短的主语及其动词。而在（4c）中，我们看到了一个简短的主语和动词：<u>社会体系</u>**将无法蓬勃发展**……

原则 3C：不要在主语和动词之间插入长长的短语和从句

让我们来比较下面两句话里因果从句的效果。

5a. <u>Some scientists</u>, because they write in a style that is so impersonal and objective, **do** not **communicate** with lay people easily.

参考译文：有些<u>科学家</u>，由于他们的写作风格太过客观、缺乏性格色彩，不太容易与外行沟通。

5b. <u>Some scientists</u> **do** not **communicate** with lay people easily, because they write in a style that is so impersonal and objective.

参考译文：有些科学家不太容易与外行沟通，因为他们的写作风格太过客观，缺乏性格色彩。

在（5a）中，我们轻松地看到主语（"有些科学家"）从哪儿开始、从哪儿结束，可正当我们期待动词出现的时候，却碰到了一个加插进来的长长的原因从句。如果我们在主语之后没有立刻看到动词，往往会认为这个句子很难。故此，尽量不要打断主谓关系：要将插入的元素放到句子的开头或结尾（具体放在哪里，要看放在哪里更合适）。

上面的三条从属原则，总结起来也就是：

> 帮助读者从简短的主语快速切入动词。

原则四：将读者熟悉的信息放在句子开头

这条原则的作用和前面三条一样。它让读者随着句子的推进积累动力，但它靠的不是句子的语法，而是读者的心理：如果我们在句子前面部分要处理的信息简单而熟悉，等到句子后半段才需要去处理新颖复杂的信息，那么，我们读的时候会感觉更容易。请比较以下例句。

6a. Particular ideas toward the beginning of sentences define what sentences are "about." The cumulative effect of a series of repeated subjects indicates what a passage is about, so our sense of coherence depends on subjects of sentences. Moving through a paragraph from a consistent point of view occurs when a series of subjects seems to constitute a coherent sequence. A seeming absence of context for sentences is one consequence of making random shifts in subjects. Feelings of dislocation, disorientation, and lack of focus occur when that happens.

参考译文：句子开头的特定概念，决定了句子"关于"些什么。一连串重复主语的累积效应，表明了一段话关于些什么，故此，我们的连贯感取决于句子的主语。如果一连串的主语似乎构成了一个连贯的序列，我们就能够带着一个连贯的视角通读段落。句子显得缺乏语境，是主语随意切换导致的结果之一。如果出现这种情况，读者就会感到错位、迷失方向、找不到焦点。

6b. As we read, we depend on the subject of a sentence to focus our attention on a particular idea that tells us what that sentence is "about." In a series of sentences, we depend on repeated subjects to cumulatively tell us the topic of a whole passage. If we feel that a series of subjects is coherent, then we feel we are moving through a paragraph from a coherent point of view. But if we feel its subjects shift randomly, then we have to begin each sentence out of context, from no coherent point of view. When that happens, we feel dislocated, disoriented, out of focus.

参考译文：在阅读时，我们依靠句子的主语将焦点放在一个特定的概念上，而这个概念，告诉我们这句话是"关于"什么的。在一连串的句子里，我们依靠重复的主语累积起来告诉我们整段话的主题。如果我们觉得这一连串的主语是连贯的，那么，我们也会觉得自己带着一个连贯的视角在通读一段话。但如果我们感觉句子的主语随意切换，那么，我们就只得在没有语境、缺少连贯视角的条件下阅读每一句话，碰到这样的情况，我们会感到错位、迷失方向、找不到焦点。

大多数人在读（6a）时会碰到一个问题，而读（6b）时不会。我们阅读（6a）里的每一个句子，不仅要处理冗长的抽象主题，还要在句首就接触到不熟悉的新信息。

6a.　Particular ideas toward the beginning of sentences ...

参考译文：句子开头的特定概念……

The cumulative effect of a series of subjects ...

参考译文：一连串重复主语的累积效应……

... our sense of coherence ...

参考译文：……我们的连贯感……

Moving through a paragraph from a consistent point of view ...

参考译文：我们就能够带着一个连贯的视角……

A seeming absence of context for sentences ...

参考译文：……句子显得缺乏语境……

Feelings of dislocation, disorientation, and lack of focus ...

参考译文：感到错位、迷失方向、找不到焦点……

反过来说，在（6b）中，每一句话都是用我们熟悉的信息开始的，故此也更容易理解（完整主语以下划线示意）：

6b.　As we read, we depend on ...

参考译文：在阅读时，我们依靠……

In a series of sentences, we depend on ...

参考译文：在一连串的句子里，我们依靠……

If we feel that a series of subjects is ...

参考译文：如果我们觉得这一连串的主语是……

But if we feel its subjects shift ...

参考译文：但如果我们感觉句子的主语随意切换……

Then we have to begin ...

参考译文：那么，我们就只得在……

When that happens, we feel ...

参考译文：碰到这样的情况，我们会感到……

既然这一原则关系到句子该怎样开始，那么，我们可以根据它推断出另一条原则：句子该怎样结束。

原则五：把长而复杂的信息放在句子末尾

从原则四和原则五，我们还可以推导出原则六。

原则六：主语保持一致，连续的几句话不要以不相关的主语开头

在（6a）中，我们感觉主语毫无一致性。如果一连串的句子，开头全都不一样，那么我们很可能会认为这段话没有重点，欠缺衔接，甚至毫无组织章法。在（6b）中，主语相对更为一致。故此，我们觉得读（6b）更容易。

简而言之：

> 不要随意变换主语；请将它控制在少量角色范围内。

这里再将上述原则的核心重复一次：

1. 用句子的主语来指代你故事的主要角色。

2. 用动词来表示主要角色的动作，不要使用抽象名词。

3. 迅速切入主要动词。

    a) 避免冗长的介绍性元素。

    b) 避免冗长的抽象主语。

    c) 不要在主语和动词之间插入其他成分。

4. 句子的开头使用读者熟悉的信息。

5. 把较新、较复杂因而难以理解的信息，放到句子末尾。

6. 句子开头要保持一致。让读者聚焦到少数几个熟悉的角色上。

如果概念的实质要求你使用艰深的语言，那么你可能也不得不用。但如果你能帮助读者在句子开始积蓄起一些动量，他们就不必花费更大的力气。而且，如果你这么做，读者就能够在句尾更好地处理更新、更复杂的信息。

优秀的批判性思考者知道，清晰的文字不仅仅是一种能让读者开心的装饰性特质，它本身就是论证的一种力量。阅读到清晰的文字，读者更容易同意其内容，也更容易信任为写得清晰而煞费苦心的作者。

刻意复杂的伦理

有些写作者否认行文清晰的重要性。事实上，有些人故意写复杂的文章，认为这能叫自己的想法给人留下深刻的印象，而留下深刻的印象，意味着有说服力。一些写作者甚至主张，读者绞尽脑汁解读复杂的文章是有好处的，因为他们会思考得更努力。在这一点上，这些写作者是错误的。所有的研究都显示，如果读者必须与复杂的文风缠斗，那么他们对文章理解得越少。有时候，复杂的思想需要复杂的句子。一些天真的读者也容易被花哨的语言打动。但更常见的情况是，写作者的自我放纵或是对读者的漠不关心，导致了行文的复杂。

简洁和生动

如果读者看到简短、具体的主语后接表示重要动作的动词，会认为这样的句子是清晰的。但他们想要的不止如此。

你可以用两种方式写出生动的文章。

- 用尽可能少的文字表达想法。
- 使用那些能让读者"看到"所指是什么的词语。

这样做的话，读者阅读你的论证会更快，理解会更好，记得更长久。如果你使用的词语（尤其是抽象词语）太多，那么读者可能认为你的论证甚至你整个人都是模糊、含混、不清不楚的。

怎样做到简洁

告诉你要写得简洁，这很容易，但真正写得简洁就很难了，因为将文章编辑得简洁需要密集的劳动和庞大的词汇量。但这么做是有回报的：首先是为读者带来了好处，因为你让他们的工作变得容易了；其次对你自己也有好处，因为读者会感激你为他们节省了精力。如果做得到，我们很乐意教你怎样让编辑工作变得更容易的规则，只可惜，我们做不到。我们充其量能向你展示一些常见的冗长行文，以及删改的方法。这里没有捷径。

重复和啰唆

如果文章将同一件事说了两次或使用了没有什么意义的词语，那么，它就是冗长的。例如，下面的这段话既包含了无用的重复，也包含了空洞的词语；修改后的行文将二者都删除了。

Various improvements in productivity basically depend first and foremost on certain fundamental factors that generally involve psychology more than any kind of particular technology.

参考译文：生产力的各种提高基本上首先取决于某些基本因素，一般更多地涉及心理而非特定的技术。

Productivity rises when we improve not just machines but the minds of those who operate them.

参考译文：如果我们不仅改进了机器，还改进了机器操作人员的思维，那么生产力就会提高。

这里有一些典型的啰唆用语，通常，你可以删除它们。

certain（某些）	various（不同的）	particular（特定的）
specific（具体的）	given（给定的）	really（真正的）
basically（基本的）	generally（一般的）	virtually（事实上）
actually（实际上）		

以下有一些典型的冗词，如果二者同时出现，你应该删除其中之一。

full（完全）和 complete（彻底）	hope（希望）和 trust（信任）
any（任何）和 all（所有）	true（真实）和 accurate（准确）
each（每一）和 every（各个）	basic（基本）和 fundamental（基础）
hopes（希望）和 desires（欲望）	first（第一）和 foremost（首先）
various（不同的）和 sundry（各式各样的）	

词义分解

如果我们将本来能用一个词语表达的意思分拆开来，并用若干个词语去表达，大多数人都会犯糊涂。我们在上下文中读到一个词语，"我希望你见见我**兄弟**"，"兄弟"这个词似乎能唤起一个完整的概念。但如我们在第十章中所见，我们可以将"兄弟"一词的含义想成一套标准（人类、男性、父母相同）。故此，我们可以用一个词表达一个概念，也可以将词义的标准逐一说明来表达一个概念。如果有人说，"我希望你见见这位和我同父同母的男性"，我们大概知道这个人在说什么，但会认为他有点古怪。

这是个傻乎乎的例子，但我们每天都会读到这样的文章：

You did not read through what you wrote paying close enough attention to finding and correcting errors.

参考译文：你没有通读自己写的内容，没有给予足够的关注发现并改正错误。

而不是：

You did not edit carefully.

参考译文：你没有仔细修改。

前一个较长的句子通过列举不同的标准，将单一的意思分拆成几部分，通过多个词语模糊了意图。较短的那句话只用了一个词，而这一个词，显然要生动得多：

read through ... errors → edit

参考译文：通读……错误→修改。

paying close attention → carefully

参考译文：没有给予足够的关注→仔细。

言外之意

还有一种冗赘是将其他词语已经暗示了的意思又说了一遍。请比较下面两句话：

Imagine someone trying to learn the rules and strategy for playing the game of chess.

参考译文：想象有人尝试学习下国际象棋的规则和策略。

Imagine learning chess.

参考译文：想象学习下国际象棋。

"学习"就暗含了"尝试"，"策略"和"游戏"都暗含了"下（国际象棋）"，"国际象棋"暗含"游戏"，"游戏"暗含"规则"和"策略"。因此，如果我们将读者能够推断出来的部分都删掉，就得到一句更简洁更生动的话。

Imagine someone learning to play chess.

参考译文：想象有人学习下国际象棋。

不过，不要误以为简洁就是单纯的"短"。请比较：

Write directly.

参考译文：直接写。

让重要的角色充当主语，让动词指代具体的动作。

前一句很短，但太过笼统，省略了重要的信息。

怎样做到生动

从文章中删除了冗余之后，你还必须保证留下的文字不仅传达了你想要表达的意思，还传达了在语气和感觉上与之相应的细微之处。

选择合适的感觉

词语在很多尺度上都有差异，很难一一列举。以下是一些大致的分类。

- 俚语、非正式用语和正式用语（如小车、汽车、机动车）。

  When a fruitcake shows up in an ER too goofy to think straight, the doc has to make the call whether to shoot him up with downers.

  参考译文：如果急诊室里来了一个脑瓜子不灵光、想不清楚事情的白痴，医生必须自行判断要不要给他来上一针镇静剂。

  When someone comes to an emergency room unable to think rationally, the doctor must decide whether to calm him down with drugs.

  参考译文：如果急诊室里来了一个无法理性思考的人，医生必须判断要不要使用药物让他平静下来。

  When a mentally incompetent individual presents in a trauma center, the attending physician must determine whether to sedate him with tranquilizing medication.

  参考译文：如果一位智力不健全者出现在创伤中心，主治医生必须判断是否使用镇静剂让他安定下来。

- 中性词语和情绪性词语（如终止妊娠、堕胎、杀婴）。

  Lowering taxes will raise net income.

  参考译文：减税将提高净收入。

  If we could protect some of what the tax man sucks out of our paychecks every week, we could keep more of the money we sweat for every day.

  参考译文：如果我们能让税务员少从我们每个星期的工资里捞油水，我们就能多留下些自己每天辛苦挣来的血汗钱。

- 本土词语和外来语（如 speed、velocity）。

  You have to show guts when the times call for it.

  参考译文：必要时必须拿出勇气。

  It is necessary to demonstrate courage when the occasion demands it.

（这两句的意思是一样的，翻译成中文之后也差不多，即"必要时必须拿出勇气。"但原文所选用的词汇很不一样，故此保留了原文。）

● 日常词汇和科学术语（如 belly button 和 navel，肚脐眼儿和肚脐）。

As you go higher, the air thins out.

参考译文：越往高处走，空气越稀薄。

As altitude increases, the atmosphere attenuates.

参考译文：随着海拔的增高，大气会愈发稀薄。

● 一般和具体（如牲畜与猪）。

A good worker plans carefully in order to do the job right the first time.

参考译文：优秀的工人会仔细规划，以便在第一时间将工作做好。

A master carpenter measures twice to cut once.

参考译文：好木匠量两次才锯一次。

这些标准通常是彼此相关的：如果一个词语是正式用语（如 abdomen，"腹部"），它可能不太常用，借用自法语或拉丁语，有些学术语气，不那么生动，较之源自盎格鲁－撒克逊的非正式用语（如 belly 或 gut，肚子或肠子），它唤起的情绪较弱。反过来说，源自盎格鲁－撒克逊的词语，一般不够正式，但更常用、更生动、更饱含情绪。

这些选择不仅影响了我们怎样阅读，还影响了我们对作者写作个性的判断。前面描述急诊室患者的 3 种说法，暗示了作者和读者的不同关系：亲密的，非正式的或正式的。

When a fruitcake shows up in an ER too goofy to think straight ...

参考译文：如果急诊室里来了一个脑瓜子不灵光……

When someone comes to an emergency room unable to think rationally ...

参考译文：如果急诊室里来了一个无法理性思考的人……

When a mentally incompetent individual presents in a trauma center ...

参考译文：如果一位智力不健全者出现在创伤中心……

我们的建议是在大多数情况下最好选择中间的风格，因为这样可设定较为中性色彩的背景，从而放大故意选择的一个正式（或不正式）用语所带来的冲击感。

抽象与具体

行文生动最重要的一项特质是，一个词语能否在我们脑海中唤起一幅画面。我们越是容易想到词语的所指，文风也就越生动。请比较以下两段话。

When someone needs emergency care, but acts so irrationally that he cannot legally consent to treatment, only the attending physician can decide whether to give that person medication without his permission before beginning treatment.

参考译文：如果一个人需要紧急救治，但其行为过于失去理性，无法合乎法律地准许治疗，那么，只有主治医生才能判断是否在开始治疗前未经其许可而给予药物。

When 16-year-old Alex White staggered into the Fairview Hospital emergency room, raving about demons under his shirt and gushing blood where he had slashed his belly with a hunting knife, trauma physician Amanda Lee's first job was to stop the bleeding. But when White grabbed a nurse by her hair and threw her to the floor, screaming that she was the Whore of Babylon, Lee had to decide in an instant whether to inject him with the tranquilizer thorazine without asking him to sign her hospital's permission form. Ohio law and hospital rules require physicians to ask for permission before administering drugs, but White could not understand Lee's raving. So as would any physician in that situation, she tranquilized him without his permission.

参考译文：16 岁的亚历克斯·怀特摇摇晃晃地走进公平镇医院的急诊室，嘴里胡言乱语地说着自己衬衫下藏着恶魔，他用猎刀割伤了自己的腹部，鲜血呼呼往外喷。这时，创伤科医生阿曼达·李的首要任务是止血。但是怀特抓住一名护士的头发，将她扔在地上，尖叫着说她是巴比伦的妓女，李医生必须判断，是否在怀特尚未签署医院同意治疗书的情况下为他注射镇静剂氯丙嗪。俄亥俄州的法律和医院规章都要求，医生在用药前必须征得同意，但怀特无法理解李的询问。所以，和所有医生在这种情况下会做的一样，李医生未经怀特许可就给他注射了镇静剂。

第二段话更长，唤起我们更多的情感。（请注意，它的生动并不是来自形容词或副词，而是来自名词和动词。）哪一段话更好呢？这要看作者的意图。如果作者想要唤起情感，她会使用生动具体的名词和动词；如果她想显得冷静客观，便会选择更抽象笼统的语言。新人作者最爱犯的错误就是依赖形容词和副词。

When a *stoned* 16-year-old Alex White staggered *crazily* into the *quiet* Fairview

Hospital emergency room, *wildly* raving about *evil* and *monstrous* demons under his shirt and gushing blood where he had *brutally* slashed his *pink* belly with a *vicious* hunting knife, trauma physician Amanda Lee's first job was to *quickly* stop the *frightening* bleeding. But when White *suddenly* grabbed a *frightened* nurse ...

参考译文：16 岁的亚历克斯·怀特神情恍惚、摇摇晃晃、疯癫癫地闯进公平镇医院静悄悄的急诊室，失控地吼叫着自己衬衫下藏着恶魔。他用一把锋利的猎刀残忍地割开了自己的腹部，鲜血呼呼往外喷。此时，创伤科医生阿曼达·李的首要任务是立刻止住可怕的失血。但是怀特突然抓住一名受惊的护士……

当然，读者的想象取决于他们的所知：如果他们知道改装车大赛（drag racing to Colomb），就能自动联想大量的画面。但对不知道改装车大赛的读者来说，要想唤起画面，作者就必须说得十分具体。

Sixteen-years-old and burning rubber down Claiborne Avenue at 3 A.M. on a Sunday morning in a supercharged '57 Bel Aire, hubcap to hubcap with Don Debarbaris' four barrel GTO.

参考译文：星期日凌晨 3 点，16 岁的唐·德巴布斯，开着一辆 57 年款四引擎增压改装 GTO，奔驰在克莱伯恩大街上。

大多数人通常都更喜欢生动的行文，因为这会让人读得更快，理解得更好，记得更久。因此，虽然按字数算不够经济，但生动的行文能换来冲击力。当然，作者也可以将一般和具体相结合。

When someone needs emergency care, but acts so irrationally that he cannot legally consent to treatment, ... For example, when on the night of May 13, 1998, 16-year-old Alex White staggered into the Fairview Hospital Emergency room raving ...

参考译文：如果一个人需要紧急救治，但其行为过于失去理性，无法合乎法律地准许治疗……例如，1998 年 5 月 13 日的晚上，16 岁的亚历克斯·怀特摇摇晃晃地走进公平镇医院的急诊室……

意象词系统

然而，生动不仅仅是具体，因为具体并不见得都一样。事实上，所有的人类语言似乎都具备一种系统化方式，能更容易地描绘某类具体的东西。例如，读到"生命"这个词，你的脑海中会出现什么样的画面？显然，大多数人想到的画面都不一样，同样的道理，对更具体的"植物"一词，我们也并不能得到一幅清晰的画面。现在，让我们想象一棵松树。对大多数人而言，这个词唤起了一幅清晰的画面，而且有着更为独特的情感。但现在，让我们来想象一棵约书亚树。除非你了解沙漠植物，否则，这个更为具体的词语，反而会抑制你的想象力，让你完全无法产生清晰的画面。如果我们恰好知道词语的所指，才能用这个具体的词语唤起一幅画面，否则，词语再具体也没有用。

每一种语言的使用者似乎都是按这种系统化方式（从一般到具体）来组织语言的，但无法唤起独特画面的词语和能够唤起的词语之间，存在一个转折点。请看下面的列表，转折点用阴影表示。

生命	事物	东西	营养品	设施
生物	物件	商品	食物	交通
动物	装置	家用品	作物	运输
牲畜	工具	家具	水果	车辆
马	铁锤	桌子	苹果	摩托
帕洛米诺马	圆头锤	联邦风格翻板桌	富士苹果	哈雷摩托

像马、铁锤、桌子、苹果和摩托车这样的词语，属于心理学家所说的基本类别层面。在这一层面上的词语，能唤起我们清晰的心理画面，而在这一基本层面之上（牲畜、工具等），我们只能召唤出随机的模糊画面。而在这一层面之下，只有在我们碰巧知道圆头锤或富士苹果是什么样子的时候，我们才能得到更为具体的画面。对其他不知道的人来说，一颗富士苹果和其他苹果没什么区别（这种高度专门化的术语，在高科技军事小说里很普遍）。

大多数人更喜欢使用基本层面词汇的文章，因为我们阅读、理解和记忆这些词语最容易。然而，身为作家，我们从文章中看到的画面比读者更清晰，因为我们非常了解自己的主题（想想前面你对改装车的反应）。如果你写的是生物有免于非人待遇的权利，你脑海中浮现的或许是，一只兔子扭动着身体，躲避灼伤它圆溜溜的黑色纽扣般眼睛的化学药品。但读者只有在你写得这么具体的时候，才能获得这幅具体的画面。

我们甚至可以为"具体"创造出层次感来，举例如下。

There have been recent decreases in weapons crimes.

参考译文：最近武器犯罪有所减少。

Recently, crimes involving inexpensive firearms have decreased.

参考译文：最近，涉及廉价枪支的犯罪有所减少。

Compared to a few years ago, a person is less likely to be the victim of someone with a cheap handgun.

参考译文：与几年前相比，人不大可能遇上手持廉价手枪的罪犯了。

Compared to 1995, you are half as likely to be mugged by someone shoving a twenty dollar Saturday night special in your face.

参考译文：与1995年相比，你如今遭到一名手里挥舞着20美元"周六特别版"手枪的人抢劫的概率，只有当年的一半了。

如果你想从读者那里得到发自本能的反应，就要使用在读者脑海中有鲜明所指形象的词语。

有意为之的笼统

然而，也有时候，你并不想说得特别具体，尤其是你正以冷静、客观的风格构建一般性主张的时候。

然而，一些作者会使用两个或两个以上的一般性词语，专门阻止读者清晰敏锐地理解词语的所指，这是一种近乎不诚实的行为。如果你用两个或两个以上的词来表达一个词就能表达的意思，你就是在软化概念：可以对比堕胎和终止妊娠；癌症与恶性生长；残疾和行动能力受限。一如既往，我们应以"金发姑娘法则"作为目标：不要太笼统，也不要太具体，而是恰到好处。什么是恰到好处很难衡量，但你不妨记住以下两条原则。

- 在提供例子、证据和说明时，读者可能更喜欢具体、清晰和生动的语言。
- 在陈述一般性原则、价值观和假设时，如果你用较为一般性的语言来表达，读者或许更能感受到这些陈述的力量。

由于概括不需要太费力地思考、不需要具备太多的批判性思维，我们更容易失之笼统，失之具体的情况相对较少。但对所有值得进行论证的主题来说，努力思考是它的一项特质，所以，努力思考语言的质量，也是更好地斟酌论证、思考它对读者影响的一条途径。

当心行话

哪怕是书评人，也对晦涩的学术行话颇多抱怨。《纽约时报》的一位书评人，用视觉比喻来形容自己无奈要读的作品。

拉宾诺先生是加州大学伯克利分校的人类学教授，他讲述了一家法国研究所和一家美国公司的基因研究合作走向破裂的故事……（他）对这个故事的讲述很精彩，但失于凌乱，既尖锐，也令人费解……（他的）行文枯燥生硬，至少在不熟悉美国人类学协会圈内人语言和内部机制的人看来是这样……（他的）主要观点常常迷失在夸张行话的迷雾当中，但偶尔也会露出真容，恰能为凡俗人士所看清……他从封闭的职业世界内部讲述这个极为现代的故事，这样的选择太糟糕了，因为这个世界将我们其他人都屏蔽在了外面。

如果《纽约时报》的书评人都感到难以理解，问题显然出在作者身上。要是你对自己读到的东西做出了同样的判断，别迟疑，大胆说出来吧。

资料来源：Richard Bernstein, *New York Times*, October 13, 1999.

写作过程

清晰的语言

修改

针对风格的修改

哪怕你在写草稿时，写得又慢又仔细，但也不必将重点放在风格上。文风的修改，要等你完成了草稿，修改了组织结构之后再说。从你觉得自己很难清楚地进行表达，或是自己都拿不准意思的段落着手。在这种时候，我们都很容易写出令人困惑的文章。然后，按照下面的步骤，一句话一句话地通读草稿。

诊断

首先，在每句话最前面的七八个词语下画线（忽略简短的介绍性短语）。如果你发现下列情况，请考虑修改。

- 主语是带有大量介词短语的抽象概念。

- 这七八个词语读完了，你都没看到动词，或者哪怕出现了动词，也只是一个模糊的动词，比如 do（做）、make（造）、have（有）、be（是）等。

- 最开始的这七八个词语，表达的是读者在前面的句子里没有看到过的信息，或是没有理由预料到会出现的信息。

- 连续的几个句子不断改变主语，故此，在开头的几个词语里，读者看到的不是一组连贯的角色或概念。

例如，在下面这段话的句子里，请注意隔了多少个词语才出现主句的动词（完整主语以下划线表示，动词加粗表示）。

<u>Attempts at explanations for decreases in voter participation in recent elections</u> **came** from several candidates. <u>A general cynicism about honesty in government</u> **was** a common claim of some conservative politicians. But <u>the public's greater interest in their private affairs than in national public affairs</u> **is** also a possible reason for the drop in voting.

参考译文：几位候选人都尝试解释近来选举中选民参与率的降低。一些保守派政客声称，选民对政府的诚实普遍存疑。但公众对私人事务比对国家公共事务更感兴趣，可能也是投票率下降的一个原因。

在第一句话中，"选民"这一角色出现在主语中，但它又并非主语，完整的主语又长又复杂。这段话必须加以修改。

着手修改

1. 首先找出重要的角色。在上述段落中，它们分别是 voters（选民）、candidates（候选人）和 conservative politicians（保守派政客）。

2. 确认其行为。Voters participate (less), are cynical, and are not intrested（选民（减少）参与，怀疑，不感兴趣）；candidates attempt and explain（候选人尝试和解释）；conservative politicians claim（保守派政客声称）。

3. 通过修改，让大多数（不一定是所有）从句以重要角色开头，充当主语，其后紧跟着动词里的关键动作。

<u>Several candidates</u> **tried to explain** why <u>fewer people</u> **voted** in recent elections.

Some conservative politicians **claimed** that <u>voters</u> **were** generally cynical about honesty in government. But perhaps so <u>few</u> **voted** because <u>they</u> **were** more interested in their private affairs than in national public affairs.

参考译文：几位候选人试图解释为什么最近的选举中投票的人越来越少。一些保守派政客声称，选民对政府的诚实普遍存疑。但投票的人这么少，也许是因为人们对私人事务比对国家公共事务更感兴趣。

4. 你或许会从诊断中看到一句很长的开场白。

Despite their role in creating a sense of loyalty among students and alumni and generating financial resources that support minor sports, on balance <u>major intercollegiate sports</u> damage the aims of higher education.

参考译文：尽管在培养学生和校友的忠诚感以及为支持小型体育活动提供财务支持等方面发挥了重要作用，但总的来说，大型校际体育活动破坏了高等教育的目标。

如果是这样，请从下面的两种修改方式中选择其一。

- 让该短语变成一个独立的分句。

<u>Major intercollegiate sports</u> **may create** a sense of loyalty among students and alumni and generate financial resources that support minor sports, but on balance they **damage** the aims of higher education.

参考译文：大型校际体育运动或许能培养学生和校友的忠诚感，并为支持小型体育活动带来财务支持，但总的来说，它们破坏了高等教育的目标。

- 让该短语变成附属的从句。如果它沟通了新的信息，就将它放在主句之后。如果它说的是旧有的信息，尽量将它缩短。

On balance, <u>major intercollegiate sports</u> **damage** the aims of higher education, even though they create a sense of loyalty among students and alumni and generate financial resources that support minor sports.

参考译文：总的来说，大型校际体育运动破坏了高等教育的目标，尽管它们培养了学生和校友的忠诚感，并为支持小型体育活动带来了财务支持。

Although <u>major intercollegiate sports</u> create loyalty and generate financial resources, on balance <u>they</u> **damage** the aims of higher education.

参考译文：虽然大型校际体育运动能带来忠诚感和财务支持，但总的来说，它们破坏了高等教育的目标。

5. 你的诊断可能会发现一个很长的完整主语，它的简单主语是一个有血有肉的角色。

Athletes who receive special academic consideration because their time is taken up with training and competition are not necessarily academically ill-prepared for the rigors of a high-quality education.

参考译文：那些因为训练和比赛占用了时间而享受特殊学业待遇的运动员，并不一定在学业上准备不足，无法接受严格的高质量教育。

如果是这样，请从下面的两种修改方式中选择其一。

- 将主语变成引导性从句，如果可以，将简单主语变成完整主语。

Although athletes **might receive** special academic consideration because their time is taken up with training and competition, they **are** not necessarily academically ill-prepared for the rigors of a high-quality education.

参考译文：虽然运动员可能会因为训练和比赛占用了时间而享受特殊的学术待遇，但他们不一定在学业上准备不足，无法接受严格的高质量教育。

- 或者将主语变成主句。

Some athletes **may receive** special academic consideration because their time is taken up with training and competition, but they **are** not necessarily academically ill-prepared for the rigors of a high-quality education.

参考译文：有些运动员可能会因为训练和比赛占用了时间而受到特殊的学术待遇，但他们不一定在学业上准备不足，无法接受严格的高质量教育。

6. 你的诊断可能会发现一个插入元素。

Major intercollegiate sports, because they undermine the intellectual integrity that higher education is supposed to support by lowering standards for athletes, **should be abolished**. That kind of erosion will inevitably lead to ...

参考译文：大型校际体育运动，由于它们降低了对运动员的标准，破坏了高等教育理应支持的知识完备性，应该加以取消。这种侵蚀不可避免地会导致……

- 如果是这样，可将该元素移到其句子的开头或结尾（具体放到哪里，取决于它与前面的句子连接得更紧密还是与后面的句子连接得更紧密）。

Major intercollegiate sports **should be abolished**, because they undermine the intellectual integrity that higher education is supposed to support by lowering standards for athletes. That kind of erosion will inevitably lead to ...

参考译文：大型校际体育运动应该加以取消，因为它们降低了对运动员的标准，破坏了高等教育理应支持的知识完备性。这种侵蚀不可避免地会导致……

注意主动和被动动词

如果你真的记得哪一条关于写作的建议，想必是尽量少用被动语态，多用主动语态吧。一般而言，这是个好建议，但也有很多时候不是。例如，以下段落的第二句话有所不同——一句使用主动动词，另一句使用的是被动动词。

Some astonishing questions about the nature of the universe have been raised by scientists investigating black holes in space. The collapse of a dead star into a point perhaps no larger than a marble **creates** active verb a black hole. So much matter compressed into so little space changes the fabric of space around it in surprising ways.

参考译文：研究太空黑洞的科学家们提出了一些关于宇宙本质的惊人问题。一颗死星坍缩成一个可能比弹珠还小的点，就会**产生**（主动动词）一个黑洞。这么多的物质压缩在这么小的空间里，以惊人的方式改变了它周围空间的结构。

Some astonishing questions about the nature of the universe have been raised by scientists investigating black holes in space. A black hole **is created** passive verb by the collapse of a dead star into a point perhaps no larger than a marble. So much matter compressed into so little space changes the fabric of space around it in surprising ways.

参考译文：研究太空黑洞的科学家们提出了一些关于宇宙本质的惊人问题。黑洞是**由**一颗死星坍缩成一个可能比弹珠还小的点**所产生**（被动动词）的。这么多的物质压缩在这么小的空间里，以惊人的方式改变了它周围空间的结构。

在这一语境下，被动动词是更好的选择。

- 主动动词的主语长而抽象：一颗死星坍缩成一个可能比弹珠还小的点。但被动动词的主语简短，容易理解：黑洞。
- 被动动词将我们在前一句话里刚读到的事物变成了主语：……研究太空黑洞。黑洞是由……

我们不提倡使用被动语态，但也不会说，始终要避免被动语态。根据你想要作为主语的内容，选择主动或被动。被动语态的作用就在于此。

有关简洁的最后一点

这里是有关仔细编辑的最后一条非常有用和重要的原则，你始终可以依靠它：将直接出现在名词之前的每一个形容词和所有动词全都划掉，不管它们具体出现在哪里。接着一个一个地挨着询问你是否真正需要它。你或许会保留一部分，但肯定能去掉许多。要想做到真正的生动和简洁，就要有意识地不用软弱和冗长的描述性形容词和副词，多用具体的名词和动词。

课后习题

思考题

1. 我们想要说服你相信的是，最佳风格一般而言是最清晰的风格，但也有人说，简明的风格具有欺骗性。他们认为，复杂的事实从来不像简明风格表现得那么简单。"清晰"本身是一种花招，欺骗读者接受最简单版的真相。你能想出一些人用简明的语言耍把戏的例子吗？广告机构？政客？你能想出一些人（律师？专家？）用复杂的语言耍把戏的例子吗？是否存在一种风格，天然地比其他风格更"诚实"、更"真诚"？

2. 学术文章很少有写得生动的，原因你应该想得到。但为什么有那么多人哪怕早就离开了学校，仍然写得那么乏味呢？例如，这里有一段报告节选，是一名专门治疗生猪病情的兽医写给一名没受过多少正规教育（即学校教育）的农户的。在面对面谈话的时候，女兽医的语言与所有人一样的生动，但请注意她在写作时所用的语言是多么的含混。

在你正在进行的提高生产力的项目中，最紧迫也最直接的担忧是限制猪流感对其发育造成的影响（尤其是以上市体重为指标）。消灭病毒从投资回报的角度看基本上不合乎实际，尽管减少猪流感倒是个值得考虑的目标。不过，最有效的做法是感染后保持生长速度。限制小母猪染病并让它们适应水土，是最为有效的额外步骤，不过，当前的疫苗接种项目也必须坚持下去。

她本可以写成这样：

如果你想出售体格更大的猪，你必须限制猪流感对生猪发育带来的影响。彻底消灭病毒要花的钱太多了，但你也可以采取措施减少花费。最重要的是，让生猪染病后仍保持生长速度。为此，你要坚持现在的做法，继续为生猪接种疫苗。最好的做法是限制买入的小母猪数量，并让现在猪栏里的小母猪适应水土。

或这样：

要想卖出肥猪，不要让猪流感妨碍其生长发育。消灭病毒的成本太高，但如果你为患病的生猪接种疫苗，不购买多余的小母猪，在它们适应病毒之前不将它们和其他生猪混养，你可以让患病的猪继续生长。

兽医为什么会用这样含混的学术风格写作呢？你能想到什么理由吗？这些理由充分吗？

任务

3. 用一个星期的时间，留心你所读内容的风格。摘抄那些看起来特别容易读或很难读的段落，尤其是写得特别好或特别差的地方。你能说出是哪些特点让这些段落显得更好（或更糟）吗？试着修改那些你觉得难读的段落。

4. 从你过去的作文里选择一段语言乏味、苍白或因其他原因不清楚的话。将它改写得尽量生动。使用具体的、画面感强的、口语化的、情绪性的词语。你发现自己有所改进吗？

术语指南

清晰的语言

为了理解读者会怎样评价你的文章，你必须知道句子如何运作，为此，你需要明白下面的一些术语：名词、主语、动词、主句/独立分句、从句/从属句、主动和被动。分句是理解的基本单位，我们先从这里开始。

分句和短语

分句由主语和动词以及所有其他附加成分构成。说它们是分句，是因为它们既有主语（以下划线标注）也有动词（加粗）。

dogs **bark**

参考译文：狗叫

the analysis of style **depends** on knowing how to tell a good story

参考译文：对风格的分析**取决于**知道怎样讲述一个好故事

once you **understand** subjects and verbs

参考译文：一旦你**理解**了主语和动词之后

although few of us **write** clearly

参考译文：虽说我们中很少有人**写**得清晰

以下短语不是分句，因为它们没有主语和动词。

a basic unit of style（风格的一种基本单位） subjects and verbs（主语和动词）

is the sentence（是句子）   the sentence（句子）   write a first draft（写初稿）

few of us（我们中很少有人）

这些单位是短语，即作为一个单位"结合在一起"的词语序列。短语由一个"中心词"（名词、动词、形容词或副词均可）以及与它相连的词语和短语构成。例如，下面列举了一个名词短语，它包含了一个形容词短语，而形容词短语里又包含了一个副词短语（状语短语）。这里，每个短语的"中心词"加粗表示。

名词短语：一种非常容易辨识的**风格**

形容词短语：非常容易**辨识的**

副词短语：非常**容易**

对比来看，下面的这些例子不是短语，因为它们并不相连：

basic unit of（……的基本单位）   subjects and（主语和）   is the（是）

to tell a good（讲个好）   a clear first（清晰第一）

of style depends on（风格取决于）

独立分句与从属分句

我们必须区分两种分句：独立分句和从属分句（有时也叫主句和从句）。

独立分句　按照定义，独立分句不依赖于其他任何东西，因此断句时可以作为独立的句子。以下独立分句有主语（以下划线标注）和动词（加粗）。

The basic unit of style **is** the sentence.

参考译文：风格的基本单位**是**句子。

You **should understand** subjects and verbs.

参考译文：你**应该理解**主语和动词。

Readers **look** for subjects to understand what a sentence is about.

参考译文：读者**寻找**主语，以理解句子要说的是什么。

独立分句不以从属连词，如 because、if、when、although、since、as（因为、如果、当、尽管、由于、正如）打头，但可以用并列连词打头，如 and、or、but、yet、so、for（而且、或者、但是、然而、因为）。我们还可以将独立分句称为句子的主句。

Though I stayed, subordinate clause **he left** main clause because he was tired. subordinate clause

参考译文：虽然我留了下来（从句），但他离开了，（主句）因为他累了。（从句）

从属分句　从属分句依赖于别的东西。你通常可以通过一个暗示其依赖关系的介绍性词语来识别它。从属分句分为 3 种：①副词性分句；②形容词性分句；③名词性分句。

副词性分句

副词性分句表示时间、地点、方式、原因、条件等。它们通常以状语连词开头，如 because、if、when、although、before、as、since 和 unless（因为、如果、当、尽管、之前、由于、自从、除非）。下面，我们用斜体字表示依赖关系的词语，主语用下划线表示，动词加粗表示。

because readers **look** for the subject of a sentence

参考译文：*因为*读者**寻找**句子的主语

if you **want** to write clearly

参考译文：*如果*你**想**写清楚

unless your argument **addresses** a conceptual problem

参考译文：*除非*你的论证**针对**的是概念性问题

大多数副词性分句都可以移动。

Because readers look for the subject of a sentence, the best editors **start** revising by looking at subjects.

参考译文：因为读者要寻找句子的主语，所以最出色的编辑会从寻找主语来开始修改。

The best editors **start** revising by looking at subjects *because readers look for the subject of a sentence*.

参考译文：最出色的编辑会从寻找主语来开始修改，因为读者要寻找句子的主语。

The best editors, *because readers look for the subject of a sentence*, **start** revising by looking at subjects.

参考译文：最出色的编辑，因为读者要寻找句子的主语，所以会从寻找主语来开始修改。

如果你给副词性分句加上标点，让它变成一个单独的句子，这就是语法老师所说的句子片段。

The best editors start revising by looking at subjects. Because readers look first for the subject of your sentence. fragment

参考译文：最出色的编辑会从寻找主语来开始修改。因为读者首先要寻找句子的主语。（片段）

形容词性分句

形容词性分句修饰名词，通常用以下关系代词之一打头：who, whom, whose, which, that 和 where。

a book noun（名词）that is hard to read adjective clause（形容词性分句）

参考译文：一本难读的书

a point in the story noun（名词）where the reader stops adjective clause（形容词性分句）

参考译文：故事中读者停下来的点

关系从句通常出现在它们所修饰的名词之后，但也有例外。

Some people who don't deserve to succeed **do**.

参考译文：有些配不上成功的人却成功了。

Some people **succeed** who don't deserve to.

参考译文：有些人获得了成功，但他们配不上。

如果你给一个形容词性分句加上标点，让它成为一个单独的句子，你就又一次创造了句子片段。

Before we could repair the engine, we had to drill out bolts. Which were so rusted that they were frozen onto the frame. fragment

参考译文：修理发动机之前，我们必须先将螺栓拧下来。（它们）锈迹斑斑，都锈死在车架上了。（片段）

名词性分句

名词性分句可以充当主语，也可以充当宾语。它们典型的打头的词，通常和形容词性分句相同：who, what, which, that, where。

(That your argument will fail) noun clause as subject is always possible.

参考译文：你的论证会失败，（名词性分句充当主语）这始终是有可能的。

Your reader wants to know (why you have raised the problem) . noun clause as object

参考译文：你的读者想知道（为什么你提出这个问题）。（名词性分句充当宾语）

主语和动词（谓语）

主语和动词（谓语）很难分别定义，因为主语和动词（谓语）是通过彼此定义的。主语不能没有动词（谓语），反过来说，动词至少不能没有隐含主语（比如命令祈使句:（你）停下！）

动词（谓语）

你可能记得有人告诉过你，动词就是一个"动作"的词。这个定义适用于以下句子。

He revised his prose carefully.

参考译文：他仔细修改了自己的文章。

但对这句话就不适合了。

His revision of his prose was careful.

参考译文：他对文章的修改很仔细。

这里的动词（谓语）是 was，但真正的动作是在主语当中：revision（修改）。

虽然不能很容易地对动词（谓语）下定义，但我们可以告诉你怎样识别出动词：动词就是可以通过改变词尾，将过去时变成现在时、将现在时变成将来时、将将来时变成过去时，等等。这需要两个步骤。

1. 判断句子指的是过去、现在还是将来。例如，以下句子指的是过去的动作。

   Studies of the problem **were** conducted by the staff.

   参考译文：工作人员对这个问题展开了研究。

2. 改变时态，本例中是从过去时变成现在时。

   Studies of the problem **are being** conducted by the staff.

   参考译文：工作人员正在对这个问题展开研究。

你改变的词语就是动词（请忽略今天、明天一类的词语）。

就我们的目的而言，其实跟在 to 后面的词语也可以算作动词。

The need to **review** the program **caused** us to **hire** more staff.

参考译文：审核该项目的需求使得我们雇用了更多员工。

我们将它们称作"不定式"。

主语

你或许还记得有人告诉过你，句子的主语是动词所表达动作的"行为人"。很多句子确实如此。

We **made** mistakes when we **tried** to **explain** why the project **failed**.

参考译文：在尝试解释为什么项目失败时，我们犯了错误。

但主语就是"行为人"的定义，并不适合以下这样的句子。

Our explanation of the failure of the project **had** mistakes in it.

参考译文：我们对项目失败的解释中有错误。

在第一句话中，主语是"我们"和"项目"，二者似乎都在做事情：犯错、尝试解释、失败。而在第二句话里，主语是一连串的行为：对失败的解释。动词 had 不指代任何动作。我们请各位读者注意两种主语，即前文出现过的简单主语和完整主语。

简单主语　在英语里，简单主语就是和动词在单数复数形式上相一致的那个词。

Our *need* to work toward compromise on these problems **was** obvious.

参考译文：我们在这些问题上努力达成妥协的必要性是显而易见的。

The *answers* offered in response to the question **were** not helpful.

参考译文：对这一问题做出这样的回复毫无帮助。

A *problem* and its *solution* **are** at the heart of every argument.

参考译文：问题及其解决方案，是所有论证的核心。

（如果主语是复合词汇，那么简单主语就由两个词构成：*He and I* **left**。他和我离开了）

完整主语　完整主语就是简单主语和它所有的修饰成分。

Our need to work toward compromise on these problems **was** obvious.

参考译文：我们在这些问题上努力达成妥协的*必要性*是显而易见的。

这里有一种区分完整主语和简单主语的方式。

1. 按前面介绍的方法，找到动词。

    Our need to work toward compromise on these problems **was** obvious.

    参考译文：我们需要在这些问题上努力达成妥协是显而易见的。

2. 在动词前加上"who"或者"what"将句子变成疑问句。

    What was obvious?

    参考译文：什么是显而易见的？

完整的答案，就是完整主语：

Our need to work toward compromise on these problems **was** obvious.

较简短的答案，是简单主语：

(Our) need **was** obvious.

主动和被动语态

按照语法，我们根据 3 项标准来定义主动语态和被动语态。

1. 主动动词的主语感觉像是一个"行为人"在对动词的宾语做某事。

    The collapse of a dead star subject creates verb a black hole object.

    参考译文：死星的坍缩（主语）产生（动词）黑洞（宾语）。

    反过来说，被动动词的主语是动作所指向的对象：

    A black hole in space subject **is created by** ...

    参考译文：太空中的黑洞（主语）是由……产生的。

2. 被动动词的前面，总有"be"的某种形式，且被动动词使用过去分词形式。

    is created。（将 have 放在动词之前，也可以带来过去分词：如 has gone、has seen、has stopped。）

3. 主动动词有宾语（动作的对象）：…creates a black hole. 反过来说，被动动词之后可以跟介词短语，该介词短语以动词所表达的动作的行为人打头，但也可以不跟介词短语。

A black hole is created (**by** the collapse of a dead star).

参考译文：黑洞产生了（由死星的坍缩）。

说到被动文风，你必须区分什么是语法上的被动语态，什么是感觉上的被动。下面这句话，在技术和语法意义上是被动的。

Poor people **are** often **deprived** of food.

参考译文：穷人常常缺乏食物。

而下面这句话，语法意义上不是被动句，但显然有着被动感，因为它的主语是一个名词化的动词。

Deprivation of food often **afflicts** poor people.

参考译文：缺乏食物常常折磨穷人。

名词、形容词、副词和介词

名词

你大概记得有人告诉过你，名词指的是人、地方或事物。要使这个定义成立，我们必须将已经知道是名词的所有东西都归类成"事物"。请看例句，名词加粗表示。

The **success** of the **program** was hampered by an endless **series** of **problems** whose **solutions** were wholly beyond our **ability** to implement.

参考译文：一连串没完没了、解决方案完全超出我们执行能力的问题阻碍了这个项目的成功。

我们将加粗的词语称为"事物"，并不是因为它们真的和石头、椅子一样是"事物"，而是因为我们知道它们是名词，并按照定义将名词当作事物。这里有一个更简单的名词定义，凡是与如下框架吻合的东西都是名词。

(The) _____ is good.

_____是好的。

为了理解我们怎样判断文章，有必要对以下 3 种名词做一下区分。

1. 具体的名词：椅子、书、人、车、树、门、天空、楼梯。

2. 本质上是名词，但很抽象：定律、序列、运动、策略、视觉、努力、形状。

3. 从动词或形容词衍生来的抽象名词：运动、调查、相似、责任、对等。

还有一种技术性的名词，它们是动词或形容词的名词化。

形容词

你可以通过以下框架，识别出大多数的形容词。

That is very _____.

那非常_____。

有些形容词如 additional 和 molecular，与上述框架并不吻合，但还有一种方便的判断方法。和动词一样，大多数形容词都可以变成名词：intelligent（有才智的）——intelligence（才智）。

副词

一些副词来自形容词：careful（小心的）——carefully（小心地）。还有一些词语本身就是副词：often（常常），very（很），rather（相当），等等。它们修饰动词、形容词和其他副词。

介词

罗列出介词比给它们下定义容易多了：of，by，with，for，in，out，over，under，beside，before，after，at，on，into ...

本章核心

关于你的文章

你无法像真正的读者那样阅读自己的文章，因为你在写的时候，很清楚它的意思是什么，所以，你写的文章在你读来总是很清楚的。为了克服这一障碍，你需要一种能够客观地诊断自己文章的方法。以下是清晰写作的六条原则，它们并非不可改变的铁律，但是你可以将它们当成大多数时候可以采纳的建议。

1. 让重要的角色充当动词的主语。如果它们是抽象的，请确保它们是读者所熟悉的术语。

2. 用动词而非抽象名词来表达重要的动作。

3. 让动词尽快出现在主句里：避免冗长的介绍性成分。完整主语要简短。不要用很长的短语或从句打断主语和动词的连接。

4. 句子的开头使用读者熟悉的信息。

5. 句子的结尾放上对读者来说新鲜的信息。

6. 以你最熟悉的角色作为主语，保持主语的一致性。连续的几句话不要以不相关的主语开头。

除了要写出主语和动词鲜明的句子，还要努力写出简洁生动的文章。你可以通过以下3种方式做到简洁生动。

- 不使用对你的想法没有太多附加价值的词语，比如非常、基本、真的等。
- 不要将能用一个词来表达的意思拆分成几个词：未能关注——忽视
- 不要陈述一个词的含义：它的颜色是红的——它是红色的。未来的事情会出乎意料地让我们惊讶。——未来将使我们惊讶。

如果你选择通俗易懂的词，那么你可能会写得更生动：用 belly button，而不是 navel[1]。有些写作者，如报纸社论作家，既很少使用俚语，也很少使用过分正式的词，而是坚守中间风格。也有的写作者使用大量的俚语，不怎么使用正式词语；还有一些人，比如科学家，不使用俚语，全部使用正式词语。一些优秀的作家，偶尔使用正式词语或俚语进行表达，为文章增添色彩。

创造生动风格的另一种方法是选择一个能在读者脑海中唤起画面的词语。几乎每一个词语，都处在从一般到具体这个范围的某个刻度上。但这个范围里总有一个转折点，前一个词语还不能在我们脑海中形成具体的画面，可接下来另一个更具体的词语就可以：比如物体——武器——枪支——手枪——格洛克19。我们对"枪支"的印象或许还有点模糊，但说到"手枪"，那就十分清晰了。有些论证需要能不至于唤起情绪的一般且抽象的词语，从而提出一般性的哲学原则，或为具体的情况提出根据和假设。

关于文章的修改

首先，诊断你的文章：在每一主句前七八个词语下画线。（可忽略简短的介绍性短语和从句，尤其是它们指的是前一句话时。）如果你发现以下特点，就可以考虑修改。

---

[1] 二者都是"肚脐"的意思。

- 主语不是一个以简短词组命名的具体角色。
- 到了第七个甚至第八个词语，你都没看到动词。
- 前面七八个词语传达了新的信息。
- 连续几个句子不停地转换主语。

可以采用下面的方法修改。

1. 从找到重要角色着手。
2. 确认其执行的关键动作。
3. 通过修改，让大多数句子以重要角色作为主语打头，紧随其后的就是呈现关键动作的动词。
4. 如果你发现一个很长的介绍性短语，将它改写成一句独立的话或分句。

如果你发现一个较长的主语，就可以考虑做如下修改。

1. 将其修改为引导性从句。
2. 将它修改成独立的句子。

如果你发现主语和动词之间存在一个很长的插入成分，将它移到句子的开头或结尾，但具体移到开头还是结尾，取决于它与前面的句子还是后面的句子连接得更紧密。

第十三章

语言的显性力量和隐性力量

本章中，我们将探讨语言怎样以明显或微妙（有时甚至是不太诚实）的方式表达价值观、唤起情绪、塑造信念——这不是为了帮助你欺骗，而是为了让你意识到语言的导向（包括误导）的力量。我们将讨论句子的主语怎样影响读者认为谁或者什么要对事件负责，以及比喻能让文章生动活泼，但也可能误导读者和作者。

如果我们写得清晰、简明、生动，就能帮助读者快速地读完我们的论证，方便地理解它，准确地记住它。但语言的力量还远不止如此。我们可以用词语来唤起价值观和情绪，不仅为读者的推理增添色彩，还能对其加以塑造。

唤起价值观和情绪

承载着价值观的词语

使用唤起读者价值观的词语时，可渲染读者对我们的论证的感受。例如，如果我们反对削减所得税，我们可能会主张

削减所得税将塞满本就把持国家大部分财富的权势者的腰包。

但如果我们支持减税，我们可能会说它将

让美国的工人们重新拿回自己每星期辛苦挣来、之前被国税局抽走的一部分薪水。

可以说，这两种描述指的是同一种情况，但其所用的词语，唤起的是不同的价值观：前者是塞满腰包、权势者、把持国家财富；后者是美国工人、辛苦挣来的薪水、国税局抽走（此外还包括"权势者"和"我们的薪水"这类微妙的对比）。

广告是隐而不宣的论证，它没明说出来的主要主张其实一目了然：请买这种产品。但它们通常更多地借助感觉而非理由来支持自己的主张。

学术写作中的价值观

在学术写作中，你很少会看到诸如"塞满本就把持国家大部分财富的权势者的腰包"这一类充斥着价值观的文字。在政治学论文里使用这种语言，会损害你的可信度。学术读者希望你表现出冷静、客观、疏远的气质。这并不是说，你要在自己的文章里将所有价值观的迹象都屏蔽掉。（就算你想，也做不到。）比如，你可以在一篇政治学论文里写道，减税将增加那些本就控制了美国大部分资源的人的私人财富。这样的语言同样反映了价值观，但感情色彩似乎没那么强烈。

你无法回避价值观

有些人认为，如果我们使用任何一种承载了价值观的语言，就背叛了公平、理性论证的精神，因为它会让我们的论证"产生偏向"或"偏见"。他们说，我们不应该给读者最温暖的情感，而应该给他们最冰冷的逻辑。根据这一原则，减税辩论的双方都可以用毫无感情的语言描述它。

> 减税将增加收入最高群体的财政资源。
> 减税将提高所有人的净收入。

但就算你排空了带有情感的语言（和这两句话差不多），你仍然投射出了一种价值观——尽管你有着不动声色的客观。为问题建立框架的那一瞬间，你就开始选择价值观了。举例来说，在最高法院，争议双方会以不同的方式为一个议题建立框架，反映出各自的价值观，而大法官们则会就此做出最终裁决。

> 有尊严地结束生命的权利——国家保护无助者的义务
> 身体隐私的神圣性——生命的神圣性

如果，那些必须对某个议题做出判断的人接受我们对讨论的框定方式，我们就将获得巨大的优势，因为这会让对方背上否定我们显然崇高价值观的负担。谁能拒绝人类尊严的价值？或者，谁能拒绝生命的神圣性呢？能够从自己的角度来框定问题的人，往往会占上风。

持有不同观点的人围绕价值观为议题搭建框架的时候，着眼点大多是外面世界里相同的所指。在这种情况下，我们所能选择的措辞，就受到所指的性质限制："大规模减税"指的与其他人说的"税率小幅调整"肯定不是同一件事。我们所说的"超级富人"也不能说是"赤贫"。在这些完全对立的术语中，读者会认为其中之一（甚至二者）太过夸张，甚至完全错误。

但在这些限制内，我们的确有着选择词语以支持自己论点的余地。例如，对"身体隐私的神圣性"和"生命的神圣性"这两个术语，我们使用了不同的价值观来框定议题。这就是为什么两个人有可能看到的是完全相同的所指，却在命名上存在分歧。

如果情绪化的语言破坏了理性的思考

只要你的论证是合理的，那么，借助承载了价值观的词语引出读者的感受也很公平。事实上，对某些事情，不去争取读者的情感投入是明智的。考虑到某个议题的利害关系，如果围绕这一议题展开辩论的人诉诸我们最深刻的感受是正确的，我们也不能为此牺牲批判性思考。使用情绪化语言的风险在于，它所做的正是后者。从这方面来说，每个提出深思熟虑论证的人，都有义务不去唤起他人的感受来代替审慎的思考。

极端的语言

如果你将自己的观点称为真诚的、正常的、理性的，那么你就在暗示那些持有不同观点的人必然是愤世嫉俗的、不正常的、非理性的，从而将他们妖魔化。如果你的读者不支持"选择优先"，那么，他们一定反对"选择优先"；如果他们不是"生命优先"，那就一定是"反对生命"[1]这样的语言鼓励我们用所谓的"析取三段论"进行推理。

你要么是保守派，要么是自由派。

你不是保守派？

那你一定是自由派。

毒品问题的解决方法，要么是惩戒，要么是治疗。

---

[1] "选择优先"和"生命优先"是美国左右两翼围绕妇女堕胎权利进行争论使用的语言。"选择优先"指的是妇女有权利选择堕胎，"生命优先"指的是妇女腹中胎儿的生命高于女性的选择。——译者注

你认为更多的治疗项目是解决之道吗？

如果是这样，那么你必然反对严厉的毒品法。

在上面的两个例子中，推理形式有效而实质错误，因为它提供的选项看似互斥，实际上并非如此。

- 也许两个选项都是对的。也许我们既需要更严格的法律，也需要新的毒品治疗项目。
- 也许我们需要稍微严一些的法律，以及部分新的治疗项目。
- 也许两个选项全是错的，第三个选择（提供更多的教育）才是对的。
- 也许列出的两个选项和没列出的第三个选项全是对的。

现实几乎总是很复杂，非此即彼的语言无法概括。你对读者的责任是，不仅要避免将问题复杂化，也不能（一如爱因斯坦所说）将问题过于简单化。

尊重程度上的差异

下面是一位著名的进化生物学家解释为什么需要找到彼此对立的特征，区分人类和猿。

我们通常会唤起人类一种最恶劣、最古老的心理习惯，努力维持知性责任，以便既接受进化连续性的事实，同时又维护身为人类的心理需求（即认为人类是独特的、优越的）。这就是二分法，划分出两个对立的类别，通常用好与坏、高级或低级来表示其价值属性。因此，我们努力想要定义出一道"黄金屏障"，即一种坚定的标准，标志着人类和所有其他生物在心理和行为上不可逾越的鸿沟。我们或许是从它们演变而来的，但在我们前进的某个时刻，我们越过了一条其他任何物种都不曾跨越的通天河……这种"它们"与"我们"的基本划分，以及由此产生的对"黄金屏障"的探寻，代表了人类思想上的一种深刻谬误。达尔文早就得出了正确的结论，那就是人类与动物的区别，无非是程度上的不同。对此，我们不必表示害怕。足够大的数量区别，自然会转化为性质上的差异。一口上冻的池塘与一口沸腾的池塘不同——纽约市也不仅仅是（黑猩猩在非洲冈贝原生栖息地）树巢的延伸。[1]

[1] Stephen Jay Gould, "The Human Difference," *New York Times*, July 2, 1999.

愤世嫉俗的语言

如果说，承载了强烈价值观的语言能破坏良好的思考，它还会背叛我们对读者的道德责任。事实上，我们必须谴责那些愤世嫉俗地使用文字、仅仅为了唤起他人感受的人，我们认为他们道德败坏。例如，在最近的选举中，政治顾问分发了词语清单，敦促当事人使用。

- 为激起政治对手的敌意，政客们可以把他们称作自由主义者和骗子，说他们极端、激进、浪费、腐败和虚伪，称自己是富有远见、公正和道德的先驱，坚守真相和勇气的原则。
- 为了利用选民的尊严，政客们可以谈论自己对美国的自豪感、自己的家庭、常识和责任，指责他人因为贪婪背叛了公共利益，甚至指责对手叛国。

这些词语所传达的远远超出了词义的不同层面，因为我们知道勇气和叛国之间的区别不仅仅是政治"斡旋"。政客们愤世嫉俗地使用语言，其实是破坏了我们民主的基础，败坏了我们的公民生活。这不仅是因为他们用感情代替了思想，也因为他们教会了我们不信任所有的政治话语。一如劣币驱逐良币，愤世嫉俗的语言也驱逐深思熟虑的论证。

避免不诚实的语言是你的道德责任，而且它还有一个实用主义的理由：不管你认为强硬的语言有多强的说服力，它都会疏远善于思考的读者，因为这会败坏除你自身观点之外所有看待问题的方式，而这有损你的论证性格。毫无疑问，如果你使用温和的语言，那些持"非此即彼"态度的人可能会说你"优柔寡断"。在某些时候，精确细腻的语言并不合适。但是，除了一些罕见的情况，你最好是往温和这一方稍稍倾斜，因为不管是对你还是对读者而言，细腻的语言都有助于细腻的思考。强硬的语言或许能让你感觉良好，但也会让你显得很恶劣。

情绪化的语言和论证可信度

这里，一位评论家抱怨说，由于使用了极端的语言，一本原本写得挺不错的书（及其作者）失去了可信度。

关于盟军（在"二战"期间摧毁德国集中营）的能力，作者的主张基本上是有说服力的，但他的写作风格像他批评的一些"神话"传播者一样充满教条味和报复心。这样的恶言相向，贬损了他证据的力度，并说明了一种令人不安的趋势：有些学者大呼小叫，如同在参加政论节目《麦克劳夫林团》（*McLaughlin Group*）里的恶斗，或是沾染了小报那套爆料文化。阴郁的学术文章诚然有自己的问题，（作者）也不是第一个在此问题上大声疾呼的人。但他的语气，恐怕贬低了他宝贵的学术地位。[1]

[1] Ann Finkbeiner, *New York Times Book Review*, October 12, 1999.

主语和视角

在第十二章，我们向你介绍过，读者从句子中获取的不是词语本身，而是一个故事——图像、画面、心理场景。这就是为什么可读性强的文章像故事一样，句子里的关键元素（主语和动词）与故事的关键元素（角色和动作）互相匹配。但讲故事不仅提供了说明澄清的机会，还让读者聚焦于特定的角色，更塑造了他们理解和判断的方式。

控制主语以分配责任

对你所写的每一个句子，你必须判断由谁或什么充当它的主语，进而决定句子的主要角色。但更重要的是，如果你选择这个角色而不是那个角色作为句子的主语，也就将句子讲述故事的视角强加给了读者。让我们比较以下两组句子；每一组里的两句话，可以说指的是事情的同一种状态。

1a. 史密斯从琼斯处获得了赃物。

1b. 琼斯将赃物给了史密斯。

2a. 我们从历史中学到，我们需要言论自由以巩固民主。

2b. 历史教导我们，民主依靠言论自由而变得强大。

如果说，每一组中第一句话成立，那么，第二句话同样成立。但我们对它们的反应不同，因为每一句话都将责任分配给了不同的角色，将由谁负责的不同视角强加给了我们。

主语和事情的性质

我们或许认为，就事情的性质而言，在某种程度上，主语就是动作的"行为者"。

狗<u>追</u>了一会儿猫，最终逮到了它。

在这句话的世界里，狗对猫做了某事，因此，让狗充当追逐和逮到的主语似乎很自然。但是事件并不决定句子的主语。我们也可以选择让猫成为关注的中心。

猫从狗身边**跑开**，但最终还是**被逮到**了。

围绕猫重塑整句话，我们改变了占据读者关注中心的角色。

当然，这是个琐碎的故事。不过，让我们来看一句后果更严重的话。

记者们对市长严加盘问，直到最终让他承认：他的朋友们所拥有的、获得了本市合同的公司，为他的竞选捐款超过 10 万美元。

市长经受了记者们的盘问，最终承认了他一直试图隐瞒的事情：他从朋友那里收取了 10 多万美元的竞选捐款，这些朋友的公司又获得了本市的合同。

第一句话的着重点在媒体和公司；第二句的重点则是市长。哪一句更"真实"呢？如果你这么问，那就错了：只要这里有一句是真的，另一句应该也是真的。正确的问题应该是，哪一句话更符合论证的目的。作者希望我们将谁作为负责任的角色，是市长，还是媒体？对主语里出现得最多的角色，我们一般记得最牢，而且，我们还容易将这个角色视为最需要对故事中发生之事负责的人。因此，确定句子的主语，作者能够巧妙地让我们不知不觉地做出判断，而不去多问个为什么。

通过控制动词来控制主语

然而，要控制主语，就必须控制动词。改变主语最简单的方法就是切换主动和被动动词。

我的朋友**教**我西班牙语。

我的西班牙语是我的朋友教的。

我们**记录**了 30 秒间隔下的流体速度。

流体速度每隔 30 秒被我们**记录**一次。

（技术领域的人会写很多类似最后一句话那样的句子，因为技术领域的写作者往往讲述的是关于速度或者流体一类的事情，而不是测量它们的人的故事。）

另一种更微妙的技巧是，找出讲述了大致相同的故事，但有着不同视角的动词。

我的朋友**教**我西班牙语。

我跟着我的朋友**学习**西班牙语。

乔治从弗雷德那里**买**了一支手枪。

弗雷德**卖**了一把手枪给乔治。

有时候，我们不得不花些心思才能找到合适的替代动词：绞尽脑汁去寻找替代品。

　　<u>纽约洋基队</u>的球迷正在流失**到**大都会队。

　　<u>纽约大都会队</u>正在**吸引**来自洋基队的球迷。

　　<u>球迷们</u>从洋基队**转到**了大都会队。

可以说，这 3 句话大致都指的是同一种行为，但却让我们将该行为的责任分配给了不同的角色。

　　如果你的论证有赖于让一个角色对一种行为负责，就要让该角色尽可能多地充当动词的主语。如果你想淡化一个角色发挥的作用，就不要让该角色成为动作的主语。

将手段作为主体

　　还有一种将责任从有血有肉的行为者转移到物体上的办法——巧妙地运用比喻。

　　我不能用金钱买到爱情。　　　　→　　　　　　金钱买不到我的爱。

　　你可以用爱征服一切。　　　　　→　　　　　　爱能战胜一切。

英语能让我们系统性地完成这种转变。

A 通过 D 手段对 C 做了 B		D 对 C 做了 B
我用刀割伤了手指。	→	刀割伤了我的手指。
你不能用金钱买到爱情。	→	金钱买不到我的爱。
你可以用爱征服一切。	→	爱可以战胜一切。

　　尽管这种文体手法看似寻常又无伤大雅，但人们会因为它争论不休。我们都见过或听过这样的口号。

枪不杀人，人杀人。

　　反对枪支管制的人将焦点放在了使用枪支的主体（也就是人）身上；支持枪支管制的人关注的是手段，也就是枪支。因此，我们就"相同"概念的两种形式（二者可以互相转换）展开了论战。

A 通过 D 的手段对 C 做了 B		D 对 C 做了 B
人用枪杀人。	→	枪杀人。

　　这种模式还可以让你将一个主张归因到看似客观的源头上。

　　<u>我们</u>用这些数据**证明**，我们需要加薪。

　　这些数据**证明**我们需要加薪。

　　在一项新近的研究中，史密斯和扬**发现**了证据，并通过这些证据**得出结论**，吸烟者**会**早衰。

　　新近的一项研究（史密斯和扬，1997）所**发现**的证据，指向吸烟**导致**早衰的结论。

　　新近的一项研究（史密斯和扬，1997）提出的证据，**指向**早衰**源于**吸烟的结论。

　　这些句子指的是同样的"事实"，但每个句子都以不同的方式，在"谁或什么为行为和结果负责"这一点上有所偏向。所以，每当你读到一句话，暗示"研究"或"证据""证明"某事的时候，请多想一想，因为这样的句子隐藏了一个重要的变量：证据背后的人类判断。

语言和责任

　　2001年3月，15岁的安德鲁·威廉姆斯（Andrew Williams）杀害了圣塔娜高中的两名同学。不久之后，国家健康研究所的丹尼尔·R.温伯格（Daniel R. Weinberger）解释了前额叶皮层怎样控制冲动行为，但大脑的这一区域，要直到人接近20岁时才完全成熟。他在结论中这样写道。

　　这段关于大脑发育的简短课程，无疑对犯罪行为进行开脱，让肆无忌惮的恐怖行为显得有"道理"。但是桑塔纳高中的枪手，与其他青少年一样，需要他人或机构去阻止他陷入潜在的疯狂状态，在这种状态下，他不成熟的大脑失去了控制。无论在哪座城市、哪所学校，如果一把枪受控于一个受到伤害、报复心强的15岁男孩，还指着一个人，它很可能真的会射出子弹。[1]

　　（请注意，在最后一句话中，温伯格是怎样将枪作为句子的主要角色来弱化威廉斯的责任的：一把枪受控于……还指着……它很可能真的会射出子弹。）

[1] Daniel R. Weinberger, "A Brain Too Young for Good Judgment," *New York Times*, March 10, 2001, p. A27.

将抽象的东西作为角色

　　另一种转移责任的做法将带我们进入比喻的领域。

生命**自然**能找到出路。

如果大自然**认为**我们违反了她的法则，她总会**告诉**我们。

责任**要求**我们做出牺牲。

我们让"大自然"充当暗示人类行为的动词（如告诉和认为）的主语，将它变成了人。这一手法的专业名称叫作"具象化"（reification），也称"拟人"或者"人格化"，也就是说，将不是人类的某物视为人来对待。这是一种比喻。不过，更常见的情况是，我们将抽象事物具象化，不是为了隐藏人类的能动性，而是为了表达读者难以轻易想象的复杂问题。如果我们说，

你的道德责任**要求**你辞职。

我们并不是要将人们的关注点从某个显而易见的主体身上转移开来：

如果你不辞职，人们**会认为**你不道德。

相反，通过将抽象事物具象化，我们描述了一种没有特定主体的情况，但我们描述的方式如同有这样一位主体。同样，当电影《侏罗纪公园》中的科学家警告，尽管人们努力阻止克隆恐龙的繁殖，但它还是会继续繁殖的时候，他是这样说的：

生命自然能**找到**出路。

他不是要隐藏人类主体，而是使用具象化的抽象概念来描述一种没有主体的情况。

比喻性场景

我们使用语言来塑造信念的最戏剧性的方式是，编织出一个比喻性的场景。比喻不仅仅能对单一的抽象事物具象化，它们还创造出一个能让人演绎出许多暗示（这些暗示里有些起到启发作用，有些起到误导作用）的虚拟世界。问题在于，我们在创造比喻的时候，很可能会暗示一些我们并不真正想表达的事情。

我们前面讨论过两个比喻和它们的一些结论：论证就像战争，沟通就像运输意义的包裹。这两个比喻很容易结合到一起。

我将尽量有力地提出主张，直到你屈服于我方证据的分量。但如果你能看出我对此的想法，也就能理解局面了。

在这句话里，我们设想了两种达成一致的方式：我们朝读者强加一种主张；或是读者观察论证的内在，发现其意义。

我们还可以想象另一种不同的沟通模式：引导读者顺着一条路从这里前往那里。

我将引导你完成一系列的推理，遵循这些推理，我们便可达成一致。

这些不同的比喻会带来什么样的结果呢？它们邀请我们以不同的方式看待一件事，而且这些不同或许会产生后果。例如，要是读者不认同你的论证，那会怎么样？

- 如果论证是一场战争，你会因为自己太弱或读者太强而输掉战斗。
- 如果沟通就是一堆意义的发送和接收，你可以责怪自己包装不好，也可以责怪读者未能正确地拆解包裹。
- 如果沟通是你引导读者走下去的路，你可以责怪自己是个糟糕的向导，也可以责怪读者是个糟糕的跟随者。

比喻还可以生动地制造出一张充满暗示的网，只有批判性思考者才能察觉它从根本上就是错的。请看以下比喻。

- 一名学校官员解释为什么某学生因为表达了不受欢迎的观点而遭到停学处分。

    此类仇恨言论是我们必须铲除的毒瘤。我们隔离了这名学生，因为他病态的观点可能会在我们的社群里传播、散布。

信念并非传染性疾病，但这个比喻怂恿我们认为，隔离那些传播不受欢迎观点的人，是符合公众利益的。

- 一名环保主义者为被破坏的树木辩护。[1]

    有生命的东西，有权保护自己不受捕食者的伤害。如果它无法自我保护，那么，热爱它的人有责任代劳。红杉不能保护自己，所以，我们这些热爱它们的人必须保护它们，惩罚攻击它们的人。这是自然的法则。

树木没有权利；只有人，才有权利。但如果我们从"自然的法则"这一角度思考，那么，起诉、辩护和惩罚的比喻就会接踵而至。

---

[1] 此处原文疑有误。——编者注

● 警察开展缉毒行动，但冲入了错误的公寓，导致一名无辜者意外遭到枪杀。针对此一事件，警察或许会这么说。

> 禁毒战争不是去吃野餐。战争会造成伤亡，但这不能阻止我们和袭击无辜儿童的敌人战斗。我们不能屈服于海洛因和可卡因的暴政。

在激烈的战斗中，武装部队会杀害无辜人士，但我们应该将警察当作士兵吗？简而言之，比喻可以渗入我们的思维，从而严重误导我们的思路。

我们并不是说你不应该使用自带价值观的词语，不应该控制主语、将抽象概念具象化，或是创造比喻。我们的思考离不开比喻。只不过，你要当心自己选择的语言，因为除非你时刻不忘进行批判性思考，否则它不仅会误导你的读者，也会误导你自己。

自然选择的运用和滥用

长期以来，科学家一直将大自然拟人化。当达尔文将进化称为自然选择时，他通过一个让人过目难忘的比喻，帮助读者理解了一个复杂的问题：是自然选择了那些最适合生存的物种。他选择了自己读者熟知的主体，即"自然之母"，并将之与读者同样熟知的处理流程"选择性育种"结合起来。

我们已经看到，人类利用选择，确能产生伟大的结果，并且通过积累"自然"所给予的微小而有用的变异，他们就能使生物适合于自己的用途。但是"自然选择"……无比地优越于微弱的人力，其差别正如"自然"的工作和"人工"相比一样。[1]（《物种起源》第三章）

有人指责达尔文将自然选择说成"一种动力或神力"[2]，达尔文自我辩解说，数百年来，科学家们一直在做相同的事情：磁铁相互**吸引**或**排斥**，引力使行星**保持**在各自的轨道上，水总能**形成**平面。他声称这是一种无害的讨论方式，因为"每一个人都知道这种比喻的言辞包含着什么意义。"[3]（《物种起源》第四章）

---

[1]达尔文.物种起源[M].周建人，叶笃庄，方宗熙，译.北京：商务印书馆，1997:76.——译者注
[2] 同上。
[3] 同上。

或许如此，但达尔文无法预测其他人会怎样使用他的比喻。19 世纪末，约翰·D. 洛克菲勒（John D. Rockefeller）利用自然选择和它的"近亲"理论（适者生存）来捍卫自己残酷的商业行为：

一家大型企业的发展，无非是适者生存罢了……只有放弃周围生长的早芽，美国红玫瑰才能生长。这在商界不是一种邪恶倾向，它只是自然和上帝的法则在运转。

这是一种盛行至今的观点："达尔文是对的。只有适者生存——尤其是老牌大宗商品公司在经济低迷周期的深渊里斗争以求生的时候。"

资料来源：Robert Matthews, Susan Warren, and Bernard Wysocki, Jr., "Fitness Test: Alcoa-Reynolds Union Bears Stamp of Deals Rocking Commodities," *Wall Street Journal*, August 20, 1999.

写作过程

语言的显性力量和隐性力量

起草

思考价值观的时候

关注语言怎样唤起价值观和感情很重要，但给予关注的时机应取决于你的写作方式。

- 如果你草稿写得很慢，那么，你应该先判断自己希望读者回应什么样的情感基调，再在草拟期间留心自己的用词。
- 如果你的草稿写得快，那么，你应该在修改期间斟酌用词，接着询问读者会做出什么样的反应，并设法让语调前后保持一致。

修改

主语和观点

确定自己的文章清晰直接之后，检查你是否用句子的主语让读者关注到你希望他们关注的角色上（即你希望读者认为这些角色对故事中发生的事件负有主要责任）。这里有一个简单的测试。

1.选出句子聚焦的角色。

- 圈出或加粗每个主句和从句的主语。
- 如果一个重要的角色出现在主语之前的一个短语里，将之圈出或加粗。举例如下。

想到**政客们**，美国人不禁要对论证这一民主工具的未来感到怀疑。

如果可以，你不妨稍作修改，让第一个角色充当句子的主语。

政客们让大多数美国人对论证这一民主工具的未来感到怀疑。

2.你重复了少数几个角色，还是使用了很多不同的角色？

- 如果你找到的角色不多，那么，你希望读者将这些角色视为主要角色吗？如果不，修改句子，让这些角色出现在句子的其他地方。
- 如果你发现了很多角色，你能聚焦于其中少数几个，以改进故事吗？

3.你的主语角色是人还是抽象概念？

- 如果是抽象概念，读者对它们是否非常熟悉，可以围绕它们搭建故事？如果不是，请做修改，让读者将焦点放在人或者熟悉的抽象概念上。

课后习题

思考题

1. 近来，亨氏公司改变了广告，以吸引青少年。在对青少年进行调查之后，亨氏的广告代理决定无视传统诉求，制作了一段电视广告，并在广告中，因为亨氏让人们久等而将之称作"粗鲁的番茄酱"。此外，广告机构还在平面广告里加入了"对食物也管用"和"但对花椰菜帮不上忙"等字句。这些广告口号暗示着什么样的价值观？换言之，广告机构试图想要唤起青少年当中什么样的价值观？这些价值观和你的一致吗？

2. 较之我们赞同其观点的人，我们总是更容易从反对其观点的人所用的语言里看出情绪来。这是为什么？这说明，情绪在你与读者的关系中扮演了什么样的角色？

任务

3. 新闻经常提及的一个议题是，州政府是应该只为公立学校提供资金，还是应该为家长愿意选择的任何学校提供资金。对后者，支持者将之称为"教育券制度"或"择校制度"，反对者称之为"政府资助私立学校"。请罗列出对这一议题的不同陈述方式（背后反映的是对该问题的不同立场）。尽你所能地多展示辩论的各个方面。

4. 你能在写作中不使用比喻吗？每一个句子有可能完全按字面意思表达吗？在本课程或其他课程的论文中，找出一段至少半页长同时未使用比喻的话来。请记住，比喻是我们日常修辞的一部分，所以，要将那些你平常阅读时很难留心到的比喻找出来。如果你找出了一段没有使用比喻的话，不妨添加一些。如果你找不到这样一段话，那么，选择一段话，试着不用比喻改写它。请朋友阅读有比喻和没有比喻的两段话。你的朋友更喜欢哪一种？比喻怎样让你显得像个作家？

5. 科学以客观著称，但科学家在写作时同样会使用比喻。我们看到达尔文在其关键术语"自然选择"中将自然当成人类主体，但这是很久以前的事情了。如果你修习过科学课，那么，通读教材，看看你能找到多少比喻，尤其是比喻。如果你找到了，这是否意味着作者不够客观？为什么？

本章核心

关于你的文章

所有的词语都暗示着价值观，所以，你在写作时不可能完全不带价值观。你的问题是要弄清自己想要唤起什么样的价值观，因为价值观会唤起感受，而感受在论证中往往是和"纯粹"的逻辑一样强而有力的要素。在为议题搭建框架时，最困难的地方不在于两种观点的极端对立（高和矮，富和穷），而是在于你和读者在同一个观点上存在分歧：满身铜臭与勤劳致富，清贫与穷困。在这样的辩论中，试图将标准与特征搭配起来，是在浪费时间。相反，你必须将你想要解决什么问题想清楚。如果一个术语比另一个术语能更好地解决问题，那么，前者就属于你的论证。

如果你有意地使用饱含价值观的词语来取代而非增强论证的理性力量，这种做法就是不道德的。如果你使用截然对立的词语，那么你就是在将选择截然对立起来。你逼得读者要么支持你，要么反对你，而不是采取居中的某个立场——其实大部分审慎的读者都喜欢秉持某个居中的立场。截然对立的语言排挤掉了细微差别、中庸和复杂性。

每个故事都有不止一个角色，因此人可以从不同的角度讲述同一个故事。当你让一个角色成为整段话或大部分句子的主语时，你就让该角色主导了这段话。读者自然会将注意力集中在该角色上，并认为这个角色对你故事的大部分事件负有责任。

文章的写作

- 如果你草稿写得慢，那么，在写草稿时就要注意用词。在开始写之前要确定情绪基调。
- 如果你草稿写得快，那么，到修改阶段再关注用词。

你用一个角色充当句子的主语，从而让读者聚焦于该角色。你至少可以通过下面 6 种方式来做到这一点。

- 你可以在主动动词和被动动词之间切换，这是最简单的方法：我记录了观察结果；或者，观察结果被记录下来。
- 你可以寻找合适的动词，帮助你切入你希望读者聚焦的角色（即主语）上：我从你那儿买了一辆车；或者，你卖了一辆车给我。
- 你可以将一种感觉转移到让你产生这种感觉的东西上：为了解决那个问题，我度过了一段艰难时光；或者，那个问题很难。
- 你可以将动作的途径或手段置换为主语：你不能用钱买到幸福；或者，金钱买不到幸福。

- 你可以将抽象概念具象化，让它们充当一般用于形容有血有肉角色的动词的主语：爱征服一切。
- 你可以创造一些比喻性场景：种族主义污染了许多人的思想。

第十四章

规划和修订对照清单

　　我们建议，在进行论证的时候，你要向自己和读者询问许多问题。但如果你才刚接触论证写作，这些问题多到可能会将你压垮。（下面的完整清单里列出了足足 90 个问题。）哪怕是经验最丰富的写作者也不可能将它们全都记住，更不可能系统地一一回答。然而，随着经验的积累，你会发现，你不需要将所有的问题都想完，因为你会不假思索地回答大部分问题。但由于哪怕是经验最丰富的作者也需要客观地看待自己的作品，我们在这里收录了 4 份着眼于你论文方方面面的对照清单。前 3 份你可以快速浏览。最后一份是完整清单，可用于你有时间详加修订的时候。最后，你会看到用故事板技术构思长篇故事的分步指导。

评估讨论或论文的问题清单

　　这份简短的清单将帮助你发现一些适合在课堂上提出或用来为论文构建概念性问题的好问题。如果你对前 5 个问题的回答是"否"，那么，你可能需要寻找一个新的论证主题。

　　1. 你对解答你所提出的问题是否在意？

　　2. 还有人在乎听到你的回答吗？

　　3. 你能想象找到答案吗？

　　4. 你能想象支持自己答案的证据吗？

　　5. 你能想象找到证据吗？

如果你对下面这些问题的答案是"是"，你或许也必须寻找新主题。

6. 问题只需要一个"是或否"式的简单答案吗？

7. 你能用几句话就回答问题吗？

8. 这是个读者只需做一番查找就能回答的事实性问题吗？

9. 读者会不问理由和证据地接受你的答案吗？

10. 如果他们不同意你的答案，他们会认为这只是个观点问题吗？

论证清单

在规划和修订时，这份清单将帮助你分析论证的结构。

1. 你的理由／次级主张能否成为主要主张的有力论据？

2. 你还能想到其他理由来支持主要主张吗？如果是，加上它们。

3. 理由／次级主张是否符合最佳顺序？如果不是，请重新排序。

4. 读者是否识别出了你的理由／次级主张的排序原则？如果识别不出，请加入过渡词语或短语来暗示该顺序。

5. 每一理由／次级主张下的证据是否真的起到了支持作用？

6. 每一理由／次级主张都有了足够的证据吗？

7. 是否还有其他证据可以支持理由／次级主张？

等你回答了上面的问题，补充了缺失信息，请用下一页的图表来指导进一步的草拟和修改。

完成一篇连贯论文的 10 个步骤

这份对照清单将帮助你预测读者是否认为你的论证前后连贯。请在草稿快要写完的时候再使用它。如果你对任何问题的回答是"否"，就意味着你需要做一些修改。

1. 在引言和正文之间、在正文和结论之间，画一条线。

- 正文是否以一个新段落开头？
- 结论是否以一个新段落开头？

2. 在引言中，在陈述问题的句子下画线。

- 你告诉了读者为什么这对他们很重要吗？
- 如果没有，他们会出于与你相同的理由认为这很重要吗？

3. 框选出陈述论文主要主张的句子。

- 它是否直接回应了问题？
- 它提出的主张存在争议吗？
- 它是在（或接近）引言的末尾吗？如果不是，它是在结论当中吗？
- 如果主张写在结论当中，那么，引言的最后几句话是否提及了主要主张里会出现的关键术语？
- 如果你的主要主张在引言和结论中都做了陈述，那么，两次陈述是相似的吗？
- 如果二者相似，结论中的那个是否更具体、信息量更丰富？

主要主张

次级主张	次级主张	次级主张	次级主张
证据	证据	证据	证据

4. 圈出引言中最后两句话的关键词以及结论中最重要的句子。接着，在整篇论文里圈出相同的词语。用括号找出与圈出词语所指概念大致相同或与这些概念明显相关的词语。

- 每段话里是否包含 3 个或 3 个以上的圆圈或括号？

5. 圈出标题中的关键词。

- 你圈出来的词语，与你在引言及结论中圈出来的词语相同吗？

- 这些词，没有在你的书面作业里出现吗？

6. 在你论文的每一主要部分之间画一条线。框选出陈述各自主要观点的句子。

- 它提出的主张存在争议吗？

- 它是一个支持主要观点／主张的理由吗？

- 大部分的主要观点都出现在小节开头的地方吗？

- 如果可以，每一段落也如法炮制。

7. 看每一部分开头的词语。

- 它们是用暗示了段落顺序的词语打头的吗？例如"第一""第二""反过来说""然而""故此""总结一下"等词语。

8. 在每一段落里，在每一个报告证据、支持该段落观点／主张的句子下画线。

- 段落里画线的部分至少有一半吗？

9. 在每一段落第一句话的前半部分下画线。

- 画线的词语是否指的是文章前面已经提到过的某事（某物）？

10. 在每句话的前 6 个词语下画线。

- 它们提及的信息是读者熟悉的或至少不会让读者感到意外的吗？它们在前面的文章中已经提到了吗？与前面提到的概念明显相关吗？还是与读者有可能想到的概念相关？

完整的问题清单

这份清单将帮助你跟踪所有可能会针对论证提出的问题。这些问题是按照从一般（整体）到具体的顺序从上往下排列的，最靠前的问题与读者和你论证的主题相关，最后的问题针对的是句子的细节。我们用星星符号（★）来标记最重要的问题，较重要的问题用箭头表示（➯）。如果你无法涵盖所有问题，那么只浏览做了记号的问题，如果时间太过紧张，也可只关注星标问题。

1. 关于读者的初步问题

★（1）你的读者的整体价值观是什么样的？是自由立场？还是保守立场？中间路线？笃信宗教？世俗派？他们的价值观反映了其民族、婚姻状况、经济水平、职业、专业知识吗？

➯（2）你的读者偏爱什么类型的论证？是从大量的个别证据到整体概括，还是从既定原则和根据得出推论？他们是否期待看到自己专业领域里常见的论证？

➯（3）他们偏爱什么类型的证据？铁硬的统计证据？实地观察？个人经验？权威人士的引语？原始证据报告？逸闻趣事？

（4）他们有多少时间可供你进行论证？他们是想先看一下内容概要，还是会耐心地全文通读？

2. 关于具体论证问题的问题

★（1）你针对的是什么类型的问题，实践性的还是概念性的？你只是想要读者相信某事吗？还是说，你希望他们采取行动或至少支持某一行动？

➯（2）你的问题涉及读者什么样的利害关系？他们认同吗？

（3）读者是否尝试过解决这个问题？他们认为自己已经解决了吗？面对一种不同的解决办法，他们的承诺投入度如何？如果是这样，他们放弃自己的解决办法而选择你的，涉及什么样的利害关系呢？

（4）你想要寻求何种程度的认同：理解？尊重？认可？背书？全心全意的同意？

3. 关于解决方法/主张的问题

★（1）你的主张重要到需要进行论证吗？它是可争论的吗？它有被证明是错误的余地吗？

➯（2）如果你的主张解决了一个实践性问题，那么，解决办法的成本低于问题本身带来的成本吗？它会造成比所解决问题更大的问题吗？它能执行吗？为什么它比其他解决办法更好？

⇨（3）你的主张在概念上是否足够丰富，可预测到你论证中的关键概念？

（4）它是否恰如其分的复杂？它是以"尽管""如果"或"当"等开头的分句吗？它是以"因为"分句结束的吗？一段更简短的主张会更有效吗？

（5）它是否做了恰如其分的限定？存在限制条件吗？有例外吗？

（6）你的解决办法可行吗？符合道德吗？足够审慎吗？

（7）如果你的主张解决了一个概念性问题，是否存在其他的事实、概念、理论等与之矛盾？

4. 关于文章标题的问题

★（1）标题中是否包含了你主要主张的关键词？标题中有没有指导此次作业的人预料不到的词语？

（2）你是否借助了两行标题带来的优势？

5. 关于引言的问题

★（1）如果你的问题是实践性的，你是否清楚地陈述了失稳状态？你是否从读者的角度清楚地说明了成本和/或收益？

⇨（2）如果你的问题是概念性的，你是否清楚地陈述了你不知道或理解不够透彻的地方？你对后果的陈述方式，是否表明了它们比失稳状态更有意义？

⇨（3）你将主要主张/解决方法放在了什么地方？如果引言和结论中都出现了，那么，前后两次的陈述是否一致？如果你在结论中第一次陈述它，你是否在引言结束的时候，引入了论证其余部分将要构建的关键概念，并在结尾的主张里加以重复？

⇨（4）你的读者是否能清楚地看出你的引言在什么地方结束，论证的主体从什么地方开始？

（5）你能否找到共同基础，为你的问题构建背景？它是否引入了有关该问题的关键概念？

（6）通过加入一段前奏、一句精辟的引语、一个有趣的事实或一个简短的逸闻的方式概述你的问题，能否让你的引言有所改进？前奏与你所做的论证类型相契合吗？

6. 关于结论的问题

★（1）你在结论中陈述了你的主张／解决方法吗？

（2）你说过它为什么重要吗？你说过有哪些事情还不知道、不确定、尚待完成吗？

（3）你能通过增加尾声改进结论部分吗？尾声适合你所做的论证类型吗？

7. 关于论证主体的问题

★（1）你为什么用这样的顺序安排论证的各部分？

☞（2）如果你的论证分为两个或多个平行部分，你能解释它们的顺序吗？你的读者理解吗？你有没有用暗示顺序的词语来引入每一部分？

☞（3）如果你的论证分为两个或多个连续的部分，你安排的顺序是从过程的开始到结束，还是从结束回到开始？你的读者理解这样的顺序吗？

☞（4）你能在论证主体中选出你在标题、前言的结尾以及结论里使用的关键词吗？

（5）你的论证是不是单纯地在讲述你的想法的来龙去脉？或对资料来源进行概述？你的论证是根据主题带来的事情分成若干块，还是围绕你所发现的观点或特质来讨论的？

（6）你是否使用了冗长的背景概述来展开论证主体？

8. 关于小节和段落主体的问题

★（1）你的小节组织方式与整篇文章的组织方式是否相同？每个小节都有独立的引言部分吗？你会在引言的末尾陈述这一小节的要点吗？

☞（2）你是否在每个小节的引言中都提到了该小节其他部分里发展的关键词？

（3）如果一个小节的篇幅不止几页，那么，你是否在每一小节的结论部分都重申了该小节的主张？

（4）你的最长段落组织方式，与小节的组织方式是否相同？

9. 关于证据的问题

★（1）你的理由建立在可靠的证据报告基础上吗？你的消息来源有权威性吗？你引用过权威来源吗？

★（2）你确定读者会接受你提供的证据报告吗？还是说，他们会认为这只是另一个理由？

★（3）你有充分的证据吗？你的证据准确吗？精确吗？有代表性吗？有权威性吗？

（4）你是否足够谨慎，不至于因为对资料来源的改写太接近原文而被指控抄袭？

（5）你是否会区分"引用权威以重申主张和理由"和"引用权威作为证据"这两种做法？

（6）你是否引入了复杂的定量证据和冗长的引语作为理由，向读者阐释证据？

（7）你是否太依赖自己的记忆作为证据？你是否太依赖生动的逸闻？

10. 关于承认和回应的问题

★（1）你能想象读者的不同意见和保留意见吗？你能做出回应吗？你能将自己的回应作为从属论证中的从属主张来提供支持吗？

（2）你能想象读者提供与你相反的理由、相反的证据、相反的类比吗？你能想象怎样回应吗？

11. 关于根据的问题

★（1）你的读者考虑你提出的具体的主张和理由之前，你是否明确指出读者整体而言必须相信哪些东西？你是否将重要的定义、价值观和假设视为理所当然？

☞（2）你是否应该将根据当成从属主张，必须在从属论证中提供支持？

（3）你的根据真的涵盖了你的理由和主张吗？

（4）你的根据是否有着恰当的适用条件和资质？

（5）你的根据对你的读者社群恰当吗？

12. 关于推理的问题

★（1）你是否并未过分执着于自己的第一个假设？你是否对其他假设保持开放心态？你能想象出至少一个和自己的假设不同的假设吗？

（2）如果你采用从根据、理由再到主张的演绎推理，你能确定根据的真实性吗？还是说，你认为它理所当然？

（3）如果你采用从具体到概括的归纳推理，你能确定自己已观察到足够的实例来得出概括吗？

13. 关于意义和定义的问题

★（1）如果你的论证围绕一个定义展开，你是希望读者以一种新的方式理解一个概念，还是说，当读者理解之后，你希望他们去做某事？

➪（2）你是必须在技术性定义的严格限制下展开论证，还是说，你可以使用常见定义？当你的读者期待你使用常见定义（或者反过来，期待技术定义）的时候，你是否依赖的是技术定义？

➪（3）如果你依赖的是常见定义，你能否陈述最符合你目的的意义标准，并将所指的特征与这些标准匹配起来？

➪（4）如果你依赖的是常见定义，你能否描述一个类别下的模型成员，让读者能够接受，接着通过描述让所指与该模型相匹配？

（5）你能塑造意义的标准和所指的特征，让二者相互匹配吗？

（6）如果你的问题是概念性问题，有没有可能，你针对的是一个实际问题的替代品？

（7）你是否成了权威定义（不管是来自标准词典还是专业来源）的囚徒？

14. 关于因果关系的问题

★（1）如果你的问题是实践性问题，你是否关注了那些你认为可以补救的原因？

★（2）如果你的问题是概念性问题，你是否关注了那些因为你和读者对此问题存在的特殊兴趣而凸显的原因？

➪（3）你是否避免了"唯一真正的原因"心态？你是否考虑过并非恰好出现在结果之前的原因？未出场的原因？你的着眼点是否更多地放在了少

见的原因而非常规的原因上？你是否考虑过影响量级远远小于结果的
原因？你是否考虑过无法证实你假设的原因？

☞（4）如果你的问题是实践性问题，针对导致了某一结果的原因，你是否考
虑过提供所有的 5 种叙述来进行解释？你解释了问题吗？解决方法是
怎样发挥作用的？解决方法的成本为什么低于问题本身？为什么它不
会造成更大的问题？你怎样实施它？为什么它比其他选择更好？

（5）你用方差分析表分析了你的因果理论吗？

（6）你考虑过多种原因的可能性吗？你考虑过原因互相反馈的可能性吗？

（7）你对原因的分析，追溯到因果链条足够远的地方了吗？还是说，你追
溯的地方太远了？

（8）你是否按照与你问题解决方法相契合的详细程度，对原因进行了分析？

15. 关于语言的问题

★（1）你的句子的大部分主语都指明了故事中的主要角色吗？你的动词指明
了这些角色所涉及的具体动作吗？

★（2）你是否将读者熟悉的信息放在了句子开头？

★（3）你的主语是否相对一致？它们是你故事中最重要的角色吗？

☞（4）你的句子很快就出现了主要动词吗？它们是否有着相对较短的介绍性
元素？相对较短的主语？主语和动词之间几乎没有插入元素？

☞（5）你删除了空洞的词语，冗余的词语吗？如果可以，你能不能将若干词
语压缩成一个？

（6）你是否尝试选择了足够具体、可以在读者脑海中创造出画面的词语？
你为根据和定义选择了概括词吗？

（7）在使用唤起价值观和感觉的词语时，你是在本就合理的论证中这么做
的吗？你清楚自己为什么要使用它们吗？你认为你在解决什么问题？

（8）你是否避免了不恰当地通过将抽象事物具象化、依靠比喻，转移读者
对有血有肉角色的注意力？

利用故事板，构思长论文

在前面的若干写作过程部分，我们提供了一些关于组织文章内容的建议，这些建议应该能帮助你完成大多数的短论文。但对于更长、更复杂的论文，你或许需要规划和管理它的所有部分。我们推荐你尝试一下故事板技术。

在创建故事板的时候，你可以将论文中相关的部分放在不同的页面上，开始以较为粗略的大纲形式，但在展开论证时，可以写得更为详细。故事板具有大纲的所有优点，但是没有麻烦的缩进，用不着有一就有二，也无须随时都要正确编号。和大纲不同的是，故事板能让你少些麻烦，不必一次性处理完成。

- 你将论文的各个单元分开，这样就可以单独地完成每一单元，无须担心它们与整体的搭配。
- 你一眼就能看出哪些地方你有很多信息，哪些地方存在空缺。

故事板还可以帮助你完整地观察复杂的论证，特别是当你将它摊开放在桌子上，或是贴在墙上的时候。

- 你一眼就能看清组织结构，就像是一种实体结构，将所有层级都展开在你的眼前。
- 你可以方便地调整页面顺序，尝试做不同的安排，同时一眼看到每一种新安排的结构。
- 你可以轻松地添加或删除部分内容。

有些人觉得，围着故事板走来走去，会思考得更好，的确，从不同的角度看待故事板，会获得新的视角。如果你是一个善于语言表达的人，更擅长应对文字而非形状，那么，也可以将故事板想象成一份灵活可扩展的大纲。如果你是个善于处理视觉元素的人，就将它想象成论文结构图。不管怎么说，如果你能妙用故事板，便能更好地管理复杂的论证。

1. 创建模板

为开始这个过程，为引言和结论创建模板页面，给所有元素创建标题。要使用单独的完整页面。

引言 / 问题
前奏：
共同基础：
失稳状态：
成本 / 后果：
解决方法：

结论
主要主张：
主张的意义：
有待完成的工作：
尾声：

接下来，创建两套理由模板：一套用于你认为只需用证据来支持的理由（这样的理由应该很少），另一套用于必须用完整的核心论点来支持的理由。因此，根据理由所用的支持有多复杂，在每一个理由下套用这两套模板之一。

理由 # ＿＿＿
主要理由：
支持理由的证据报告：

理由 # ＿＿＿
主要理由主张：
支持主要理由 / 主张的理由：
支持理由的证据报告：
承认和回应：

最后，创建根据及其支持论证的模板，以及承认、回应及其支持论证的模板。

理由 #＿＿＿的根据	理由 #＿＿＿的承认和回应
根据 / 主张：	反对意见 / 保留意见 / 不同意见：
支持根据的理由：	回应 / 主张：
	理由：
支持理由的证据报告：	证据报告：
承认和回应：	根据 / 承认和回应：

对于理由、根据和承认 / 回应模板，你有多少个主要理由，就复制多少份。将空白模板页面保存在计算机上，使用时打印出来。

2. 填写模板

用你现在知道的信息，尽量多地填写空缺。一开始，你可能没有太多可以增加的，其中一些可能只是猜测，需要你稍后确认。如果你需要做些调查来寻找需要添加的内容，尽快去做。不要等到页面都满了才进入下一步。

3. 将模板按照将在你论文中出现的顺序进行排列

等你有了足够的时间，将这些页面粘在墙上，或者摊开放在桌子、床或地板上，如下图所示。

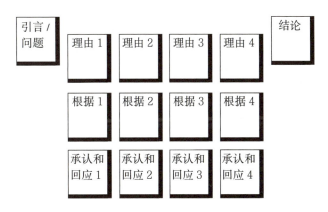

挪动页面，直到你感觉找到了可行的顺序。等你有了新想法，随时添加。

如果页面上的笔记太多太乱，就将它们输入计算机里的模板，打印出干净的副本，方便添加更多的笔记。你还可以使用能轻松添加或删除的便利贴来做笔记。

4. 草拟，接着再次查看故事板

一旦你有了可行的规划，就一点一滴地构建论证。在草拟过程中，尝试不同的编排。时不时地通读完整引言 / 问题页面、理由页面最上方的主要理由以及完整的结论页面，检查你的论证框架。如果有些页面仍然空空如也，那就不管它，等有了合适的机会再说。这里的关键在于，将你的任务分解成几个部分，这样你就不会因为太过复杂而陷入麻痹——有些问题太复杂了，就算是经验最丰富的作家也不可能一次性解决。

第五部分

阅读

第十五章

对待教与学的态度

开放式讨论和批判性思维的障碍
对格林内尔学院的研究
作者：卡罗尔·特罗塞特[1]

和许多机构一样，格林内尔学院希望学生群体日益多样化能带来的益处之一，就是学生可以彼此谈论双方的差异。它认为，公开讨论敏感议题，是学习过程的重要组成部分——课堂内外都是如此。由于学院已经做了很多尝试来为这些讨论营造良好的氛围，新近有关大量学生感到沉默压抑的报道，令人深感不安。

为了理解这个问题，我开展了几个学期的民族志研究，重点关注学生对讨论目的所秉持的假设。这项研究揭示的态度，不仅对多样性议题的讨论，而且对我们培养批判性思维技能的教育使命，都有着意义深远的暗示。

认为讨论就是倡导

我们向大约 200 名学生展示了一系列敏感的多样性相关议题（比如"种族是不是人与人之间的一种重要差异"）；对每一个问题，我们询问是否有可能对这一议题展开平衡的讨论（设计不止一种视角，每一种视角都得到同等的支持，人们彼此

---

[1] 卡罗尔·特罗塞特是格林内尔学院的机构研究主任和人类学讲师。作者感谢以下人员对这个项目的贡献：格林内尔学院的前院长帕梅拉·弗格森（Pamela Ferguson）、人类学教授道格拉斯·考尔金（Douglas Caulkins），以及进行访谈的学生，尤其是加布里尔·格鲁特（Gabriel Grout）、布朗迪·彼得森（Brandi Petersen）和尼利·莎（Neelay Shah）。From Change, September/October 1998.

之间保持礼貌）。我们还请学生解释为什么想（或不想）讨论该议题。绝大多数学生不仅认为这些议题不可能展开平衡的讨论，还担心会有单一视角占主流——他们担心，如果自己所说的与该主流视角不同，就会遭到报复。

学生就想要讨论一个特定话题给出的主要原因是，他们对该主题有着强烈的观点，希望说服他人。同样地，缺乏强烈的观点（或认为某一主题太过棘手），往往也是学生不想讨论一个主题的理由之一。这种矛盾反映在以下的学生回应中。

- "我喜欢讨论性别问题，因为我觉得自己对此颇为了解。"
- "我不太肯定什么是多元文化主义；我对这个问题了解不多，所以我不想讨论它。"
- "我不想讨论种族问题，因为我从来不知道怎样应对这个话题。"

一些学生坚信讨论就是倡导，进而认为只有沉默才能避免讨论："我不想讨论宗教，因为我不想将自己的观点强加于人。"

一些人在对待多样性问题时明确地概括了这一模型，他们说："理想而言，你应该让对方意识到他们说的是错的。"要不然就是，"我不想讨论我拿不准的事情。"

在 200 名学生的样本中，只有 5 人秉持另一种更为探索性的讨论观，比如"我想要聊聊多元文化教育，因为我或许了解得还不够多"以及"我想要讨论种族问题，它能打开我的思维，去看待那些我自己没有经历过的事"。

在探索性讨论中，人们希望获得更多信息和其他观点，因此通过发言了解事物。这与倡导模式非常不同。在倡导模式下，人们对一个议题已经拿定了心意，他们发言是为了表达观点，说服他人。

我们对大一学生进行的一项年度调查发现，（相较于自己无法判断的话题）54% 的学生更喜欢讨论自己持有强烈观点的话题。

另一项使用不同措辞的调查发现，这一偏好会随着时间的推移而强化，大一新生有 25% 会这么想，但到了大三，就有 50% 以上的人这么想了。（大四学生的这一偏好略有下降，但大四学生的样本不具有代表性。）在这两项调查中，种族或性别差异均与这一偏好无关。

寻求共识

我们问学生为什么人们应该谈论分歧时，经常听他们说起达成共识的希望。

- "对立的观点找到某个一致的地方，这是最好的事情了。"
- "理想而言，人们应该对话以求从各方观点中找到折中的观点。"
- "人们应该通过讨论实现统一的世界观，消解其他的观点，并意识到万物的统一性。"

一些学生还告诉我们，讨论某事毫无意义，除非人们能达成一致意见："讨论这些事情根本就是徒劳；它让人精疲力竭。你们似乎永远无法达成共识。"尽管最后一句话的语气有些沮丧，但对持有不同观点的人找到共同点的可能性，许多受访者都非常乐观。

一些学生提及议题时，会做出本来就存在共识的样子。

- "我不想讨论种族问题，因为这不是人与人之间的重要区别。"

有时，这种假设又结合了倡导偏好。一名女性想成为一名倡导者，代表一种她认为存在的共识："我想讨论性别歧视，因为我对陈述女性的体验有着个人兴趣。"

我们询问在不同条件下人是否愿意倾听别人的说法，或是对别人的说法怎么想，大多数学生不出所料地说，他们愿意倾听那些本就和自己意见相同的人。大多数人还说，他们不太可能倾听与自己意见不同的人。他们的理由如下。

- "对多元文化教育的构成要素，我有着强烈的个人观点——我很难去倾听持不同观点的人。"
- "有关堕胎的讨论无法平衡——我很难接受对立的观点。"

在大多数情况下，学生会人为地建立共识小集体（也就是说，精心地选择观点一致的小集体），知道"安全"之后才讨论棘手的议题。请看下面的评论。

- "在这座校园里，人们不谈论种族问题——精心挑选的同伴意味着不会出现对立的观点。"
- "人们似乎更喜欢和那些印证了自己观点的人互动，而不是主动追求其他不同的观点。这可能会让人误以为自己的观点得到了广泛支持，其实也许并没有。"

75% 的受访学生表示，他们会和与自己观点或背景相同的人讨论多样性议题，但只有 40% 的学生表示，他们会在不知道对方观点的情况下讨论类似的议题。

将个人经验（经历）视为（唯一）正当的知识来源

和本就同意说话者观点的情况一样，我们调查的大多数学生表示，自己很可能会倾听他们感觉有知识的人说话。但在将这阐释为对学术或专业知识的尊重之前，我们必须先考察学生认为知识来自什么地方。

我们在访谈中询问了 47 名学生："你对多样性议题的了解怎样？"大多数人表示，自己相当了解，甚至非常了解。我们问他们的知识从什么地方来，大多数人会提到不止一个来源。43% 的受访者将知识归因于个人经验，还有 35% 的人说知识来自与他人谈论自己的经历。

这种对个人化知识（与人人都可获得的知识相对，人人都可获得知识包括来自学术著作的知识，这类知识，47 人中只有 6 人重视）的偏好，也体现在自称对某些问题具有知识储备的群体当中。出于这样的原因，相较于欧洲裔美国学生，其他裔学生有更大概率声称自己了解种族。

大一大二的欧洲裔美国男生，是唯一可能说他们对多样性议题知之甚少的群体。他们声称自己不怎么了解性别，"因为我没有个人体验"。这表明，他们不仅将专业知识归因于经验，更归因到了一种特殊的经验上（而这种经验，属于一个典型而言欠缺权力的群体）。

关于这项研究

格林内尔学院是一所精英私立四年制寄宿学院，位于艾奥瓦州中部的一座小镇。该校有大约 1300 名学生，来自全美 50 个州和近 40 个国家。

这项研究主要是使用民族志访谈技术进行的，受访者不仅要面对面地回答问题，而且还要解释自己的想法，以及自己所说的话的意思，并说明所说事情来自自己什么样的个人经历。

在长达 3 年的时间里，我每学期都通过人类学研究方法课程培训学生访谈员。我请他们从同学处收集数据，而我收集额外的数据，并指导项目的设计和分析。几个不同的样本（样本含量大多为 200 名学生）贡献了这里所引述的数据。每个样本在种族、性别和年级方面都有充分的代表性。

——卡罗尔·特罗塞特

这种对个体经验的重视，限制了讨论中能够表达的观点。例如，以下是两男两女对性别歧视的评论。

- "男性没有能力质疑女性发表的性别歧视言论。"
- "不管女性说什么，都不太可能被贴上性别歧视的标签。"
- "我想要讨论性别——说出'我是女性'这话很容易，但身为女性……"
- "因为不是女性，我想恐怕没有人认真对待我的评论。"

这种偏误既逼得弱势群体的成员扮演起同伴指导员的角色，又助长了"强势群体成员没有正当发言权"的印象。

不遭质疑的权利

人们参与讨论的目的不仅是倡导自己本就持有的观点，有些人还希望在这样做的时候没有人对自己发起质疑或挑战。在我们最具代表性的访谈研究中，我们向受访者提出问题："身为多元化社群的一员，你拥有什么样的权利？"样本中 15% 的受访者主动表示，自己有权想说什么就说什么，不受他人质疑。以下是部分用来表达这一立场的措辞。

- "我有权表达自己的观点，不受批评。"
- "……不让人评判我的观点。"
- "……说出我相信的事情，不让任何人跑来对我说这错了。"
- "……感受和思考一切，不被人瞧不起。"

- "说我所想，不受打压。"

主张有不受质疑权利的学生，几乎全是女性。25% 的受访女性这样认为，而男性只有 6%。（访谈中的其他陈述暗示，格林内尔的大多数男学生都对"自己的观点将遭他人质疑"有所预期。）欧洲裔美国学生和非欧洲裔美国学生做出这一主张的比例相等（而国际学生很少这样说）。尤其令人不安的是，这一主张在大一到大四的学生中均匀分布，暗示得出这一假设的学生，不管再学到什么，都不会改变它了。

影响

近些日子，对于讨论所带来的教育意义，我们听到了大量的说法。但我们通过调研所揭示的假设（比如认为讨论的目的是倡导），说明了为什么讨论往往并不如我们期待的那么有效。此类文化态度对行为有着普遍的影响。这种态度不仅影响了学生之间的讨论方式，还影响了他们从教学和阅读材料处接受信息的方式。

受过教育的人应该有什么样的脾性，不少学者对此有着大量共同的期许。这就包括应该从不同的角度探索观点；学习除个人经验之外的东西；评估证据和论证的质量；面对高质量的证据和论证，愿意接受新观点的说服。与这些期许相一致，各大院校的使命宣言中，也都会出现对"培养批判性思维"的表述。然而，我们的学生往往并不认同这一教师共有的立场。

哲学系的同事告诉我，他们看到有学生认为苏格拉底是个恶霸。一名学生甚至将苏格拉底和一位美国右翼电台主持人等同起来，理由是，两人都希望所有人认同自己的观点。我在一次会议上碰到过一位教师，他显然既看重多样性又重视公开讨论，但他也主张，苏格拉底式的学术话语对学生来说是一个坏榜样。这里有些复杂的地方在于，要弄清批判性思维和共情思考之间的区别，两者或许都是教育的目标，但不应该彼此混淆。

我向一些学生展示了这项研究，他们非常明确地告诉我："你的认同来自你在想些什么而不是你怎么想。"一名学生显然正为了需要改变自己在某些主题上的观点而感到纠结。他说，当他意识到在自己这个年纪，他的认同仍在变化，他就释然了。这些陈述迥然有别于学者对认同的观点，即人怎样使用证据和论证与其当下所持的结论毫无关系，因为面对新的证据和更好的论证，结论始终在变化。

偏激的相对主义

发展和学习风格理论家可能会对我的担忧提出质疑，他们说，这无非是一个"阶段"，或者是学生的"风格"。然而，他们的反驳引出这样一个问题：身为教师，我们将怎样完成自己的教育使命，即以培养批判性思维技能为中心，并要求学生学会分析。

举个例子，某学生说，在阅读了波兰人类学家马林诺夫斯基的作品（Malinowski，他的作品根据 4 年详细的实地研究所写）之后，我们仍然无法对特罗布里恩群岛的岛民做出任何判断，因为马林诺夫斯基所写"无非是他的观点"。这时，我们该怎么办？诚然，传统的相对主义是人类学的重要组成部分，它所根据的设想是，任何陈述都是从特定的视角出发的，故此，在考虑其意义时必须将之纳入考量。学生偏激的相对主义却超过了这种观点的初衷，认为一切都"无非"是观点，而观点（或视角）之间并无高下。（实际上，持有这一立场的人往往会说，任何主张要具备比较能力的观点都是劣等品。）

学生当中的这种倾向支持他们的主张，即没有办法了解个人经验之外的事情。这一论断实际上否定了大多数学科的基础方法论。它还支持学生的另一个认识：人有权不让自己的观点受到质疑。在这里，批判性思维本身遭到了贬低，因为对证据和逻辑的评估，在学生眼里无非是另一种做事的方式罢了。

考虑到这些倾向，我们必须意识到，在向学生推荐"宽容"的时候，他们听到的或许并不是我们想要传达的信息。许多人认为宽容指的是文明，对社群中所有成员都要表现得彬彬有礼，不管我们是否赞同对方的观点或行为。对比而言，许多学生认为，宽容意味着赞成所有存在方式，相信所有的方式都是同等有效的（但公开进行价值判断、不对所有人都给予平等认可的立场例外）。

让人舒适

在我们调查的大一学生当中，84% 的人选择了"大学社区有必要确保所有成员感到舒适"，而不是"人们必须学会应对不适"。整个学生群体有一个共同的要求，那就是学院作为一个整体，以及它下属的个别成员，必须采取行动保证所有学生（尤其是那些传统上代表性不足的少数族裔学生）都舒适。与此同时，人们坚持认为，传统上的强势群体应尽快熟悉从前陌生的群体和生活方式。

"人们对不适的源头不感兴趣。他们只希望所有人都舒服，"一名学生说。当然，人们不应该因为属于少数群体就感觉受到排斥。但对舒适的需求往往不止如此，它有时甚至主张没有人应该被迫了解新行为或新的思考方式，或去做任何会让自己感到不安的事情。

以下是我的同事收到的同学们写来的电子邮件，写信的学生显然希望它们可以被当成正当的借口。

- "您尚未收到我的论文，因为我一时还无法舒服地应对它。"
- "我今天没来上课是因为我没有完成阅读，又不能舒服地请其他同学将书借给我。"

探索新观念，遇到有着不同价值观的人，学习一门新学科的思考方式，让别人指出自己论证中的缺陷——这些都可能是不舒服的经历。对一些人来说，仅仅是发现自己和别人意见不一致，就很不舒服。向学生做出承诺，我们以后会让他们感到舒服，可能只会让他们坚信，他们"自己有权不受质疑和挑战"。

具有讽刺意味的是，关于怎样促进讨论的典型建议，反而主张了此种态度。强调让所有人都感到"安全"的重要性，似乎容易让许多人害怕提出不同意见，因为担心这会威胁或冒犯对方。或许，老师的解决办法不是给予更多的安全和尊重，而是培养学生对观点和提出观点的人更谨慎地区别对待。

发言人在提出质疑时需要记住这种区别，但接受质疑的人也需要记住这一点，以免将对概念或事实上的质疑，过度地阐释为对个人认同的威胁。在敏感问题上，鼓励每个人少（而不是多）思考认同；要让学生将注意力集中在一些共同的兴趣或有潜力将人团结在一起的问题解决型任务上，不要太关注人与人之间的不同。

显然，许多学生对讨论所持有的假设，为批判性思维的教学工作带来了困难。毫无疑问，深层次的个人议题，对任何人来说，都是最难施展批判性思维技能的地方。但能否展开这样的讨论，将对我们提出严峻的考验：我们是否真的培养了学生的批判性思维？

论人文教育的用途

作者：马克·埃德蒙森[1]

    今天，是我执教的弗洛伊德课程的评估日，一切都变了。这堂课每星期上两节，每节课都放在下午晚些时候。来上课的是 50 多名本科生，他们往往拖拖拉拉、无精打采，一脸郁郁寡欢、稍带失落的样子，只等着课程赶紧开始。为了推进讨论，他们一般需要一个笑话、一则轶事、一个疯疯癫癫的问题——还是个小孩的时候，你在万圣节穿的夸张服装，表现的是自我、本我还是超我？诸如此类。可今天，我刚一摆出表格，教室里就响起了一片嗡嗡声。今天，他们要写下对这门课的评价、对我的评价，毫无疑问，他们非常清醒。"你对导师的评价是什么？"第 8 个问题这样问道，请他们从 5 分（优秀）到 1 分（糟糕）之间选出一个数字。不管他们在这学期里学到了怎样的微妙阐释，现在也毫无意义。一二三四五，快快选一个。

    而他们正在选。我退到门口（我从未在仪式的这个阶段停留过），回头看了看他们：他们正在辛苦劳作，如同魔鬼的审计师。他们挂上了高速写作档位（就连那些写日志条目要一个字一个字地挤出来的学生也不例外），埋首于一项自己此刻已经完全掌握的流程。他们正在扮演知情消费者的角色，告诉供应商哪些地方还行，哪些地方未达标准。

    可是，为什么我这么紧张，竟然像个难民一样，从我之前待得轻轻松松的教室里逃出来呢？很有可能，我的评估会和过去一样——好得很，没什么问题。很有可能，学生会称赞我"有趣"（这个称赞出现过许多次），我态度放松、宽容（没错，这也发生过），我的幽默感，以及我将主题与流行文化联系到一起的能力，也能得到一些赞许（耶！）。这学期，我一直在忙着完成一篇稿子，没有对他们的日志给予应有的关注，为此，我受到了一定的责问（不过责问的态度很有礼貌）。总体而言，我干得不错。

---

[1] 马克·埃德蒙森是弗吉尼亚大学的英语教授，也是《哈泼斯》杂志的特约编辑。他著有《主街梦魇》（*Nightmare on Main Street*）一书，这是一部研究当代哥特文化的作品。From "On the Uses of a Liberal Education," by Mark Edmundson. Copyright 1997 by Harper's Magazine. All rights reserved. Reproduced from the September issue by special permission.

　　然而，我必须承认，我不太喜欢从这些表格里浮现出来的自我形象：知识渊博、幽默超然和温和宽容。我压根就不喜欢这些表格，不喜欢用数字评分，它们就像电视刚播完试映片段后发给伯班克样本观众的表格。最让我讨厌的是，我不喜欢弥漫在回应中的那种平静的消费者专家的态度。这些安详的信念，即我的（以及更重要的，弗洛伊德的、莎士比亚的、布雷克的）作用是消遣、娱乐和有趣。一位受访者（他的话很有代表性）评论说："埃德蒙森完成了一份了不起的工作，他用令人愉快而又平易近人的方式，呈现了这些艰难、重要而且存在争议的阅读材料。"

　　谢谢，但不必了。

　　我并不是教人娱乐、消遣的，从这个意义而言，也不是仅仅教怎么有趣的。每当有人说她"喜欢"这门课（这个词在我的评价中一次又一次地出现），在临近我即刻自满的边缘，我感受到一种越来越强烈的自我厌恶。这完全不是我自己脑海里想到的东西。古怪的问题和旁敲侧击的笑话，是为了引出更强烈的东西——就弗洛伊德课程而言，是为了引出一种复杂的人生悲剧观。但在学生看来，和蔼可亲和俏皮话似乎就是全部了——从他们的日志和评估里，我对此没什么好怀疑的。

　　我希望他们中有些人会说，这门课程改变了自己。我希望他们用自己读过的东西衡量自己。据说，前一段时间，哥伦比亚大学的一位老师曾提出一个两段式的尖锐问题。第一，课程中有什么书你最讨厌？第二，这种讨厌表明了你在智力或性格上存在什么样的缺陷？提出这个问题的人，无疑十分严肃。但至少，它迫使人将知识型的作品视为一场学生与作家的对抗，不管讨论的主题是什么。它要求这些哥伦比亚大学的学生描述一场精神交火的质量，而不是给教师的行为打分。

　　为什么我的学生形容俄狄浦斯情结和死亡驱力想起来很有趣，令人愉快？为什么在这一知识领域，我给人留下的印象是一位彬彬有礼、略带讽刺、永远和蔼可亲的向导，上课时态度不激烈、慷慨大度、有趣和宽松？

　　因为这么做才行得通。我在评估这一天收获了奖励，因为我部分地遵守了学生们中盛行的文化，也遵守了如今大学校园的运作文化。这种文化很少得到探究。当前的批评家往往认为，人文教育正处于危机之中，因为秉持独特理念（解构主义、拉康式精神分析、女权主义、酷儿理论）的教授侵入了大学。这些批评家认为，天才和传统已经过时，而由于拿到终身教职的激进分子的入侵，多元文化主义和身份政治开始流行。20世纪末的这些激进分子，相当于攻破了罗马城墙的西哥特人。

　　但经过对自身评价所做的仔细考量，接着又试图深入地审视弗吉尼亚大学和全国各地的校园生活，我最终得出了一些不同的结论。在我看来，人文教育之所以像现在这样毫无成效，主要原因不在于空气中弥漫着大量奇怪的理论。（如果运用得当，这些理论反倒很有启发意义。）相反，说得残酷些，是大学文化和宏观上的美国文化一样，对消费和娱乐越来越投入，沉迷于商品和形象的使用，进而又竭力将商品和形象压榨个精光。对在如今的美国长大的人来说，放眼世界，除了"很酷的"消费者这一身份，他们找不到其他替代品。 我的学生并不想要这样的观点，更不可能去创造它，但他们将一种消费者世界观带到了学校，进而，这种世界观在学校里产生了一种几乎无人察觉的强大影响力。如果我们想理解当前的大学，以及它们所面临的多重困境，我们或许可以稍微离开专家辩论和精致主义的领域，转向校园和教室，那里，正积聚起一种新的氛围……

我的学生是怎样进入这样一种耗尽了所有激情的奇特状态的呢？我认为，他们中许多人是从整个消费文化（尤其是电视）中摄入这种自我意识的。他们是无数个有线电视频道和无处不在的大片放映渠道所孕育的后代。学者马歇尔·麦克卢汉（Marshall McLuhan）有句名言：电视是一种冷媒介（cool medium）。[1] 在电视上表演最出色的人，是低调而谦逊的，他们擅长融入。热情很快会显得荒谬。电视上最吸引人的人物形象是冷静而自利的，但绝不贪婪，他符合传统，爱冷嘲热讽。审慎地判断时机，比突如其来的固执己见更可取。电视媒体对灵感、即兴发挥、失败和过失都不友好。一切必须完美运行。

很自然地，对那些能生产出合适产品的人来说，酷青年文化是一座营销富矿，他们竭尽所能地扩大这种文化并使之持续发酵。如今，互联网、电视和杂志上充斥着我所说的性格广告（persona ads），看看那些为耐克、锐步、吉普车和运动夹克所拍摄的广告，它们并不过多地强调产品本身的性能，而是告诉你，一旦拥有了某种产品，你将成为什么样的人。吉普车的广告展现的是时髦、喜欢室外运动的孩子，在山顶之间抛出飞盘，它和吉普车没什么关系，而是强调那些拥有吉普车的是什么样的人。买辆吉普车，成为他们中的一员。广告本身并不会带来什么大不了的后果，但是通过指数级扩展它的信息，你就得到了当前消费者文化的核心——购买，是为了成为……

不过，这些广告一般不会谴责现行的制度。它们不会提起资本主义的危急时刻

---

[1] 这里的 cool 既可以翻译为"冷"，也可以翻译为"酷"。——译者注

怎样带来了失业大军以及几乎无法避免的苦难。那样就太吵闹、太轻率了。因为占主流的观点是"酷消费者"观，激情和盛赞都是禁忌。"傲然独立而无所敬畏，努米库斯河，大概是唯一一种能让人始终幸福的东西了吧。"古罗马诗人贺拉斯在《书信集》（*Epistles*）里说道。我担心，在这个高度消费的资本主义时代，他的诗句会变成大学里高悬的座右铭。

人们很容易高高在上地为这种情况而责怪学生。但当前的消费文化，并不是学生们创造的。（相反，主要是我们 60 年代这一代人，纵容寻找愉悦的反主流文化堕落成了对商品的追求。）在他们 6 ~ 8 岁的时候，应该拔下电视机插头，或者直接将电视机一脚踹个洞出来的人，也不是他们。是我们这一辈的家长，庇护这些学生，让后者远离日常生活的艰辛，让他们变得谨小慎微、过度脆弱，从小学开始，我们这一代的家长就要求老师奉承自己的孩子，而等孩子上了大学，如果教授不能条件反射般地讨好学生，这些娇生惯养的孩子便大吃一惊。

当然，当前这一代人的风格，并不是单纯地衍生自文化和环境。它还和钱有关。学生担心接受太多的教育，会破坏自己将来的前途。他们注意到了无情的事实：经济收入最高的 1/10 的人，与其余人口之间的落差，越来越像是大峡谷两侧那高高的峭壁。现在有一种观点认为，只要你暂时掉队一阵，去写作，去旅行，去深深地爱上一个人，你就有可能永远失去好位置。我们或许在欲望的跑步机上停不下来，这挺糟糕不假，但要是栽倒在污秽的地板上，岂不是更糟糕。所以，别放弃，不要错过机会。

但是，且慢。我执教的是以保守著称的弗吉尼亚大学。我的观点，能从夏洛茨维尔（弗吉尼亚大学所在地）扩展到整个美国，整整一代大学生身上吗？我只能说，我从全美国各地的同事口里听到了类似的课堂生活故事。我去其他学校讲课时，也看到了类似的场面。当然，到处都有特别优秀的学生。这样的学生，因为不愿从众而努力探索自己的道路，反倒变得更好了。在一些小型文理学院，强烈参与的传统仍然存在。但整体而言，学生给我的印象是喜忧参半、处在近乎假死的状态。

很多时候，如今的教学挑战是从点滴之中不断延伸。你教授华兹华斯的《廷腾寺》（*Tintern Abbey*），请学生发表感想。没有人回应。于是你点名叫了斯蒂芬。斯蒂芬："听起来，这首诗有一种流动感。"你："斯蒂芬似乎对这首诗的音乐性很感兴趣。我们可以扩展一下他的评论吗？这首诗的音乐性与它的观点一致吗？还是说，这里隐含着一种情感上的痛苦，与诗歌动人的旋律并不一致？"好吧，通常情况没有那么糟糕。但很接近。一位朋友将其形容成"补篮教学法"：学生给出毫无分量的评论，你尽全力抢断，然后再次运球。偶尔，一位教授会将学生描述为后现代反讽的罪犯，为这种智力上的胆怯来开脱。而后现代反讽是极为复杂的。所有的一切都是骗人的赝品，都是山寨货，所以，一切现象都不值得认真对待。但是，学生又不具备本该伴随着这种视角的奥斯卡·王尔德式彬彬有礼的举止。王尔德欢快、风趣、自信、离群。（王尔德身患绝症时住在巴黎一家廉价旅馆："我的墙纸正和我做着生死决斗。两者中必有一个要先行告退。"）这一代人的风格是体贴，容易取悦，还带点压抑。

诚然，你可能会说，孩子们是带着消费心态来到学校的（说到底，他们都是优秀的美国人），但这以后，大学和教授们就会为了更高的理想，而尽其所能地与这种枯燥的心态做斗争，对吗？照理说应该是这样。但我们来看看实际上是怎么样的。

过去几年，我所在大学的实体格局已经发生了变化。说得刻薄些，这地方看起来越来越像针对年轻人的疗养中心了。我们的资金用到了建设上，修新宿舍，改建学生会。我们有一座新的水上运动中心和不断升级的健身房，配备了楼梯机和滑雪机。

但这样的改进不足为奇。为了在竞争日益激烈的市场中生存下来，大学需要吸引最优秀的（也就是最聪明、最富裕的）学生。学校想要的是家长能支付全额学费的孩子，而不是那些需要奖学金或想要降低学费的孩子。如果市场调查表明，孩子们需要体育中心，那么，一如受托人所愿，他们理应拥有它们。事实上，当我环顾四周，我发现，大学里有越来越多的景象是受顾客驱动的。在评估日让我懊恼的消费者压力，只是整体趋势的一部分罢了。

我们是怎么走到这一步的？在某种程度上，答案与人口结构有关，也（令人惊讶地）与资金有关。第二次世界大战后，受《退伍军人权利法案》的影响，美国上大学的人口急剧增加。接着迎来了婴儿潮，为了适应猛增的受教育人口，学校持续发展。大学要扩张很容易，但由于终身教职让教师有了铁饭碗，加上行政管理者普遍不愿意取消自己的职位，大学要收缩起来就困难了。因此，在婴儿潮一代过去之后，大学就如同巨蟒一样，消化了这顿肥美的大餐——大学开始采取积极的宣传招生策略，填补学生空额。突然之间，大学成了买方市场，学生和家长的需求，必须越来越多地纳入考量。这通常意味着创造更舒适、更柔和的环境，几乎没有人会不及格，每件事都愉快，每个人都友善。

不仅大学之间要相互竞争生源，各个院系也必须如此。在这个对经济排名感到焦虑的时代，英语和历史专业不得不与那些更能保证成功的学科（如科学和商业学院）争夺生源。1968年，美国授予的所有学士学位中有21%来自人文学科；到1993年，这一比例已跌至大约13%。人文学科现在必须努力吸引学生，因为许多学生的父母都由衷地希望孩子们选择其他学科。

宽松，是我们努力维持吸引力的方法之一。我们给成绩的标准，比科学院系的同事要低得多。在英语系，我们不会给出太多的"中"和"差"。（英语专业的学生能通过严格的基础化学课考试者人数寥寥，就和选修莎士比亚课程能拿到优秀者一样少见。）斯坦福大学的一位教授最近解释了人文学科分数膨胀的原因，他经观察发现，本科生一年比一年聪明；分数更高，只能说明他们比前辈更优秀。既然他这么说——行吧。

评分宽松的同时，许多人文学科也放松了专业要求。增加更多的选修课，减少专业课，理由很充分。但和大学里的许多其他举措一样，此举迎合了前述为学生服务（而非对他们提出挑战）的发展趋势。每学期开学的最初两周，学生还可以不做任何承诺地进出所有课堂。这一时期的常见名称"购物期"（其实是"选课期"）充分说明了如今正在发挥作用的消费者心态。很多时候，孩子们还可以随意放弃课程，直到最后一个月再突击冲刺，代价无非是在成绩单上留下一个无伤大雅的"退课"字样。课程是不是太难了？没问题。无非就是及格/不及格[1]。按照定义，一个幸福的消费者是一个有着多种选项的人，一个想要什么都能得到的人。既然一门课程是学生及其家长花钱买来的，他们为什么不能随心所欲地对待它呢？

那么，这一代的学生，迈入学校前，就一直沉浸在消费者文化当中；还没报到，就被大学当成潜在的消费者讨好对待，接着从第一天开始又得到种种的迎合，直到毕业的那一天。这样的他们，倾向于将所读的书本视为一种平静时享受、厌倦时丢到一边的娱乐，又有什么好奇怪的呢？考虑到如今大学的管理方式（按照大学现在的营销套路，"管理"这个词用得越来越多），孩子们并不是因为无法忍受自己的无知迫切渴望学习而来到学校的，这又有什么好震惊的呢？在我看来，一定的自我厌恶或不满（与单纯的抑郁大不相同），是获得教育的重要先决条件。只可惜，

---

[1] 这里指学生参加大学期末考试后，校方只会告知及格或不及格。——译者注

我的学生往往缺乏自信、不敢承认这份对学习而言最宝贵的财富（即敢于承认自己的无知）。

那么，在现在的学生眼里，那些至少偶尔宣扬天才和崇高文学理想的人是什么样的呢？我们这些人，将教学视为一种表演艺术，想象着如果自己完全投身于所教授的主题、你就会获得远远超越个人能力的洞察力，显得是什么样的呢？

我回想起自己看过的一段新闻短片。演讲者正对着一大群人慷慨陈辞。他抗议，他规劝，他挥舞胳膊，他说个不停。我拿不准是因为当时的摄影技术存在缺陷，还是他本人有什么特别之处，总之，这位演说家看起来就像是一台装着弹簧往前跳的复杂机械装置。我的学生对任何形式的热情都表示怀疑，而我在大谈弗洛伊德或是布雷克的时候，我大概就是那样子。但一如我的评价所显示，我越来越多地用常规的站立姿态来取代热情的手舞足蹈，我保持距离，我用讽刺掩饰赞美。

"天才"概念备受诋毁，这真是太糟糕了，因为面对让人丧气的时尚文化（我的大多数学生都深陷其中），它实际上提供了一种鲜活的不同出路。投入杰出人物的作品和人生当中，你可以接受新的理想，修正那些来自父母、邻居、家人或者电视的潜移默化影响。套用学者沃尔特·杰克森·贝特（Walter Jackson Bate）的评论，良好人文教育的目的是，认识到"我们不需要沦为所谓'环境的'（社会的、文化的，或让个人受到心理打压的）受害者，而是要将自己与济慈所称的与伟人之'不朽的自由砖石'所连接，从而变得更自由——更自由地做自己，更自由地成为自己最渴望、最看重的人"。

但天才不仅仅是个人标准，天才也能产生政治影响。通过不断地关注和赞美天才，我们能创造一种文化，让惠特曼式的诗意冒险（这种冒险，一旦失败，会带来屈辱、沮丧，甚至更严重的后果）不断涌现。通过反抗对事物的既定看法和阐释，天才帮助我们理解当下的可塑性有多强，而未来多么富有希望又充满危险。如果我们做老师的，都不认可天才和自我超越，那么，学生在电视最新的个人广告里找到理想的自我形象，我们又有什么可惊讶的呢？一个对天才没有兴趣的世界是个失望之地；伤感的居民从咖啡吧漂流到百忧解药方，他们不受理想激励，将来有可能实现的光辉自我形象也无法触动他们。哲学家诺思洛普·弗莱（Northrop Frye）说过一句如今过时之至但又美妙无比的话，"能运用与荷马和以赛亚同样精力及天分的艺术家将发现，自己不仅与荷马和以赛亚生活在同一座艺术宫殿之内，还与他们生活在同一时代"。我们不应该否定此种地方的存在，仅仅因为我们（或者我们在乎的人）认为那里要求太过苛刻，或者房租太高。

如果我们继续沿着这条荒凉的道路跋涉，会发生些什么呢？如果我们最聪明的学生从来没有学会努力去战胜自我，会发生些什么呢？如果天才，以及天才的效仿，成了一个傻气过时的想法，会发生些什么呢？你大概会得到一大波越来越单一维度的男男女女。这些人生活在唾手可得的享乐、舒适和繁荣之中，首先想到的是钱，其次想到的是钱，最后想到的还是钱，他们拥抱现状……他们从不感到惊讶。他们会对自己非常满意（只要没对自己无意义的生活感到绝望），甚至无法想象人类还能做得更好。他们会认为，自己最崇高的职责，就是尽量频繁地自我克隆。他们会宣称自己是幸福的，必将长命百岁。

或许现在是时候提出一整套振奋的方案了。应该拿出一份核心课程规定和不同要求的改革清单。但给出这种解决办法的传统主义者忽视了一点：不管给如今的学生读什么样的书，他们中的许多人都只会将它理解成情节剧，人物扁平，道德冲突一目了然。我们无法挥动课程魔杖就逆转文化渗透。

或许，这会是个好主意：解雇所有的辅导员，让半数的系主任回到教室，解散橄榄球队，将体育场变成本地孩子的游乐场，清空兄弟会，将学生活动办公室变成宿舍。这些措施将传达"美国大学不是地中海俱乐部前哨站"的信息。教师主动冒犯学生笃信不疑的东西，偶尔与他们对峙（这会是一种有益的冒犯），或许也不是件坏事。我们这些教授对颠覆聊得很多，它通常指的是颠覆那些从不听我们说话、从没读过我们作品的人的观点。但说到颠覆我们学生和客户的观点，那就另当别论了。

不过，说到底，还是要靠每个人尤其是每一个学生，在当前泥泞的浪潮中开辟自己的道路。图书馆还在，博物馆还在，甚至，偶尔还能碰到活着为了寻找超越自己的崇高之物的老师。也还有一些没被吓倒的同学。大学这地方，效率低下，乱糟糟，皱巴巴，有许多无人看管的角落，人可以在那里打开一本书，或是向外凝视更大的世界，自由地进行阐释。那些这么做过，并且信任自己足以抗衡当前观点影响的人，将为结束这一可悲命运做出部分贡献。至于我自己，我要将自己低调的俏皮话封存起来，等孩子们来自电视的品位进入火力范畴，我就瞄准射击。等到了赞美天才的时候，我会努力用正确的方式、全力以赴地去赞美，并坚信，当我的创作衰退，那些仍存活在尘世某处的更美好的艺术灵魂（也许不是荷马也不是以赛亚，但也相去不远了）会帮助我走出困境；学生打盹儿，系主任对着电话咕哝。我要回到一种更热情的风格，挥着胳膊、大力劝谏地进入新千年，是的，我会的。

学生消费主义走得太远了吗

作者：迈克尔·佩纳尔[1]

毫无疑问，由于"学生消费主义"运动的兴起，大学管理机构正在改变对待学生的方式。由于州和联邦立法机构、法院裁决以及大学本身主动做出的改变，许多人现在都将高等教育机构视为产品或服务的卖方。反过来，学生也逐渐被当成了买方。

尽管出现了很多事情支持此一趋势，但我们应该记住，学生消费者现象的发展，其实是美国整体消费者运动的一条支线。虽然两者之间有大量的相似之处，但在教育环境下，学生与大学的关系有许多独特之处。因此，将这一关系严格地套用成市场关系，偶尔也会漏掉关键之处。

这篇文章，既承认为保护学生免受大学胡作非为所伤必须进行改革，也希望提出以下概念：只有经过认真的研究，才能在消费主义的框架下继续发展学生－大学的关系。一言以蔽之，本文提出了一个问题：在保护学生利益方面，我们做得足够多了吗？

我们今天置身何处

大概不会再有教育工作者认为大学对待学生的态度仍和二三十年前一样了。由于诉讼和法律判例的增多，大学逐渐将学生更多地视为成年人，而不再是需要系主任、学校行政管理人员和教职员工照顾的孩子。例如，1976 年的《教育修正案》采取了一项针对学生消费主义的联邦政策，它要求发放联邦财政助学金的大学，每年向学生提供关于财政援助项目、申请程序和奖励条件（贷款要求等）的完整信息。

---

[1] 迈克尔·佩纳尔是威利曼蒂克市东康涅狄格州立学院人事管理系主任。本文摘自 College Board Review，1977 年夏季号。

此外，高等教育机构必须按要求准备提供专业或院系的就业统计数据，在学生签订贷款合同之前，说明本院系毕业生的就业记录。

随着此类法律和其他法案（如 1974 年《家庭教育权利和隐私法案》，即所谓的《巴克利修正案》）的通过，联邦政府旗帜鲜明地宣布自己站在学生这一边。

尽管没有人会主张学生消费主义运动的出现，原因不明，居心不良，但的确有人担心，如果再出现更多的公共监管，促使行政实践的进一步调整，高等教育机构（不管是传统的，还是私营的）会埋葬在官样文章和激增的费用之下。许多学生自己也抱怨，为回应联邦（或州）就学生权利和特权所做出的规定，带来了成堆的文书工作和问卷调查，入校报到的流程越来越烦琐。尽管《巴克利修正案》、1976 年《教育修正案》和《教育法修正案》第九条等联邦法律已经导致了严重的官样文章，消费者权益倡导者却希望学院和大学做出更多的努力。他们有可能提出如下更多的需求。

- 由各州或认证机构为大学招生人员颁发执照。
- 教授和学生之间就课程要求、评估程序和标准、评分体系签订书面合同。
- 取消强制性的学生活动费用，支持资源的费用结构，只有用户才需要付费，不是用户的人可以放弃。

我们走得够远了吗

尽管消费者权益倡导者呼吁采取进一步的行动保护学生，我的主张是，我们目前在保护学生权利方面已经走得足够远，更多的关注应该放到测量现有保障举措给大学带来了什么样的影响，它们还能不能维持自己作为教育机构的完整性。诚然，学生的确应该受到保护，以免大学滥设专业。实际上，如果教育机构对学生的成绩、提供的专业类型、涉及的费用进行虚假或误导宣传，联邦可撤回拨款。目前，在大多数校园里，学生也获得了不受歧视、申诉、保护个人隐私、披露记录、质疑记录中所包含信息以及对违纪处分展开公平听证的权利。从实际情况来看，许多大学对保护学生权利都变得过度敏感。尽管面对这一发展趋势仍不时出现例外情况，但对大学施加进一步的压力会带来什么好处，实在很成问题。

特别是，最近的联邦法规（最初的用意为了保护学生免为说大话空话的不可靠机构所蒙骗）对以学术为导向的机构（即文科学院）产生了深远的影响，因为此类机构一直信奉学位与学生的职业选择没有太大关系。滥用的主要例子来自联邦担保的学生贷款项目。某些机构欺骗制度，鼓励学生利用贷款项目支付学费和其他费用，接着便终止运营，这让学生负债累累，而投资却毫无回报。由此产生的法律便要求学校向潜在的学生贷款人提供就业数据，给出学术和／或职业项目的完整课程表。针对这类欺诈性机构，没有人认为不应该采取限制措施。然而，这些保障措施是否足以保护学生作为消费者的利益，仍然是个问题。

在我看来，高等教育中对消费者的保护已经涵盖了大部分的基本需求，现在应该花些时间来看看这些措施的效果如何，再考虑采取进一步的措施。更多的保障，出发点固然是善意的，但可能会给教育机构造成不必要的负担，同时忽视了一个重要的事实：高等院校并不完全符合卖家－消费者的框架。

模型失效的地方

简而言之，大学和学生之间存在的独特关系，并不能充分地放到卖家－买家模型里，从而证明进一步致力于倡导消费者概念是合理的。以下列出了这类框架应用失效的5种情况。

1. 绩效问题

在严格的买卖模型中，绩效要求有赖于卖方。购买汽车或电视机的消费者期待机器能提供合理的无故障服务，如若不然，他们也能要求修理或更换。类似地，法律援助等服务的购买者期待律师实施特定的行为，或达到一定的绩效水平。因此，消费者模型基本上是以买方在一定程度上趋于被动为前提的。绩效期待显然取决于提供方。然而，在大学环境下，要维持特定的绩效水平，责任更大的一方是学生消费者。虽然学生有权利期待学校达到一定的绩效水平，但学生无法回避的事实是：他们自己理应满足某些要求。因此，严格的消费者框架并不完全适用于大学环境，学生在论证自己为糟糕的教学、行政流程所蒙蔽的时候，存在相当大的灰色地带。

2. 学位是双方努力的成果

在消费者市场上，创造了产品或服务的人和使用这些产品或服务的人，两者之间存在明显的区别。制造商创造一种产品或服务，并以一定的价格提供给消费者。一般而言，购买者不参与产品的创造。除非用户损坏了产品，否则，产品不因使用而发生改变。可相比之下，学院和大学提供的产品，是一种共同的创造。具体而言，大学学位和执业证书要由学校和学生互相封装。获得大学学位，不仅要靠各位老师和学校管理方发挥作用，也要靠学生自己有所投入（考试、学期论文、实验室实验、课堂讨论等）。因此，很难证明任何两个学士学位是相同的，哪怕它们由同一家学校所授予。所以，大学不应该被局限在只能宣传具体课程对未来职业有何等价值的环境下。未来的雇主不仅会判断学生求职者的资格，也会判断这些求职者所毕业的院校。

3. 没有质量保证

在一般的市场上，我们可以想到一种并未提供给大学生的常见消费者保障：质量保证。实际上，质量保证更多的是保护卖方而非消费者。它通常表示，在一段特定的时间后，产品可以失效，制造商对其不再承担任何义务。因此，从长期的角度看，是卖方受到了保护。只要过了一段时间，消费者就无能为力了。在教育环境下，学院不受质量保证（质保暗示其服务的结果只需要在特定的短时间内发挥作用即可）的保护。学生和普通大众期待大学为人生提供某种准备，如果大学未能在很长的时间期限（远超过我们对日用消费品的期待）内起到这样的作用，我们也往往认为它应该承担责任。实际上，教育机构最多能够改变其教学内容（如果资金允许），反映不断变化的就业市场。因此，在学位或所学课程的选择上，学生要承担的责任（寻找信息）和机构（提供信息）一样大。

4. 大学不一定是要卖什么东西

在一般市场上，生产者出售的不是产品就是服务，这一点毫无疑问。在学术环境下，有人认为，学院和大学也是在出售一种商品。消费者权益倡导者希望我们相信，教育是一种花钱就可以换取的产品。然而，这样的观点甚为牵强，甚至完全不成立。只要大学本身并未发表这样的主张，教育就不可能被视为一种商品，因为没有办法衡量学位或证书的绝对价值。教育的价值依赖于一整套的具体规范，它来自学生与全体教师、教科书、课后活动、学校设施和资源的相互作用。简而言之，学生通过教育所得到的东西，是从自己的整个教育体验里选取的。那么，学校到底卖的是什么，永远无法定义。

5. 利润问题

教育机构的独特性与消费者权益倡导者还有一点无法调和的地方，以利润问题为中心。在一般社会中，生产者向公众提供产品和服务的目的是要换取利润。除了私立院校，学院和大学并不适用这样的条件。故此，收取多少学费、住宿费和伙食费的决定，建立在"以尽量低的成本提供教育服务"之上。教育机构的财务记录大多可以从公众监督的途径获得，相对而言，如果普通消费者想对一家制造企业提起投诉，他是无法获得该企业的财务记录的。故此，传统上大学向全体学生收取校园活动费用的决定是有依据的，它不是为了提高收入，而是认为此类活动可以提高所有学生（不仅包括参与者，也包括没有参与的学生）受教育的机会。尽管，我确信存在弊端，但可以说，利润动机是教育机构和纯粹的消费关系之间的一项独特区别。

尽管高等教育中，学生消费主义运动的主要推动力来自一种确有必要的现象，但现在是时候根据教育机构的性质重新评估其影响了。如果大学和学生的关系在严格的消费者框架下进一步发展，大学可能会为了满足外部法律法规而以追求合法为导向，丧失它固有的大量特点。这样，它就可能会失去其独特性，进而丧失在追求知识的过程中独立运营的能力。一言以蔽之，在此种框架下，大学教育学生的能力将遭到削弱。由于教育机构竞相遵守外部强加的规章和指导方针，美国大学和学院之间的多元主义便趋于消失。

综上所述，我们承认，高等教育中的消费主义运动服务于一个有用的目的。除此之外，它也提醒大学要更谨慎地评估自己在整个社会中所扮演的角色。与此同时，我们还应该承认，教育机构有着独特的使命，它不是为了销售而是为了教育学生。只有采取了这样的视角，我们才应该继续倡导消费主义的进一步发展。

作为顾客的学生：隐喻的含义及局限性

作者：吉尔·麦克米兰和乔治·切尼 [1]

"学生就是顾客"的隐喻，出现在北美和西欧的社会视野里，似乎有着正当的

---

[1] 吉尔·麦克米兰是维克森林大学的言语沟通副教授。乔治·切尼是蒙大拿大学传播研究系副教授。本论文的早期草稿曾在 1994 年 8 月科罗拉多州博尔德举办的年度宏观营销会议、1995 年 5 月新墨西哥州阿尔伯克基举办的国际传播协会年会，以及 1995 年 11 月得克萨斯州圣安东尼奥市讲演传播协会年会上提交过。From Communication Education, January 1996.

理由：高等教育的公共责任，随之而来的问责制度，对知识实际应用的兴趣，以及不断上涨的上大学的成本。然而，这种隐喻的广泛使用会在教育上带来一些负面的后果。我们借鉴了组织研究、教育、传播和修辞文献，跟踪了学生／顾客隐喻的兴起，探索其局限性，并推荐了一些不同的替代说法。具体而言，我们认为，这一隐喻表明学生和教育过程中存在不恰当的距离；凸显了教授的推广活动，推崇课堂学习娱乐化；不恰当地将教育体验归类为产品而非过程；以牺牲社群为代价，强化个人主义。我们的结论是，对学习过程应该采用一种更为包容的模式，我们称之为"关键参与"。

我们对隐喻的依赖极强，以至于常常忽视了它在我们的话语中所发挥的强大而切实的作用。[1]委婉语，比如当前流行的组织用语"缩减规模"或"规模优化"已得到广泛接受，让很多人都忘记了更残忍、更直接的老式用语："裁员""下岗"。而且，每一名组织成员都能辨识出并学会了恰当应对（即按照组织期待的方式）如下有力的表达："我们必须摧毁竞争对手""她的权力昨天提高了""这场谈判只是个游戏。"隐喻还在人类活动的不同领域之间迁徙：例如，"blow-by-blow"（有"一拳一拳""针锋相对"的意思，也可引申为"一笔一画""详细记录"）、"networking"（"结网""人际关系"等意思）和"dead wood"（"腐木"或"无用之人"）。这样或那样的隐喻对使用者和被形容的人都很有说服力，不仅是因为它们能让书面语言或对话变得更生动，还因为它们能赢得论证或改变观点（Lakoff & Johnson, 1980）。

如今，在学术文献中经常可以见到不仅仅作为装饰性论述的隐喻、转义和其他修辞手法（Burke, 1945/1969）。然而，我们很多时候都未能意识到，这些说服力极强的隐喻其实还有助于我们懂得自己是什么样的人（不管是对个人还是集体而言）。贝拉、曼德森、苏利文、斯温德勒和蒂普顿（1991）观察发现了以下现象。

> 当我们和其他人一起创造制度时，它们也在创造我们：它们教育我们，塑造我们——特别是通过它们带给我们的隐喻，这些隐喻经由社会传播，提供了对情况和行为的规范性解释。(p. 12)

例如，将组织比作机器的隐喻出现在20世纪初，它最终不仅在工作生活理论中占据了主导地位，在管理实践中也占据了主导地位。在20世纪即将结束的今天，这样的隐喻在商业、政府、教育、体育、医疗保健和其他机构中仍普遍存在。实际上，它有着深远的影响，尤其从隐喻塑造个人扮演组织角色这方面来看。

"学生是顾客"这一最初颇为动人的隐喻，进入了教育机构的词汇和实践，并对所有涉及要素在实践和社会层面上造成了可疑的后果。从美国东南部的学校体系鼓吹"学校工作就是我们的工作"，到贴在学生午餐盒上的贴纸，再到美国高等教育协会（AAHE）的高层论坛，"学生就是顾客"的隐喻越来越受到公众舆论的关注。事实上，过去几年，美国高等教育协会（它本身是高等教育界多个国家标准的重要制定者）基本上已经接纳了这一隐喻。20世纪90年代，随着高等教育协会对评定教育成果展开探索，学生／客户／顾客隐喻尤其盛行。如今，在许多人眼里，评定等于学生／客户／顾客这一隐喻在项目评估上的具体应用。

　　在本文中，我们主张，所有关心教育的人，都应该对当前流行的"学生就是顾客"模式做一番仔细的审视。20世纪80年代初，这个隐喻的出现似乎有着完全正当的理由（比如责任、问责制，以及实用相关性），但它的流行和制度化，似乎以某些令人担忧的方式威胁着重塑教育理念和教育过程。将如此剧烈的组织重构都归结到一个小小的隐喻上，看似有些牵强。然而，如果我们相信，人总是容易成为自己形容的那种人，那么，这样的归因也就显得并不是那么离谱了。我们的分析以如下观点为前提：语言有着强大的描述性和规范性力量；尤其是，在贴标签和物以类聚方面，它能够塑造我们思考和行动的方式；它揭示了我们知道些什么、怎样知道的，并往往体现或促进了我们集体认识中想当然的特点。作为集体，当我们逐渐接受了一种共同的语言构建之时，语言也就在塑造我们的制度。从这一特征和分类来说，我们的创造物逐渐影响了自己将来的思考和行为，一如规则一旦确立起来，就有可能对确立规则的人进行规范（Douglas, 1986）。

　　这里，为推进我们的基本论证，我们将探讨"学生就是顾客"隐喻的局限性，并建议一些替代它的说法。

"学生就是顾客"隐喻的局限性

　　就像大多数隐喻一样，"学生就是顾客"本身并没有什么错。我们认同琼·斯塔克的观点（Joan Stark, 1977），相信教育机构应该为自己所提供的商品和服务负责，也就是说，它们应该愿意介绍自己的服务，公布价格，指定结果，参与评估，并提供投诉渠道。我们认同威廉·梅西的观点（William Massy, 1989），相信教育机构应该适应其服务对象的需求和利益。换言之，应该评估不断变化的社会和文化趋势（如多元文化主义和平权运动），并恰如其分地吸收到机构的学术和社会生活当中。我们认同德里克·博克的观点（Derek Bok，引自McMillen, 1991），相信组织应该负责任地创造和使用其财务资源。尽管大型体育赛事的电视转播收入极具诱惑力，科学研究对利润的渴望也越来越大，这些都是令人信服的理由，然而，对其服务对象来说，教育机构有责任维护自己在财务及哲学上的完整性。我们认同约翰·法拉格的观点（John Farago，1982），相信学者不应该将自己隔离于"现实世界"的活动和关注之外，因为他们的学生来自现实世界，而且大多数人还必须回到现实世界——并期待找到一份工作。教育机构应该承认学生及其家长可能面临的就业市场动荡的严峻现实，不认为这些是浅薄的考量。最后，我们认同弗兰克·里斯曼的观点（Frank Riessman，1988），即我们有义务训练学生"找到并提高自己的声量"，哪怕他们所说的话令人不安。简而言之，我们所争论的，不是针对顾客隐喻所强调的责任心和反应能力的积极面，而在于教育过程中被这个隐喻掩盖或忽略的那些方面。

1. 学生就是顾客的隐喻暗示了学生与教育过程之间疏远的距离。同时，广泛采用这一隐喻，可能会破坏其他组织关系，特别是教员和行政管理人员之间的关系

有一种很自然的看法，是将组织当成一个盒子，它外面的一切就是"环境"。实际上，组织理论著作中把组织当成容器的隐喻，在不久之前还未曾受到质疑（Cheney & Christensen，未刊出）。然而，容器隐喻的局限性在于，它暗示组织的边界是固定的，甚至很可能是不可渗透的。但是在实践中，组织的身份认同，以及组织的许多活动，只有参照更大的环境才能体现其意义。任何类型的组织都是如此，但对学校、咨询中心和广告公司等服务性组织最为切题，因为在这些组织，"客户"既应被视为组织的临时成员，又应被视为"外面"大环境的居民（Cheney, Block and Gordon, 1986）。这些人或许认为自己是组织事实上的无偿成员（甚至往往还要向组织付费），特别是如果他们与该组织的联系长达数月甚至数年，就更是如此。就"学生顾客"而言，考虑到他们在大学里有着双重身份，他们的角色模糊不清，他们的目标与教育机构的目标仅有部分一致，故此，仅仅将学生描述成"顾客"的隐喻，便是在做错误的叙述。事实上，学生同时履行两种角色，对高等教育的发展十分重要。

由于学生在组织架构中的地位令人困惑，他们可能只对学校更宏大的目标做出了部分承诺。此外，他们或许不愿意扮演教育体验"共同创造者"的角色（Pernal, 1977）。学生与教育过程保持一定距离，会将大学看作麦当劳得来速窗口：挑选一

份快餐，无须考虑巨无霸或鱼柳堡的制作过程。

如果学生内化了"局外人－顾客"的身份，那么他们的态度恐怕很接近本文第一作者所在院校最近召开的一次教师会议上的学生代表。会议主办人问她对"学生不愿报名预约咨询老师"有何见解，她回答："他们花了15000美元来这儿上大学，他们想什么时候见你们就什么时候见你们。"就算他们的态度不如这位学生代表那么消费导向，也有可能认为自己在学校的身份模糊，是暂居此地，没必要参与对学校的短期规划。如果学生和家长相信自己成了"教育事故"的受害者，甚至可能提起诉讼。

顾客隐喻还会对其他组织关系产生不利影响，如行政管理人员和教师之间的关系。

基特（Keat，1990）认为，一旦"顾客"的角色遭到夸大，行政干预的程度恐怕会增加。控制力度加大的原因是，这样的系统不认为教师们享有高度自主权。因此，注重成本、精通市场的大学校长和行政部门可能会对学术生活的方方面面进行更为严厉的监督。

2. "学生是顾客"的隐喻过分助长了教授的自我推销活动，同时也助长了娱乐学习模式

近来，教授们表现出一种与市场要求相吻合的追求名利和职业短视的倾向。新一代的教员"沉迷于纵向视野和职业上升机会"，和教育机构签订力争实现收入最大化、教学责任最小化的模棱两可的合同（Bledstein，1976，p. 394）。如今，教授将自己当作商品"营销"的说法，在学术界很常见。拒绝此种策略的教授，甚至会遭到嘲笑，认为他们天真、不切实际。本人也是学者的法拉戈（Farago，1982），用更愤世嫉俗的语言描述了这种现象。他说，在历史上，教师从来都是为了学生的钱而出卖自己，以求过上享有自主性和反思性的生活：我们如今对"学生顾客"的失望，其实是恨自己居然已经卖无可卖了。

此外，一旦学生成为"顾客"，教师就成了兜售杂货的小贩，这种角色往往使后者感到沮丧和委屈。在这个充斥着视觉和听觉刺激的时代，教师们常常更认同自己是搞笑角色劳莱和哈台（Laurel and Hardy）[1]，而不是亚里士多德或康德。尼尔·波兹曼（Neil Postman，1985）曾极具说服力地指出，电视媒体的兴起对教育机构产

---

[1] 美国早期影片中的一对演员，长期搭档演出滑稽片。——译者注

生了深刻的影响，电视观众们习惯了不讲究顺序的临时学习、简单的内容、快节奏的视觉刺激，故此，后一类的东西占据了优势。波兹曼感叹道：

> 他们（学生）将了解到，学习是一种娱乐形式，或者更确切地说，任何值得学习的东西，都可以以娱乐的形式出现，而且应该这么做。如果英语老师让他们通过摇滚乐媒介学习 8 种词类，社会学老师用唱歌的形式告诉他们 1812 年战争的事实，物理老师将知识点印在小饼干或者 T 恤上，他们都不会反抗。事实上，他们还很期待呢（p. 154）。

3. "学生是顾客"的隐喻，将教育体验不恰当地归类为产品而非过程

顾客隐喻不仅让组织成员在基本目标问题上出现分歧，而且往往还会重新定义这些目标。古典教育力争让个人做好准备成为公民，而当代教育则大多是为工作进行培训（Geiger, 1980）。那些一直为孩子提供经济支持的人想知道，这种实用主义有什么错。当然，我们希望年轻人为就业市场做好准备，有能力为自己和家人谋取良好的生活。而且，我们必须认识到并适应当今美国职场发生的剧烈有时甚至极为残酷的转型（Rifkin, 1995）。然而，哪怕是崇尚通识人文教育的学院，也越来越多地成为通往"就业"之路上的车站（Riesman, 1980, pp. 312–13）。过去 20 年里，商业和管理专业的学生翻了一倍，历史、哲学和英语系的学生则出现相应的减少。1992 年，在各大院校授予的约 110 万个学士学位中，1/4（即 256 000 名）学生的学位来自商科和管理专业——相比之下，哲学和宗教专业只有 7500 人（Staff, 1994, Chronicle of Higher Education, p. 31）。雅各比（Jacoby）认为，"我们有数不清的学生（每年新出炉的毕业生）擅长电子表格和风险管理，而了解中东甚或美国本土文学的人却越来越少"（1991, p. 291）。当这些带有瑕疵的学生批量进入市场，我们放弃了些什么呢？贝拉等人（Bellah et al, 1991）认为，我们将"具有道德和社会敏感度、能够进行负责任互动"的人换成了仅仅将自己的大脑视为"商品"的人（Harman & Hormann, 1993；Rich, 1979）。

批评家谴责大学向外部力量全盘投降，丧失了诚信（Jacoby, 1991）。也因此有人主张，我们牺牲了"专业知识"，但换取了学生的"平等"（关于这两种价值观之间的紧张关系，请参见 Billig, Condor, Edwards, Gane, Middleton, & Radley, 1987）。斯坦福大学的威廉·梅西（1989）声称："品位已经发生了变化：过去，人们对经典感兴趣；现在，他们对赚钱感兴趣……我们需要在大学里提供一份有趣的菜单……如果他们不喜欢这份菜单，他们有义务改变它"（p.2.）。与这种阐释一致，

许多观察家认为钟摆来回摆动：新一轮对更宽泛的文科教育所萌生的兴趣，或许很快就会降临。实际上，近年来对首席执行官的调研发现，他们更偏爱受过宽泛教育的学生。不过，学生显然还需要说服力更强的证据（Butcher, 1990）。

雷根和麦克米兰（Ragan and McMillan，1989）在一项对 28 家文科院校所做的研究中发现，学校公共话语的一个主要主题，包括了对经典教育和职业教育同样强烈的诉求。这些院校用一种八面玲珑的语调，不懈地宣扬自己的经典根源，同时又承诺培养学生的市场技能。雷根和麦克米兰的结论是，这些院校确实适应了竞争激烈的学术市场，但它们掩盖了一点事实：经典教育和职业教育是两种多多少少互相矛盾的主张，虽然它们将之巧妙地编织在了一起，可两者在教学实践中不见得总能和谐共处。

组织理论家（如 Kaldor, 1971；Stampfl, 1978）警告说，每当组织太关注市场，就会发生令人不安的事情：组织无法再为自己设定目标，无法利用自己的独特优势，无法预测和规划，妥协自身的活动以求迎合公众的突发奇想。举一个切题的例子，卡内基 - 梅隆大学的学术单位，传统上叫作院系，如今常被说成"利润中心"。雅各比（1991）提醒说，为寻求行动，当代大学或已丢失灵魂（p. 292）。

到目前为止，我们对"学生就是顾客"隐喻的关注，主要是考虑对教授和行政管理者的影响。但如果我们看看它对学生意味着什么，这种模式的潜在问题甚至体现得更为明显。例如，将顾客心态内化了的学生常常满足于躺着等待自认为理应获得的"快速信息捷径"（Martin, 1991, p. 35）。阿德里安·里奇（Adrienne Rich，1979）将顾客心态描述为，学生期待接受教育，而不是主动要求教育：在对教育目标的追求中，渴望"被教育"而非"采取行动"（p. 231）。实际上，学生"顾客"期待教师和自己之间的交流，变得越发的单一和单向性，他们甚至主动索要这样的交流。本文的第一作者因为最近上课时要求学生做课堂报告而受到了一些批评。学生的抱怨类似这样："我们修读（你的课程）不是为了来听同学们说什么，我们只想听你说。"毫无疑问，这些评论中的潜台词支持填鸭式的单向学习方法。他们所站的立场是"学术旁观者"，等着老师提出足有吸引力的学术选择，而不是"共同参与"学习这一交互的活动（Pernal, 1977; Rich, 1979）。

里斯曼（Riesman, 1980）声称，他对大学生做了无数的采访，最常听见的抱怨或许是，他们感到"无聊"——因为教授说话单调，朗读古板的课堂笔记，考试简单得可笑。但很少有学生将自己的不作为或缺乏问责视为问题。

4."学生就是顾客"的隐喻强化个人主义，牺牲了社群

消费主义是以自我为中心的（Lasch, 1979；Levine, 1980；Schmookler, 1993）：成为"销售"的"第一梯队"，得到"最优惠的价格"，获得"最高的报酬"，从而"击败竞争对手"和"赢取投标"。这些消费者信条，全都透露出一种零和心态，在这种心态下，个人必须为了稀缺资源相互竞争。的确，有人可能会说，在所谓的自由企业的幸福世界里，消费主义和竞争很难分解开来，年轻人必须不加质疑地同时学好这两门课。

但在我们口口声声要促进社会凝聚力和合作的学术殿堂里，我们是否做得太过头了呢？我们是否太早就"出人头地"教得太好，让随后的社会尝试变得压根就没有机会一展身手？阿尔菲·考恩（Alfie Kohn, 1986）在令人信服的《不争：反对竞争的理由》（*No Contest: The Case Against Competition*）一书中指出，竞争是"恰当的、可取的、必要的，甚至不可避免的。从幼儿园到研究生院，一路都在向我们灌输这一信息。"考恩认为，它是"每堂课的潜台词"（p. 25）。尤其是在高等教育中，学生一次又一次地建立起这样的联系：合作或许是件好事，但这种行为在"现实世界"[2]里行不通。心理学家埃利奥特·阿伦森（Elliot Aronson, 1976）说，这种个人主义的观念在孩子们很小的时候就形成了。

> 如果你是个知道正确答案的学生，而老师叫起另一个孩子（回答问题），很可能，你会坐在座位上期盼并祈祷那个孩子会给出错误的答案，这样，你就有机会向老师展示你有多聪明了……事实上，（孩子们的）同龄人是他们的敌人，必须打败。（p. 153, p. 206）

"学生就是顾客"隐喻的替代说法

我们试图说明顾客隐喻怎样进入了学术界，影响了学术界所有成员（行政部门、教师、学生和社区）的认知和行为。我们赞赏这一隐喻所要求的响应度和问责制，但也谴责了它对组织行为者的疏远和撕裂效应；它聚焦于教授的自我推销和娱乐性；它对教学过程本身的"包装"以及它对"我行我素"的强调，牺牲了更广泛的社会利益。有时，我们也许过分夸大了对"学生就是顾客"这一隐喻的反感，但我们这么做，是为了明确而有力地表达我们的观点，希望激起辩论和讨论。

对上面提出的两难问题，我们的答案是有限的，而且不多。它们仅限于我们最熟悉的东西：修辞和传播。这里有 3 项建议似乎有些道理，我们将它们献给学术界

和非学术界人士。

1. 要警惕语言的力量，慎重选择语言

众多作家（Beattie, 1987；Fassel, 1990；Schaef, 1987）都提出，分心几乎已经成为美国人的一种生活方式，我们变得很擅长分心——我们用电视分心，"在频道之间冲浪"；用酒精分心；用技术、工作、赌博，甚至用健康和健身等更积极的东西分心。贝拉等人（Bellah et al., 1991）认为，如果我们不再"给予关注"，我们的集体智慧、情感和道德敏感度都会削弱，我们的社会制度也会变得羸弱和贫乏。舍穆克勒（Schmookler, 1993）用更契合我们的观点说，我们尤其应该警惕市场的"无形手段"，看似给我们提供了选择，但实际上创造出了一个"如果我们真的是明智的，是可以自由选择的"，我们可能就不会选择的世界（p. 13）。

隐喻，同样值得观察和倾听。它们的行为如何？它们可能隐瞒了些什么？最重要的是，它们的意思是否仍然与我们希望它们表达的意思相符？如果我们不当心，一个假定有用的隐喻，比如"学生就是顾客"，说不定会将我们拖到并不想去的地方（cf. Wendt, 1994）。

2. 寻找良好平衡：要灵活适应，也要信守正直

在这场辩论中，组织理论家发出了一些有趣的声音。他们警告说，"我们并不在乎你们运营的是什么样的组织；只要你对任何一个支持阵营给予过多的关注，它就会遇到麻烦"（Stampfl, 1978）。因此，在这个隐喻流行开来的早期，我们这些来自高等教育行业的人，对学生顾客及其家长以及整个社群的利益，给予了应有的"关照"，可如今，这种凝视却有可能沦为一种无暇他顾的危险凝视。从修辞的角度看，这种对顾客的专注，有可能代表着对受众的过度迎合。韦恩·布斯（Wayne Booth, 1972）认为，在任何一种正式传播情境，都应该在论证人格、情绪和逻辑的修辞关注点上寻找良好的平衡。就我们的例子而言，过分强调当下的愿望，就是不恰当地诉诸情绪，故此采取了布斯所说的"广告主姿态"。（当然，人有可能在更传统的方向犯错，只沉溺于消息的信息性内容，诉诸论证逻辑，采取"迂腐者姿态"。不妨想想古典课或化学教授的样子，他们照本宣科，主张"素材已不言自明"。）布斯举了一些例子来说明这个问题，他打趣说，如果温斯顿·丘吉尔因为市场分析表明"热血、汗水和眼泪"不能很好地打动受众，于是靠着加入笑料来向英国人民发表"我们这个时代的和平"讲演，他恐怕很难成为历史人物（p. 223）。

或许教育机构应该引以为戒。用措辞迎合顾客，短期内可能效果不错，但学院

不能承受以牺牲自己长期实力和诚信为代价的"速效补救"。

3. 探讨其他方式，表达我们是什么人、我们在做什么

塔培纳（Turbayne，1970）认为，当一个隐喻变得不恰当或适得其反的时候，"我们应该选择一个新的隐喻"（p. 65）；也就是说，我们应该寻找不同的词语，探讨我们是谁以及我们在学术界做什么。费尔克劳（Fairclough，1993）认为，当今消费者驱动的"促销主义"，源自我们的常青藤学术大厅。杜盖伊和萨拉曼（DuGay and Salaman，1992）提醒我们，"一种意识形态 / 话语，如果被视为霸权，那它也就没必要得到爱"（p. 630）。不过，莱斯（Leys，1990，p. 127，由 DuGay & Salaman 引述）认为，（一种意识形态 / 话语）之所以必要，仅仅是因为它没有真正的竞争对手。或许，我们这些最了解学术经历的人，是时候拿出一些真正的竞争对手了：一些不同的词语，一些新的隐喻，一些创造性的形象。

有人建议我们放弃"主权消费者的语言"（DuGay & Salaman, 1992）（这类术语的特点是"客观性""控制""效用""数量"，Bellah, et al., 1991），转而采用"替代隐喻"（Ivie, 1987），比如将学校称为"学习共同体"（Gamson & Associates, 1984）、"探究者共同体"（Peirce, quoted in Bellah, et al., 1991）和"阐释者共同体"（Royce, 1916）。哪怕将"顾客"换成"客户"，对教育也能有所帮助，毕竟客户并不总是正确的！顺着这一脉络，索洛（Solow，1993）提出，教育工作者应与学生建立一种类似体能教练与学员的关系；教师的任务是指导心智肌肉的锻炼。索洛说："拥有一名优秀的教练……对成功的训练大有必要，但能否从训练中受益，同样也取决于学员（学生）的努力程度……一分耕耘，一分收获。"（p. 1）

丹麦欧登塞大学（Odense University）的创新营销系实践了上述替代隐喻所宣扬的理念。看到学生条件反射般接受"纯粹"（即传统）营销定位，教师对这一挑战做出了回应：

> 我们以产品导向作为自己的使命：在市场营销研究中，发展并展示尽可能最高质量的产品。我们邀请您，学生诸君，学习我们必然提供的东西，帮忙塑造和改进这一产品（与第二作者的私人对话，1993 年）。

这就是一个学术部门争取展现怎样对隐喻重新定义：向我们表明，通过意图和语言，的确有可能在教育过程中更公平地将责任分配给各方利益相关者。（当然，产品隐喻同样有其局限性。）

对那些宣传"学生就是顾客"的人，我们反其道而行之，给出了批判性参与模

式的提议。诚然，过去我们只将学生叫作学生就够了。然而，今天，人们感到有必要重新进行定义，不仅说明"市场"这一主权实体的影响力在扩散，也表明人们对高等教育机构存在普遍不满。我们想要找到一种模式，不会将学生与完整的教育过程疏离开来，反而要包含学生、吸引学生，让他们参与。

同时，我们需要承认和维护教员在工作中的合法的专业知识和权力范围。因此，学生可以被视为"培训中的合作者"，强调他们是教育经验的共同创造者，即使他们的经验比教员少；"公民专家"，强调个人教育的广度和重点；或"学习中的学徒"，表明学生和教员之间的亲密和多面关系。

与此同时，我们要承认并维护教职人员在工作中对个人专业知识和权威地位所享有的合理职权。故此，可以将学生看作"培训中的合作者"，强调他们是教育体验的共同创造者，哪怕他们比导师欠缺经验；也可以将他们看作"公民专家"，强调个人教育的广度和深度；又或是看作"修业中的学徒"，暗示学生和教师之间存在一段紧密的多方面关系。显然，我们需要摒弃旧式的被动信息传递模式，即将学生单纯地视为接受者和镜子；也应该摒除诱惑，不让学生的瞬时反应完全控制教育过程。理想的批判性参与是，在课堂上动态展示重要而有趣的资料，开展热烈的讨论和辩论，提出开放且富有建设性的批评意见，同时，不仅与"现实"世界建立联系，也要转变对它的视角。批判性参与意味着教师和学生之间相互尊重，共同投入到学习过程当中，并允许对这一过程的调整和再创造。批判性参与意味着学生和教师都是教育中的"利益相关者"——每个人都有兴趣、精力和才能做出贡献。这样，学生可以在尊重教师个人智慧和集体智慧的同时，亦可对学习获得一定的"主人翁"态度。最重要的是，无论我们使用什么术语、隐喻或形象，我们都应该让学生参与进来，同时保留他们批判和塑造所参与教育过程的权利。

注释

1. 一如罗德里克·哈特（Roderick Hart，1990）的观察，我们好像已经承认了某种语言上的失败——"字面含义"或平实的语言，不足以表达我们复杂的思想与情感（p. 219）。于是我们采用丰富多彩的隐喻，来缩短不可靠符号与"我们真正的意思"之间的距离，我们意识到，至少在某种程度上，所有的语言都是隐喻性的，故此我们不得不始终用一种东西来描述另一种东西（Burke, 1945/1969）。

2. 参见迪兹（Deetz, 1992, p. 28），它讨论了将"真实性"归因于工作世界、将"抽象性"归因于现实世界的政治含义。

参考书目

Aronson, E. (1976). *The social animal*. 2d. ed. San Francisco: W. H. Freeman.

Associated Press. (1994, September 28). Studies: Tuition rising, and colleges spending more on public relations. *Winston-Salem Journal*, p. 22.

Beattie, M. (1987). *Codependent no more*. New York: Harper and Row.

Bellah, R. N., Madsen, R., Sullivan, W., Swidler, A., & Tipton, S. (1985). *Habits of the heart*. Berkeley and Los Angeles: University of California Press.

Bellah, R. N., Madsen, R., Sullivan, W., Swidler, A., & Tipton, S. (1991). *The good society*. New York: Knopf.

Berger, P. (1969). *A rumor of angels*. Garden City, NJ: Doubleday.

Bevilacqua, J. (1976). The changing relationship between the university and the student: Implications for the classroom and student personnel work. *Journal of College Student Personnel*, 17, 489–494.

Billig, M., Condor, S., Edwards, D., Gane, M., Middleton, D. & Radley, A. (1987). *Ideological dilemmas: A social psychology of everyday thinking*. London: Sage.

Bledstein, B. J. (1976). *The culture of professionalism*. New York: W. W. Norton.

Booth, W. (1972). The rhetorical stance. In D. Ehninger (Ed.), *Contemporary Rhetoric* (pp. 218–225). Glenview, IL: Scott Foresman.

Burke, K. (1945/1969). *A grammar of motives*. Berkeley, CA: University of California Press.

Butcher, W. C. (1990). Applied humanities. *Vital Speeches of the Day*, 623–625.

Campbell, D. N. (1974). On being number one: Competition in education. *Phi Delta Kappan*, 143–146.

Cheney, G. (in progress). Passion, pressure and paradox: Maintaining humanistic values in a competitive worker–cooperative complex. Unpublished manuscript.

Cheney, G., Block, B., & Gordon, B. (1986). Perceptions of innovativeness and communication about innovations: A study of three types of service organizations. *Communication Quarterly*, 34, 213–230.

Cheney, G., & Christensen, L. T. (in press). Identity at issue: Linkages between "internal" and "external" organizational communication. In F. M. Jablin & Linda L. Putnam (Eds.), *Handbook of Organizational Communication: An Interdisciplinary Approach*. Newbury Park, CA: Sage.

Cherry, M. L., & Miller, M. (1994, February 3). The professor: What it is and what it can be. *Old gold and black of Wake Forest University*, p. 8.

Coleman, J. S., & Hoffer, T. (1987). *Public and private high schools: The impact of community*. New York: Basic Books.

Coleman, J. S., Hoffer, T., & Kilgore, S. (1982). *High school achievement: Public, private, and Catholic high schools compared*. New York: Basic Books.

Deetz, S. A. (1992). *Democracy in an age of corporate colonization*. New York: State University of

New York Press.

Douglas, M. (1986). *How institutions think*. Syracuse, NY: Syracuse University Press.

DuGay, P. & Salaman, G. (1992). The cult(ure) of the customer. *Journal of Management Studies*, 29, 615–633.

El–Khawas, E. (1975). Consumerism as an emerging issue for postsecondary education. *Educational Record*, 56, 126–131.

El–Khawas, E. (1976). Clarifying roles and purposes. *New directions for higher education*, 13, 35–48.

El–Khawas, E. (1977, November). Management implications of student consumerism. *NACUBO business officer*, 18–21.

Entman, R. M., & Wildman, S. S. (1992). Reconsidering economic and non–economic perspectives on media policy: Transcending the "marketplace of ideas." *Journal of Communication*, 42, 5–19.

Ewen, S. (1976). *Captains of consciousness: Advertising and the social roots of the consumer culture*. New York: McGraw–Hill.

Fairclough, N. (1993). Critical discourse analysis and the marketization of public discourse: The universities. *Discourse and Society*, 4, 133–168.

Farago, J. M. (1982). When they bought in, did we sell out? *Journal of Higher Education*, 53, 701–715.

Fassel, D. (1990). *Working ourselves to death: The high cost of workaholism and the rewards of recovery*. San Francisco: Harper.

Featherstone, M. (1991). *Consumer culture and postmodernism*. London: Sage.

Gamson, Z. F., & Associates. (1984). *Liberating education*. San Francisco: Jossey–Bass. Geertz, C. (1983). Local knowledge. New York: Basic Books.

Geiger, R. (1980). *The college curriculum and the marketplace: Academic discipline and the trend toward vocationalism in the 1970's*. Connecticut: Institute for Social and Policy Studies, Yale University.

Harman, W., & Hormann, J. (1993). The breakdown of the old paradigm. In M. Ray & A. Rinzler (Eds.), *The new paradigm in business* (pp. 16–27). New York: Jeremy P. Tarcher/Perigree.

Hart, R. (1990). *Modern rhetorial criticism*. Glenview, IL: Scott Foresman.

Hyde, M. J. (in press). Human being and the call of technology. In J. Wood & R. Gregg (Eds.), *The future of the field: Communication in the twenty-first century*. Cresskill, NJ: Hampton Press.

Jung, S., & Hamilton, J. (1977). A student information floor. In J. Stark (Ed.), *The many faces of educational consumerism (pp. xx-xy)*. Lexington, MA: D. C. Heath.

Kaldor, A. G. (1971). Imbricative marketing. *Journal of Marketing*, 35, 19–25.

Keat, R. (1990). "Introduction," In R. Keat, and N. Abercrombie (Eds.), *Enterprise Culture* (pp. 3–10). London: Routledge.

Kohn, A. (1986). *No contest: The case against competition*. Boston: Houghton Mifflin.

Lakoff, G. and Johnson, M. (1980). *Metaphors we live by*. Chicago: University of Chicago Press.

Lasch, C. (1979). *The culture of narcissism*. New York: Warner.

Levine, A. (1980). *When dreams and heroes died*. San Francisco: Jossey-Bass.

Lewis. L. S. and Altbach, P. G. (1994, January–February). The true crisis on campus. *Academe*, 24–26.

Martin, M. (1991, April). Catering to the consumer. *Wilson Library Bulletin*, 34–35, 131.

Massy, W. (1989, January). Stanford school of education, a supplement of the *Stanford Observer*, p. 2.

McKitterick, J. B. (1958). What's the marketing management concept? In F. M. Bass (Ed.), *The frontiers of marketing thought and science* (pp. 71–82). Chicago: American Marketing Association.

McMillan, J. J. (1987). In search of the organizational persona: A rationale for studying organizations rhetorically. In L. Thayer (Ed.), *Organizations-Communication: Emerging perspectives* (pp. 21–45). Norwood, NJ: Ablex.

McMillen, L. (1991, April 24). Quest for profits may damage basic values of universities, Harvard's Bok warns. *Chronicle of Higher Education*, 37, A21, A31.

Oxford Dictionary of English Etymology (1966/1979). Oxford, England: Oxford University Press.

Paglia, C., & Postman, N. (1991, March). She wants her T.V.! He wants his book! *Harper's*, 44–55.

Penn, J. R., & Franks, R. G. (1982). Student consumerism in an era of conservative politics. *National Association of Student Personnel Administrators Journal*, 19(3), 28–37.

Pernal, M. (1977, Summer). Has student consumerism gone too far? *College Board Review*, 2–5.

Postman, N. (1985). *Amusing ourselves to death*. New York: Penguin.

Ragan, S. L., & McMillan, J. J. (1989). The marketing of the liberal arts. *Journal of Higher Education*, 60, 682–703.

Rich, A. (1979). Claiming an education. In A. Rich (Ed.), *On lies, secrets, and silence: Selected prose 1966–1978* (pp. 231–235). New York: Norton.

Riesman, D. (1980). *On higher education: The academic enterprise in an era of rising student consumerism*. San Francisco: Jossey-Bass.

Riessman, F. (1988). The next stage in education reform: The student as consumer. *Social Policy*, 18(4), 2.

Rifkin, J. (1995). *The end of work*. New York: Tarcher/Putnam.

Royce, J. (1916). *The hope of the great community*. New York: MacMillan.

Schaef, A. W. (1987). *When society becomes an addict*. San Francisco: Harper and Row.

Schmookler, A. B. (1993). *The illusion of choice: how the market economy shapes our destiny*. Albany, NY: State University of New York Press.

Smith, R. C., & Eisenberg, E. M. (1987). Conflict at Disneyland: A root-metaphor analysis. *Communication Monographs*, 54, 367–380.

Solomon, R., & Solomon, J. (1993). *Up the university*. Reading, MA: Addison-Wesley.

Solow, J. (1993, February). Passive vs. active learning. Paper presented at the conference *Learning and Iowa: Transcending tradeoffs between teaching and research*, Iowa City.

Staff. (1994). The nation: Students. *Chronicle of Higher Education*, 41, (1), 31.

Stampfl, R. (1978). Structural constraints, consumerism, and the marketing concept. *Michigan State University Business Topics*, 26, 5-16.

Stark, J. S. (1977). *The many faces of educational consumerism*. Lexington, MA: D. C. Heath.

Turbayne, C. M. (1970). *The myth of the metaphor*. (rev. ed.). Columbia, SC: University of South Carolina Press.

Wendt, R. F. (1994). Learning to "walk the talk": A critical tale of the micropolitics at a total quality university. *Management Communication Quarterly*, 8(1), 5-45.

顾客和市场

克雷格·斯文森[1]

如今大多数的学术会议都会发表这样一篇论文，主讲人呼吁高等教育要"顺应市场需求""将学生当成顾客"。听着听着，你就能感觉到在场教授们脖子后面的寒毛都竖起来了。

有一回，听完一场类似的报告会之后，休息期间我无意中听到两位教授在事后总结。其中一位认为，将学生当成顾客，必然导致迎合。学生不知道自己有些什么不知道的东西。指导他们，便是老师的工作。另一位认为，这些关于顺应市场的言论，全都是出于纯粹的经济问题，与教育几乎没关系。"市场"，他套用查尔斯·狄更斯对法律的著名评价说，"就是坨狗屎。"

坦率地说，这场对话让人感觉心烦意乱——从那之后，我反复回想过很多次。我对这些同事的观点并非缺乏同理心。我内心深处怀旧的那一部分，希望校园是一条幽僻的小路，一个能远离市场喧嚣的退避之所。学生应该像谋生一样专注于准备谋生。企业应该看重的是那些深饮知识之井、学会广泛思考和批判性思维的"技术型"员工。学生到学校来，不仅抱着为日后谋生做铺垫的意图，也同样想要为人

---

[1] 克雷格·斯文森是凤凰城大学的地区副校长。本文摘自 Change, September/ October 1998。

生做好准备。企业应该重视沉醉于知识源泉、学会了广泛和批判性思维的"熟练"员工。

不过，我也是个现实的人。如今，在我们大学和学院的学生中，有一半以上属于从前所说的非传统年龄段——其中，又有 4/5 的人还保留着全职工作。大多数人会告诉你，他们回到大学是为了改善生活的经济状况。哪怕要诉诸传统的，有时甚至是家长式的师生关系观，也很难说不应该将这样的学生看成是高等教育的明智消费者。

身为成年人，他们回到学校是因为他们选择这么做，而不是为了满足某种成人仪式。猜测起来，他们比学生时代有了更丰富的生活经历，进而能够更称职地参与判断个人的教育需求。他们获得这样的权利，恰恰因为他们长大了。

从另一个层面上看，从制造经济向信息经济的转变，使得社会同时发生了一场深刻的变革。既然社会已经发生了变化，指望它的制度不进行调整和适应，就显得过于天真了。举例来说，有一点似乎非常明显，我们将来的经济所需要的劳动力，其技能在很多方面都与前几代人大不相同。

"知识型"员工必须获得既广博又兼具技术技能的教育。如果知识每隔 7 年翻一倍，一个人恐怕就不再可能完全掌握一门学科的"知识体系"了。相反，学生越发需要掌握一门学科的基础，同时也知道怎样获取和使用新知识。那么，一些本就掌握了不少此类技能的成年人，要求我们改变一些传统的教育方式，我们是否应该大感震惊呢？

顾客是产品的消费者

在某种程度上（一如我的同事们在讲座休息时所指出），学生"不知道自己有些什么东西不知道"，让他们指定教育产品的规格并不合适。如果一家组织将产品研发或质量控制交给只有短期打算的业余人士手里，长此以往，这家组织及其产品必将失去顾客对它们的尊重。大学课程也是如此。教师们永远不能放弃自己的责任，确保所教授的内容反映出学科知识的体系。

然而，顾客导向型组织都知道，让你所服务的人表达意见、组织听取他们的意见，始终十分重要，而且能带来回报。医疗保健和教育等领域尤其如此，因为在这些领域，最终"产品"（健康、学习）取决于客户的积极参与。例如，在课堂上，教授们很容易以为，自己不仅在每一个主题上是专家，在怎样学习这些主题上也是专家。然而，由于如今的教室里坐着大量成年学生，在任何一个夜晚，班上都有可能有某个学生因为直接体验过特定主题，对此事的了解比教授更多。与此同时，学生对自己学习风格和需求的认识，教师往往也置之不理。

我们大概注意到，在设计波音 777 机型的时候，波音公司对咨询做了大量的投入，不仅向购买飞机的航空公司征求意见，也向日后将搭乘飞机出行的乘客征求意见。很难想象波音会采纳有可能危及他人安全的客户产品建议。但设计这款机型的工程师，对自己没想到的所有事情都表示惊讶。他们愿意倾听，所以才带来了一架性能优越的飞机。

顾客是服务的消费者

说到顾客是服务的消费者，大多数人都会同意，顾客至少一般而言是正确的。这就是所有人在接受服务时的感受，对吧？要是我们在银行、服务站或百货公司受到无礼、迟缓或无动于衷的服务，我们会立刻加以谴责。为什么学生不该对学校提供的服务产生同类的感受？

考虑到这一区别，似乎有必要问一问：身为高等教育的消费者，学生有哪些权利。此外，从什么意义上来说，雇用大学毕业生的组织，同样也是学校的顾客？以下是大学和学院对学生及其雇主做出恰当回应的 5 种方式。

1. 创造注重学生学习而非教学的文化氛围

我大学时代会计老师的座右铭是，"赶上教学进度"。我不是说他们不知道自己的事情——恰恰相反。只不过，他们的目标似乎是在本学期结束前将教科书教完——如果学生顺便还学到了一些会计知识，当然也不错。

那么，这是谁的目标呢——获得服务的顾客是谁呢？高等教育的目标应该是我们的每一名毕业生都知道也能够做所得学位暗示他能够做的事情。故此，我们开展的业务是学习——而不是提供课程或是赶上教学进度。

令人欣慰的是，大多数大学的课程，都由了解该学科的教师所授，他们对学生的成绩有很高的期望。然而，这些是学习的必要而非充分条件。学生还应该获得"丰富"的学习环境。教师应该能够识别出不同学生学习风格的区别，并且明白如果学生积极主动地参与学习过程，就能学到更多。学生还应该享有相互学习的权利——而这个过程，需要能够促进信息、观念和专业知识交流的教师。

我们的学生，如果提出了问题，理应得到答案；他们应该清楚地理解学校和老师对自己有什么样的期待；他们的功课应该得到丰富而充分的反馈，真正与自己的老师接触，享有一个鼓励挑战、质疑和探索，无须担心受到奚落的学习环境。我们只有付出，才能期待得到回报。

学习文化和教学文化赖以建立的假设截然不同。就前者而言，学生是中心；就后者而言，科目才重要。如果以学生的学习为重点，衡量的标准便不再是"我是否赶上了教学进度"，而是"他们是否学到了应学的内容"。学生（或雇主）期待的是后者。学习始终是学生的责任，但这种良好的感知，必须始终由教师加以迎合，并尽一切努力为之提供便利。

2. 承担传授课程以外内容的责任

大量的研究都已经确认了让学生成为知识型员工所需要的技能。这些技能包括：清晰且具有说服力的写作能力，用口头清楚表达并向他人展示想法的能力，在小组和团队环境下称职工作的能力，对问题做分析和批判性思维的能力。大学教育除了要教授某一领域的学科知识，还应该传授这些能力。但一些大学老师却表现出一副"这不是我的工作"的坚决态度。

仅仅指望一门写作、公开讲演或者批判性思维必修课就培养出这些能力，未免失之愚蠢。这些能力需要的是一段长期培养（并实践）的过程，也就是说，它们必须成为贯穿整个课程的学习过程的目标。以"我们没有时间"为借口反对教授这些能力，认为科目才重要的观点，暴露了目标的缺失，以及对学习过程的无知。实际上，我们可以通过培养这些能力，更有效地传授学科知识；一旦我们这样做，学生会更多地参与自己的学习，更有效地进行学习。出于这样的关系，我们无时无刻不在教导他们。

一些学生，尤其是部分年纪较轻的学生，并不欢迎这样的观点。因为顾客永远是对的，教师必须说服学生，让他们相信这些活动将为未来做更好的准备。另外，学生也并非大专院校唯一的顾客。雇用或即将雇用他们的组织，以及更广泛的社会，也是我们必须回应的顾客，而它们，恰恰需要我们的毕业生具备上述能力。

3. 让学生参与设定自己的学习目标

不管年龄多大，对于我们不懂的科目，我们就都是学生。由于不知道自己有什么东西不知道，我们在决定学些什么方面的能力很有限；然而，如果说心理学文献真的告诉过我们些什么，那就是，目标设定和任务表现是密切相关的。安排所有学生完成相同的固定任务，很难调动学习所必需的个人积极性，成年人尤其如此。为了最大限度地提高学生的参与度，每个学生都应该参与制定学习目标，并对做作业有一定的独立性和控制力。这并不意味着教师应该放弃他们创建一个连贯的课程的责任。但这确实意味着他们不能指望独自完成这项工作。

4. 按学生方便的时间和地点，提供能满足其需求的行政服务

将学生当成顾客，需要为他们提供方便易得的支持服务。许多学院和大学招收的走读学生越来越多，其中许多是有工作的成年人。对这些学生来说，只能在工作日的朝九晚五时段获得服务，真切地妨碍了他们的参与。

学生经常报告说，由于课程大多只安排在"常规"营业时间，要么就是只有特定教授常驻学校的学期才有课，他们不得不中途辍学，或者用了比原计划长得多的时间才毕业。他们或许更喜欢在下班路上买书，如果能通过互联网或电话购买就更好了；他们无法在上午 10 点请假去见学业顾问。很快，走读生们会发现，学校本应该回应自己的需求，实际上却回应的是教职员工和行政职员的需求，实际上，学校将后者当成了自己的真正顾客。

拥有顾客，意味着提供反应及时的礼貌服务。它意味着我们要履行对顾客的承诺，回复他们的电话，不要让他们觉得自己打扰了我们（比如，"要不是那些怎么样怎么样的学生，这里会是个很棒的职场"）。它要求我们对待学生的态度，就像我们身为顾客时得到的待遇一样。

5. 倾听企业顾客的心声

在和成年后大部分时间待在高等教育行业的同事交流时，我经常感受到他们对那些选择经商为业的人的傲慢。太多的教授认为自己比投身另一条道路的人更优秀、更聪明，认为高等教育是一种更纯粹、更有价值的追求。

但我的高管朋友和教授朋友一样的精明强干、多才多艺、品德高尚。身为负责任的管理者，他们知道自己对员工的要求，他们同时相信，要求高等教育界承担培养员工的部分责任，并没有什么过分之处。很多时候，他们还会为员工的教育买单。但他们也发现，如果自己提出这样的观点，教育者常常表现得傲慢，不愿意倾听。

与学术界的观点相悖，商界人士不想要只接受过狭隘教育的员工。他们意识到，知识范围不局限于自身工作的人更有价值。他们还相信，实践和理论真的可以结合起来。故此，如果能对双方加以取舍权衡，便可让高等教育的产物得到真正的改进。

　　总而言之，在高等教育领域，拥有"顾客"并不意味着迎合顾客。它并不意味着顾客永远是对的，并不意味着我们绝不能说"不"。它意味着尊重地对待他人，意味着倾听和适应。它意味着在不降低两者价值的前提下，平衡人文教育和实用教育的目标。

　　我相信，只有将学生及其将来的雇主视为顾客，高等教育才能快速对市场做出反应，无须事后道歉。如果高等教育不这样做，那么我相信自然有其他人会这样做。

第十六章

纵酒、风险和公共健康

大学纵酒带来的健康和行为后果
——针对美国 140 所院校学生所做的调查 [1]

亨利·韦克斯勒（Henry Wechsler）、安德里亚·达文波特（Andrea Davenport）、

乔治·道达尔（George Dowdall）、芭芭拉·莫伊肯斯（Barbara Moeykens）和

索尼娅·卡斯蒂略（Sonia Castillo）

目标：调查大学生纵酒程度，以及纵酒者由此给自己和其他同学造成的健康与行为问题。

设计：这是一份自填问卷调查，邮寄给一个具有全国代表性的美国大四学生样本。

环境：1993 年的 140 所美国四年制大学。

参与者：总计 17 592 名大学生。

主要结果指标：对饮酒行为、酒精相关健康问题及其他问题的自我报告。

结果：回答问卷的近一半大学生（44%）会纵酒，其中有 1/5（19%）的人经常纵酒。经常纵酒的人比其他学生更有可能出现严重的健康问题，以及纵酒行为带来的其他后果。近一半（47%）经常性纵酒的人里，从学年开始，会经历 5 种甚或更多种不同的纵酒相关问题，包括受伤或发生计划外性行为。大多数纵酒学生并不认为自己是问题饮酒者，也没有因为酒精问题寻求治疗。纵酒学生给并不纵酒的同学制造了麻烦。在纵酒率较高的学校，不纵酒的学生比在纵酒率低的学校有更大概率碰到诸如遭到推搡、殴打、攻击、发生非自愿性接触等问题。

[1] 本文摘自 Journal of the American Medical Association，1994 年 1 月 7 日。

结论：大学校园里的纵酒极为普遍。旨在减少这一问题的项目，应该聚焦于经常性纵酒的学生，将他们转介到治疗或教育项目，并强调他们对不纵酒学生造成的伤害。

重度偶发性饮酒（即纵酒）对纵酒者以及周围环境中的其他人带来了严重的健康危险和其他后果。酒精是美国导致意外死亡（如机动车碰撞或跌倒）的主要原因。[1]据悉，美国近一半的机动车死亡（这是美国年轻人死亡的最重要原因）是由酒精滥用导致的。[2]不安全性行为（随着获得性免疫缺陷综合征和其他性传播疾病的日益严重，不安全性行为愈发成为一种威胁）和意外伤害，都与酒精中毒相关。[3-5]美国许多大学校长认为酒精滥用是校园里的头号问题，上述发现支持了他们的观点。[6]

尽管酒精对大多数大学生来说是非法的，但酒精仍然在大多数大学校园里广泛使用。自从1949年斯特劳斯和培根（Straus and Bacon）在全美国开展研究[7]以来，大量的后续调查均记录了大学生过量饮酒的现象，并指出了这一群体中存在的纵酒问题。[8]以往的大学生饮酒研究，大部分是在同一所大学的校园里进行的，也并未使用随机抽样的方法。[9-12]虽然这些研究对纵酒的普遍程度及后果大体上达成了一致结论，但它们没有提供全美大学饮酒的全国代表性样本。

近年来进行过一些跨学校的大规模调查。然而，它们并未选择具有代表性的全国大学样本，而是选用一个州内的大学，[3]或参加了某联邦项目的大学，[5]又或是跟踪了一个升入大学的高中毕业生样本。[13]

总体而言，这些对大学饮酒情况的研究一致发现，男性的纵酒率高于女性。然而，这些研究对男女纵酒采用了相同的定义，并未考虑到乙醇代谢或体重方面的性别差异。[3, 5, 9, 12, 14-17]

纵酒的后果往往给饮酒者和大学环境中的其他人造成严重的风险。纵酒与计划外和不安全性行为、身体及性侵犯、意外伤害、其他犯罪行为、人际关系问题、身体或认知障碍以及学习成绩不佳有关。[3-6]

本研究通过一个具有全国代表性的美国四年制大学学生样本，考察了纵酒的性质和程度，并详细介绍了此种行为给饮酒者本人和大学校园中其他人带来的问题。纵酒的定义考虑到了乙醇剂量效应的性别差异，采用了男女有别的指标。

方法

大学

（本研究）从美国教育委员会提供的、经覆盖全美六大区域性机构之一认证的四年制学院和大学名单中选取了 179 所院校的全国性样本。样本的选取，是按照与招生规模成比例的概率进行抽样。大学的所有全日制本科生都符合入选本项研究的资格，无论他们就读于哪所大学。本样本中所含的女子学院和规模少于 1000 人的学院极少。为纠正这一问题，额外增加了 15 所招生人数少于 1000 人的学院和 10 所全女子学院加入样本。随后，又剔除了 9 所不合适的院校，它们包括神学院、军事学院和联合卫生学校。

最终抽样的 195 所大学中，有 140 所（72%）同意参加。高校行政层表示不参加的主要原因是，无法在研究要求的时间内提供学生及其住址的随机样本。140 所参与研究的院校，分布在全美的 40 个州和哥伦比亚特区。它们代表了美国高等教育的一个截面。样本中 2/3 院校为公立，1/3 为私立。大约 2/3 的院校位于郊区或城市环境，1/3 位于小镇或农村环境。4% 的院校只招女生，4% 的院校以非洲裔美国学生为主。

将 55 所未参与研究的学校与 140 所参与研究的学校进行比较，发现唯一具有统计学意义的差异是在招生规模方面。参与研究的小型学院（少于 1000 名学生）比例较少。由于这些学院被过度抽样，因此有足够的数量进行统计分析。因为对这类院校做过超额采样，故此样本中有足够的数据可供统计分析。

采样程序

我们向各院校派发了一套具体的指导意见，根据全日制本科生招生总数进行随机抽样。根据注册人数，采用随机起点从学生注册表里抽取第 X 名学生。140 所参与研究的院校每一所都提供了本科生样本：有 127 所院校分别提供了 215 名学生，13 所院校（其中 12 所来自超额样本）分别提供了 108 名学生。最终的学生样本包含了 28 709 人。

问卷

这份长达 20 页的调查问卷向学生询问了一些有关饮酒行为和其他健康事宜的

问题。只要有可能，问卷均采用此前其他全国性或大规模流行病学研究中使用过的问题。[13-14]"一杯"的定义是一罐（瓶）12 盎司（360ml）的啤酒，一杯 4 盎司（120ml）的红酒，一瓶（360ml）的果酒（wine cooler），一小杯（1.25 盎司，37ml）的纯烈酒或调配酒。以下 4 个问题用来评估纵酒：①计划外性行为；②最近一次饮酒是在什么时候（"从未""去年都没喝过""去年年内喝过，但最近 30 天内没有""最近 30 天里喝过但最近一周没有"或者"一周之内"）；③"回想过去的两星期。你有多少次连续喝了 5 杯甚至以上？"（提出这一问题，没有具体说明饮酒时间，符合近期对该人群饮酒情况研究的标准做法。[3,13,18]）④（针对女性）"过去两星期里，你有多少次连续喝了 4 杯酒（含以上）？"上面 4 个问题里缺少任何一个问题的回答，该名学生就被排除在纵酒分析之外。

（研究）询问学生，他们对以下开学以来因饮酒所出现的问题，有何种程度的体验：宿醉；错过一堂课；学业落后；做了一些事后懊悔的事情；忘记了自己在哪儿，做了些什么；与朋友争辩；发生了计划外性活动；发生性行为时未使用保护措施；破坏财产；与学校或当地警方发生冲突；受伤；因饮酒过量而需要医学治疗。（研究）还询问学生，自从开学以来，他们是否经历过以下因其他学生纵酒而引起的 8 种问题之一：遭到侮辱或羞辱；发生严重的争吵或争执；被人推搡、击打或攻击；财产受损；被迫"照顾"另一个喝太多的学生；学习或睡眠受到干扰；经历了一次不情愿的性挑衅；是性侵犯或约会强奸的受害者。

邮寄

1993 年 2 月 5 日开始向学生邮寄调查问卷，截至 3 月底，最后一批调查问卷已收到 87%，4 月又收到 10%，5 月和 6 月收到 2%。在调查的 5 个月期间，每个月所收到问卷中纵酒率并无明显差异。考虑到春假因素，我们对邮寄的时间做了调整，好让学生于住在校园内的两个星期里对纵酒行为进行回应。回复出于自愿，采用匿名方式。每所院校分别发送 4 封邮件，通常间隔 10 天：一封调查问卷，一张提醒用的明信片，第二封调查问卷，第二张提醒明信片。为了鼓励学生回答，我们提供如下现金奖励：从一个星期内完成回答的学生里抽选一名奖励 1000 美元；从回信的所有学生里抽选一名奖励 500 美元，再抽选 10 名各奖励 100 美元。

应答率

问卷邮寄给了 28 709 名学生。总体而言，由于学校报告的地址有误、退学或请假等原因，有 3082 名学生被从样本中剔除，从而使样本数量减少到 25 627 人。共有 17 592 名学生寄回了问卷，学生的整体回复率接近 69%。由于未能考虑到有可能并未收到调查问卷的学生，这一应答率或许有所低估。有 104 所院校的应答率在 60% ~ 80% 之间，只有 6 所院校的应答率低于 50%。应答率与纵酒程度并无关系（院校纵酒率与应答率的皮尔森相关系数是 0.06，P 值为 0.46）。

当比较早期和晚期回应者对调查的反应时，不饮酒者、不暴饮者和暴饮者的百分比没有显著差异。在 11 557 名可被归类为早期或晚期答卷者的学生中，暴饮的比例没有显著差异（早期答卷者为 43%，晚期答卷者为 42%）。另外，我们还向一部分未回问卷的学生邮寄了一份简短的问卷。这些未回复者的暴饮暴食率与最初的学生调查回复者没有区别。

数据分析

所有统计分析均采用当前版本的 SAS 统计软件完成。[19] 对比未加权和加权样本结果，表明它们之间的差异不大，所以这里报告的是未加权的结果。我们对过去一年喝过酒的学生做了卡方分析，用于比较非纵酒者、不频繁纵酒者和纵酒者。纵酒指的是，在调查前两周内，男性连续饮酒 5 杯以上，女性连续饮酒 4 杯以上。一项大范围分析表明，这种男女有别的测量方法能准确地揭示出男女沾染酒精问题的同等概率。在本文中，"纵酒者"指的是过去两周内至少狂饮过一次的学生。"频繁纵酒者"指的是过去两周内纵酒 3 次或以上的人，"不频繁纵酒者"指的是过去两周内纵酒 1 ~ 2 次的人。喝酒但不纵酒者是指过去一年里喝过酒但从未纵酒的人。

逻辑回归分析表明，与非纵酒者相比（并对比了不频繁纵酒者和非纵酒者），频繁纵酒者更有可能出现与酒精相关的问题或驾驶行为问题。这一优势率根据年龄、性别、种族、婚姻状况和父母的大学教育程度做了调整。

为检验纵酒带来的次级后果，根据每所院校学生的纵酒率将学校分为 3 组。通过 X^2 分析在这 3 类学校里比较了过去两周未纵酒的学生的应答率，和住在宿舍、兄弟会或姐妹会学生的应答率。高纵酒率院校（51% 或以上的学生均为纵酒者）有 44 所，包括了 6084 名学生；中纵酒率院校（36% ~ 50% 的学生是纵酒者）有 55 所，

6455名学生；低纵酒率院校（仅有低于35%的学生纵酒）为43所，有5043名学生。有两个问题主要或几乎只发生在女性身上（遭到性侵犯或经历了不情愿的性挑衅行为），则纳入分析的仅限于女性。具体分析见图16-1。

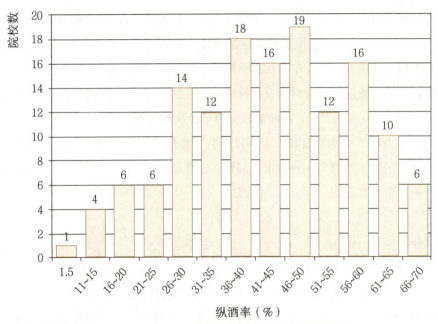

图 16-1　按纵酒者百分比划分的院校分布

结果

学生样本的特征

该分析基于美国140所四年制大学17 592名本科生的数据。该学生样本收录的女性（58%）多于男性（42%），部分原因是它包括了6所全女子院校。与此相比，1991年的全国数据显示，四年制大学51%的本科生是女性。[20] 样本以欧洲裔美国学生为主（81%）。这与全国1991年的数据正好吻合，该数据显示四年制大学81%的本科生是欧洲裔美国学生。[20] 少数族裔包括亚洲／太平洋岛民（7%）、西班牙裔（7%）、非洲裔（6%）和美国原住民（1%）。学生的年龄分布如下：21岁以下的占45%,21～23岁的占38%,24岁及以上的占17%。样本中大三（25%）和大四（26%）学生比大一（20%）和大二（19%）学生稍多，可能是因为30%的学生是从其他院校转学过来的。10%的学生是五年级或以上的学生。学生的宗教信仰情况（询问所得）如下：新教（44%）、天主教（36%）、犹太教（3%）、其他宗教（5%）和无宗教信仰（12%）。36% 的学生认为宗教是非常重要的活动。大约 3/5（59%）的学生兼职工作。大约一半（49%）的学生的平均绩点为 A、A- 或 B+。

纵酒程度

由于回答缺失，有 496 名学生被排除在纵酒分析之外（即分析包括了 17 096 名学生）。大多数学生在过去的一年里都喝过酒。只有大约 1/6(16%) 不喝酒（15% 的男性和 16% 的女性）。大约 2/5 的学生（41%）喝酒，但不纵酒（35% 的男性和 45% 的女性）。略少于一半（44%）的学生为纵酒者（50% 的男性和 39% 的女性）。在这群纵酒者中，约有一半（或全体学生的 1/5, 19%）是频繁纵酒者（总体而言，男性占 23%，女性占 17%）。

大学纵酒率

数据显示，在参与调查的 140 所院校中，纵酒率差别很大。在纵酒率最低的院校里，只有 1% 的学生纵酒，但在纵酒率最高的院校里，70% 的学生纵酒。在 44 所院校中，有半数以上的学生是纵酒者。

将 140 所大学纵酒率水平进行划分后，X^2 分析显示，有若干院校的特征与纵酒率个别相关（$P<0.05$）。位于美国东北部或中北部地区的院校（与西部或南部的院校相比）或寄宿制大学（与 90% 以上的学生住在校外的走读院校相比）[21] 往往有更高的纵酒率。此外，传统非洲裔院校和女子学院比非传统非洲裔院校及男女同校的院校纵酒率低。其他特征，如大学是公立还是私立，以及大学的招生规模，均与纵酒率无关。

关于大学饮酒管理方案和政策是否与纵酒存在关系，将在另一本单独的刊物中提及。几乎没有证据表明，现行政策对总体饮酒水平有太大影响。初步分析表明，如果学校在校园 1 英里范围内没有任何酒类销售点，或者学校禁止校园内所有人（包括年龄超过 21 岁者）饮酒，那么个人纵酒的可能性就会降低。

纵酒者的饮酒模式

表 16-1 表明，我们所指出的纵酒者和频繁纵酒者，强烈暗示了一种更频繁、更严重的饮酒方式。而且，无论男女，酒精中毒（常常是故意的）都和纵酒有关。

纵酒与年龄有关。处于主要大学年龄段（17～23岁）的学生比大龄学生的纵酒率要高得多。然而，在主要大学年龄组中，低于法定饮酒年龄21岁的学生与21～23岁学生的纵酒率并无差异。与年龄的微弱影响形成对比的是，在校时间和纵酒之间没有关系，大学各年级学生的纵酒率几乎相同。

表16-1　非纵酒、不频繁纵酒或频繁纵酒学生的饮酒风格[①]

饮酒风格	非纵酒者（%）[②]		不频繁纵酒者（%）[③]		频繁纵酒者（%）[④]	
	男性（$n=2539$）	女性（$n=4400$）	男性（$n=1968$）	女性（$n=2130$）	男性（$n=1630$）	女性（$n=1684$）
过去30天参加了10次或以上的酒局	3	1	11	6	61	39
喝酒时常常纵酒	4	4	43	45	83	82
过去1个月喝醉3次或以上	2	1	17	13	70	55
喝酒就是为了醉[⑤]	22	18	49	44	73	68

①：对非纵酒者、不频繁纵酒者和频繁纵酒者，以及4种饮酒方式中的每一种做卡方比较，男女均存在显著性差异，$P < 0.001$。由于数值缺失，每个问题的样本大小略有差异。纵酒的定义是，女性喝4杯或以上，男性喝5杯或以上。

②：去年喝过酒，但并未纵酒的学生。

③：过去两周内纵酒1～2次的学生。

④：过去两周内纵酒3次或以上的学生。

　　问题是："过去30天你喝过多少次酒？"答案类别是：1～2次、3～5次、10～19次、20～39次，以及40次或以上。

⑤：也就是说，喝醉是喝酒的一个重要原因。

与酒精有关的健康和其他问题

纵酒频率与学生报告的酒精相关的健康和其他问题之间有很强的正相关关系（见表16-2）。在较为严重的酒精相关问题中，频繁纵酒者发生无保护性行为、进行计划外性活动、与校警发生冲突、损坏财产或受伤的概率，是非纵酒者的7～10

倍。不经常暴饮者和不暴饮者之间的类似比较也显示出了密切的关系。在不频繁纵酒者与非纵酒者之间所做的类似比较，也表现出强烈的相关性。

除了损坏财产或与校警发生冲突，对上面提及的大多数问题，男性和女性报告的发生率类似。在频繁纵酒者中，35% 的男性和 9% 的女性报告损坏了财产，16% 的男性和 6% 的女性报告说与校警发生了冲突。

饮酒与驾车

纵酒与酒后驾驶之间也存在正相关关系（见表 16-3）。很大一部分学生群体报告了饮酒后驾驶的情况。纵酒者，尤其是频繁纵酒者，报告危险驾驶行为的频率明显高于非纵酒者（$P < 0.001$）。

问题的数目

近一半（47%）的频繁纵酒者报告自学年开始就经历过表 16-2 所列 12 个问题中的 5 个或 5 个以上（不包括宿醉和酒后驾车），相比之下，不频繁纵酒者仅为 14%，非纵酒者是 3%。调整后的优势比表明，频繁纵酒者出现 5 个或以上问题的概率，是非纵酒者的 25 倍，而不频繁纵酒者出现 5 个或以上问题的概率是非纵酒者的 5 倍。

饮酒问题的自我评估

很少有学生会说自己正经历着纵酒问题。如果请他们按当前饮酒量对自己分类，只有不到 1% 的样本（0.2%）将自己划归为问题饮酒者，而这只包括了 0.6% 的频繁纵酒者。此外，很少有学生曾因酒精问题寻求过治疗。

表 16-2　与饮酒相关问题的风险比较[1]

报告问题	喝酒但不纵酒者	不频繁纵酒者		频繁纵酒者	
	%	%	调整后 OR[2]	%	调整后 OR[3]
	(n=6894)	(n=4090)	(95%)	(n=3291)	(95%CI)
宿醉	30	75	6.28 (5.73~6.87)	90	17.62 (15.50~20.04)
做了一件自己感到后悔的事	14	37	3.31 (3.00~3.64)	63	8.96 (8.11~9.95)
错过一堂课	8	30	4.66 (4.15~5.24)	61	16.58 (14.73~18.65)
忘记自己在哪儿或自己做了些什么	8	26	3.62 (3.22~4.06)	54	11.23 (10.05~12.65)
学校功课落后	6	21	3.70 (3.26~4.20)	46	11.43 (10.09~12.94)
与朋友发生争执	8	22	3.06 (2.72~3.46)	42	7.77 (6.90~8.74)
发生计划外性行为	8	20	2.78 (2.46~3.13)	41	7.17 (6.37~8.06)
受伤	2	9	3.65 (3.01~4.43)	23	10.43 (8.70~12.52)
破坏财产	2	8	3.09 (2.53~3.77)	22	9.48 (7.86~11.43)
发生无保护性行为	4	10	2.90 (2.45~3.42)	22	7.11 (6.07~8.34)
与校警或地方警察发生冲突	1	4	2.50 (1.92~3.26)	11	6.92 (5.44~8.81)
因为酒精过量需要治疗	< 1	< 1	NS	1	2.81 (1.39~5.68)
自学年开始后出现 5 个或以上酒精相关问题[4]	3	14	4.95 (4.17~5.89)	47	25.10 (21.30~29.58)

[1]：问题完全未出现、出现过一次或出现过多次。对喝酒但不纵酒者、不频繁纵酒者和频繁纵酒者，以及上述问题的每一个做卡方比较，均为显著 $P < 0.001$，只有酒精过量例外（$P=0.002$）。由于数值缺失，每个问题的样本大小略有差异。OR 指的是优势比；CI 是置信区间。饮酒风格说明见表 16-1。

[2]：不频繁纵酒者对喝酒但不纵酒者的调整后 OR 为显著，$P < 0.001$。

[3]：频繁纵酒者对喝酒但不纵酒者的调整后 OR 为显著，$P < 0.001$，只有酒精过量例外，$P < 0.01$。

[4]：此处的问题不包括宿醉，但包括酒后驾车。

表 16-3 30 天内酒精相关的驾驶行为比较[①]

驾驶行为	非纵酒的饮酒人士		不频繁纵酒者			频繁纵酒者		
	男（%）	女（%）	男（%）	女（%）	调整后 OR[②]	男（%）	女（%）	调整后 OR[③]
	(n=2531)	(n=4393)	(n=1975)	(n=2132)	(95%CI)	(n=1630)	(n=1684)	(95%CI)
酒后驾驶	20	13	47	33	5.13 (4.67~ 5.64)	62	49	10.33 (9.34~ 11.42)
喝了5杯或以上后驾驶	2	1	18	7	22.23 (16.89~ 29.26)	40	21	74.30 (56.56~ 97.58)
搭了喝高或喝醉的司机的车	7	7	23	22	4.73 (4.20~ 5.32)	53	48	15.97 (14.22~ 17.95)

①：对非纵酒者、不频繁纵酒者和频繁纵酒者，以及上述 3 种驾驶行为的每一种做卡方比较，男女均为显著 $P < 0.001$。由于数值缺失，每个问题的样本大小略有差异。OR 指的是优势比；CI 是置信区间。饮酒风格说明见表 16-1。

②：喝酒但不纵酒纵酒者对不频繁纵酒者的调整后 OR 为显著，$P < 0.001$。

③：频繁纵酒者对喝酒但不纵酒者的调整后 OR 为显著，$P < 0.001$。

但相当大比例的学生表示自己曾经有过纵酒问题。略多于 1/5（22%）的频繁纵酒者认为自己曾有过饮酒问题，相比之下，不频繁纵酒者和喝酒但不纵酒这一比例分别为 12% 和 7%。

次级纵酒后果

表 16-4 报告了非纵酒学生经历"次级纵酒后果"的比例，所谓次级纵酒后果，指的是在 3 种不同类型（纵酒程度分别为低、中、高）的院校，碰到因其他学生纵酒所导致的 8 种问题中的任意一种。来自高纵酒程度及中度学校的学生，有更大概率比来自低纵酒程度学校的学生碰到所考察 8 个问题的 7 个。优势比（经年龄、性别、种族、婚姻状况和父母大学教育程度调整后）表明，在高纵酒程度院校的非纵酒学生，比低纵酒程度院校的非纵酒学生更有可能经历次级纵酒后果。对比高纵酒程度院校和低纵酒程度的院校，来自前者的学生碰到 8 种问题中至少 1 种的概率，大致是后者的 4 倍。

表 16-4　经历次级纵酒后果的住在宿舍（或兄弟会姐妹会）不纵酒的学生[①]

次级纵酒后果	学校的纵酒程度				
	低	中[②]		高[③]	
	%	%	调整后 OR	%	调整后 OR
	(n=801)	(n=1115)	(95%CI)	(n=1064)	(95%CI)
遭到侮辱或羞辱	21	30	1.6 (1.3~2.1)	34	1.9 (1.5~2.3)
发生严重争执或吵架	13	18	1.3 (1.0~1.7)	20	1.5 (1.1~2.0)
遭到推搡、击打或袭击	7	10	1.4 (1.0~2.1)	13	2.0 (1.4~2.8)
财产受损	6	13	2.0 (1.4~2.8)	15	2.3 (1.6~3.2)
被迫照料喝醉的学生	31	47	1.9 (1.6~2.3)	54	2.5 (2.0~3.0)
学习 / 睡眠受到打扰	42	64	2.3 (1.9~2.8)	68	2.6 (2.2~3.2)
经历了不情愿的性挑衅[④]	15	21	1.7 (1.2~2.3)	26	2.1 (1.5~2.8)
遭到了性侵犯或约会强奸	2	1	NS	2	NS
经历过至少一次上述问题	62	82	2.8 (2.3~3.5)	87	4.1 (3.2~5.2)

①：OR 指的是优势比；CI 是置信区间。

②：在中纵酒程度学校的学生与低纵酒程度学校的学生，其调整后 OR 为显著，$P < 0.05$。

③：在高纵酒程度学校的学生与低纵酒程度学校的学生，其调整后 OR 为显著，$P < 0.05$。

④：仅针对女性。

高中的纵酒情况

大多数学生报告说，在高中和大学都存在同样的饮酒行为。近一半的人（47%）在高中时并不纵酒，大学时也不纵酒，而 1/5 的人（22%）在高中和大学时均纵酒。1/5（22%）的学生在大学时纵酒，但在高中时不纵酒，10% 的学生在调查时不纵酒，但报告说在高中时曾经纵酒。

小结

据我们所知，这是第一个使用具有代表性的全国样本研究，也是第一个按性别定义来衡量纵酒的大规模研究。在本项研究中，44% 的大学生被划归为纵酒者。这一发现与其他全国性研究的结果相一致。例如，密歇根大学的"监测未来"项目发现 41% 的大学生纵酒[13]，"核心酒精与毒品调查"发现 42% 的大学生纵酒。[5] 所有这 3 项研究都采用了两周内纵酒的定义，只不过，后两项研究的纵酒定义，男女两性都以 5 杯为标准。纵酒是按单次喝酒的数量来定义的，但并不试图规定单次纵酒的持续时间。未来的研究或许会考察持续时间是否存在亚组差异，以及这种差异是否与结果相关。

使用饮酒行为自我报告方法来进行的调查，可能存在的局限性涉及回答的有效性；然而，有大量研究已经证实了酒精与药物使用自我报告的有效性。[22-34] 研究结果表明，如果自我报告存在偏差，它基本上仅限于最重度使用群体 [25]，应该不会影响对 5 杯酒这样的保守数量评估。

研究结果证实，在大学校园里，纵酒现象十分普遍。总的来说，几乎一半的学生都是纵酒者。1/5 的学生经常纵酒（在过去两周内纵酒 3 次或以上），并深深地陷入了以频繁和故意醉酒为特征的生活方式。与不纵酒的学生相比，经常纵酒者有更大可能遭遇饮酒行为带来的健康及其他后果。纵酒学生里，几乎有一半的人从学年开始就经历过 5 次或以上酒精相关问题，1/3 的人报告说受了伤，2/5 的人发生了计划外性行为。经常纵酒的人还报告会酒后驾驶。在调查前的 30 天内，经常纵酒的男性有 3/5 曾酒后开车，2/5 的人饮酒超过 5 杯后仍开车。最近一份美国全国性报告回顾了已发表的研究并得出结论，酒精与 2/3 的大学生自杀、90% 的校园强奸和95% 的校园暴力犯罪有关。[26]

在研究中，近 1/3 的院校，纵酒的学生占了大多数。这些纵酒者不仅给自己带来危险，还给那些不纵酒的学生造成麻烦。在纵酒程度高的学校里，不纵酒的寄宿学生，报告遭其他学生饮酒相关行为打扰的概率是纵酒程度低的学校的 3 倍。这些问题包括遭到推搡、殴打或性侵犯，或者经历了不情愿的性挑衅。

有效的干预措施面临一系列挑战。喝酒一般不是在大学里习得的行为，往往延续了此前确立的模式。事实上，按照当前的研究，1/3 的学生在大学之前的高中时代就是纵酒者了。

饮酒在大学校园里的突出地位，反映了它在更广泛的社会中的重要性，但从传统上看，饮酒在大学生活中占据了一个独特的位置。尽管美国社会的饮酒率总体呈下降趋势，但最近的时代趋势研究并未显示大学校园纵酒情况的相应减少。在本研究中，各大学之间纵酒程度的差异表明，大学可能会在无意识中通过选择、传统、政策和其他策略延续自身的饮酒文化。在许多校园，放到其他地方会被划归为酒精滥用的行为或许得到了社会认可，甚至有着社交吸引力，哪怕有证据表明它可能会导致车祸、其他受伤、暴力、自杀和高危性行为。

这个问题牵涉的范围之广，任何干预措施都不可能立即产生结果。大学需要致力于大规模的长期行为改变策略，包括推荐纵酒者接受恰当的治疗。跟别处的纵酒者类似，大学校园里的频繁纵酒者大多也会否认自己存在问题。事实上，因为年轻，以及随处可见其他人也在以同样方式饮酒，外加大学社区的庇护，他们或许不太容易意识到问题。除了要解决纵酒者的健康问题，还应着眼于校内大量并不纵酒的学生群体，他们会受到纵酒学生酒精相关问题的不良影响。

本研究由罗伯特·伍德·约翰逊基金会提供资助。感谢以下协助了本项目的人士：劳埃德－约翰斯顿（博士）、托马斯·J.曼乔内（博士）、安东尼·M.罗曼（医学博士）、南·莱尔德（博士）、杰弗里·汉森、艾凡塔·卡尔莎（社会工作硕士）、玛丽安·李（公共管理硕士）。

参考文献

1. US Dept of Health and Human Services. *Alcohol and Health*. Rockville, MD: National Institute on Alcohol Abuse and Alcoholism: 1990.

2. Robert Wood Johnson Foundation. *Substance Abuse: The Nation's Number One Health Problem, Key Indicators for Policy*. Princeton, NJ: Robert Wood Johnson Foundation: October 1993.

3. Wechsler H., Issac N. Binge drinkers at Massachusetts colleges: prevalence, drinking styles, time trends, and associated problems. *JAMA* 1992; 267: 2929–2931.

4. Hanson DJ, Engs RC. College students' drinking problems: a national study, 1982– 1991. *Psychol Rep*. 1992; 71:39–42.

5. Presley CA, Meilman PW, Lyeria R. *Alcohol and Drugs on American College Campuses: Use, Consequence, and Perceptions of the Campus Environment. Volume* 1: 1989–1991. Carbondale, IL: The Core Institute: 1993.

6. The Carnegie Foundation for the Advancement of Teaching. *Campus Life: In Search of Community*. Princeton, NJ: Princeton University Press; 1990.

7. Straus R., Bacon SD. *Drinking in College*. New Haven, CT: Yale University Press: 1953.

8. Berkowitz AD, Perkins HW. Problem drinking among college students: a review of recent research. *J Am Coll Health*. 1986:35:21–28.

9. Saltz R, Elandt D. College student drinking studies: 1976–1985. *Contemp Drug Probl*. 1986:13:117–157.

10. Haworth–Hoeppner S., Globetti G., Stem J., Morasco F. The quantity and frequency of drinking among undergraduates at a southern university. *Int J Addict*. 1989:24: 829–857.

11. Liljestrand P. Quality in college student drinking research: conceptual and methodological

issues. *J Alcohol Drug Educ*. 1993:38:1−36.

12. Hughes S., Dodder R. Alcohol consumption patterns among college populations. *J Coll Student Personnel*. 1983:20:257−264.

13. Johnston LD., O' Malley PM., Bachman JG. *Drug Use Among American High School Seniors, College Students, and Young Adults*. 1973−1990. Volume 2. Washington, DC: Government Printing Office: 1991. US Dept of Health and Human Services publication ADM 91−1835.

14. Wechsler H., McFadden M. Drinking among college students in New England. *J Stud Alcohol*. 1979:40:969−996.

15. O' Hare TM. Drinking in college: consumption patterns, problems, sex differences, and legal drinking age. *J Stud Alcohol*. 1990:51:536−541.

16. Engs RC, Hanson DJ. The drinking patterns and problems of college students: 1983. *J Alcohol Drug Educ*. 1985:31:65−83.

17. Brennan AF, Walfish S., AuBuchon P. Alcohol use and abuse in college students. I: a review of individual and personality correlates. *Int J Addict*. 1986:21:449−474.

18. Room R. Measuring alcohol consumption in the US: methods and rationales. In: Clark WB., Hilton ME., eds. *Alcohol in America, Drinking Practices and Problems*. Albany: State University of New York Press: 1991:26−50.

19. SAS Institute Inc. *SAS:STAT User's Guide Release 6.03 ed*. Cary, NC:SAS Institute Inc.: 1988.

20. US Dept of Education. *Digest of Educational Statistics*. Washington, DC: National Center of Educational Statistics: 1993:180−205.

21. *Barron's Profiles of American Colleges*: Hauppauge, NY: Barron' s Educational Series Inc.: 1992.

22. Midanik L. Validity of self−reported alcohol use: a literature review and assessment. *Br J Addict*. 1988:83:1019−1030.

23. Cooper AM, Sobell MB, Sobell LC, Mausto SA. Validity of alcoholics' self−reports: duration data. *Int J Addict*. 1981:16:401−406

24. Reinisch OJ, Bell RM, Ellickson PL,. *How Accurate Are Adolescent Reports of Drug Use*? Santa Monica, CA: RAND: 1991. RAND publication N−3189−CHF.

25. Room P. Survey vs. sales data for the US Drink Drug Pract Surv. 1971:3:15−16.

26. CASA Commission on Substance Abuse at Colleges and Universities. *Rethinking Rites of Passage: Substance Abuse on America's Campuses*. New York: Columbia University, June 1994.

消除纵酒

埃德·卡森[1]

艾琳和杰森从不认为自己饮酒过度。"一想到纵酒，我就联想到人们喝到吐为止的样子。"俄勒冈大学 20 岁的大二学生艾琳说，接着她补充道，周末出去玩的时候，她一般喝到 6 杯就不再喝了。

"我认为喝酒喝到酩酊大醉太蠢了"，20 岁的大三学生杰森说。那么多大的量合理呢？"我一般会喝七八杯啤酒"，他一边说，一边从自己的第 6 杯里喝了一大口。

但公共卫生机构表示，按照过去两周内有一次至少喝了 5 杯酒（有时，女性是4 杯）以上的定义，艾琳和杰森都是纵酒者。最近，大学饮酒引起了人们的广泛关注，几项研究报告公布说，约有 2/5 的大学生都是纵酒者。研究表明，几乎所有纵酒者都承认遭受了一些负面后果，范围从宿醉到性侵犯。而且，他们伤害的不仅仅是自己。从哈佛大学公共卫生学院 1994 年完成的一项研究来看，82% 住在宿舍、兄弟会或姐妹会的非纵酒学生说自己经历过"二手纵酒效应"。18 岁的俄勒冈大一学生赛琳娜说，"你总是知道他们凌晨 4 点才摇头晃脑呼啸着从酒吧回来。"

去年，哥伦比亚大学成瘾和药物滥用中心声称，此前 15 年，喝醉酒的女大学生比例翻了 3 倍，新闻媒体迅速炒作这一发现，说校园里的饮酒有"大为流行的倾向"。但一如凯西·麦克纳马拉－梅斯（Kathy McNamara-Meis）在 1995 年《福布斯媒体评论》冬季号上所说，CASA 的结论建立在误导性比较之上：它比较的是1977 年一项针对所有女大学生的调查和 1992 年一项只针对大一女生的调查。大一新生比其他任何年级的学生喝酒都要多，故此，就算其他条件没有任何变化，这样的对比也会显示喝醉酒的比例提高了。实际上，纽约州立大学波茨坦分校社会学教授、研究校园饮酒问题已有 20 多年的戴维·汉森（David Hanson）表示，证据表明，实际趋势依旧平缓。

一如这段插曲所暗示，大学饮酒带来的问题遭到了夸大和误解。由于大学生肩负的责任不多，他们往往可以大量饮酒，却并不带来什么严重的影响。诚然，喝醉酒的大学生有时的确会惹麻烦，但这不是饮酒问题；而是饮酒行为问题。

对新禁酒主义者来说，酒精本身就是问题。在他们眼里，大学生仍然是孩子

---

[1] 埃德·卡森是 *Reason* 杂志的记者。本文出自 *Reason*，1995 年 12 月号。

（可以投票和服兵役的孩子，但孩子始终是孩子），必须保护他们免于承受饮酒带来的有害影响。根据联邦药物滥用预防办公室的说法，"对21岁以下的孩子来说，酒精和其他药物的使用和滥用没有区别。"然而，大多数21岁以下的大学生并不认为自己喝酒有什么不妥。"我没有伤害任何人，"20岁的大二学生德里克说，"我只是享受了一段美好时光。"许多大学的行政管理人员表示，21岁才达到合法购买酒精的年龄界限，无非是让喝酒变得更有吸引力罢了。

"21岁（才能买酒的）法令让酒精变成了禁果，鼓励未成年学生喝酒。"斯沃斯莫尔学院招生办主任卡尔·沃腾伯格（Carl Wartenburg）说。南伊利诺伊大学核心（CORE）研究所1994年的一项调查发现，21岁以下的学生比年龄较大的学生喝得更多，也更频繁。俄勒冈大学不满购酒年龄的学生，几乎能毫不费力地获得酒精。大多数宿舍都有禁酒政策，但舍监会尽量打击聚会，进而鼓励了学生在校园外饮酒。假身份证到处都是。就算没有身份证，学生往往也会在校外找个聚会，或是找年龄大的人代为购买。

学生喝酒可能是为了发泄情绪，也可能是为了买醉，要不就是吹嘘自己能喝多少而不吐。但大学饮酒，大体上仍然是社交性的饮酒。俄勒冈大学的学生可以买上半打啤酒在家里喝。然而，他们却会花更多的钱去酒吧喝，因为他们想和别的人待在一起。

有人认为，喝酒不仅仅是一件可以做做看的事情，而是一件所有人可以一起做的事情。很多大一新生就是这样开始认识同学们的。"你谁也不认识，接着有人递给你一杯啤酒，很快，你就跟一群人混到一起了。"19岁的大二学生埃里克回忆自己刚上大学的日子时说。大一新生从一开始就喝到吐：1995年哈佛大学对大学新生所做的一项研究发现，70%的大一新生在社交圈里纵酒（并对着马桶呕吐了一两次），很多人决定不要频繁喝酒甚至完全不喝酒。

但也有人选择整个大学期间都喝酒。当人们问为什么大学生要喝酒，社会学家汉森说，"干吗不喝？""现实世界"里的人时间太少、责任太多，不可能夜夜大喝特喝。他们每星期有5天都得早起，工作一整天，回家陪伴家人。同事和家人都指望他们承担起自己的义务。大学生一般只为自己负责。他们要做的就是去上几节课，选择最方便的时候学习。学生为了考试通宵熬夜，第二天睡到大中午，之后喝一晚上的酒。

研究发现，大量饮酒的大学生比那些适度饮酒或完全不饮酒的大学生成绩要差。但这些学生一般并不是成绩和功课对日后研究生院和职业生涯至关重要的化学专业的学生。大量喝酒的学生往往出自商科或社会科学专业，他们最终可能会从事与学术研究关系不大的工作。"实际上，大多数学生每个星期出去喝几晚酒也能蒙混过关，"斯沃斯莫尔学院系主任沃腾伯格说。

大学生惹上麻烦不是因为他们喝醉了酒，而是因为他们喝醉了不负责任。"我喝醉了"是大学生做出白痴般行为（打架斗殴、攀爬建筑设施或其他不可接受及令人尴尬的行为）的一张脱身王牌。它之所以管用，是因为朋友们知道喝酒会让人失控，他们可能想用酒精作为自己行为的借口，尤其是性行为。根据哈佛大学的研究，频繁纵酒者中有41%的人会发生计划外性行为，非纵酒人士中仅为4%。

尽管酒精对来自不同文化背景的人的运动技能能够造成一致的影响，但它对行为的影响可能更多地与期待而非药理学相关。西雅图华盛顿大学的研究人员发现，以为自己喝了酒精饮料的学生会变得更有活力、更具攻击性，即使他们喝的只是苏打水。人类学家发现，酒精的行为影响是文化塑造的。在欧洲，人们从小就喝啤酒或葡萄酒，这是家庭生活中很正常的一部分，所以喝酒不是什么大事，一般不会引起问题。相比之下，美国人对饮酒的态度一直十分矛盾。正如汉森指出，我们"想着不喝酒，行动却醉醺醺"：我们将喝酒与消极行为联系在一起，但无论如何还是会喝酒。除了人的"思维定式"（信念与期待），喝酒时所置身的"环境"，对饮酒行为也有着重要影响。一个年轻人在家庭晚宴上喝葡萄酒之后的举止，和他在单身派对上做同样事情后的举止是全然不同的。

大学的饮酒行为通常更像单身派对而不是家庭聚餐，但它也会随着情况的不同而有所变化。学生去参加3美元喝到饱的自助啤酒聚会时，会进入昏暗潮湿、烟雾缭绕、拥挤不堪的地下室。啤酒味道糟透了，没地方可坐，人人都挤来挤去，只想赶在啤酒喝光之前喝个够本。唯一要做的就是喝得又快又猛。参加啤酒聚会的学生大多是未成年人，因为受制于21岁方可购买酒精的法律，他们没有其他地方可以喝酒。

在大学的酒吧和兄弟会聚会上，气氛通常会更加热闹。啤酒传来递去，学生可以放松下来，享受一段喧闹的美好时光。饮酒带着一种派对的气氛。酒吧和兄弟会派对放的都是闹腾腾的音乐，人们很难说话。

但在俄勒冈大学校园附近的5家小型啤酒馆之一的东19街咖啡馆，音乐的音量调得很低，人们无须大喊大叫就能交谈，品尝优质的麦芽啤酒、波特酒和黑啤酒。精酿酒吧大概是大学附近最接近成人饮酒环境的地方。一些研究生和二十多岁的青年会来"东 19 街",但大多数顾客是本科生,他们也会在校园酒吧花很多时间。不管人们喝了多少酒,我从没见过精酿酒馆里有醉酒或粗鲁行为。

理解了思维定式和环境怎样影响饮酒行为,就可以利用社会规范来控制问题。过去,人们常常对酒后驾车的做法一笑了之。如今,人们认为它鲁莽而愚蠢,酒后驾车导致的死亡人数大幅下降。许多大学的行政管理者想要设计一些项目来鼓励负责任的饮酒,但受到了联邦法律的阻挠。1989 年出台的《无毒品学校和社区法案修正案》(Drug-Free Schools and Community Act Amendments)规定大学必须对 21 岁以下的学生施行正式的禁酒政策,否则就有可能失去联邦资金(包括学生经济援助)。"如果一件事是违法行为,就没有可能教育人们怎样负责任地去做它。"斯沃斯莫尔学院的沃腾伯格说。

尽管如此,一些大学还是取得了成功。20 世纪 80 年代末,北伊利诺伊大学的管理者们意识到,传统的控制饮酒和不让未成年学生喝酒的方法并不管用。1988 年的一项调查发现,北伊利诺伊大学 43% 的学生纵酒,但学生认为这个数字高达 70%。该校的管理者认为,对校园规范的误解在鼓励饮酒。"人们感觉习以为常的东西,对其行为产生着相当大的影响。"北伊利诺伊大学的管理者海恩斯说。

因此,靠着 6000 美元的微薄预算,在 1989—1990 学年,学校开始在校报上刊登广告,报道校园内的实际纵酒率。它还雇用学生装扮成福禄兄弟的样子[1],向所有能正确报告该信息的人派发奖金。到 1995 年,学生心目中感知的纵酒率下降到了 43%。更重要的是,实际纵酒率下降到 28%,与酒精相关的问题也相应减少。

俄勒冈大学的管理者们希望将北伊利诺伊大学的成功移植到自己的校园。很多大学会为那些想要避免普通宿舍混乱状况的学生安排无酒精宿舍,俄勒冈大学也是其中之一。"对不想喝酒的人来说,这是避开喝酒学生的好办法。"汉森说。但大学和学院能采取的措施可能十分有限。大学代行父母之职的时代,早就一去不复返了。

让学生学会负责任饮酒行为的最佳场所是家里。"孩子们对家长亦步亦趋,"汉森说,"他们在家里学到的东西,比从朋友或学校里学到的东西影响力更强。"与其让其他学生教自己的孩子什么是"正常"的饮酒行为,家长可以自己教孩子适度饮酒,搭配着食物,在成年的人的陪伴下一起喝。

---

[1] 20 世纪 80 年代末美国一部音乐喜剧片中的角色。——译者注

遗憾的是，汉森说，许多父母都不愿意教育孩子负责任的饮酒行为，因为未成年人在家庭之外饮酒不合法，公共健康运动也提醒家长不要散发"混淆信息"。但是，承担责任不是混淆信息。在年轻人成长的过程中，父母应该将"即使喝酒，也要对自己的行为负责"的原则注入子女的脑海，等升入大学后再加以强化。

这倒不是说大学生会彻底放弃啤酒聚会、校园酒吧和兄弟会派对。大学不是真实的世界，在现实世界，负责任的饮酒自然有着不同含义。"喝酒必须适度，"俄勒冈的大四学生克雷格说，"我认为一星期只应该出去喝醉一次——这就是适度。"

不能以"纵酒"替代"学习社群"

肯尼思·布鲁菲[1]

1993 年，哈佛大学公共卫生学院发现，在美国大学校园中，尤其是在兄弟会和姐妹会成员中，纵酒现象十分普遍。学院最近的报告记录了一项令人不安的事实：自从第一次研究开展以来的 5 年内，纵酒现象并未减少。尽管宣称自己是禁酒主义者的学生比例略有提高，但纵酒仍然在大范围内造成了严重的影响，包括成绩差、破坏财产、攻击、酒后驾驶和死亡（《高等教育纪事报》，1998 年 9 月 18 日）。

为了遏制纵酒浪潮，大学试图关闭兄弟会和姐妹会，惩罚纵酒学生，寻求酒水饮料店主的帮助，禁止校园内出现酒精。到目前为止，这些努力基本上都宣告失败。这些举措，以及大多数有关这一主题的研究或许忽略了一个原因，那就是理解为什么大一新生最初会加入兄弟会和姐妹会。

我想说一下许多年前的我为什么会想加入兄弟会。我来到这座优雅、学术氛围浓厚、成熟的校园，发现自己置身于一大群陌生人（教授、行政人员，上等阶层的男性——是的，当时这些人全都是男性）当中，这些人似乎努力要让我感到自己是多么的青涩、惊恐、孤独和小镇气质。我不像他们期待的那样，似乎让他们大感恼火。学校的行政人员告诉我，我有多少东西需要学习，我需要多么努力地学习。教

---

[1] 肯尼思·布鲁菲（Kenneth Bruffee）纽约城市大学布鲁克林学院的英语教授和荣誉学院主任。本文摘自《高等教育纪事报》1999 年 2 月 5 日。

授告诉我，他们有多不在乎我已经知道的东西，我从除他们之外其他人那里学到的一切是多么的微不足道、具有误导性。我是个粗野的乡巴佬。我不属于这里。

我的大多数大一同学似乎也在努力，我觉得自己像个乡巴佬。今天，我想我知道是为什么了，但我当时肯定不知道。他们和我一样，也在尽力向包括自己在内的所有人隐瞒，他们同样青涩、惊恐、孤独和小镇气质。我加入了一个兄弟会，因为我迫切地想要获得归属感。

兄弟会成员似乎是校园里唯一知道感觉像个乡巴佬意味着什么的人，他们知道一个 18 岁的青年对归属感有着多么迫切而强烈的需求。他们知道如何调动和利用这种需求，因为他们不久前也曾经是这样。兄弟会似乎是大学新生在校园里唯一能结交朋友的现成出路。

可在我认为自己能够实现自己作为大学生最重要目标的地方，也就是课堂上，我当然没有朋友。直到大学最后一年，我才出于偶然，在那里交到了朋友。哪怕到了今天，大多数大学生直到大学生涯快结束的时候，也没能在课堂上交到太多朋友。而这是大学生纵酒无度的原因之一。

这样的说法听上去像是个蹩脚笑话，所以我必须赶紧做一番解释。大多数关于纵酒的讨论、相关的研究，以及限制纵酒的行政管理举措，都假定大学生与同学之间的"学业"与"社交"关系，存在清晰的分野。学生也会进行这样的区分。如果你向一群有代表性的大学生询问他们的社交情况，一些人或许会说，他们偶尔会跟少数朋友谈论自己的课业，以及在知识（如果他们真的敢承认自己有这种"怪癖"）和审美方面的兴趣。至于其他朋友，他们会说，在一起时很少谈论这些话题。

仔细想想，有一点很奇特：大多数美国大学并不帮助大一学生通过课业来交朋友。按道理说，人文教育的目标之一就是在真正的友谊中开展对话，丰富生活。而每当大学主动为学生提供通过课堂结交朋友的机会时，学生会热切地抓住这个机会。

有研究针对 183 名于 1987 年秋季进入布鲁克林学院就读的学生，围绕课程组建"学习社群"（这群学生一起登记了 3 门课），73% 的学生认同以下陈述：这一体验"能帮助学生更轻松地结交新朋友"。受访学生的课程保留率为 73%，而该学院的平均水平通常为 59%。

许多到了大三和大四通过课业交到了朋友的学生可能会承认（哪怕只是私下里承认），自己的大多数友谊都倾向于将社交兴趣、学术兴趣和审美兴趣结合起来——从开展基因研究，到听莫扎特协奏曲。这时，他们的归属感已经在自己选择的学术专业和选修课中发展出的新兴趣里扎下根。

当然，有些大一新生进入大学校园时，有高中老朋友的陪伴。但这些学生（大多也是同样青涩、惊恐、孤独）同样会产生在已经进入的新世界里获得归属感的迫切需求。而且，他们愿意以任何条件获得归属感，哪怕是一些要求他们将好奇心和思考深埋心底的条件。

这些条件，便是加入兄弟会和姐妹会的门槛。作为回报，这些社交俱乐部提供了可预测的、可靠的、在审美上缺乏想象力、在智力上缺乏挑战的陪伴。所谓的"狂野派对"以及为之提供动力的纵酒，无非是一些试图为陈腐传统注入活力的误导行为。

相比之下，不少传统的大学课堂（围绕讲座和课堂讨论组织）带来了种种的意外、改变和智力刺激。但它们在结构上又强调个人的掌握、自给自足，并且需排除外界干扰。在鼓励学生追求个人成绩之外，这类课堂往往很少鼓励学生之间的实质性社会互动。

为了让课堂变成围绕实质性议题展开社会参与的源头，大学有很多可以做的事情。方法之一是利用协作式学习及相关方法，组织课堂作业、团队项目和同伴辅导。

在这方面而言，研究可以为大学提供指导。我们需要知道，协作式学习是否真的能帮助学生将被压制的好奇心和思考带到表面，如果能，它是怎样做到的。更重要的是，我们需要知道，协作式学习（尤其是在大学第一年，但也不仅限于这一年）能否让学生得到机会，跳出空虚的社交场合去结识朋友，进而减少驱使学生纵酒的社会绝望感。

诚然，研究不太可能表明协作式学习是解决大学中社交问题的普遍方法。研究当然更不能证明，单靠协作式学习就能清空兄弟会和姐妹会的宿舍。但我相信，研究将表明，协作式学习可以让刚进入大学的新生有机会与同学体验一种全新的社会亲密关系。它可以帮助在刚进入大学校园的青涩、惊恐、孤独的小镇年轻人当中激发社会凝聚力和公民对话，进而帮助美国大学逐步消除纵酒问题。

附录 A

引用要恰如其分，避免无意抄袭 [1]

各个领域的老师都高度重视抄袭剽窃的问题，因为他们相信，有了互联网，学生作弊变得比以往任何时候都更容易了。所以，对自己所读论文中的抄袭迹象，他们特别警惕。诚实的学生兴许认为没有必要为此担心，但如果他们不明白老师如何识别抄袭，仍然必须小心谨慎。不了解使用和引述资料来源的所有惯例，他们尤其容易犯下无心之失。就算老师相信学生是诚实的，抄袭是无意的，这名学生可能仍然会碰到麻烦，因为许多老师都不会接受"无知"这个借口。不管怎么说，如果你不能做好恰当引用资料来源这么一件简单的事，你是无法让读者信任你以及你的论证的。

在论文中以任何方式使用任何资料来源的时候，读者希望你遵循 3 项原则。如果你忽视了其中任何一项，你都有被指控抄袭的风险。

1. 对任何并非出自你自己之手的词语、观点或方法，你都必须说明其出处。
2. 在引用资料来源里的具体词语时，你必须把这些词语用引号或括号框起来。
3. 如果你是改写或概述，而不是直接引用，不必使用引号。但在改写时，要保证你完全使用自己的话重述段落，而不是简单地替换原文所用的词语。

一些学生认为，对在互联网上免费流通的资料，不必完全遵守引用原则。这种看法是错误的。引用原则适用于任何类型的资料，如书面文本、录音资料、口头资

---

[1] 附录 A 中出现的引文规范系根据本书英文版直接译出，不一定适用于中文简体字图书、报刊。——编者注

料和网络资料，但老师们最关注的就是对网络资料的抄袭。如果你未能说明某内容是从这样那样的源头（如网站、数据库、播客或其他在线来源）引用的，你就会有被指控抄袭的风险。资料来源就是资料来源，你必须说明它们是引用的。

在这篇附录中，我们概述了使用和引用资料来源的规则。与我们的大多数原则不同，这些是每一位读者都希望你严格遵守的规则。大多数规则，你会在前文的写作过程找到更详尽的探讨（见下面的交叉对照）。在某些情况下，你兴许需要寻求建议，因为你会碰到一些需要个人判断的灰色区域，一些规则在不同领域的应用也略有差异。但如果你诚心诚意地遵守这些规则，就可以避免他人怀疑你剽窃他人的言论和观点。这里，我们将向你展示怎样避免让人产生这样的感觉：首先是知道怎样做好笔记，其次是要知道怎样引用资料来源。

做好笔记

如果你未能做好笔记，就无法正确地使用和引用原始资料（参见本书第六章的"做研究笔记"一节）。

笔记要写得准确而完整

按照原文的原样复制引文；如果引文较长，就可以复印或下载。对做笔记的每一处来源，记录它的书目数据，这样你就不用再次查找该资料来源，甚或因为没有书籍数据、来不及检索而放弃引用。

区分自己的用语和引自来源的语言

笔记必须写得清楚，让你不至于在几个星期后就误以为从某个来源找到的语言或观点是你自己的。无论你是在电脑上做笔记还是手写，都要使用下划线、加粗，或者用不同的字体或字号进行直接引用，这样，你以后就不会把引用的语言错当成自己的。在改写转述而不是引用一段话时，也要做同样的事情：必须使用明确的方式来区别出自他人的关键词，这样过了几个星期你也不至于把转述误当作引用，或是误以为是自己的观点。如果你正一页一页地记录信息，这一步看起来太过烦琐，但它能让你免于犯下危险的错误。许多知名学者都曾因为笔记写得不清楚、无法分辨自己摘抄或改写的语言，把它们当成了自己的话，最终被控剽窃，声名扫地，只好说那是因为自己"忘记"了出处。

转述时不要写得与原文太过接近

当你在笔记中转述时，不要用同义词来逐字替换出处来源所用的词语。如果你在论文中使用这样的转述，就有被控剽窃的风险，因为你的用词与原文太接近了。例如，大多数老师会把下文的第一句转述视为抄袭，因为它几乎是逐字逐句照搬原文的。第二句转述是合理使用，只要论文正文里列出了所引用的来源。

原文："戏剧是最具社会性的文学形式，因为它和观众有着直接的关系。"

有抄袭嫌疑的转述：戏剧是一种社会性极强的艺术体裁，因为它和观众密切相关。

合理使用的转述：一如列文所说，我们所体验的戏剧，是一种最具社会性的文学形式，因为它就发生在我们面前。

引用要谨慎

每当你使用出自某个来源的措辞或观点，你必须：

- 直接引用要加引号，或放在独立的引语段落中。
- 对任何引用、转述、概述或从某一来源借用的观点，要指明其书目信息，包括页码，以便读者能够查找来源。

不过，对不同类型的借用，这两条规则的适用方式略有不同。

直接引用

如果引文短于一句话

- 你第一次引用词语或短语时，适用括号，并附上出处和页码。
- 如果你再次使用这些词语，就不需要标明出处或使用引号了。
- 对常见的词语或短语，你不需要引用。

例如，阅读这段话：

因为技术会催生更多的技术，一项发明的传播可能比发明本身更重要。技术的历史例证了所谓的自催化过程，也就是说，这种过程会随着时间的推移而加速，因为该过程能够自我催化。（Diamond 301）。

这段话里的一些说法，如"比发明本身更重要"，是非常普通的，不需要引用也不需要引号。但有两个说法需要，因为它们有着惊人的原创性："技术催生更多的技术"和"自催化过程"。

技术的力量超越了个别发明，因为"技术催生更多的技术"。一如戴蒙德所说，这是个"自催化过程"（301）。

只要你引用过了这些词，你就可以再次使用，无须再加引号或注明出处。

随着一项发明孵化出另一项发明，又孵化出另一项发明，这个过程就变成了一种可以自我维持的催化过程，它将越过所有国境线并以指数速度传播。

如果引文短于 5 行

- 在正文中加入引用的词语，并加上引号。
- 列出这些词语的出处和页码（或录音、网站上的其他位置标记）。

例如：

波斯纳关注宗教，不是着眼于精神性，而是着眼于其社会功能，他声称"美国社会的一个显著特征是宗教多元主义，我们应该从宗教的历史意义（即宗教既是社会规范的源头，也是其执行机构）这一角度，考虑它与社会规范治理效力存在什么样的关系"（Posner, 299）。

- 如果你再次引用这几行中的某些部分，用引号框选，但无须指明出处。

如果引文在 5 行以上甚至更长

- 将引用的语言放到独立的引语段当中，周围可不加引号。
- 列出这些词语的出处和页码（或录音、网站上的其他位置标记）。

举例如下。

不同的文学形式，与社会联系的方式也不同。例如，戏剧作品就深植于社会框架之中：

戏剧是最具社会性的文学形式，因为它和观众有直接关系。因此，它需要特定的孕育条件，戏剧的黄金时代，零星散落在戏剧与时代及地点的交界处：古代雅典、法国古典主义时期、西班牙戏剧巴洛克时期、佛教禅宗影响下的日本，以及莎士比亚在英国的一生（Levin 5）。

转述和概述

- 转述不必用引号括起来，也无须放在独立引用段里。
- 第一次转述、概述或使用其中观点时，标明出处。如果再次提及相同的观点，无须再次标明出处。
- 列出页码或录音、网站上的其他位置标记，好让读者能找到你在来源中使用的内容。
- 转述不可与原文太过接近，看起来像是调整过的引文。

借鉴的观点或方法

- 对你使用的观点，标明其出处和页码，哪怕你认为这个观点是你自己想到的。如果是你自己原创的观点，你可以加入"亦可见……""……中也有讨论""类似／相关／不同的处理，见……"等字样，暗示你的观点与出处并无关系。
- 对众所周知的观点或方法，无须标明出处。问题在于，如果你刚接触一个领域，这个领域的常识对你来说恐怕像是个谜。如果是这样，向你的老师请教；如果无法请教，多标示出处（但也不要每隔一句话就加入出处）。

总体原则是：只要见多识广的读者有可能认为你在暗示某一观点或措辞属于你自己，你就应该将不属于你的内容标明出处。如有疑问，向导师请教。

正确引用来源

最后一项任务是完整、准确、恰当地引用资料来源。如果你在原本是句号的地方使用了逗号，没有人会指责你抄袭，但有些人会认为，如果这样的小事你都做不好，那么你很可能做不好重要的事情。这是一项乏味的工作，但值得你付出努力。

引用有多种形式，所以，弄清读者希望你使用哪种引用风格。以下是两种最常见的风格。

- 美国现代语言协会（Modern Language Association，MLA）式引文，常见于

人文学科。

- 美国心理学会（American Psychological Association，APA）式引文，常见于社会科学。

在下一节中，我们将解释怎样用这两种风格引用最常见的来源。我们无法涵盖每一来源的引文格式，所以，如果你使用了除此之外的来源，请购买一本引用风格简明指南。

MLA 格式的引文

我们首先讨论列出你提及的参考文献，接着再讨论怎样在论文正文中进行引用。

书籍（包括文章合集）

一般格式

一般格式如下：

作者（日期). 书名. 出版信息.

姓，名 中间名首字母. 书名：副书名. 城市：出版商，年份.

Meargham, Paul R. The history of wit and practical jokes: how humor coexists with cruelty. Boston: Smith, 1998.

注意：①书名必须加下划线或使用斜体字；②每个信息单位后有一个句号；③条目的第二行要缩进。请仔细遵循样例中的标点符号；很多老师都会检查。

同一作者的多本书籍

- 按字母顺序列出每本书，但无须重复作者名字，使用 3 个破折号加一个句号。

Meargham, Paul. The History of Wit and Practical Jokes: How Humor Coexists with Cruelty. Boston: Smith, 1998.

———. Wit: Its Meaning. Boston: Smith, 1994.

多位作者

- 对第一作者，把姓放在前；其余作者，从名开始。除了最后一位作者，每位作者之间使用逗号。

Meargham, Paul, Harry Winston, and John Holt. <u>Wit: Its Tragic Meaning</u>. Boston: Smith, 1999.

- 如果有 4 位或以上作者，请在第一作者的名字后加 "等人"。

Meargham, Paul, et al. <u>Wit: Its Tragic Meaning</u>. Boston: Smith, 1999.

多卷图书

- 在涉及多卷著作时，在书名后注明卷数（"Volume"一词使用缩写，后面附上句号）。

Meargham, Paul. <u>Wit: Its Meaning</u>. 3rd ed. 2 vols. Boston: Smith, 1994.

- 如提及特定的某一卷，要说明你所用的是哪一卷。

Meargham, Paul. <u>Wit: Its Meaning</u>. Vol. 1. Boston: Smith, 1994.

- 如涉及的是系列书中的特定某卷，标明你所使用的是哪一卷，给出系列的名称。

  Meargham, Paul. <u>Wit: Its Meaning</u>. Boston: Smith, 1994. Vol. 1 of <u>Wit and History</u>. 2 vols. Meargham, Paul.

多个版本

- 如提及除第一版之外的任何一版，在书名后、卷数前注明（"edition"一词使用缩写）。

Meargham, Paul. <u>Wit: Its Meaning</u>. 3rd ed. 2 vols. Boston: Smith, 1994.

译作

Meargham, Paul. <u>Wit: Its Meaning</u>. Trans. George Playe. Boston: Smith, 1994.

编辑作品

Meargham, Paul, ed. <u>Wit: Its Meaning</u>. Boston: Smith, 1994.

编辑合集中的个别项目

Meargham, Paul. "The History of Jokes." <u>Wit: Its Meaning</u>. Ed. George Playe. Boston: Smith, 1994. 123–46.（注意：页码数可省略，123–46，而不是 123–146。）

参考作品中的个别项目

Meargham, Paul. "The History of Jokes." <u>Encyclopedia of Humor</u>. Boston: Smith, 1994.（注意：词典或百科全书不必列出页码。）

文章

一般格式

期刊文章的一般格式，与图书所用类别相同：

作者. 文章标题. 出版信息.

姓，名 中间名首字母. "文章标题." 期刊名 卷数 年份：页码。

O'Connell, James. "Wit and War." Theory of Humor 21 (2003): 55–60.

请注意，文章标题无须使用下划线或斜体，出版信息包括期刊标题（下划线或斜体），特定期数数据，文章所在页码。

大众发行杂志

O' Connell, James. "Wit and War." Humor Today May 2006: 45–66.

如果没有作者，就以文章标题打头。

报纸

O'Connell, James. "Wit and War." Tulsa Clarion 13 June 2003: 1B.

如果没有作者，就以文章标题打头。

学术期刊

O'Connell, James. "Wit and War." Theory of Humor 14 (1997): 335–60.

页码不连续编号的期刊

大多数学术期刊的页码是全年连续的。如果你引用的期刊，页码每一期都从头开始编号，那么将期数添加到卷号中。

O'Connell, James. "Wit and War." Theory of Humor 14.2 (1997): 33–60.

评论

如果文章是对另一作品的评论，首先要写上评论者的名字和评论的标题（如果有），然后才是被评论的作者和作品名。

Abbot, Andrew. "I'm Not Laughing." Rev. of Wartime Humor, by James O' Connell. Theory of Humor 14 (1997): 401–19.

特殊格式

电影

从片名（斜体或下划线）开始，然后标明导演、发行商和发行年份。其他信息（例如编剧），可加在电影名和发行商之间。

It's a Funny War. Dir. Nate Ruddle. Wri. Francis Kinahan. RKO, 1968.

电视

需包括具体集数的标题（如果有）、剧集名称、播出该节目的电视网及 / 或本地电视台，以及播出日期。其他信息（例如导演和编剧的名字），可加在剧集名之后。

"The Last Laugh's on Bart." The Simpsons. FOX. 22 May 1996.

在线已出版来源

如果你引用的是一本书或文章，原本是出版过的，但你是从网上找到的，那么，在引用的最后加上访问日期和网络地址。

O'Connell, James. "Wit and War." Theory of Humor 14.2 (1997): 33–60. 15 Nov. 2001.（此处加网址）

如果你引用的是一本从在线数据库中找到的书或文章，请在引用的末尾加上数据库名称、你的在线连接、访问日期和网址。

O'Connell, James. "Wit and War." Theory of Humor 14.2 (1997): 33–60. WilsonWeb. Bulwinkle College, Lake Forest, IL. 23 Oct. 2001.（此处加网址）

网页

从该页面的作者 / 所有者开始（如果能找到的话）；如否，那就使用你能找到的最好的识别信息。包括最近的更新日期（如果你能找到）、访问日期和网址。

Center for Wartime Humor Home Page. 23 May 2004. 15 Nov. 2005（此处加网址）

在论文的正文中引用出处

这里适用的原则是让读者清楚地知道在你所提及的资料来源中的什么地方去检索你所引用的内容。需要考虑以下 3 个变量。

- 如果你在正文中提到了出处，读者又毫不含糊地知道你指的是谁，那么，你可以直接在最终句号前，用括号插入页码。

  奥康奈尔认为，诙谐与悲剧紧密相连，以转移痛苦和死亡的体验，他以《哈姆雷特》中掘墓人的情节为例，说明机智和幽默怎样减轻难以忍受的沉重负担（34）。

- 然而，如果读者无法毫不含糊地发现出处，你就必须表述得更加明确。例如，如果你提及奥康奈尔的不止一本书或一篇文章，你就必须明确说明自己是从哪一本书或哪一篇文章中汲取灵感的。你可以在页码前加上书名中的一个词。

> 奥康奈尔认为，诙谐与悲剧紧密相连，以转移痛苦和死亡的体验，他以《哈姆雷特》中掘墓人的情节为例，说明机智和幽默怎样减轻难以忍受的沉重负担（Wit 34）。

- 如果你在一段话里提到了多名作者，请在页码前加入出处名（如果有必要，还可以加入标题）。

> 奥康奈尔认为，诙谐与悲剧紧密相连，以转移痛苦和死亡的体验，他以《哈姆雷特》中掘墓人的情节为例，说明机智和幽默怎样减轻难以忍受的沉重负担（O' Connell, Wit 34）。

APA 格式的引文

书籍（包括文章合集）

一般格式

一般格式如下。

作者（日期）. 书名. 出版信息.

姓，名的首字母（日期）. 书名：副书名. 城市，州：出版商.

> Meargham, P. (1998). *The history of wit and practical jokes: how humor coexists with cruelty.* Boston: Smith.

注意：①出版年份要放在作者后面的括号里；②书名用斜体字表示；③书名里只有第一个词的首字母使用大写；④每段信息之后跟句号；⑤条目第二行要缩进。请仔细遵循样例中的标点符号；很多老师都会检查。

特殊格式

同一作者的多本图书

- 按时间顺序列出每本书。如果某一年有多个条目，按字母顺序排列，并在该年份之后添加一个字母。

Meargham, P. (1994). *Wit: its meaning.* Boston: Smith.

Meargham, P. (1998a). *The history of wit and practical jokes.* Boston: Smith.

Meargham, P. (1998b). *War jokes.* Boston: Smith.

多名作者

- 列出所有作者的姓和名的首字母。用"&"符号代替"and"。

  Meargham, P., Winston, H., & Holt, J. (1999). *Wit: its tragic meaning.* Boston: Smith.

如有 6 名作者以上，只列出第一作者，接着跟 et al：

Meargham, P., et al. (1999). *Wit: its tragic meaning.* Boston: Smith.

多卷图书

- 如果指的是多卷图书这一整体，那么，在书名后用括号指出有多少卷（"volumes"一词使用缩写）。

Meargham, P. (1994). *Wit: its meaning.* (Vols. 1–2). Boston: Smith.

- 如提到的是具体的某一卷，请说明使用的是哪一卷。

Meargham, P. (1994). *Wit: its meaning.* (Vol. 1). Boston: Smith.

- 如果提到的是系列书里的特定某卷，要列出该系列的标题、卷号，以及该卷的标题。

Meargham, P. (1994). *Wit and history: Vol. 1. Wit: its meaning.* Boston: Smith.

多个版本

- 如提及除第一版之外的任何一版，在书名后用括号说明是哪一版（"edition"一词使用缩写）。

Meargham, P. (1994). *Wit: its meaning*. (3rd ed.). Boston: Smith.

译作

Meargham, P. (1994). *Wit: its meaning*. (G. Playe, Trans.). Boston: Smith.

编辑作品

Meargham, P. (Ed.). (1994). *Wit: its Meaning*. Boston: Smith.

编辑合集中的个别项目

Meargham, P. (1994). The history of jokes. In G. Playe (Ed.), *Wit: its meaning* (pp. 125–142). Boston: Smith.（注意：页码不可省略，要写作 125–142，而不是 125–42。）

参考作品中的个别项目

Meargham, P. (1994). The history of jokes. In *Encyclopedia of humor* (pp. 173–200). Boston: Smith.

文章

通用格式

通用格式与图书有相同的类别。

作者（日期）. 文章标题. 出版信息.

姓，名的首字母（日期）. 文章标题. 刊物名，卷数，页码.

O'Connell, J. (2003). Wit and war. *Theory of Humor, 21*, 55–60.

请注意，文章标题无须加下划线，出版信息包括期刊名（斜体）、特定期号的数据（斜体）、文章所在页码。

大众发行杂志

O'Connell, J. (2006, May). Wit and war. *Humor Today*, 45–66.

如果没有作者，就以文章标题打头。

报纸

O'Connell, J. (2003, June 13). Wit and war. *Tulsa Clarion*, p. 1B.

如果没有作者，以文章标题打头。

学术期刊

O'Connell, J. (1997). Wit and war. *Theory of Humor, 21*, 55–60.

页码不连续编号的期刊

大多数学术期刊的页码是全年连续的。如果你引用的期刊，页码每一期都从头开始编号，那么将期数添加到卷号中。

O'Connell, J. (1997). Wit and war. *Theory of Humor, 14*(2), 33–60.

评论

如果文章是对另一作品的评论，首先要写上评论者的名字和评论的标题（如果有），然后用方括号标注被评论的作者和作品名。

> Abbot, A. (1997). I'm not laughing. [Review of the book *Wit and war*]. *Theory of Humor 14*, 401–419.

特殊格式

电影

从导演和其他对电影负责的人（如制片人）开始，接着用括号标明年份，用斜体字标明电影名称；电影名之后，用方括号标明作品是电影；最后加上出品国家和发行商。

Ruddle, N. (Director). (1968). *It's a funny war* [Motion picture]. United States: RKO.

电视

从制作人、导演或其他重要贡献者的名字开始，接着用方括号标明日期，用斜体字标明作品名；用方括号注明该作品是电视广播还是系列剧集。添加播出的城市、电视网或地方电视台。

Kinahan, F. (Writer). (1996, May 22). *The last laugh's on Bart* [Television series episode]. In J. Doe (Producer), *The Simpsons*. Reno, NV: Fox.

在线已出版来源

如果你引用的是一本书或文章，原本是出版过的，但你是从网上找到的，那么，在引用的最后加上访问日期和网络地址。

O'Connell, James. (1997). Wit and war [Electronic version]. *Theory of Humor, 14*(2), 33–60. Retrieved Nov. 15, 2005 from（此处加网址）

网页

从该页面的作者 / 所有者开始（如果能找到的话）；如否，那就使用你能找到的最好的识别信息。包括最近的更新日期（如果你能找到的话）、访问日期和网址。

Center for Wartime Humor Home Page. (2003, May 23). Retrieved Nov. 15, 2005 from（此处加网址）

网址后不加句号。

在论文的正文中引用出处

这里适用的原则是让读者清楚地知道在你所提及的资料来源中的什么地方去检索你所引用的内容。需要考虑以下 3 个因素。

- 如果你在正文中提到了出处，读者又毫不含糊地知道你指的是谁，你可以直接插入年份。

  奥康奈尔（2002）认为，诙谐与悲剧紧密相连，以转移痛苦和死亡的体验，他以《哈姆雷特》中掘墓人的情节为例，说明机智和幽默怎样减轻难以忍受的沉重负担。

- 如果同一年有不止一本书出版，用小写字母区分。

  奥康奈尔认为，诙谐与悲剧紧密相连，以转移痛苦和死亡的体验，他以《哈姆雷特》中掘墓人的情节为例，说明机智和幽默怎样减轻难以忍受的沉重负担（2002a）。

- 如果有含糊不清的地方，要在年份之前加入出处名。

  奥康奈尔认为，诙谐与悲剧紧密相连，以转移痛苦和死亡的体验，他以《哈姆雷特》中掘墓人的情节为例，说明机智和幽默怎样减轻难以忍受的沉重负担（O'Connell, 2002a）。

附录 B
认知偏误和谬误

　　本书自始至终讨论的是怎样用良好的批判性思维方式改善你的论证，以及，同样重要的是，论证怎样改善你的批判性思维。我们向你展示了怎样运用论证的要素来提防推理中能把人的思考引入歧途的常见错误，我们大多数甚至根本不会注意到它们。这里，我们要再解释两种可避免最常见错误的最常用策略。

认知偏误

　　从健全的理性思维的角度着眼，最严峻的挑战或许来自我们所有人都共有的一套根深蒂固的认知偏误。不少这类偏误，都是由认知科学家们发现的，他们想要理解为什么人的推理常常不够可靠。以下这份清单，列出了常见的认知偏误和错误，并提供了索引，告诉你到本书的哪里可以看到我们对防范方法的讨论。

推理中的普遍偏误和错误

1. 你相信某件事是真的，所以你扭曲证据，无视证据的匮乏，或是对眼下掌握的证据给予过分的权重。
2. 你对自己的判断过于自信，这导致你认为自己必定是对的。
3. 你希望某件事是真的，所以你相信它就是真的。
4. 你抓住了脑海中浮现出来的第一个答案，于是你把自己的思考都与该答案绑定起来。
5. 你根据意识形态原则进行推理，而不是根据证据进行推理。

6. 你把问题过分简单化了，你认为问题只有唯一一个正确的解释。

语言偏误和错误

7. 你认为一个词语的意思天然地与该词语的所指相连，故此，对于所指，你只需要知道意思即可。

8. 你未能尊重"常用意义和定义"与"权威意义和定义"这两者的差异。

9. 你参与了有关一个词语意义或定义的概念性论证，但你没有认识到，你的问题只是一个实践性问题的替代品。

10. 你使用情绪化或极端化的语言，扭曲你或读者的想法。

11. 你控制动词的主语，让一种工具或抽象概念显得像是某可识别的个体或实体所执行的行为之源头。

12. 你创造了误导性的比喻场景。

因果偏误和错误

13. 你聚焦于更容易注意到的原因，忽视了不太明显的原因。

- 你注意到直接的、在场的、生动的原因，没有注意到遥远的、缺失的和模糊的原因。

- 你注意到出人意料的原因，没有注意到常规的、在预料之中的原因。

14. 你聚焦于一个原因，忽视了思考多种原因。

15. 你聚焦于在规模和种类上与后果相匹配的原因。

16. 你混淆了相关性和因果性。

17. 你没有想到，两件紧密相关的事件有可能并不是原因和结果，而是第三个原因带来的结果。

18. 对于人类行为，你过分地强调个人的动机和意图，低估环境因素；要不就是反过来，过分强调环境因素，低估个人的动机和意图。

谬误

然而，对缺陷思维的研究里还有另一种已有近 2500 年的传统。它关注的是被称为谬误的推理错误。谬误不是一种错误的信念（比如认为地球是平的），相反，它是一种偏差或逻辑失误，让你无法通过推理得出一个合理的结论。事实上，你可以正当地推断出地球是平的，也可以错误地推断出它是圆的。这一古典传统和当代缺陷思维研究之间有部分重合的内容，但古典传统有着极为悠久的历史，所有对批判性思维感兴趣的人都应该对它有所了解。

几个世纪以来，逻辑学家发现了数十种谬误，并给它们起了令人望而生畏的拉丁语名称，如 *post hoc ergo propter hoc*（后此谬误或巧合关系）、*ad verecundiam*（诉诸权威谬误或伪托权威）、*non sequitur*（不当结论谬误）。我们在这里只讨论最常见的几种。它们有些总是破坏你的推理，而另一些只有在一定情况下才会破坏。所以，我们把它们分成两类：一类是你始终应该避免的谬误，另一类是你在必要的时候应该避免的谬误。

基本推理错误

这类谬误指的是，从理由到主张的推理过程中出现的彻底错误。我们会逐一介绍这类谬误。我们先假设你犯了这样的错误，接着展开技术上的解释。

1.“你所说的不合逻辑！”（你的理由与主张不相干）

> 虚拟空间让所有数据都实时可用，（理由1）最终将淘汰政府。（主要主张）一旦我们可以与其他所有人即时联系，（理由2）人为的国界就将消失，（理由3）政府将无事可做。（主张/理由4）

第一，你或许是对的，但我不明白，能更快地获取信息，为什么就会淘汰政府。第二，我不认为所有人都能彼此联系，就会让国界消失。第三，我不明白，为什么没有了国界，政府就无事可做。我能理解“政府无事可做”和“淘汰政府”之间有些关系，但要把两者混为一谈实在是太牵强了。

如果我们看不出理由与主张之间的逻辑关系，我们就称这个主张为“不当结论”（non sequitur，其字面意思就是不符合逻辑。如果读者认为你犯了“不当结论”谬误，你就必须思考能把理由和主张联系起来的根据：读者是否认同你的基本假设？你是否未能把应该点明的根据说清楚？）

2.“你的论证是在兜圈子，回避问题！”（你的理由仅仅是在复述主张。）

> 为了确保人身安全，我们应该自由携带隐蔽的枪支，（主张1）因为我们应该享有携带武器自卫的权利。（理由1）如果罪犯知道我们可能有枪并且会使用它，（理由2）他们会意识到我们已经准备好要自卫了。（主张2）只有当罪犯担

心自己安全的时候，我们才能不再担心自己的安全。（主张3）

你的推理是在兜圈子。你不断在说同一件事——我们应该有做某事的自由，因为我们有这么做的权利。这有一定的道理，但这不是论证。接着你说，如果犯罪分子知道某件事，他们就会知道另一件事。这有可能是对的，但也并不支持你的主张。

如果你的主张和理由都指的是同一件事，你就在兜圈子论证。你可以将主张和理由换位置，检验是不是循环论证。如果两者调换之后，句子的意思仍然一样，那就是兜圈子。

为了确保人身安全，我们应该自由携带隐蔽的枪支，（主张）因为我们应该享有携带武器自卫的权利。（理由）

我们需要携带枪支的权利以保护自己，（主张）因为我们应该可以自由携带隐蔽的枪支以确保人身安全。（理由）

如果理由和主张不能互换位置，这就不是循环论证。请比较案例中的最后一句话，它不是循环推理。

只有当罪犯担心自己安全的时候，我们才能不再担心自己的安全。（主张）

只有当我们能不再担心自己安全的时候，罪犯才会担心他们的安全。（主张）

3.“你是在根据一个尚无定论的事实做假设！”（你的理由没有证据或论证支持）

我们应该拒绝接受史密斯这样一个众所周知的骗子（理由）提出的纯粹观点。（暗示主张）。

是谁说史密斯提出的是“纯粹观点”，又是谁说他是个“众所周知的骗子”？

这是乞题（也叫窃取论点）手法的表亲。它类似“你是什么时候不再打你家狗的？”如果你假设的判断或事实，读者因为它尚未得到证实所以并不认可，你却用这一判断或事实作为你主张的理由，那么，你就犯了这一谬误。

4.“虽然没有证据，但这不能证明你的主张就成立！”（你依赖了虚假根据：如果一种主张并未被证伪，我们应该视之为成立。）

应该认真对待那些说自己遭到外太空来客绑架的人，（主张）因为没有人能证明他们的故事是假的。（理由）

拜托！没有人能证明我家后院地下没有油田，但这并不意味着我就要开始钻井了。就因为我不能确定某件事是真是假，你不能指望我就会认为它是真的。

这一谬误的专业术语叫“诉诸无知”（*ad ignorantiam*）。如果你提出一个主张，那么你必须提供确凿的理由才能让人们相信，而不是靠别人来证明它不成立。一项主张并不会仅仅因为没有人想出合理的替代方案就变成了真的。

有一种比这个策略稍微弱一点的策略是，"好吧，至少它有可能是真的。"从某种意义上说，任何事情都有可能是真的，哪怕是被外星人绑架。我们可以为某个主张可能是真的预留空间，但我们应该在头脑里把这些主张归类到"可能性未经证实"的角落去。

5."仅仅主张'不接受某事的后果让人无法容忍'，并不能证明这件事！"（你依赖了虚假根据：如果相信某事，会让我们感到受伤，我们就不应该相信它——反之亦然。）

> 宪法保护我们的隐私权，（主张）因为如果宪法不保护，那么各州就可以规范我们最私人的行为，包括我们的性生活。（理由）这不可忍受。（理由）

你说得对；各州要是能干涉我们的私生活，那不可忍受。但这和宪法如何规定无关。相反，尽管看起来真的很糟糕，但宪法赋予了各州窥探我们卧室的权利。

这一谬误叫作诉诸武力（*ad baculum*）。它的意思是"动用武力"。像这样进行论证的人暗示，如果我们不同意，某件糟糕的事情就会发生在我们身上。

不恰当的修辞诉求

和基本推理错误不同（永远是逻辑错误），下面这些例子有可能是错的，也有可能不是，一切取决于论证适用的情况。它们的问题在于依赖了某种适用于某些情况而非一切情况的根据。判断的诀窍是知道读者什么时候会接受这些诉求，什么时候不会。

不恰当地诉诸知识一致性

6."但你现在说的和之前说的有矛盾！"

> 学生应该每学期对老师进行评估，因为只有这样，他们才能知道老师是否在帮助学生达成目标。

但上个月你才说，老师不应该对学生进行评估，因为考试不能公平地代表你的优势和能力。如果你拒绝我们对你的评估，你怎么能说你应该对我们进行评估呢？

这一谬误叫作"诉诸伪善"（*tu quoque*，字面意思是"你也一样"）。它是在指责你言行不一，甚至不诚实。

但这项指控很棘手：指出矛盾之处是正当的——我们不信任前后不一致的人。

但人过去说的话有可能和当前所举情况的是非曲直毫不相关，这样，即便人的意见前后矛盾，又有什么关系呢？不管人过去说过些什么，我们必须根据眼下问题本身的是非曲直来进行判断。

不过，人对前后矛盾的人有着强烈的厌恶，一个伪君子哪怕提出了好的论证，我们也会断然拒绝。如果读者有可能认为你自相矛盾，你应该考虑承认自己之前说的话和现在说的不一致，并指明为什么这种不一致并不是问题的要害。

7.**"如果你迈出了这一步，你就会一路滑向那边的深渊！"**

> 我们不能将医用目的的大麻合法化，（主张）因为如果医生为垂死的患者开出大麻，他们就能给感到疼痛的患者开出大麻，接着甚至给只是声称自己感到疼痛的人开大麻。（理由）

你侮辱了医生的智慧，暗示他们不知道迈出这一步和走向那边的深渊之间有什么区别。这就像是在说，只要你比限速开得快了 1 公里，最终你一定会开出 200 公里的时速来。

这一谬误叫作滑坡谬误。它认为一步必然导致下一步，再下一步，再再下一步。但我们都知道情况并不总是如此。

有一种特殊的滑坡谬误叫作归谬法（*reductio ad absurdum*）。它不是从提出一项主张会导致滑坡开始，而是直接认为该主张已经触底。

你想让学生评价自己的老师？我猜你大概也想让犯了罪的疯子评估心理学家，或是让罪犯评估法官、孩子评估父母吧？

如果批评方把论证简化到荒谬的程度，接着对它展开攻击，我们就说他在攻击稻草人（即对假想的对手进行批评）。

诉诸不当视角

8.**"你只给了两种选项，就要人做出选择。其实还有更多的选择！"**

这一谬误与极端化的语言相关。

> 是时候结束"全字法"阅读法和拼读法之争了。"全字法"教学法的失败，（理由）要求我们回归久经时间检验的拼读教学法。（主张）

但大多数优秀的老师都会从两种方法中选择一部分进行教学，甚至加上另一些其他的教学方法。

如果事实允许两者兼得，那么，坚持非此即彼的选择就是在误导他人。如果你规划论证时发现自己主张要在两个完全不同的选项中做出选择，不妨停下来想一想：你能两者都选吗，或者至少两者部分结合？还有第三、第四甚至第五种选择吗？（当然，某些情况的确只有两个互相排斥的选项，如支持死刑，或不支持死刑。）

9. "那只是个比喻！你不能把它当成真的。"

> 此类仇恨言论是我们必须铲除的毒瘤。（理由）我们隔离了这名学生，因为他病态的观点可能会在我们的社群里传播。（主张）

说到思想会传播，你或许是对的，但思想并非疾病。你不能像阻止结核病传染那样阻止思想的传播。

比喻可能会误导我们，但事实上，没有比喻我们就无法交流：问题不在于比喻性的语言本身，而在于怎样使用它。所以，仔细想一想，你是不是把比喻引申得过了头。

不当地诉诸社会团结

10. "你只是在迎合大众！为什么我们一定得随大流？"

既然父母为孩子们支付教育费用，他们有权决定教学的内容。（根据）大多数人认为智能设计论应该和进化论一同传授，（理由）那么学校就应该教。（主张）

这迎合了大众的无知。要是大多数家长都认为地球是平的呢？应该教吗？

这一谬误叫作诉诸群众（*ad populum*），它意味着，较之事实，论证者对大多数人相信的东西给予了更多的重视。诉诸群众式论证偏误，可能根植于人类自遗传得来的从众思考偏误。

但是，诉诸民意并不总是谬误。

> 市议会必须否决建造新体育场的计划，（主张）因为人们不愿意支付建造费用。（理由）民主就是这样。（根据）

如果读者认为你诉诸大众观点并不恰当，请承认并回应反对意见。

> 市议会必须否决建造新体育场的计划，（主张）因为人们不愿意支付建造费用。（理由）公众开支问题应由民众决定，而非由商会决定。民主就是这样。（根据）

如果你能正当地运用以下根据，你的论证也就是在正当地诉诸大众意愿。

> 如果大多数人相信（或决定）X，我们就应该接受X。

11. "我们不能仅仅因为X这么说就接受你的主张！"

> 根据参议员怀斯的说法，预计大气中二氧化碳的增加将有助于植物的生长，（理由）因为植物吸收二氧化碳并释放氧气。（证据报告）他出生在农场，（理由）

他了解植物。(声称权威)所以，我们不应该害怕温室气体。(主张)

参议员怀斯也许是个值得钦佩的人，但出生在农场，并不意味着他就是大气化学专家。

这一谬误叫作诉诸权威（*ad verecundiam*）。它的字面意思是，我们在权威面前应该表现出"谦虚"。这种诉求的心理基础，兴许是我们面对权力和威望所感受到的尊重顺从。如果权威没有理由配得上我们的信任，诉诸权威就出错了。怀斯出生在农场的事实和他预测温室气体的权威没有相关性。

但问题在于，有些人是真正的权威，我们应该尊重他们的专业知识。那么，当你想要借助权威时，你必须权衡3个问题：在这个案例中，专业知识很重要吗？你援引的权威真的是这个领域的专家吗？本例中，你的读者会愿意顺从（"谦虚"）吗？

如果读者可能会对权威提出质疑，不妨预先考虑他们的问题。告诉读者为什么本例中应该接受你的权威是专家，可以解决前两个问题；报告权威的主张，并报告主张的理由，可以解决第三个问题。

> 按照斯图蒂斯医生的说法，我们应该谨慎地储备药物，以防新一轮禽流感爆发。(主张)斯图蒂斯医生是国家卫生研究院的流行病学主任，曾负责帮助我们应对1987年的流行病。(权威的基础)在他对这一场以及其他20场流行病的研究中，(权威的基础)他发现，第一批病例出现到流行病爆发之间的时间差大约是两个月。(理由)如今，第一批病例已经开始出现，我们知道未来大概有两个月的准备时间。(理由)

12."你只是在诽谤！不公平的人身攻击与议题毫无关系。"

这一谬误叫作人身攻击（*ad hominem*），字面意思就是"反对此人"。这是错误地诉诸权威所带来的推论：因为钦佩某人就接受论证，这固然是错的；因为讨厌某人而拒绝他的论证，也同样是错的。不过，也有时候，如果进行论证的人经常不诚实、不可靠或粗心大意，我们也应该根据这个人一贯的特点对论证发起质疑。

这种诉求还有一个版本叫"关联谬误"，有时是公平的，有时不然。

> 哈克教授声称，如果公民携带隐蔽武器，犯罪率会下降。但他的研究是由枪支制造商资助的，(理由)他本人也在美国步枪协会的一个委员会任职。(理由2)他也许是对的，但我们应该带着怀疑的眼光看待他的研究。(主张)

如果读者认为你对进行论证的人做了不公平的攻击，那么，你必须承认并回应他们的反对意见。

> 我们应该以怀疑的眼光看待他的研究。（主张）这并不意味着他的研究必然存在偏误，（承认）但他的资金来源给了我们审慎对待其方法的理由。（回应）哪怕是谨慎的研究人员，也会受支持其工作的利益集团的影响。（根据）

13."别对我说那个伤心的故事。你只是想调动我的怜悯！"

> 州立大学的老师们正为了取消院系的谣言大感焦虑，（理由）新增一份教学评估表只会让他们感到不安和害怕。（主张）

我们的工作是改进教学。如果这让老师们感到不高兴，那就太糟糕了。这与建立健全的本科教育无关。

这一谬论的技术性名称叫"诉诸怜悯"（*ad misericordiam*）。它要求我们把怜悯放在理由和证据之前。这种诉求的基础在于我们健全的直觉：我们应该先带有同情心地回应他人的苦难，如果可能，应予以缓解。

把同情至于理由之上虽然有可能是错的，但有时候，它也可能是对的：

> 各州将一些人从精神病院放了出来，把无家可归、无依无靠的他们推到大街上，抛弃无法照顾自己的人，（理由）是不人道的。（主张）

如果读者有可能拒绝基于同情的论证，你就必须给他们除了同情之外更多的理由：

> ……抛弃无法照顾自己的人，（理由）是不人道的。（主张）我们决不能把政治和经济置于人的基本尊严之上。（根据）一个有血有肉的人不会这么做。（承认）如果我们明明知情，却拒绝帮助无助的人，我们在道德上就过于冷酷无情，对不公彻底失去了敏感。（主张）

其他类的谬误还有很多，但上面是最常见的一些。要当心阅读材料里的这些谬误，但它们的真正价值在于帮助你对自己的想法展开反思。

演讲的逻辑

关键时刻真实、清晰、高效表达

作者：陶峻　五顿
书号：978-7-115-58261-4
定价：88.00 元

一本实战演讲指南，针对实际需求。
以手册形式展示了演讲的6种学习方法、12个技巧锦囊、18种训练方法、30个沟通场景，对演讲给予全面指引。

沟通力（原书第11版）

高效人际关系的构建和维护

作者：[美]威廉·J. 瑟勒
　　　[美]玛丽莎·L. 贝尔
　　　[美]约瑟夫·P. 梅泽　译者：张豫
书号：978-7-115-56953-0
定价：128.00 元

100⁺知名高校亲测好学的沟通力指南，本书讲授了沟通的原则、基本要素、类型、认知等常识，总结了大量沟通与交际方面实用且可操作的方法。

证据法检索一本通
（套装上下册）

作者：张卫平
书号：978-7-115-57930-0
定价：199.00 元

罗翔老师倾力推荐！本书是清华大学二级法学教授张卫平老师编著的一本法律工具类书籍，可以更好地帮助法官、律师、教师、学生及其他法律实务工作者系统地掌握证据的规范体系。
快速、有效地查找证据的相关法律、行政法规、部门规章、司法解释、其他规范性文件以及案例，也是公民查阅、运用法律规范的便捷工具。

无限可能

快速唤醒你的学习脑

作者：[美]吉姆·奎克
译者：王小皓
书号：978-7-115-54944-0
定价：78.00 元

世界公认的记忆专家&大脑教练吉姆·奎克（Jim Kwik）首部作品。
书中介绍了关于升级大脑、快速学习、人生进阶的系统方法，帮助读者从思维、动力和方法三个维度对自己的学习力进行升级，唤醒超级学习脑，拥有学什么都会的"超能力"。

创新思维

斯坦福设计思维方法与工具

作者：蒋里
　　　[德]福尔克·乌伯尼克尔
译者：税琳琳
书号：978-7-115-59239-2
定价：169.00 元

像菜谱一样简单，像魔法一样有效，激发每个人的创新力&创造力。
这是一本激发创新力的书。当你感觉劳而无功的时候，除了继续努力，还可以考虑换个思路解决问题。本书提供的设计思维是一种日益流行的创新方法，它通过改变思路，建立以客户为中心的独特视角，源源不断地催生超越传统产品、服务和商业模式的创新。

卡片笔记写作法

如何实现从阅读到写作

作者：[德]申克·阿伦斯
译者：陈琳
书号：978-7-115-56467-2
定价：69.80 元

轻松写就58本书和上百篇论文的卡片笔记写作法！
德国著名学者卢曼基于学习心理学的洞察，借鉴久经考验的笔记技术，使用卡片笔记写作法，积累了9万张知识卡片，一生中写了58本书和上百篇论文。
本书是该系统的第一本中文综合指南和说明。

学会写作
自我进阶的高效方法

作者：粥左罗
书号：978-7-115-51055-6
定价：59.00 元

如何从零开始成为写作高手？这本书就是最好的解释，而你需要做的就是马上行动，开始学习，开始写作。

这项具有明显复利的技能越早开始学习越好，一旦形成，别人无法在短时间内超过你，时间就是壁垒。

高分读书法
成绩大幅提高的秘密武器

作者：[日]西冈一诚
译者：陈小咖
书号：978-7-115-51102-7
定价：49.00 元

日版销售18万册，东京大学高材生的通识，6大选书法则，57个读书要点，帮你全面提升思考力和读解力。

让你阅读速度更快、内容记忆更牢、知识运用更活，逆转学习困境，实现名校梦想。

超越期待
松浦弥太郎的人生经营原则

作者：[日]松浦弥太郎
译者：王蕾
书号：978-7-115-57723-8
定价：59.80 元

如何经营好自己？商业的基本是超越期待，世上所有的商业都基于这个原则运行，揭开经营个人IP的底层逻辑和变化迭代时期人际沟通的本质。

这本书是写给普通人的人生经营顿悟，和你分享曾经和我们起点一样微不足道的松浦弥太郎先生如何怀抱理想的种子，活出自由富足的人生。

聪明人的魔法箱
68 个工具快速解决问题

作者：[英]大卫·科顿
译者：王小皓
书号：978-7-115-56099-5
定价：68.00 元

本书为解决新问题而写，讲解了68个简单却极为有效的工具，就其定义、使用时机、使用策略、注意要点等进行了详细说明和示例。

集合68个工具，既有传统的解决问题的方案，也有创新思维的方法，既可单独使用，也可组合协同运用，超值有效。

即兴演讲 掌控人生关键时刻
即兴演讲 2 女性如何提升影响力

作者：[加]朱迪思·汉弗莱
译者：垧清　王克平　彭玮
书号：978-7-115-58425-0
　　　978-7-115-54759-0
定价：59.80 元 / 本

对于每一个奋斗在职场的人而言，无论是作为员工，还是作为团队领导者，做好不同场合的有效沟通都是必要的。在本书中，作者汉弗莱女士提供了多场合的即兴演讲脚本，并告诉我们如何运用不同的技巧来应对各种即兴时刻。

写给每个人的演讲方法书，教你突破限制性信念，坚定和自信地表达。

认知觉醒 开启自我改变的原动力
认知驱动 做成一件对他人很有用的事

作者：周岭
书号：978-7-115-54342-4
　　　978-7-115-56945-5
定价：59.80 元 / 本

《认知觉醒》是一部可以穿透时间的个人成长方法论。通过"大脑构造、潜意识、元认知"等思维规律，你将真正看清自己；通过"深度学习、关联、反馈"等事物规律，你将洞悉如何真正成事！

《认知驱动》一书通过"做成一件事"的心法和技法两部分内容，探索如何通过创造个人价值来获取人生的成就、幸福和意义。